21 世纪法学系列教材配套辅导用书

国际法练习题集

（第六版）

主　编　余民才
撰稿人　余民才　黄译莹
　　　　张秀云　吴　菲
　　　　王东勇　敖　山
　　　　江璐璐　李博伟
　　　　穆欣欣　李　鹤

中国人民大学出版社
·北京·

图书在版编目（CIP）数据

国际法练习题集 / 余民才主编 . -- 6 版 . -- 北京：
中国人民大学出版社，2025.7. --（21 世纪法学系列教
材配套辅导用书）. -- ISBN 978-7-300-34101-9

Ⅰ.D99-44

中国国家版本馆 CIP 数据核字第 20251FB871 号

21 世纪法学系列教材配套辅导用书

国际法练习题集（第六版）

主　编　余民才

Guojifa Lianxitiji

出版发行	中国人民大学出版社			
社　　址	北京中关村大街 31 号		**邮政编码**	100080
电　　话	010 - 62511242（总编室）		010 - 62511770（质管部）	
	010 - 82501766（邮购部）		010 - 62514148（门市部）	
	010 - 62511173（发行公司）		010 - 62515275（盗版举报）	
网　　址	http://www.crup.com.cn			
经　　销	新华书店			
印　　刷	唐山玺诚印务有限公司		**版　　次**	2006 年 1 月第 1 版
开　　本	890 mm×1240 mm　1/16			2025 年 7 月第 6 版
印　　张	16.75		**印　　次**	2025 年 7 月第 1 次印刷
字　　数	492 000		**定　　价**	49.00 元

出版说明

法学练习题集系列自 2006 年出版以来，已经发行了 15 年。在这 15 年中，这套书受到了广大法学师生的喜爱，屡屡登上法学畅销书的排行榜。作为编者，我们备受鼓舞，为能够为中国法学教育事业的发展贡献一点微薄的力量而感到由衷的喜悦，同时也深感自己身上的担子更重了。

这套书的设计初衷是帮助学生通过做练习的方式来检测、巩固所学知识，并通过案例分析、论述等题型的设计，进一步提高解决实务问题的能力和开阔学术研究的视野，通过"应试"的方式提高学习能力。从广大读者的反馈来看，这一设计初衷较好地实现了：学生通过精心设计的同步练习，更好地掌握了本学科的知识，加深了对司法实务问题的理解，并对一些法学学术前沿问题有所涉猎。

具体来讲，这套书有如下一些特点：

第一，帮助学生系统掌握本门学科知识。这套书参照法学课程通用教材设计章节体系，每本练习题集的每章下设"知识逻辑图"栏目，提纲挈领地勾画了一章的内容中不同知识点之间的逻辑关系，能帮助学生更好地理解知识体系、结构、逻辑关系，快速记忆本章的核心知识点。其后设计了名词解释、单项选择题、多项选择题、简答题、案例分析题、论述题等常见题型的自测题，突出了本章的重点、难点知识点，并提供了详细的答案分析，从而不仅可以开阔学生的眼界，帮助学生了解不同类型考题的不同形态，掌握其解题方法，而且可以培养和增强学生的综合实战能力。除每章的自测题外，全书还专门设计了三套综合测试题，学生可以在学完本门课程后自己测验一下对这门课程总的学习效果。

第二，帮助学生通过国家统一法律职业资格考试。法学专业的学生在经过系统学习之后，通过法律职业资格考试应当是顺理成章的事情，然而，法律职业资格考试在大多数法学院校学生中的通过率并不高。这套书从历年法律职业资格考试（司法考试）的试题中精选了部分经典的试题，帮助学生在上学期间了解法律职业资格考试的难度、考查的角度和形式，并进行有针对性的学习和准备。

第三，帮助学生准备考研。一方面，这套书从一些法学名校（如中国人民大学、北京大学、中国政法大学等）的历年考研试题中精选了部分试题；另一方面，这套书专门设计了"论述题与深度思考题"栏目，以拓宽学生学术视野，同时，对考研的学生掌握论述题的答题方法和技巧亦有较大帮助。

我们的思路可归纳为：通过似乎回到"应试教育"模式、进行同步练习这样一种"俗"的方式，来达到我们强化"专业教育"的大而不俗的目的。

法学教育进入了新时代，更加强调法学专业学生对国家全面依法治国方略的学习和理解，更加强调法律职业伦理的塑造，更加强调法治人才对法治理论的实际运用能力。原来的"司法考试"升级为"国家统一法律职业资格考试"，无论是客观题还是主观题，都更加强调对案例分析能力的考查。作为一门实践性、应用性很强的学科，法学案例教学的重要性日益凸显。

为了回应新时代法学教育的需求，我们对这套书进行了全新的改版升级。一方面，我们适当增大了各类案例题型（案例型选择题、案例型分析题、案例型论述）的比例。另一方面，我们力图运用新的出版技术手段，更好地为广大读者服务。在保留原有优势和特色的基础上，我们为每本书增加了相配套的视频讲解，选择书中的重点和难点题目，由作者进行更详细的分析和讲解。每本书附数字学习卡，扫码即可观看全部视频。除此之外，为方便读者学习，在有视频解析的题目下也配有二维码，读者扫码即可观看相关的讲解视频。

1

此外，为了更好地为广大读者服务，我们计划建立读者答疑群。购买正版图书的读者可以凭所附的数字学习卡，一书一码，扫码进微信答疑群，我们会请相关书的作者不定期地进行集中的答疑。在这里，您既可以跟全国的读者进行交流，又可以得到专家学者的指导，从而能在学习上获得更多的帮助和支持。

最后，推荐大家关注中国人民大学出版社法律分社的微信公众号"人大社法律出版"。这里不仅有大量的出版资讯，还有不少的数字资源，是跟我们联系的另一条渠道。

您的喜爱是我们前行的动力，衷心希望这套练习题集能够做得越来越好，在您的前进道路上略尽绵薄之力。

2021 年 11 月

扫码关注"人大社法律出版"

目　录

第一章　国际法的性质、渊源、主体及与国内法的关系

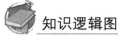 **知识逻辑图**

国际法的性质
- 条约国际法与习惯国际法；普遍国际法、区域国际法与双边国际法；一般国际法与特别国际法
- 独特性
  - 法律性：国际法治、国际关系法治化、全球治理"两个构建"的基础；国际政治；软法
  - 普遍性：坚持统筹推进国内法治和涉外法治；推动构建人类命运共同体；"一带一路"倡议
  - 强行法：对所有国家的义务；全人类共同价值；等级优先

国际法的渊源
- 1945年《国际法院规约》
  - 国际条约（对缔约方有约束力） ——编纂／演变——｝主要渊源
  - 国际习惯（普遍约束力）
    - 客观要素：一般国家惯例
    - 主观要素：法律确信
  - 例外：一贯反对者规则
  - 一般法律原则——补充渊源（在没有条约、习惯时适用）
  - 司法判例
  - 各国权威最高的公法学家学说 ｝确定法律原则的辅助资料
- 国际组织决议：不是独立的国际法渊源
- 国家的单方面行为：国家义务的渊源

国际法的编纂
- 含义
  - 对现有国际法的明确化和系统化
  - 逐渐发展
- 分类
  - 方式
    - 全面法典化（困难）
    - 分类法典化（实践可行）
  - 编纂主体
    - 非官方编纂
      - 学者个人
      - 学术团体（国际法研究院、国际法协会）
    - 官方编纂
      - 外交会议（维也纳会议、海牙和平会议）
      - 国际联盟（1930年国际法编纂会议）
      - 联合国（联合国国际法委员会等）
      - 其他政府间组织

国际法的主体
- 享受国际法权利
- 承担国际法义务
- 国际关系参与者
  - 国家——自主主体
  - 政府间国际组织——被动主体
  - 争取独立的民族——被动主体
  - 个人或公司——特殊的被动主体

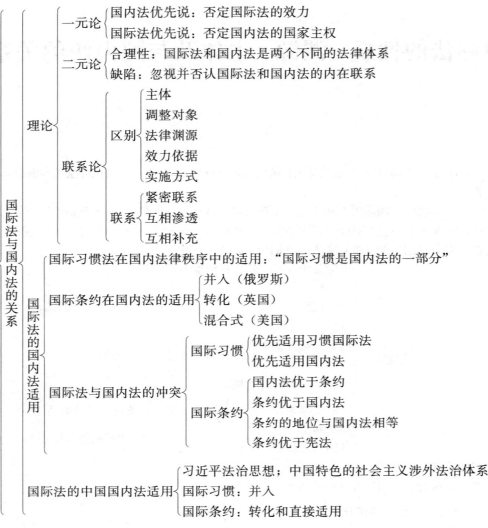

一元论 ┌ 国内法优先说：否定国际法的效力
　　　　└ 国际法优先说：否定国内法的国家主权

二元论 ┌ 合理性：国际法和国内法是两个不同的法律体系
　　　　└ 缺陷：忽视并否认国际法和国内法的内在联系

理论

联系论 ┌ 区别 ┌ 主体
　　　　　　　├ 调整对象
　　　　　　　├ 法律渊源
　　　　　　　├ 效力依据
　　　　　　　└ 实施方式
　　　　└ 联系 ┌ 紧密联系
　　　　　　　├ 互相渗透
　　　　　　　└ 互相补充

国际习惯法在国内法律秩序中的适用："国际习惯是国内法的一部分"

国际条约在国内法的适用 ┌ 并入（俄罗斯）
　　　　　　　　　　　├ 转化（英国）
　　　　　　　　　　　└ 混合式（美国）

国际法的国内法适用

国际法与国内法的冲突 ┌ 国际习惯 ┌ 优先适用习惯国际法
　　　　　　　　　　　　　　　　└ 优先适用国内法
　　　　　　　　　　└ 国际条约 ┌ 国内法优于条约
　　　　　　　　　　　　　　　　├ 条约优于国内法
　　　　　　　　　　　　　　　　├ 条约的地位与国内法相等
　　　　　　　　　　　　　　　　└ 条约优于宪法

国际法的中国国内法适用 ┌ 习近平法治思想；中国特色的社会主义涉外法治体系
　　　　　　　　　　　　├ 国际习惯：并入
　　　　　　　　　　　　└ 国际条约：转化和直接适用

国际法与国内法的关系

 名词解释与概念比较

1. 强行法（考研）
2. 国际条约与国际习惯（考研）
3. 国家的单方面行为
4. 一般法律原则（考研）
5. 国际法的主体（考研）
6. 国际法的编纂（考研）
7. 一贯反对者规则
8. 法律确信（考研）
9. 涉外法治

 选择题

（一）单项选择题

1. 下列哪一行为是国家的单方面行为？（　　　）
A. 单边强制措施　　　　B. 承诺
C. 退约　　　　　　　　D. 制裁

2.《国际法院规约》第 38 条规定一般法律原则为国际法的渊源之一，下列有关一般法律原则的正确理解是（　　　）。
A. 一般习惯法原则
B. 国际强行法原则

C. 各国法律体系中共有的原则

D. 由一般法律意识所产生的原则

3. 联合国负责编纂国际法的主要机构是（　　）。

A. 联合国大会

B. 联合国安全理事会

C. 国际法委员会

D. 国际法院

4. 国际组织作为国际法主体不具有以下哪一特性？（　　）

A. 其权利能力和行为能力是其自身固有的

B. 其权利能力和行为能力是其成员国通过协议赋予的

C. 国际组织的职权一般被组织章程明确限定在一定范围内，因而具有有限性

D. 国际组织是一种有限的、派生的国际法主体

视频讲题

5. A国所批准的条约，还必须经A国国会将条约的内容制定为法律，A国法院才能适用条约的规定。这种国际条约的适用方式是（　　）。

A. 直接适用　　　　　B. 自动执行

C. 转化　　　　　　　D. 条约的遵守

6. 国际法编纂的意义在于（　　）。

A. 国际法的法典化

B. 国际法汇总成册

C. 国际立法

D. 编辑成册便于查阅

7. 下列各项不具备国际法主体资格的是（　　）。

A. 国家

B. 政府间国际组织

C. 争取独立的民族

D. 非政府组织

（二）多项选择题

1. 国际习惯确立和存在的证据，可以在下列哪些材料中找到？（　　）

A. 国际组织的决议

B. 国家间的外交文件

C. 国内外的司法判决

D. 权威国际法学者的著作

2. 根据我国目前的法律和相关实践，对于国际条约在我国法律制度中的地位，下列哪些判断是错误的？（　　）（司考）

A. 凡是我国缔结或参加的条约，都可以在国内作为国内法直接适用

B. 在民用航空法涉及的范围内，我国为当事国的条约规定与国内法的规定不同时，适用条约的规定，但我国缔结该条约时作出保留的条款除外

C. 我国作为当事国的任何条约的规定，若与国内法的规定冲突时，在国内法院都直接并优先适用这些国际条约的规定，但我国缔结该条约时作出保留的条款除外

D. 在民用航空法涉及的范围内，在国际上所有已生效的这类国际条约的规定，如与我国国内法的规定冲突时，都优先适用国际条约的规定

3. 现代国际法的主体包括（　　）。

A. 国家

B. 争取独立的民族

C. 政府间的国际组织

D. 个人或法人

4. 国际法的主要渊源是（　　）。

A. 国际条约　　　　　B. 国际习惯

C. 一般法律原则　　　D. 国际组织决议

5. 下列关于国际法所调整的对象表述错误的是（　　）。

A. 国际法所调整的对象是国际关系，但国际法所调整的国际关系的内容并不是一成不变的

B. 国际法所调整的国际关系就是指国家间的关系

C. 国际组织在国际社会中所发挥的作用越来越大，国家和国际组织的关系成为国际关系的一个重要内容

D. 在当今的国际社会，国家与个人间的关系也已成为国际关系的基本内容

视频讲题

6. 一般认为，国际习惯必须具备的两个要素是

（　　）。

A. 各国重复的类似行为，即长期的实践，反复的采用，成为通例

B. 通例已被各国接受为法律

C. 通例已被国际法委员会承认为法律

D. 通例已被国际法院采用

7. 关于国际法的编纂，甲认为：国际法的编纂就是指对现有的国际法原则、规则和制度的明确化与系统化。乙认为：国际法的编纂工作主要是在全面法典化方面。丙认为：一些国际法学者和学术团体也可以进行国际法的编纂活动。丁认为：联合国各特设委员会也可以进行国际法的编纂。上述认识中不正确的是（　　）。

A. 甲　　　　　　　　　B. 乙

C. 丙　　　　　　　　　D. 丁

8. 甲、乙两国于1996年签订投资保护条约，该条约至今有效。2004年甲国政府依本国立法机构于2003年通过的一项法律，取消了乙国公民在甲国的某些投资优惠，而这些优惠恰恰是甲国按照前述条约应给予乙国公民的。针对甲国的上述做法，根据国际法的有关规则，下列哪些项判断是错误的？（　　）

A. 甲国立法机构无权通过与上述条约不一致的立法

B. 甲国政府的上述做法，将会引起其国际法上的国家责任

C. 甲国政府的上述做法如果是严格依据其国内法作出的，则甲国不承担国际法上的国家责任

D. 如果甲国是"三权分立"的国家，则甲国政府的上述行为是否引起国家责任在国际法上尚无定论

视频讲题

9. 国际法与国内法的区别有（　　）。

A. 基本主体不同　　　B. 调整对象不同

C. 形成方式不同　　　D. 实施方式不同

10. 下列关于国际习惯的说法，正确的是（　　）。

A. 国际习惯是国际法的唯一渊源

B. 国际习惯原则上对一贯反对者没有拘束力

C. 国际习惯通常是一般法，条约是特别法

D. 国际习惯经条约所编纂，即成为条约规则

11. 根据国际法有关规则和我国有关法律，当发生我国缔结且未作保留的条约条款与我国相关国内法规定不一致的情况时，下列哪些选项是不正确的？（　　）（司考）

A. 如条约属于民事范围，则由全国人民代表大会常务委员会确定何者优先适用

B. 如条约属于民事范围，则优先适用条约的规定

C. 如条约属于民事范围，则由法院根据具体案情，自由裁量，以公平原则确定优先适用

D. 我国缔结的任何未作保留的条约的条款与中国相关国内法的规定不一致时，都优先适用条约的规定

视频讲题

12. 强行法的特征包括（　　）。

A. 国际社会全体接受

B. 公认为不许损抑

C. 只有以后具有同等性质的强行法规则才能更改

D. 不得随意更改，但可以任意选弃

 简答题

1. 简述联合国在国际法编纂中的地位和作用。（考研）

2. 简述国际法与国内法关系的理论。（考研）

3. 我国法院能直接适用国际条约的规定吗？（考研）

4. 简述国家的单方面行为。

5. 简述条约在国内适用的途径。（考研）

6. 以审判战争罪犯为例，阐明个人在国际法上的地位。（考研）

7. 简述中国的支柱性涉外法制。

 材料与法条分析题

1. A国是一个联邦制国家，其宪法规定，条约非经将其纳入本国法律的立法或行政行为，不约束国内机关和个人。A国与B国签订了一项通商航海条约，

其中第3条规定，双方承诺各依本国宪法程序，采取必要立法或其他措施，以实施本条约的规定；第5条规定，双方从事邮件运输的船舶享有豁免权。通商航海条约生效后第三年，B国一艘邮船在A国领海内与A国一艘渔船相撞，导致渔船沉没和一名船员死亡。邮船到达A国A1港口后，该港口地方法院扣留了邮船，并对其船长提起刑事诉讼。B国指责A国违反通商航海条约，侵犯了邮船的豁免权，要求立即释放邮船及其船长。A国法院坚持对案件的管辖权，认为通商航海条约不能适用，因为国会或联邦政府没有颁布实施该条约的法令。A国政府则称，该国实行"三权分立"制度，政府不能干预法院的独立审判活动。

根据以上案情，分析A国扣留B国邮船和起诉船长的做法是否符合国际法。

视频讲题

2. A国际组织与B国订立了总部协定。该协定规定，B国应允许驻A代表团的人员进入国境和享有在该国执行职务的特权与豁免。X国受A邀请，以观察员身份参与A的活动，并在A总部所在地即B国首都设立了办事处。后来，B国参议院通过一项反恐怖主义法案，该法第3条规定，本法生效后，下述情况为非法：尽管其他法律条文有相反规定，在B国管辖范围内，X国提供资金建立和维持的办事处、使馆或其他设施或机构。按照该条规定，如果法案生效，X国驻A的办事处将被关闭。A国际组织的秘书长知晓此事后指出，B国法案违反了总部协定，多次要求与B国磋商，但均被拒绝。于是，A国际组织的秘书长援引总部协定第22条，要求通过仲裁来解决协定的解释或适用引起的争端。B国以国内法院正在对该反恐怖主义法进行诉讼为理由，认为仲裁条款不适用。

请根据国际法和国内法关系的原理，分析B国是否有义务遵守总部协定第22条，通过仲裁解决彼此争端。

视频讲题

3. 根据有关国际法原则、规则和制度，分析下面条款：

《维也纳条约法公约》第53条规定，条约在缔结时与一般国际法强制规律抵触者无效。就适用本公约而言，一般国际法强制规律指国家之国际社会全体接受并公认为不许损抑且仅有以后具有同等性质之一般国际法规律始得更改之规律。

4. 运用有关国际法原则、规则和制度的知识，分析下面的材料：

今天，我们比以往任何时候都更需要凝聚共识，携手努力，推动加强国际法，尊重国际法，在国际关系中按国际法办事，坚定维护我们赖以生存、发展和繁荣的国际体系，推动世界走上相互尊重、公平正义、合作共赢的正确道路。个别国家无视国际法和国际关系准则，奉行单边主义和保护主义，搞霸凌、干涉和单边制裁，到处挑起贸易战，给世界带来了不安和动荡。世界的种种乱象，绝不意味着国际法过时了、没用了，反而再次提醒我们遵守国际法的重要性。定规则、守规则是各国正确的相处之道，搞霸凌、行强权注定没有出路。

 论述题与深度思考题

1. 第二次世界大战后，纽伦堡国际军事法庭和远东国际军事法庭对战争犯罪进行了起诉、审判和惩处，确立了个人负国际刑事责任的原则。结合这些实践，谈谈你对关于个人的国际法主体资格的认识。（考研）

2. 论述国际条约在国内法的适用及你对国际条约在我国如何适用的看法。（考研）

3. 试述国际法的性质和作用。（考研）

4. 结合我国实践，谈谈国际法和国内法的关系。（考研）

参考答案

 名词解释与概念比较

1. 强行法是指国家之国际社会全体接受并公认为不许损抑，且仅以后具有同等性质之一般国际法规律始得更改之规律。强行法规则优于其他国际法规则，在缔结时与强行法抵触的条约无效。

2.

概念类别	国际条约	国际习惯
定义	具有缔约能力的国际法主体间以国际法为准而缔结的确立其相互权利、义务的国际书面协议	在国际法律关系中具有法律拘束力的一致性一般国家惯例或通例
表现形式	明示协议，书面形式	默示协议，国家行为
渊源地位	主要国际法渊源	重要国际法渊源
约束力	原则上约束缔约国	约束所有国家
关系	条约编纂习惯规则	条约规则发展成为习惯规则

3. 国家的单方面行为是指一个国家意欲造成国际法上的一定法律效力，以明示和公开方式自发作出的单方面声明。它不是国际法的渊源，而是国际义务的渊源。

4. 一般法律原则是指国际法律体系中形成的一般原则和各国法律体系所共有的原则，它是国际法的补充渊源。

5. 国际法的主体一般是指能够参加国际关系，并依国际法直接享受权利和承担义务的行为者。国家是国际法的自主主体，政府间国际组织和争取独立的民族是被动主体，个人或公司是特殊的被动主体。

6. 国际法的编纂又称国际法的法典化，即将国际法的规则以类似法典的形式使之明确化和系统化。

7. 一贯反对者规则是指一个国家如果坚持反对正在出现的新习惯国际法规则，并在该规则定型后继续反对，则不受其约束。它构成习惯国际法规则普遍拘束力的例外。但是，一贯反对者规则不适用于强行法。

8. 法律确信是指国家接受某项惯例为法律的一种心理状态。它构成国际习惯的主观要素，是区别国际习惯与单纯惯例的分水岭。

9. 涉外法治是涉外立法、执法、司法、守法、法律服务和人才培养的总称，是中国特色社会主义法治体系的重要组成部分。坚持统筹推进国内法治和涉外法治，是习近平法治思想的核心要义之一。

选择题

（一）单项选择题

1. B

国家的单方面行为是指对国家产生法律义务的行为。承诺是国家的单方面行为的一种形式。

2. C

一般法律原则是国际法律体系中形成的一般原则和各国法律体系中共有的原则，如善意、禁止反言等。

3. C

编纂有两种类型：一种是民间的非官方编纂，另一种是官方编纂。现在最重要的官方编纂机构是联合国。联合国负责编纂工作的主要机构是联合国国际法委员会。

4. A

国家具有主权，其权利能力和行为能力是其自身固有的。国际组织不是国家，其权利能力和行为能力是其成员通过协议赋予的。从这个意义上说，国际组织的权利能力和行为能力具有派生性。所以A项错误。

5. C

制定新的国内法，赋予条约规则以国内法效力，使条约规则在国内予以适用。这种方式被称为"转化"。

6. A

国际法的编纂又称国际法的法典化，即将国际法的规则以类似法典的形式使之明确化和系统化。

7. D

非政府组织不具备国际法主体资格。

（二）多项选择题

1. ABCD

查明一项习惯国际法规则需要从各种文件中寻找证据。这些法律文件包括：国家及国际组织间的外交文件，国际机构及国际会议的各种法律文件，国家的立法、司法和行政的相关文件，国际和国内司法机关的判决，权威国际法学者的著作等资料。

2. ACD

《民用航空法》第184条第1款规定："中华人民共和国缔结或者参加的国际条约同本法有不同规定的，适用国际条约的规定；但是，中华人民共和国声明保留的条款除外。"因此A、C、D项不正确。

3. ABC

国家是国际法的基本主体，国际组织是国际法的重要主体，争取独立的民族是一种过渡性的国际法主体。

4. AB

国际条约和国际习惯是国际法的主要渊源，一般

法律原则是补充渊源。

5. BD

国际法所调整的对象是国际关系。国际法所调整的国际关系的内容并不是一成不变的。在相当长的一个历史时期，国家是国际法的唯一主体，因此，国际法所调整的国际关系就是指国家间的关系。20世纪以来，特别是联合国成立以后，国际组织在国际社会中所发挥的作用越来越大，国家和国际组织的关系成为国际关系的一个重要内容。

在当今的国际社会，尽管国际关系的内容不断发生变化，但国家间的关系仍然是国际关系的基本内容。承认个人在国际法的某些领域（例如国际刑法领域）具有国际法主体资格，其范围也是很有限的。因此，国家和个人间的关系还不是国际关系的基本内容。

6. AB

一般认为，国际习惯必须具备两个要素：（1）客观要素，即惯例在一段时间内的普遍性和一贯性，考虑因素包括持续时间、重复频度、国家遵守程度、一致性和共识。（2）心理要素，即法律确信，也即通例已被各国接受为法律。

7. AB

国际法的编纂包括对现有的国际法原则、规则和制度的明确化与系统化以及国际法的逐渐发展两个方面。全面法典化不是国际法编纂的方向。国际法学者和学术团体可以进行国际法编纂，但是其不具有法律约束力。联合国各特设委员会在国际法的编纂方面也发挥了重要作用。因此甲、乙的认识错误。

8. ACD

在国内法与国际条约发生冲突时，采取后法优于前法这个原则的国家违背了"善意履行条约义务"的国际法原则。如果每个国家都可以制定与国际条约相冲突的国内法，国际条约在国内的实施就将成为空谈。

9. ABCD

国际法与国内法的区别是十分明显的。国际法和国内法都各有其特定的调整对象、特定的主体、特定的形成方式和特定的实施方式。

10. BC

国际条约和国际习惯是国际法的两个主要渊源，国际习惯原则上对一贯反对的国家没有拘束力。国际习惯通常是一般法。国家可以通过条约背离习惯国际法规则，相对而言，条约是特别法。条约编纂的习惯

国际法规则仍然是习惯国际法规则。

11. ABCD

我国宪法没有确立优先适用条约的原则。《民法典》没有条约适用的条款。

12. ABC

依据1969年《维也纳条约法公约》第53条的规定，一般国际法强制规律指国家之国际社会全体接受并公认为不许损抑且仅有以后具有同等性质之一般国际法规律始得更改之规律，因而强行法不能任意选弃。

 简答题

1.（1）国际法的编纂从严格意义上讲，是指对现有的国际法原则、规则和制度的明确化和系统化。从广义上讲，国际法的编纂还包括对正在形成中的国际法原则、规则和制度的明确化和系统化，即国际法的逐渐发展。

（2）联合国非常重视并有计划、有组织、有系统地进行国际法的编纂。《联合国宪章》第13条规定："大会应发动研究，并作成建议……提倡国际法之逐渐发展与编纂。"为此，联合国成立了国际法委员会，专门负责国际法的编纂工作。国际法委员会拟订编纂项目，在大会授权下进行研究，提出报告，拟定公约草案。除国际法委员会外，联合国其他机构，如大会第六委员会（法律委员会）和各特设委员会也在国际法的编纂方面发挥重要作用，如第六委员会曾草拟了《反对劫持人质国际公约》。此外，联合国还主持外交会议，通过有关国际公约。

（3）联合国编纂议题广泛，涉及国际法的众多领域，如国家和政府的承认与继承、管辖权、海洋与空间法制度、国籍、外国人的待遇、外交保护、人权、外交领事关系与豁免、条约、最惠国条款、国际水道的非航行用途、国家责任、个人刑事责任原则以及国际刑事法院罗马规约等。

（4）联合国的编纂成就显著，有相当一部分重要国际公约是在联合国有关机构拟定的公约草案基础上通过的，如1958年日内瓦海洋法四公约、1961年《维也纳外交关系公约》，1963年《维也纳领事关系公约》，1966年《公民权利及政治权利国际公约》和1969年《维也纳条约法公约》等。即使有的编纂项目没有形成公约，其最后通过的草案也将有关习惯规则条文化和

系统化。此外，联合国主持外交会议通过了大量国际公约。这些国际公约构成现代国际法的主要内容。

因此，联合国在国际法编纂方面的工作促进了国际法的发展与成熟，其地位不可取代。

参见程晓霞、余民才主编：《国际法》，7版，北京，中国人民大学出版社，15～17页。

2. 国际法与国内法的关系是国际法基本理论中的重要问题。在有关国际法与国内法关系的学说中，最具代表性的有一元论、二元论和联系论。

（1）一元论。

一元论认为，国际法与国内法都从属于自然法，是一个法律体系。随着国际社会的发展，一元论逐步演变成两种理论观点：国内法优先说和国际法优先说。

1）国内法优先说。

这种理论认为，国际法虽是法律，但是次一级的法律，是从属于国内法的法律。在同一法律体系中，国内法高于国际法，国际法是国家"对外的公法"。按照这种理论，既然国际法是从属于国内法的，那么每个国家都可以通过自己的国内法去支配国际法，这样也就取消了国际法的效力，使国际法失去应有的价值。显而易见，这种学说不仅在理论上是片面的，也不符合国际社会对于国际法和国内法关系的普遍实践。

2）国际法优先说。

这种理论认为，在同一法律体系中，国际法的地位高于国内法，国内法从属于国际法，在效力上依靠国际法。这种理论否认了制定国内法的国家主权这一客观事实。按照这种学说，国际法在某种程度上成为"世界法"。

（2）二元论。

二元论主张，国际法和国内法是两种绝对不同的法律体系，两者的法律渊源、所调整的社会关系根本不同，因此两者完全分离，不相逾越，也无冲突的可能。二元论又被称为国际法与国内法平行说。这种理论认识到国际法和国内法是两个不同的法律体系，这是合理的。但是，二元论用静止的观点看待国际法和国内法之间的差异，将其绝对化，忽视并否认国际法和国内法内在的联系。

（3）联系论。

国际法与国内法的区别是十分明显的。国际法和国内法都各有其特定的调整对象、特定的主体、特定的形成方式和特定的实施方式，各自形成独立的法律体系，互不从属。因此，从整体上看，国际法与国内法的关系是两个法律体系之间的关系，而不是一个法律体系内部的关系，但是，这两个不同的法律体系不是孤立存在的，而是相互密切联系的。一方面，国家是国际法和国内法相互联系的纽带。国家是制定国内法的，同时也是参与制定国际法的。国家的对内政策和对外政策的紧密联系决定了国际法与国内法具有必然的内在联系。一般来说，国家的对外政策必然影响它对国际法的态度和立场，而国家的对内、对外政策又总是统一地反映在一个国家的国内法中。另一方面，在国内法发展和实施的过程中，国际法也发挥了积极的作用。在经济全球化和网络国际化的今天，国际法对国内法的影响更加明显。一些领域的国际法规则要有效实施，必须依靠国内法的相关补充规则。一些领域的国内法规则要有效实施，必须符合国际法规则。

参见程晓霞、余民才主编：《国际法》，7版，19～21页。

3.（1）国际条约能否在一国法院适用取决于该国国内法，通常是宪法的规定。（2）我国宪法没有规定国内法接受国际条约的方式，因此，我国法院能否直接适用国际条约的规定需具体情况具体分析。我国法律对国际条约的处理基本上有两种方式：一是有关法律明文规定适用国际条约。这在我国涉外法治实践中有多种表现形式。比如，2019年《外商投资法》第4条第4款规定，中国缔结或者参加的国际条约、协定对外国投资者准入待遇有更优惠规定的，可以按照相关规定执行。二是有关法律没有规定。因此，在我国法律明确规定适用国际条约的情况下，法院能直接适用国际条约的规定，否则，就不能直接适用。

参见程晓霞、余民才主编：《国际法》，7版，24页。

4.（1）国家的单方面行为是指一个国家意欲造成国际法上的一定法律效力以明示和公开方式自发作出的单方面声明。它不同于一般的国家单方面行为，比如条约的签署、批准或保留。这类行为并不创立一种新的法律关系，实际上属于条约法或习惯法的范畴。

（2）国家的单方面行为可以分为两类：一类是国家借以承担义务的行为，比如承诺或承认；另一类是国家借以重申权利的行为，比如抗议。但是，与承认或放弃密切相关的沉默或禁止反言不是国家的单方面行为。沉默不等同于同意或默许，它本身不能单独产生法律效力，需要另一行为才能产生这种效力。禁止

反言是这种行为的后果。

（3）国家的单方面行为不是国际法的渊源，而是国际义务的渊源。

参见程晓霞、余民才主编：《国际法》，7版，15页。

5.（1）条约在国内适用的途径在条约法上并没有明确的规定。条约法所要求的只是条约必须遵守。至于国家以什么方式履行其条约义务，取决于国家自己的决定。国家通过法律的方式决定条约在国内的适用。有的国家在宪法上规定条约在国内的适用方式，有的国家则在宪法以外的其他法律中予以规定。

（2）一般来说，国内法规定条约的适用方式有三类：一是"并入"或直接适用，也就是国内法作出原则性规定，将条约作为国内法的一部分在国内法律秩序中直接予以适用，而不需制定新的国内法。二是"转化"或间接适用，即国家制定新的国内法，赋予条约规则以国内法效力，使条约规则在国内予以适用。英国被认为是采取"转化"的典型国家。三是混合式，即根据条约的性质，分别采取并入适用和转化适用。美国被认为是采取混合方式的典型国家。

以上详细内容参见程晓霞、余民才主编：《国际法》，7版，21～22页。

6. 战争罪是国际社会关注的严重的国际罪行之一。犯有此种罪行的个人应该承担刑事责任，这是自第二次世界大战结束以来牢固确立的一项国际法原则。因此，个人是国际刑事责任的主体。根据国际法，被控犯有战争罪的个人享有"被告人的权利"。但是，个人不是一般意义上的国际法主体，更不可能是国际法的唯一主体。个人只在国家同意的范围内才享有权利、能力和履行义务。他们不能正式参与国际法的创制，没有进入普遍国际法律体系的能力。因此，个人只是非常特殊的国际法主体或者部分主体。就审判战争罪犯而言，个人主要是刑事追诉和被制裁的对象。

参见程晓霞、余民才主编：《国际法》，7版，18～19页。

7. 涉外法制即涉外法律制度，它是国家法制的重要组成部分，是涉外法治的基础，发挥着固根本、稳预期、利长远的重要作用。中国建立的支柱性涉外法制包括：条约的缔结与适用制度，中国法域外适用制度，反制和限制措施制度，外交领事制度，联合国安全理事会制裁决议的执行制度，外国国家官员豁免制度，国家豁免制度，国家及其国民海外利益保护制度，外国人合法权益保护制度，以及执法司法国际合作制度。

参见程晓霞、余民才主编：《国际法》，7版，5页。

材料与法条分析题

1. A国的做法不符合国际法。（1）条约必须遵守是一项国际法原则，任何当事国不得援引其国内法规定作为理由而不履行条约义务。

（2）A国宪法关于条约在国内适用的规定是一个国内法问题，该国没有颁布实施通商航海条约的法令不能成为A国法院行使管辖权的有效依据。而且，两国通商航海条约明确要求双方采取必要立法或其他措施来实施条约的规定。A国政府关于"三权分立"的主张同样不能免除它根据通商航海条约所承担的义务。

（3）B国邮船根据两国通商航海条约享有豁免权，A国不能对该船舶及其船长行使管辖权。A国的做法违反了条约义务，侵犯了邮船的豁免权。

2.（1）条约必须遵守是一项国际法原则，国家有义务使其国内法与其所承担的条约义务相一致。

（2）B国有义务遵守总部协定。B国反恐怖主义法第3条违反了该国承担的条约义务。

（3）B国有义务按照总部协定第22条，通过仲裁解决此争端。B国国内法院的诉讼是为了实施反恐怖主义法，而不是解决此争端。

3. 这个条款是对强行法概念及其效果的规定。

（1）强行法是一般国际法规律，即强行法源于一般国际法规律。一般国际法规律通常是习惯国际法规则。习惯国际法规则是指那些在国际法律关系中具有法律拘束力的一致性一般国家惯例或通例。一般国际法规律也可能是一般法律原则。一般法律原则是指国际法律体系中形成的一般原则和各国法律体系所共有的原则。因此，强行法不能源于条约。

（2）强行法是国家之国际社会全体接受和公认的一般国际法规律。国家之国际社会全体接受有两层意义：一是接受的主体必须是国家组成的国际社会，国家之外的其他实体的接受不能视为这里的接受。这表明强行法的普遍性。二是国际社会作为一个整体接受一般国际法规律。这意味着对强行法的接受不需要每一个国家的接受，大多数国家的接受即满足国际社会作为一个全体的要求。

（3）强行法具有不许损抑的性质，且只有以后具有同等性质的一般国际法强制规律才能被取代，这表明强行法的绝对性。强行法意味着，国际法规则体系存在等级关系。也就是说，强行法规则在效力上优于其他国际法规则。

（4）一项条约在缔结时与强行法相抵触，则该条约无效。因此，强行法没有溯及力。但是，这不意味着《维也纳条约法公约》第53条本身没有溯及力。该条溯及适用于《维也纳条约法公约》生效之前的条约。

参见程晓霞、余民才主编：《国际法》，7版，8～9页。

4.（1）国际法是主要调整国家之间和国家与非国家行为者（政府间国际组织、争取独立的民族和一定范围内的个人或公司）之间关系的、具有法律约束力的各种原则、规则和制度的总称。国家是国际法的自主主体，政府间国际组织和争取独立的民族是被动主体，因而国际关系本质上是国家之间的关系。国际法确立国家之间政治、经济、军事、安全、贸易、环境、投资、文化、公共卫生和司法等全领域的原则规则和体制机制，是国家之间的最大平衡器，是国际和平与发展、国际法治与全球治理的基础。当今世界正经历百年未有之大变局，世界多极化、经济全球化处于深刻变化之中，各国相互联系、相互依存、相互影响更加密切，因而更有必要在国际关系中按国际法办事，尊重国际法，遵守国际法。

（2）国际法是由国家参与制定的，一个国家不能单独创制国际法。国家主要通过习惯或条约方式制定国际法。国际法可以是普遍的、区域的和双边的。无论何种性质的国际法，都是以《联合国宪章》的宗旨和原则为基石的国际法，国家都应该诚实遵守。将国际法政治化，合则用、不合则弃，甚至将一国国内法凌驾于其他国家之上，背离了各国平等相处的法治之道。当今世界一些地方战乱和冲突仍在持续，饥荒和疾病仍在流行，隔阂和对立仍在加深，全球环境治理面临困难，气候变化成为重大挑战，对国际法的强权政治、双重标准和霸凌行径将更加恶化和平赤字、发展赤字、治理赤字和信任赤字，破坏各国赖以生存、发展和繁荣的国际体系。

（3）国际法主要是通过国家的自助行为，单独或集体地实施。但是，与国际法不相符合的单边强制措施不是实施国际法的合法手段。某些国家奉行单边主义、保护主义和霸凌行径，动辄毁约退群，对他国发动战争，干涉他国内政，制裁他国或者其个人或实体，挑起武装冲突、贸易战、科技战或意识形态战，这确实挑战了国际法的权威，冲击了以法治和国际法为基础的国际秩序。但是，这些乱象绝不意味着国际法的过时和无用，反而显得遵守国际法、加强国际法更加重要。违法行为的存在本身不影响国际法的有效性和功能性，而且违法国家往往将其行为辩称为对国际法的实施或者符合国际法。当前全球治理体系正经历前所未有的深刻调整，国际和平安全正面临前所未有的严重挑战，只有坚定维护包括《联合国宪章》在内的国际法，才能建立一个更和平、更繁荣、更公正的世界。

上述要点的详细内容参见程晓霞、余民才主编：《国际法》，7版，2～8、17～19页。

论述题与深度思考题

1.（1）关于个人是否具有国际法主体资格的问题，中国法学界一直存在争论。认为个人不具有国际法主体的观点，主要是基于以下理由：国际法主要是国家之间的法律，个人处于所属国家的管辖之下，不具有独立参与国际关系的能力，不具有直接承受国际法上权利和义务的能力。针对国际法有关惩处个人国际犯罪行为的规定，有的学者认为这表明个人是国际法客体。

（2）随着越来越多的国际公约明确规定个人的权利和义务，中国学者也逐渐接受个人在国际法的某些领域能够直接承受国际法的权利和义务，具有国际法主体资格。例如，李浩培教授曾指出，个人是国际法的部分主体；个人的部分国际法地位依赖于各主权国家的意志；一些主权国家以条约规定个人具有部分国际法主体地位，由此个人才取得这种地位。个人具有国际法主体资格的情况特别明显地表现在国际刑法领域。

（3）个人是国际刑法的主体，而不是国际刑法的客体。这是因为国际刑法是以控制国际犯罪为主要任务的国际法律体系。国际犯罪离不开具体的个人，而现代国际社会控制国际犯罪又必须保障基本人权。因此，国际刑法就必须明确规定个人在国际刑事法律关系中的地位，规定个人的权利、义务和责任。现在许多国际刑法公约都对个人在国际刑事法律关系中的权利和义务予以明确规定。例如，《国际刑事法院罗马规约》不仅规定了"个人刑事责任"，还规定了"被告人的权利"以及"被害人和证人的保护及参与诉讼"。个人也曾有过仅被作为法律关系客体对待的时期。例如，在奴隶社会，奴隶被作为"物"，可以买卖。因此，在国家间有关引渡奴隶的条约中，奴隶也不可能有"权利"。这与现在的引渡条约中明确规定个人的权利形成天壤之别。

（4）根据国际刑法公约的规定和国际实践，作为国际刑法主体的个人，不仅指自然人，还包括法人。但总的来说，即使承认个人在国际法的某些领域（例如国际刑法领域）具有国际法主体资格，其范围也是很有限的。

参见程晓霞、余民才主编：《国际法》，7 版，18～19 页。

2. 国际条约在国内法的适用主要涉及两个方面：一是国际条约在国内法中的效力，二是国际条约与国内法冲突的解决。

（1）国际条约在国内具有法律效力并能适用，基本上是由国家的宪法规定的。这种规定大致有三种方式：一是原则上作出规定，将条约作为国内法的一部分在国内法中直接予以适用，而不需制定新的国内法。这种方式也称为"并入"或直接适用。二是制定新的国内法，赋予条约规则以国内法效力，使条约规则在国内得到适用。这种方式被称为"转化"，英国被认为是采取"转化"的典型国家。三是混合式，即根据条约的性质，分别采取并入适用和转化适用。

（2）在处理国际条约与国内法的冲突方面，各国的规定主要有以下几种：1）国内法优先于国际条约。2）国际条约优先于国内法。3）国际条约的地位与国内法的相等。在冲突时采取后法优于前法的原则，在国际条约与先前的国内法冲突时，适用国际条约；在国际条约与后制定的国内法冲突时，适用后制定的国内法。采取这种原则立场的国家较多，但具体实施情况并不完全相同。在现代国内法中，明确规定国内法优先于国际条约的情况非常少见。4）条约优先于宪法。

（3）国际条约在我国有关法律领域内存在转化和并入两种方式。转化体现在《香港特别行政区基本法》第 39 条。《澳门特别行政区基本法》第 40 条也有类似

规定。并入方式有以下几种情况：1）直接适用国际条约；2）国际条约另有规定的，适用国际条约的规定；3）国际条约与相关国内法有不同规定的，适用国际条约的规定；4）国内法没有规定的，适用国际条约。

参见程晓霞、余民才主编：《国际法》，7 版，21～22，23～24 页。

3. 国际法的性质涉及独特性、法律性、普遍性和强行法四个方面。

（1）国际法是一个独特的法律体系，具有区别于国内法的以下三个主要特征：国际法的主体通常是国家和国家间或政府间国际组织以及争取独立的民族，国际法是由国家参与制定的，以及国际法的实施主要靠国家本身的行为。

（2）就法律性来说，国际法是不是法律往往是引起疑问的问题。虽然如此，国际法是具有约束力的法律规则而不是国际道德规范是确定无疑的。20 世纪，特别是联合国成立以来，国家间往往通过订立条约的方式确立相互间合作的规则。而且，《联合国宪章》所确立的国际法治的精神以及联合国对国际法的编纂，使国际法的法律性更加明确和清楚。许多国家在建立和完善法治国家的过程中，也通过宪法和其他国内法明确国际法的法律地位以及遵守国际法的决心。

（3）就普遍性而言，现代国际法不再是以欧洲为中心的传统国际法，而是普遍适用于所有国家组成的国际社会的法律，即普遍国际法。普遍国际法不仅是指在地理意义上，国际法平等地适用于国际社会中的所有国家，而且指国际法的有些规则对所有国家有约束力。但是，普遍国际法不排除特别国际法的存在。《联合国宪章》第八章承认区域办法的存在及重要性。特别国际法有助于国际法的发展，但是不能取代普遍国际法；而且，特别国际法是以存在对一切国家有约束力的国际法原则为前提的，并参照这些原则予以解释。

（4）强行法是指国家之国际社会全体接受并公认为不许损抑且仅有以后具有同等性质之一般国际法规律始得更改之规律。它保护和反映的是通常被称为国际公共秩序的国际社会的基本价值或共同价值，产生"对所有国家的义务"。最常援引的强行法规则包括禁止侵略性使用武力、人民自决权、禁止灭绝种族和禁止酷刑。强行法意味着国际法规则体系存在等级关系。也就是说，强行法规则在效力上优于其他国际法规则，

因而国家不能依它们的意志来任意减损或更改这类规则。

国际法的作用是多方面的：（1）国际法是国际正义和国际法治的基础，如国际刑事司法机构追究个人刑事责任、国家责任制度。（2）国际法提供维持国际和平与安全的法律框架，如尊重国家主权和领土完整、互不侵犯、互不干涉内政、和平解决国际争端以及联合国集体安全体制。（3）国际法有助于促进国际合作，如各种类型的国际组织提供了国际合作的平台。（4）国际法有助于提高人民福祉，保护人权，如国际人权保护制度。（5）国际法有助于遏制战争，防止冲突恶化，如追究战争罪的责任制度，国际人道法规则。（6）国际法服务于国家对外政策。

参见程晓霞、余民才主编：《国际法》，7版，3～9页。

4. 国际法与国内法的关系有理论和实践两个方面。理论方面涉及国际法与国内法是同一个法律体系还是两个不同法律体系以及它们之间的效力关系。对这个问题的理论解释主要有一元论、二元论和联系论。从中国实践来看，国际法与国内法在调整对象、主体、形成方式和实施方式上各不相同，但是二者又密切联系，因为：（1）国家在制定国内法时，应考虑国际法的原则和规则，不应违背其承担的国际义务，比如2004年中国宪法修正案载入"国家尊重和保障人权"。（2）国家在参与制定国际法时应考虑到国内法的立场。（3）国际法不断从国内法的原则和规则中吸收营养，国内法不断从国际法的原则和规则中得到充实和发展。例如，2001年加入世界贸易组织后，中国制定、修改了一批法律法规。

国际法与国内法关系的实践主要涉及前者如何在后者中适用。各国一般采用宪法或一般法律处理这个问题，并区别对待国际习惯和国际条约。中国法律中一般没有国际习惯概念。中国对于国际条约在国内法中的适用，在法律实践中采取个案解决原则，由有关法律法规予以具体规定。这有转化和并入两种方式。

上述要点的详细内容参见程晓霞、余民才主编：《国际法》，7版，19～24页。

第二章　国际法基本原则

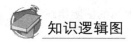 知识逻辑图

国际法基本原则

国际法基本原则的特点
- 国际社会公认
- 具有普遍意义
- 适用于国际法各个领域
- 构成国际法整个体系的法律基础
  - 最高的法律地位
  - 对其他原则有制约作用
  - 是其他原则的法律基础
- 具有强行法性质

联合国宪章原则〔与宪章的宗旨和原则一致〕
- 各会员国主权平等原则
- 禁止使用武力或以武力相威胁原则
- 和平解决国际争端原则
- 不干涉国家内政原则
- 集体协助原则
- 善意履行宪章义务原则
- 确保非会员国遵守上述原则

和平共处五项原则
- 互相尊重主权和领土完整
- 互不侵犯
- 互不干涉内政
- 平等互利
- 和平共处

国际法基本原则的主要内容
- 国家主权原则
  - 负责任的主权；人民主权
  - 领土完整权；自然资源永久主权
- 禁止使用武力或以武力相威胁原则
  - 习惯国际法；强行法
  - 例外：自卫权；安理会决定或授权使用武力
  - 适用：武力的含义；领土完整和政治独立；范围
- 不干涉内政原则
  - 习惯国际法；强行法
  - 适用：内政；干涉；人道主义干涉
  - 保护的责任：前提条件；安理会集体行动
- 人民自决权原则
  - 习惯国际法；强行法
  - 适用：持有者；形式与手段；内部自决权与外部自决权
  - 维护国家领土完整：《反分裂国家法》；《香港特别行政区维护国家安全法》

名词解释与概念比较

1. 国际法基本原则
2. 武装力量
3. 负责任的国家主权
4. 保护的责任
5. 人民自决权（考研）

 选择题

（一）单项选择题

1. 《联合国宪章》第 2 条提出的七项原则中不包括下列哪一项原则？（　　）。

A. 人民自决权原则

B. 国家主权平等原则

C. 不干涉内政原则

D. 和平解决国际争端原则

2. 下列哪种行为是侵略行为？（　　）

A. 一个国家对另一个国家进行经济胁迫

B. 一个国家的武装小分队进入与另一个国家的争议区

C. 外国雇佣军侵入另一个国家的领土

D. 一个国家在协定终止后强行让其武装部队在另一国内继续驻扎

3. 和平共处五项原则最初出现在（　　）。

A. 中印两国协定中

B. 中、印、缅三国协定中

C. 印缅两国协定中

D. 中缅两国协定中

4. 互不侵犯原则是从下列哪项国际法基本原则引申出来的？（　　）

A. 互相尊重国家主权和领土完整

B. 和平解决国际争端

C. 不干涉内政

D. 和平共处

（二）多项选择题

1. 甲国是一个君主立宪制的国家，其下列行为中，哪些属于国际法上的国家内政范围，外国不得进行干涉？（　　）（司考）

A. 甲国决定废除君主立宪制，改共和制作为其基本政治制度

B. 为解决该国存在的种族间的冲突，甲国通过立法决定建立种族隔离区

C. 甲国决定邀请某个外国领导人来访

D. 甲国决定申请参加某个政府间的国际组织

视频讲题

2. 下列关于人民自决权的理解，其中正确的是（　　）。

A. 人民自决权是殖民地人民独立建国的权利

B. 人民自决权是一个主权国家的部分领土分离而成为独立国家的权利

C. 人民自决权是人民表达主权意愿的一种民主形式

D. 殖民地人民行使自决权而反对殖民统治的战争属于国际性武装冲突

3. 下列关于国家主权平等的说法，其中正确的是（　　）。

A. 各国法律地位平等

B. 各国不分大小，一律享有主权平等

C. 各国不分社会形态，一律享有主权平等

D. 每一国均有义务尊重其他国家之人格

4. 和平共处原则的内容应包括（　　）。

A. 各国不论社会制度如何，应和平共存

B. 各国应以和平方式进行国际交往

C. 各国应以和平方法解决国际争端

D. 各国应合作维持国际和平与安全

5. 根据《香港特别行政区维护国家安全法》，下列构成分裂国家罪的行为是（　　）。

A. 将香港特别行政区从中国分离出去

B. 非法改变香港特别行政区的法律地位

C. 将香港特别行政区转归外国统治

D. 推翻香港特别行政区政权机关

6. 不干涉任何国家国内管辖事件原则应包括（　　）。

A. 一国不干涉他国外交事务

B. 一国不试图威胁他国

C. 一国不使用经济措施迫使他国放弃部分主权权力

D. 一国不对他国进行颠覆活动

7. 关于国际法基本原则，下列哪些选项是正确的？（　　）（司考）

A. 国际法基本原则具有强行法性质

B. 禁止使用武力或以武力相威胁原则是指禁止除国家对侵略行为进行的自卫行动以外的一切武力的使用

C. 对于一国国内的民族分离主义活动，人民自决权原则没有为其提供任何国际法根据

D. 和平解决国际争端原则是指国家间在发生争端时，各国都必须采取和平方式予以解决

 简答题

1. 简述联合国宪章原则。

2. 简述国际法基本原则的特点。（考研）

3. 如何理解保护的责任？

4. 结合实例，简述维护国家领土完整与解决分离领土的自决权诉求的方式。

 材料与法条分析题

1. A国是一个发展中国家。该国由于军事政变而陷入内战。B国以保卫边境安全为由出兵支持A国反政府武装。在B国支持和直接参与下，反政府武装控制了A国领土一半的地区，并宣布成立临时中央政府。B国还在A国的几个重要港口布设水雷，出动飞机袭击A国的港口和石油设施。

根据以上案情，分析B国的行为违反了哪些国际法原则。

视频讲题

2. A国是一个联邦制国家，A1是A国面积最大的一个省，其GDP和人口各约占A国总数的1/4。与其他省不同，A1一直保持着独特的语言、文化和民族传统。A1担心因它的独特性而在A国联邦体制中为其周围以说官方语言为主流的社会所孤立。此外，少数富裕、有权势而说官方语言的人越来越在A1占优势地位。这些促使A1强烈追求其文化安全、经济自给、政治自治甚至完全独立。因此，A1要求行使人民自决权，举行全民公决，以重新决定是否继续保留在A国联邦体制内。这遭到A国联邦政府的拒绝。

根据以上案情，分析A1是否享有国际法上的人民自决权。

视频讲题

3. 2005年3月14日，我国通过了《反分裂国家法》，此后不久，美国国会众议院通过了反对该法的议案。试从国际法基本原则的角度对美国的行为予以分析。（考研）

4. 根据有关国际法原则、规则和制度，分析下面条款：

《联合国宪章》第2条第4款规定，各会员国在其国际关系上不得使用威胁或武力，或以与联合国宗旨不符之任何其他方法，侵害任何会员国或国家之领土完整或政治独立。

5. 运用有关国际法原则、规则和制度，分析下面材料：

尊重主权和领土完整，互不干涉内政是联合国宪章中的规定，是重要的国际关系基本准则，是确保世界和平稳定的基础，也是发展中国家维护自身安全、实现自主发展的保障。

 论述题与深度思考题

1. 结合有关国际法原理与实践，分析以人民为中心的发展思想。

2. 怎样理解禁止非法使用武力或以武力相威胁原则？（考研）

3. 运用有关国际法原则、规则和制度，分析下列材料的国际法问题：

克里米亚共和国政府于2014年3月16日发起了公投，让克里米亚选民决定是否从乌克兰独立，并且加

入俄罗斯联邦。2014年3月27日,联合国大会关于乌克兰领土完整问题的决议特别指出,克里米亚和塞瓦斯托波尔市"举行的全民投票一概无效,不能成为改变"这两个地区"地位的基础";并促请所有国家、国际组织和专门机构不承认在这两次全民投票基础上对克里米亚和塞瓦斯托波尔市地位的任何变更。(考研)

4. 试论和平共处五项原则的国际法地位,及其在中国外交实践中的具体影响。(考研)

参考答案

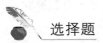名词解释与概念比较

1. 国际法基本原则是国际社会公认、具有普遍意义、适用于国际法各个领域并构成国际法基础的法律原则。国际法基本原则属于强行法范围。

2. 武装力量是指一国按照其国内法,主要为国防或安全目的而组织、训练和装备的武装部队以及在这些部队的正式指挥、控制和负责下向它们提供支援的人员。一个国家的武装力量的构成由该国法律规定。

3. 负责任的国家主权是国家在国际法上所固有的以对其人民和国际社会负责任的方式独立自主地处理其内外事务的权力。它是国家最重要的属性,独立权是其核心内容。

4. 保护的责任是国家和国际社会保护人民免遭灭绝种族、战争罪、族裔清洗和危害人类罪之害的责任。国家负有保护其人民的主要责任,国际社会只有在国家不愿意或者不能够的情况下才能通过联合国安全理事会履行集体使用武力保护的责任。保护的责任概念不同于人道主义干涉概念。

5. 人民自决权是各国人民,包括殖民地人民或其他被压迫民族,自由决定其政治地位并自由发展其经济、社会和文化的权利。它是一项"普遍性"权利,是一项强行法,也是一项集体人权。人民自决权概念与在不尽相同意义上使用的全民公投(或全民投票)、公民公决或"独立公投"概念存在联系和区别。

选择题

(一)单项选择题

1. A

人民自决权原则是争取独立的人民具有国际法主体资格的法律基础,规定在1945年《联合国宪章》第1条第2款中。

2. D

根据1974年《关于侵略定义的决议》,侵略行为包括:一个国家违反其与接受国签订的协定所规定的条件,在协定终止后,延长该武装部队的驻扎时间;一个国家以其名义派遣外国雇佣军,对另一个国家进行其严重性相当于其武装部队进行的武装行为。

3. A

和平共处五项原则最初出现在1954年4月29日中国和印度《关于中国西藏地方和印度之间的通商和交通协定》的序言中。

4. A

互不侵犯原则是从互相尊重国家主权和领土完整原则中引申出来的,是互相尊重国家主权和领土完整原则的应有之义和必然要求。

(二)多项选择题

1. ACD

根据《联合国宪章》和《国际法原则宣言》的规定,不干涉任何国家国内管辖事件原则包括下述内容:任何国家或国家集团均无权以任何理由直接或间接干涉任何其他国家之内政或外交事务。每一国均有选择其政治、经济、社会及文化制度之不可移让之权利,不受他国任何形式之干预。种族隔离是违反国际法的行为。

2. ACD

人民自决权是指各国人民,包括殖民地人民或其他被压迫民族自由决定其政治地位并自由发展其经济、社会和文化的权利。它体现了民主原则,意味着人民自由表达其主权意志。一个国家的部分领土不享有自决权。殖民地人民的独立解放战争属于国际性武装冲突。

3. ABCD

根据《联合国宪章》和《国际法原则宣言》的规定,国家主权平等尤其包括下列要素:(1)各国法律地位平等;(2)每一国均享有充分主权之固有权利;(3)每一国均有义务尊重其他国家之人格;(4)国家之领土完整及政治独立不得侵犯;(5)每一国均有权利自由选择并发展其政治、社会、经济及文化制度;(6)每一国均有责任充分并一秉诚意履行其国际义务,与其

他国家和平相处。

4. ABCD

和平共处五项原则是：互相尊重主权和领土完整，互不侵犯，互不干涉内政，平等互利，和平共处。

5. ABC

《香港特别行政区维护国家安全法》第20条规定，任何人组织、策划、实施或者参与实施以下旨在分裂国家、破坏国家统一行为之一的，不论是否使用武力或者以武力相威胁，即属犯罪：（1）将香港特别行政区或者中国其他任何部分从中国分离出去；（2）非法改变香港特别行政区或者中国其他任何部分的法律地位；（3）将香港特别行政区或者中国其他任何部分转归外国统治。推翻香港特别行政区政权机关属于《香港特别行政区维护国家安全法》第22条中的颠覆国家政权罪。

6. ABCD

根据《联合国宪章》和《国际法原则宣言》的规定，不干涉任何国家国内管辖事件原则应包括下述内容：（1）任何国家或国家集团均无权以任何理由直接或间接干涉任何其他国家之内政或外交事务。（2）武装干涉和对国家人格或其政治、经济及文化要素之一切其他形式之干预或试图威胁，均系违反国际法。（3）任何国家均不得使用或鼓励使用经济、政治或任何他种措施强迫另一国家，以取得该国主权权利行使上之屈从，并自该国获取任何种类之利益。（4）任何国家均不得组织、协助、煽动、资助、鼓励或容许目的在于以暴力推翻另一国政权之颠覆、恐怖或武装活动，或干预另一国之内争。

7. ACD

国际法基本原则具有强行法的特点，属于强行法的范畴。禁止使用武力或以武力相威胁原则并不禁止以行使自卫权或执行联合国安全理事会决定或授权使用武力的决议而合法使用武力。人民自决权不是分离权，也不包括分离权。和平解决国际争端是一项国际法基本原则。

 简答题

1. 《联合国宪章》第2条规定了联合国及其会员国应遵守如下七项原则：各会员国主权平等原则；善意履行宪章义务原则；和平解决国际争端原则；禁止

使用武力或以武力相威胁原则；集体协助原则；确保非会员国遵守上述原则；不干涉国家内政。这些原则构成国际法的基本原则，在国际法基本原则体系中处于核心地位。

2. 国际法的基本原则是指国际社会公认的，具有普遍意义，适用于国际法各个领域并构成国际法基础的法律原则。它具有以下特点：

第一，国际社会公认。国际社会公认并不是指每个国家都承认或接受，而是指多数或大多数国家予以认可。这种认可或接受不仅是对某一项原则的法律、国际法性质的认可，还必须包括对该原则作为国际法基本原则性质的认可。

第二，具有普遍意义，即国际法的基本原则是具有普遍意义的全局性原则，对整个国际法体系和规范起指导作用。

第三，适用于国际法的全部领域，而非只适用于某些特定的领域或空间，或者只针对某些特定主体。

第四，构成国际法整个体系的法律基础。国际法的基本原则在整个国际法体系中具有最高法律地位，类似于国内法中的宪法原则，是确立、适用、解释、评价其他国际法原则、规则和制度的基础与标准。

上述要点的详细内容参见程晓霞、余民才主编：《国际法》，7版，26～27页。

3. 保护的责任是2005年世界各国接受的一种新观念，不同于人道主义干涉。保护的责任的内容有两个方面：国家保护的责任和国际社会集体保护的责任。前者是主要责任，后者限于国家显然无法履行其责任的情形。国际社会集体保护的责任适用于一国人民遭受灭绝种族、战争罪、族裔清洗和危害人类罪的侵害。国际社会集体保护的责任由联合国安全理事会根据《联合国宪章》第七章决定或授权采取武力行动。保护的责任是一项新的国际规范，但是仍然在联合国宪章体制内。国际社会集体保护的责任不构成不干涉内政原则的例外。

上述要点的详细内容参见程晓霞、余民才主编：《国际法》，7版，38～39页。

4. 维护国家领土完整与解决分离领土的自决权诉求有两种方式：（1）禁止单方面分离，比如加拿大《清晰法案》和中国《反分裂国家法》《香港特别行政区维护国家安全法》中的相关规定；（2）订立协议，比如苏丹政府与南苏丹2005年签署《全面和平协议》。

上述要点的详细内容参见程晓霞、余民才主编：《国际法》，7版，43～45页。

 材料与法条分析题

1.（1）B国在A国境内的行动违反了禁止使用武力或以武力相威胁原则，构成对A国非法使用武力。（2）B国支持A国反政府武装是对A国内政的干涉，明显违反了不干涉内政原则。（3）B国对A国的行动违反了国家主权原则。（4）B国支持和参与A国反政府武装成立临时中央政府违反了人民自决权原则。

2. A1不享有人民自决权。（1）人民自决权是一项国际法基本原则。根据这项原则，各人民有权自由决定其政治地位，不受外界的干涉，并追求其经济、社会及文化之发展。建立自主独立国家，与某一独立国家自由结合或合并或者采取任何其他政治地位都是人民行使自决权的方式。

（2）自决权首先是殖民地人民或其他被压迫民族（包括非自治领土和托管领土的人民）享有的一项国际法权利。非殖民化运动的实践证明，殖民地人民或其他被压迫民族是作为一个整体要求并行使自决权的。换言之，享有自决权的人民是殖民地或被外国占领领土上的所有人民，而不是构成该人民或民族的部分人或民族。对主权国家来说，自决权是为国家的所有人民或整个人民所享有并行使的。

上述要点的详细内容参见程晓霞、余民才主编：《国际法》，7版，40～46页。

（3）A1省是A国领土的组成部分。虽然它在语言、文化和民族传统上保持独特性，但它并不是A国的殖民地或占领领土。A国的自决权属于包括A1在内的所有A国人民。因此，A1不享有国际法上的自决权，不能以通过全民公决的方式来重新界定它与A国联邦政府之间的政治关系。

3.（1）美国的行为属于干涉我国内政，违反了国际法的基本原则。

（2）不干涉内政原则是国际法的基本原则。《联合国宪章》将"不干涉内政"明确为不干涉"任何国家国内管辖之事件"原则。《国际法原则宣言》进一步将该原则明确为依照宪章不干涉任何国家国内管辖事件之义务之原则。不干涉内政原则是确保各国彼此和睦相处的主要条件。任何形式之干涉行为，不但违反宪章规定，还将对国际和平及安全造成威胁。

不干涉内政原则包括：1）任何国家或国家集团不得以任何理由直接或间接干涉他国内政与外交；2）武装干涉和任何其他形式的干预或试图威胁，均系违反国际法；3）任何国家不得使用或鼓励使用经济、政治或任何其他强制措施以取得他国主权权利之行使和特殊利益；4）任何国家均不得组织、协助、煽动、资助、鼓励或容许目的在于以暴力推翻另一国政权之颠覆、恐怖或武装活动，或干预另一国之内争；5）使用武力剥削各民族之民族特性构成侵犯其不可移让之权利及不干涉原则之行为；6）各国选择其政治、经济、社会及文化制度之不可移让之权利不受任何形式的干预。

（3）我国通过《反分裂国家法》是国家行使主权、对内管辖的行为。美国国会众议院通过反对该法案的议案，是对我国内政的干涉行为。其行为违反了国际法的基本原则。

参见程晓霞、余民才主编：《国际法》，7版，36～39页。

4. 这个条款被简称为禁止使用武力或以武力相威胁原则。这项原则是国家主权原则的引申和保障，是一项习惯国际法，具有强行法地位。

（1）这项原则禁止的武力是指武装的或军事的力量。武装力量是指一国按照其国内法，主要为国防或安全目的而组织、训练和装备的武装部队以及在这些部队的正式指挥、控制和负责下向它们提供支援的人员。虽然有一种观点认为武力还应该包括施加政治和经济压力，但是，这不为联合国宪章实践所支持。使用武力有最严重的和不甚严重的两种形式。最严重、最危险的非法使用武力形式也构成侵略。1974年联合国大会《关于侵略定义的决议》示范性列举了一系列最严重使用武力的形式。

（2）使用武装力量威胁与使用武装力量一样同等受到禁止，因为《联合国宪章》第2条第4款并立使用武力与以武力相威胁。

（3）这项原则的核心是禁止侵害国家领土完整或政治独立。有一种观点认为，《联合国宪章》第2条第4款"不得使用威胁或武力……侵害任何会员国或国家之领土完整或政治独立"的观点意味着，禁止使用武力或以武力相威胁原则仅限于侵害国家领土完整或政治独立，这种使用武力或以武力相威胁之外的其他使

用武力或以武力相威胁不违反《联合国宪章》第2条第4款。这种观点不符合《联合国宪章》的宗旨和原则以及宪章的起草历史。领土完整或政治独立不是对禁止的限定，而是一种强调和具体保障。

（4）这项原则适用于国与国之间的国际关系，不适用于国内关系。也就是说，一个国家的中央政府使用武力恢复国内法律秩序或者国家统一与《联合国宪章》第2条第4款无关。但是，欧盟理事会关于格鲁吉亚冲突的独立国际事实调查团在2008年9月发表的报告认为，《联合国宪章》禁止使用武力的原则适用于格鲁吉亚与南奥塞梯之间的关系，这构成禁止使用武力或以武力相威胁原则在国内适用的一个特例。

（5）这项原则存在例外。根据《联合国宪章》，有两种例外情形：一是国家行使自卫权，二是联合国安全理事会决定或授权使用武力。

上述要点的详细内容参见程晓霞、余民才主编：《国际法》，7版，32～35页。

5. （1）《联合国宪章》第2条规定联合国会员国在其相互关系中应该遵守包括各会员国主权平等原则、和平解决国际争端原则、禁止使用武力或以武力相威胁原则和不干涉国家内政原则在内的七项原则。《联合国宪章》是国际社会的"宪法"，它确立的这些原则构成国际法基本原则体系的核心，是现代国际法律秩序的基础，是国际法治与全球治理的出发点和试金石，具有优越地位，是重要的国际关系基本准则。

（2）国家主权是国家在国际法上所固有的独立自主地处理内外事务的权力。主权是权力与责任的统一，是"负责任的主权"。国家主权最明显的表现形式是领土主权和对自然资源的永久主权。国家对自然资源的永久主权是发展中国家发展和增强其经济独立、建立国际经济新秩序的法律基础。主权与领土完整密不可分。《联合国宪章》将领土完整与禁止使用武力或以武力相威胁原则联系在一起，将主权和领土完整作为一个整体是和平共处五项原则的一个创新。领土完整包含三个核心要素：完整性、不可侵犯性以及保障国家领土不遭任何肢解。

（3）不干涉内政是指一个国家或国际组织不得强制或专断干预他国的内外事务，强加某种行为或后果。干涉的形式大致可分为两类，即直接的、公开的干涉和间接的、隐蔽的干涉。前者的最粗暴形式首先是武装干涉，其次是施加政治压力和经济制裁。传统上所谓依据权利的干涉或人道主义干涉实际上是干涉国的一个借口。

（4）国家主权原则是联合国宪章原则体系中的第一项原则，是"国际体系的最大基石"和"国际关系的根本准则"。尊重国家主权意味着尊重国家的领土完整，尊重国家领土完整是一项久已确立的国际法原则。不干涉内政原则是国家主权原则的引申，是一项习惯国际法和强行法。《国际法原则宣言》强调，只有各国享有主权平等并在其国际关系上充分遵守这一原则，才能实现联合国的宗旨。维持国际和平与安全和发展是联合国的宗旨。因此，只要国家尊重主权和领土完整、互不干涉内政，世界就能和平稳定，发展中国家就能维护自身安全、实现自主发展。

上述要点的详细内容参见程晓霞、余民才主编：《国际法》，7版，27～31、36～39页。

论述题与深度思考题

1. （1）以人民为中心的发展思想是中国共产党第十九次全国代表大会确立的习近平新时代中国特色社会主义思想的组成部分。

（2）结合国家主权的理论，特别是负责任的国家主权，分析以人民为中心的发展思想。

（3）结合国际人权法原理，分析国家保护人民人权的责任。

（4）结合中国宪法，分析以人民为中心的发展思想。

上述要点的详细内容参见程晓霞、余民才主编：《国际法》，7版，29～31、38～39、105～130页。

2. 禁止非法使用武力或以武力相威胁原则是指不得为侵害任何国家领土完整或政治独立之目的或以与《联合国宪章》宗旨不符之任何方式使用武力或以武力相威胁。（1）它是一项国际法基本原则和习惯国际法，具有强行法性质。（2）它所禁止的是武装的或军事的力量。（3）它禁止任何不符合《联合国宪章》宗旨与目的的使用武力或武力威胁，而不限于侵害国家领土完整或政治独立。（4）它适用于国与国之间的国际关系。（5）它不禁止合法使用武力。

上述要点的详细内容参见程晓霞、余民才主编：《国际法》，7版，32～35页。

3. 该案涉及人民自决权、领土完整和承认问题。（1）人民自决权是指各国人民，包括殖民地人民或其他被压迫民族，自由决定其政治地位并自由发展其经济、社会和文化的权利。根据《联合国宪章》和联合国实践，殖民地人民，受外国奴役、统治与剥削的人民，托管领土的人民、非自治领土的人民或构成一个国家组成部分的历史上独立国家的人民是享有自决权的主体。在现代主权国家中，享有自决权的是一个国家的所有人民。除非一个国家的法律允许分离，该国境内在族裔、语言、文化或传统方面具有独特性的那些人不享有国际法上的自决权。克里米亚和塞瓦斯托波尔市不是殖民地或非自治领土，只是乌克兰领土的一部分，因而它们不享有举行独立公投的权利。

（2）领土完整是国际法的一项基本原则。这项原则意味着，未经一个国家的中央政府同意，任何单方面改变国家领土地位的分离行为都是违反国际法的行为。克里米亚和塞瓦斯托波尔市的独立公投未经乌克兰政府同意，因而其投票结果无效，不能成为改变这两个地区"地位的基础"。

（3）不承认违反国际法所造成的某种情势是一项国际法原则。对于克里米亚和塞瓦斯托波尔市违法造成的情势，所有国家和国际组织有义务不予承认。

上述要点的详细内容参见程晓霞、余民才主编：《国际法》，7版，30～31、39～46、76页。

4.（1）和平共处五项原则是中国和印度在1954年《关于中国西藏地方和印度之间的通商和交通协定》的序言中首次提出的，是指：互相尊重主权和领土完整，互不侵犯，互不干涉内政，平等互利，和平共处。

（2）和平共处五项原则与联合国宪章原则密切联系，"在很大程度上包括在《联合国宪章》之中"，蕴含四大核心价值观：第一是主权观，这是五项原则的根本基础。第二是和平安全观，这是五项原则的最高价值。第三是共赢观，这是五项原则的最终目标。第四是正义观，这是五项原则的内在要求。五项原则含有四个"互"字、一个"共"字，体现了各国权利、义务和责任相统一的精神。这些核心价值与《联合国宪章》的宗旨和原则高度一致。自提出后，和平共处五项原则很快得到世界许多国家的认同，并反映在一系列双边和多边国际法律文件中，成为指导国家与国家关系的基本准则和国际法基本原则。

（3）和平共处五项原则是中国对现代国际法的重大贡献，是"亚洲性国际法"的典型代表。作为一个开放包容的国际法原则体系，和平共处五项原则还不断被赋予新的内涵，从"和平共处"到"和平发展"，再到"合作共赢"的"人类命运共同体"。构建人类命运共同体理念是新形势下对和平共处五项原则最好的传承、弘扬、升华。

（4）结合实例，分析中国推动构建新型国际关系、推动构建人类命运共同体和推动建设"一带一路"倡议。

上述要点的详细内容参见程晓霞、余民才主编：《国际法》，7版，28页。

第三章 国际法上的国家

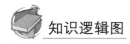
知识逻辑图

国际法上的国家

国家的构成要素
- 居民
- 领土（生存和发展的物质基础）
- 政府（中央政府）
- 主权（独立）

国家的类型
- 单一国和复合国
  - 单一国（国际法主体）
  - 复合国
    - 联邦（国际法主体）
    - 邦联：依条约组成的国家联合体，非国际法主体
- 独立国与附属国
  - 独立国
  - 附属国
    - 附庸国：只对内政有自主权，对外关系受控制
    - 被保护国：依条约由他国处理本国重要对外事务
- 永久中立国（国际法主体）
  - 以国际条约或国际承认为依据
  - 主权受到一定限制
  - 瑞士、奥地利、土库曼斯坦

国家的基本权利
- 独立权：国家主权在对外关系上的体现；中国特色社会主义制度与道路；"两个确立"；中国式现代化
- 平等权：共商共建共享的全球治理观；全球文明倡议；发达国家与发展中国家；大国责任；共同但有区别的责任；中国最大发展中国家的地位
- 自卫权
  - 《联合国宪章》第51条明确规定了自卫权；行使条件
  - 自卫权不包括"先发制人"；习近平强军思想
  - 域外管辖权 —— 国际法判断标准
  - 平行管辖 —— 反"长臂管辖"
- 管辖权
  - 属地、属人管辖权（最基本、最重要）
  - 管辖权的扩展
    - 保护性管辖权：保护国家重大利益
    - 普遍管辖权：特定国际罪行，危害全人类的利益

国家豁免权
- 特点
- 主体：《联合国国家及财产管辖豁免公约》对"国家"的规定
- 内容：管辖豁免、强制措施豁免
- 国家豁免权的例外（国家同意；包括商业交易诉讼在内的不得援引豁免权的8类诉讼）
- 国家豁免权的放弃
  - 明示：国际协定；书面合同；仲裁协议
  - 默示：通过某种行为
- 中国国家豁免政策与立法：《中华人民共和国外国国家豁免法》

国际法上的国家
- 国家和政府的承认
  - 国家官员的外国刑事管辖豁免权
    - 特点
    - 主体：国家官员
      - 高级官员：传统"三巨头"
      - 低级官员
    - 范围：属人管辖豁免权，属事管辖豁免权
    - 内容：刑事管辖豁免和刑事程序强制措施豁免
    - 例外：对国际罪行的属事管辖豁免权例外不是习惯法规则
    - 放弃：国家放弃；明示或默示
  - 国家承认：承认其具有国际法上的人格
  - 政府承认：确认其在国际关系中代表该国家；对中华人民共和国的承认属于对新政府的承认
  - 交战团体的承认：其他国家将一国内战中反政府的一方承认为享有国际法上交战资格者
  - 不承认原则：违反国际法，由外国武力建立则不承认
  - 承认的效果
    - 政治效果：政治关系的开始
    - 法律效果：具有溯及力
- 国家继承与政府继承
  - 条约的继承
    - "人身条约"：与国际法主体资格联系，一般不继承
    - "非人身条约"：与所涉领土有关，一般应予继承
  - 国家财产继承（应与被继承领土有关）
    - 不动产：一般转属继承国
    - 动产：是否继承与所涉领土有关
  - 国家债务
    - 内债、外债
    - 国债、地方化债务、地方债务（不承担责任）
    - 善债、恶债（不继承）
  - 国家档案：一般予以继承
- 中华人民共和国的继承
  - 条约：按内容、性质予以承认、废除、修改
  - 国家财产：对前政府在国外的财产享有继承权
  - 国家债务
    - 恶债不继承
    - 合法债务通过协商，公平合理地解决
  - 国际组织代表权：作为创始会员国恢复其在联合国的合法地位

 名词解释与概念比较

1. 自卫权（考研）
2. 国家继承（考研）
3. 永久中立国（考研）
4. 普遍管辖权（考研）
5. 国家豁免权（考研）
6. 不承认原则
7. 国家官员的外国刑事管辖豁免权
8. 国际罪行（考研）
9. 域外管辖权
10. 保护性管辖权

 选择题

（一）单项选择题

1. 下列哪项是一国对另一国新政府表示承认的根据之一？（　　）

A. 该国新政府必须得到联合国大会决议的承认

B. 该国新政府必须对该国实行有效统治

C. 该国新政府必须在地域上实际控制该国领土的一半以上

D. 该国新政府必须是通过该国宪法程序依法成立的

2. 在国际法中，引起国家继承的原因是（　　）。

A. 政府更迭

B. 国家的领土变更

C. 外交关系的建立

D. 条约或财产的变更

3. 下列情况下产生政府承认问题的是（　　）。

A. 一国被外国占领，该国政府流亡国外

B. 正常的王位继承

C. 通过宪法程序产生新政府

D. 发生政变，原政府被推翻，建立新的政府

4. 苏联解体后，原来对苏联领土有效的条约（　　）。

A. 只对俄罗斯有效

B. 对部分新国家有效，对部分新国家无效

C. 对所有分立出来的国家都有效

D. 对所有分立出来的国家都无效

5. 一国对另一国叛乱团体的承认表明（　　）。

A. 该叛乱团体获得交战团体的地位

B. 该国对武装冲突保持中立

C. 该国在一定范围内对武装冲突保持中立

D. 发生武装冲突的国家在国际法上的代表权处于未定状态

6. 国际法上的"史汀生不承认主义"是针对（　　）。

A. 1920 年的捷克斯洛伐克

B. 1932 年的伪满洲国

C. 1960 年的塞内加尔共和国

D. 1971 年的孟加拉国

7. 中华人民共和国成立后，对旧中国与外国签订的条约的态度是（　　）。

A. 一律承认

B. 一律废除

C. 对中国赋予权利的继承，对中国课以义务的废除

D. 根据条约的性质，分别予以承认、废除、修订或重订

8. 外国人在中国领域外对中国国家或公民犯罪，可根据下列哪项原则适用中国刑法？（　　）

A. 属地管辖权　　　　B. 属人管辖权

C. 保护性管辖权　　　D. 普遍管辖权

9. 甲国与乙国相邻，为谋求共同发展，多年来，两国签署了若干双边协议。后甲国分立为东甲和西甲两国。现问，如果所涉各方之间尚没有新的相关协议

达成，那么，根据国际法中有关国家继承的规则，东甲、西甲两个国家，对于下列哪项条约可以不继承？（　　）（司考）

A. 甲、乙两国间的大陆架划界条约

B. 甲、乙两国界河航行使用协定

C. 甲、乙两国和平友好共同防御条约

D. 甲、乙两国关于界湖水资源灌溉分配协定

10. 在国际法上，永久中立国承担永久中立义务，使其在与战争有关的国际活动方面受到了一定的限制。下列哪项表述表明了这种限制？（　　）

A. 中立义务是对国家自卫权的限制

B. 永久中立国的国家主权受到限制

C. 永久中立国部分丧失了国家主权

D. 永久中立国是一种自愿的限制

11. 国际法上的承认是一种法律行为，下列关于国际法上承认的表述哪项是不正确的？（　　）

A. 国际法上的承认包括对新国家的承认和对新政府的承认

B. 既存国家在国际法上没有必须对新国家作出承认的义务

C. 对新政府的承认意味着对旧政府承认的放弃

D. 承认是一种双方行为

12. 甲国与乙国 1992 年合并为一个新国家丙国。此时，丁国政府发现，原甲国中央政府、甲国南方省，分别从丁国政府借债 3 000 万美元和 2 000 万美元。同时，乙国元首以个人名义从丁国的商业银行借款 100 万美元，用于乙国 1991 年救灾。上述债务均未偿还。甲、乙、丙、丁四国没有关于甲、乙两国合并之后所涉债务事项的任何双边或多边协议。根据国际法中有关原则和规则，下列哪一选项是正确的？（　　）（司考）

A. 随着一个新的国际法主体丙国的出现，上述债务均已自然消除

B. 甲国中央政府所借债务转属丙国政府承担

C. 甲国南方省所借债务转属丙国政府承担

D. 乙国元首所借债务转属丙国政府承担

视频讲题

13. 甲国政府与乙国 A 公司在乙国签订一份资源开发合同后，A 公司称甲国政府未按合同及时支付有关款项。纠纷发生后，甲国明确表示放弃关于该案的诉讼管辖豁免权。根据国际法规则，下列哪一选项是正确的？（ ）（司考）

A. 乙国法院可对甲国财产进行查封

B. 乙国法院原则上不能对甲国强制执行判决，除非甲国明示放弃在该案上的执行豁免

C. 如第三国法院曾对甲国强制执行判决，则乙国法院可对甲国强制执行判决

D. 如乙国主张限制豁免，则可对甲国强制执行判决

视频讲题

14. 甲、乙两国建立正式外交关系数年后，因两国多次发生边境冲突，甲国宣布终止与乙国的外交关系。根据国际法相关规则，下列哪一选项是正确的？（ ）（司考）

A. 甲国终止与乙国的外交关系，并不影响乙国对甲国的承认

B. 甲国终止与乙国的外交关系，表明甲国不再承认乙国作为一个国家

C. 甲国主动与乙国断交，则乙国可以撤回其对甲国作为国家的承认

D. 乙国从未正式承认甲国为国家，建立外交关系属于事实上的承认

视频讲题

15. 甲国人张某侵吞中国某国企驻甲国办事处的大量财产。根据中国和甲国的法律，张某的行为均认定为犯罪。中国与甲国没有司法协助协定。根据国际法相关规则，下列哪一选项是正确的？（ ）（司考）

A. 张某进入中国境内时，中国有关机关可依法将其拘捕

B. 中国对张某侵吞财产案没有管辖权

C. 张某乘甲国商船逃至公海时，中国有权派员在公海将其缉拿

D. 甲国有义务将张某引渡给中国

16. 甲国驻乙国使馆与乙国某公司签订办公设备买卖合同，后因款项支付发生纠纷，甲国公司诉至乙国某法院。乙国是一个主张限制豁免理论的国家，根据目前的国际法规则和实践，下列哪一选项是正确的？（ ）（法考）

A. 因为乙国主张限制豁免理论，故乙国法院有权管辖本案

B. 若甲国派代表出庭抗议乙国法院的管辖权，视为默示接受乙国法院的管辖

C. 为了查清案情，乙国法院有权对甲国的相关财产采取强制措施

D. 即使甲国明示放弃管辖豁免，乙国也无权依据判决强制执行

视频讲题

（二）多项选择题

1. 甲国驻乙国的外交机关为甲国使馆的修缮与乙国的某公司签订了合同，乙国公司因双方发生了纠纷而在乙国法院对甲国提出起诉。甲国认为，依据国家豁免原则，以国家名义从事的一切活动都应享有豁免权，乙国法院不得对此进行管辖。在法院开庭时，甲国代表再次声明了甲国的立场后退庭。下列判断错误的是（ ）。

A. 甲国主张豁免权表明其参与从事的国际民商事活动可以不受法律约束

B. 甲国代表在乙国法院出庭表明甲国默示接受了乙国法院的管辖权

C. 甲国代表的答复行为意味着其放弃了管辖豁免

D. 甲国代表在乙国法院出庭抗辩乙国法院的管辖权，不得视为接受乙国法院的管辖

2. 目前世界上的永久中立国有（ ）。

A. 瑞士　　　　　　　　B. 老挝

C. 奥地利　　　　　　　D. 缅甸

3. 永久中立国的特点有（　　　）。

A. 任何情况下都不得使用武力

B. 自愿承担中立义务

C. 永久中立地位由国际条约加以保证

D. 永久中立国承担中立义务会影响其主权地位

4. 联邦的特征有（　　　）。

A. 联邦有统一的宪法、最高权力机关和最高行政机关

B. 联邦的各组成单位都是国际法主体

C. 联邦机关对联邦成员和它的人民直接行使权力

D. 联邦和联邦成员的权限由联邦宪法划分

5. 下列行为属于永久中立国违反永久中立义务的是（　　　）。

A. 对来自一国的侵略行为进行自卫

B. 为了防止别国的入侵与一个大国订立防御协定

C. 允许外国军队过境

D. 为维持国际和平与安全，允许联合国在其境内建立军事基地

6. 国家的基本权利包括（　　　）。

A. 独立权　　　　　　　B. 平等权

C. 自卫权　　　　　　　D. 发展权

7. 下列有关国家承认的说法正确的是（　　　）。

A. 国家承认的新国家必须具备国际法意义上的国家的要素，符合公认的国际法原则

B. 国家承认是既有国家确认某一实体作为国际法意义上的国家而存在，并表示愿意将其视为国家而与其交往的行为

C. 既有国家对新国家的承认必须受国际法的制约

D. 承认是国家的一种双方行为

8. 下述条约中哪些不在继承之列？（　　　）

A. 共同防御条约　　　　B. 同盟条约

C. 边界条约　　　　　　D. 中立化条约

9. 法律上的承认产生的效果是（　　　）。

A. 它是可以撤销的

B. 两国关系正常化

C. 双方可以缔结各方面的条约或协定

D. 承认被承认国的法律法令的效力和司法管辖权和行政管辖权

10. 下列依法享有豁免权的有（　　　）。

A. 中国驻外大使外出购物时与他人汽车相撞致人伤亡

B. 中国某大型国有企业与某国公司之间的纠纷

C. 中国驻外大使馆因扩建与该国公司之间的纠纷引起使馆车辆被法院扣押

D. 中国驻外大使受命对某受灾国家的捐助行为

11. 根据普遍管辖权，国家可主张管辖的行为有（　　　）。

A. 战争罪　　　　　　　B. 海盗罪

C. 灭绝种族罪　　　　　D. 侵占财产罪

12. 甲国政府与乙国"绿宝"公司在乙国订立了一项环保开发合同，合同履行过程中出现纠纷。"绿宝"公司以甲国政府没有及时按照合同支付有关款项为由诉至乙国法院，甲国政府派代表向法院阐明了甲国一贯坚持的绝对豁免主义立场。如果乙国是采取相对豁免主义的国家，根据目前的国际法实践和规则，下列哪些表述是正确的？（　　　）（司考）

A. 甲国政府订立上述合同行为本身是一种商业活动，已构成对其国家豁免权的放弃，乙国法院可以管辖

B. 甲国政府派代表向法院作出说明，这一事实不意味着甲国已放弃在此诉讼中的国家豁免权

C. 即使甲国在其他案件上曾经接受过乙国法院的管辖，也不能意味着乙国法院在此案中当然地可以管辖

D. 乙国法院作出缺席判决后，甲国要求乙国宣布该判决无效。甲国这一行为表明，甲国此前已接受了乙国法院的管辖

视频讲题

13. 甲国和乙国合并成为丙国，下列选项中哪些属于丙国政府应该继承的债务？（　　　）（司考）

A. 甲国政府向丁国政府所贷款项

B. 甲国政府关于甲国南方省水利项目向丁国政府所贷款项

C. 乙国省政府向丁国政府所贷款项

D. 乙国东方公司向丁国政府所贷款项

视频讲题

14. S国是一个新成立的国家。其成立后，甲国代表向联合国大会提案支持S国成为联合国的会员国；乙国与S国签署了两国互助同盟友好条约；丙国允许S国在其首都设立商业旅游服务机构；丁国与S国共同参加了某项贸易规则的多边谈判会议。根据国际法的有关规则，上述哪些国家的行为构成对S国的正式承认？（　　）（司考）

A. 甲国　　　　　　　　B. 乙国

C. 丙国　　　　　　　　D. 丁国

视频讲题

15. 甲国某公司与乙国驻甲国使馆因办公设备合同产生纠纷，并诉诸甲国法院。根据相关国际法规则，下列哪些选项是正确的？（　　）（司考）

A. 如合同中有适用甲国法律的条款，则表明乙国放弃了其管辖的豁免

B. 如乙国派代表出庭主张豁免，不意味着其默示接受了甲国的管辖

C. 如乙国在本案中提起了反诉，则是对管辖豁免的默示放弃

D. 如乙国曾接受过甲国法院的管辖，甲国法院即可管辖本案

16. 根据2021年《阻断外国法律与措施不当域外适用办法》，中国行使的管辖权是（　　）。

A. 保护性管辖权　　　　B. 被动属人管辖权

C. 长臂管辖权　　　　　D. 域外管辖权

视频讲题

（三）不定项选择题

1. 下列有关自卫权的表述正确的是（　　）。

A. 自卫权是国家固有的权利

B. 行使自卫权必须遵守必要性和比例性的原则

C. 自卫行动应立即报告联合国安全理事会，并不得影响联合国安全理事会采取必要行动

D. 自卫权中涉及的"武力攻击"指已发生的、迫近的武力攻击

2. 默示承认是一种间接的通过某种行为表示的承认。A国是一个新成立的国家，下列国家的行为中，哪些并不当然构成对A国的默示承认？（　　）

A. 甲国在A国的商业城市设立商业联络机构

B. 乙国与A国的官员在国际会议中进行友好的交谈

C. 丙国正式在联合国大会上投票支持A国成为联合国会员国

D. 丁国与A国代表共同参加一个国际研讨会

3. 下列各项行为中，属于国家可以行使普遍管辖权的是（　　）。

A. 乙在A国入室盗窃并行凶杀死数人，被警方通缉后潜逃到B国又实施了抢劫行为

B. 一国特大贩毒集团从哥伦比亚将1吨海洛因贩至东南亚各国销售

C. 甲伙同数人将一架由东京飞往纽约的航班劫持飞往新加坡

D. 甲国人对丙国船舶实施海盗行为

4. 国际法上的国家债务是指一国对他国或国际组织所负的任何财政义务，下列哪几项属于国家应继承的债务？（　　）

A. 国债

B. 战争债务

C. 以国家名义所借用的用于兴建该国大型水利工程的债务

D. 一国某省所借用于兴建该省环境工程的债务

5. 亚金索地区是位于甲、乙两国之间的一条山谷。18世纪甲国公主出嫁乙国王子时，该山谷由甲国通过条约自愿割让给乙国。乙国将其纳入本国版图一直统治至今。2001年，乙国发生内乱，反政府武装控制该山谷并宣布脱离乙国建立"亚金索国"。该主张遭到乙国政府的强烈反对，但得到甲国政府的支持和承认。

根据国际法的有关规则，下列选项正确的是（ ）。（司考）

A. 国际法中的和平解决国际争端原则要求乙国政府在解决"亚金索国"问题时必须采取非武力的方式

B. 国际法中的人民自决权原则为"亚金索国"的建立提供了充分的法律根据

C. 上述18世纪对该地区的割让行为在国际法上是有效的，该地区的领土主权目前应属于乙国

D. 甲国的承认使得"亚金索国"满足了国际法上构成国家的各项要件

视频讲题

6. 甲国A公司向乙国法院申请承认和执行一项对丙国不利的国际投资仲裁裁决，下列选项错误的是（ ）。

A. 乙国法院可冻结丙国驻乙国大使馆的银行账户

B. 乙国法院不能对丙国强制执行裁决，除非丙国明示放弃执行豁免

C. 乙国法院承认A公司的仲裁裁决侵犯了丙国的豁免权

D. 甲国有权对A公司向丙国提起外交保护

7. 下列关于国家官员的外国刑事管辖豁免权的说法，其中正确的是（ ）。

A. 国家元首享有外国刑事管辖属人豁免权

B. 国家元首对外国法院的灭绝种族罪指控不享有刑事管辖豁免权

C. 国家官员的外国刑事管辖豁免权属于刑事程序法的范畴

D. 外国法院邀请一国外交部部长对酷刑罪指控作证侵犯他的刑事管辖豁免权

8. 下列关于国家管辖权的说法，其中不正确的是（ ）。

A. 国家在任何情况下，均可以行使域外管辖权。

B. 维护国家安全是保护性管辖权的行使目的。

C. 当他国不当行使域外管辖权时，国家可以反对或采取反制措施。

D. 违反强行法的国际罪行不一定能受国家管辖。

9. 悬挂甲国国旗的飞跃号船长约翰，在公海上故意冲撞中国渔船，导致船上多人受伤。飞跃号最后停靠在中国海南省港口，约翰上岸接受治疗。停靠期间，飞跃号被中国执法机关扣押，并对相关人员提起刑事诉讼，受害人及其家属对约翰提起了刑事附带民事赔偿诉讼。中国与甲国均为1982年《联合国海洋法公约》缔约国。下列说法正确的是（ ）。（法考）

A. 中国法院对该刑事诉讼案件有管辖权

B. 该刑事诉讼案件可以由国际海洋法法庭管辖

C. 该刑事附带民事诉讼案件应当适用中国法律

D. 该案件应当适用1982年《联合国海洋法公约》

 简答题

1. 简述对国家的承认和对政府的承认。（考研）

2. 简述国家管辖权。（考研）

3. 简述有关条约继承的国际法规则。

4. 简述国家及其财产管辖豁免。（考研）

5. 简述自卫权。（考研）

6. 国家官员的外国刑事管辖豁免权的范围与内容。

7. 简述国家的基本权利。（考研）

8. 简述国家豁免权的特点。

9. 违反强行法与国家官员的外国刑事管辖豁免。

 材料与法条分析题

1. A1是A国国有资产管理委员会出资设立的一个法人公司。该公司成立后第七年，获准在B国发行股票，募集资金10亿美元。10年后，A1宣告破产。B国的许多小股东没有得到清偿，于是他们联合起来，在B国法院起诉A国政府，要求赔偿本金及利息20亿美元，并请求B国政府扣留A国政府向它购买武器所支付的10亿美元定金。B国法院受理了诉讼，并向A国外交部部长发出传票。A国拒绝出庭，因此，B国法院作出缺席判决，并命令B国政府将10亿美元定金转入法院特别账户用于清偿。数月后，A2（A国国有资产管理委员会出资设立的一个控股公司）所有的一艘满装着从C国购买的石油的船舶停靠B国港口。经B国公民请求，B国法院扣押并拍卖了该船及其货物。

根据以上案情，分析B国法院的做法是否正确。为什么？

视频讲题

2. 甲国人 A 在甲国与乙国某公司从事进出口贸易，诈骗了乙国某公司上千万美元的资产，逃至丁国。在潜逃过程中，A 对丙国船舶实施了海盗行为。甲、乙、丙、丁四国间没有引渡或司法协助方面的多边或双边协议。现在，乙国和丙国分别向丁国提出引渡 A 的请求，甲国向丁国派遣警察欲将 A 缉拿归案。

根据以上案情，回答下列问题：

（1）丁国将如何处理乙、丙两国提出的引渡请求？

（2）甲国是否有权派遣警察将 A 缉拿归案？

视频讲题

3. 根据有关国际法原则、规则和制度，分析下面条款：

《香港特别行政区维护国家安全法》第 38 条规定，不具有香港特别行政区永久性居民身份的人在香港特别行政区以外针对香港特别行政区实施本法规定的犯罪的，适用本法。

4. 运用有关国际法原则、规则和制度，分析下面材料：

世界上所有国家、所有民族都应该享有平等的发展机会和权利。各国人民有权选择自己的发展道路和制度模式，这本身就是人民幸福的应有之义。现代化道路并没有固定模式，适合自己的才是最好的，不能削足适履。每个国家自主探索符合本国国情的现代化道路的努力都应该受到尊重。

论述题与深度思考题

1. 结合实践，试述中华人民共和国的承认与继承问题。（考研）

2. 论美伊战争的合法性。（考研）

3. 试述国家及其财产管辖豁免原则的历史演进及最新发展。（考研）

4. 论述"预防性自卫"。（考研）

5. 试论普遍管辖权。（考研）

参考答案

名词解释与概念比较

1. 自卫权是国家使用武力反击外来武力攻击的权利。它是国家固有的或自然的权利，其行使除必须遵守必要性和比例性原则外，还受其他条件限制。

2. 国家继承是指一国对领土的国际关系所负责任由另一国取代。引起国家继承的原因，主要是国家领土的变更。国家继承的对象是与继承领土有关联的特定国际法权利和义务。

3. 永久中立国是根据国际条约或国际承认，在对外关系上承担永久中立义务的国家。它是一种具有特殊地位的主权国家，主要在与战争有关的国际活动方面受到一定限制。

4. 普遍管辖权通常是指普遍刑事管辖权，是指根据国际法，对于某些特定的国际罪行或违反国际法的罪行，由于危害国际和平与安全以及全人类的利益，不论罪行发生于何地和罪犯国籍如何，所有国家均有权对其实行管辖，如战争罪、海盗罪、贩奴罪等。普遍管辖权是属地管辖权和属人管辖权的例外，是国家刑事司法集中体系中的一种补充性机制。

5. 国家豁免权通常指国家及其财产不受他国法院管辖和强制执行的特权。这种豁免的一般形式是一国法院不得对以外国国家为被告提起的诉讼行使管辖（除非得到后者同意）和不得对外国国家财产采取强制措施。

6. 不承认原则是指对于违反国际法基本原则，由外国武力建立起来的，或在外国武力支持下建立起来的傀儡政权，不论它是以国家还是以政府的名义出现，都不应获得国际社会的承认。不承认原则是一项国际法原则，其起源与美国国务卿史汀生 1932 年给中、日两国政府的照会有关。

7. 国家官员的外国刑事管辖豁免权是指一个国家的官员对其犯罪行为享有不受外国法院刑事管辖和强制措施的特权。它是一项习惯国际法，其基础是国家

官员的代表性和职能需要。

8. 国际罪行是指发生在国际环境下并具有跨国或跨界影响，或破坏国际法律价值观或利益，引起国际关切、因而需要受到国际管制的犯罪行为。它可分为核心国际罪行和条约国际罪行。某些国际罪行引起普遍管辖权。

9. 域外管辖权是指国家对其领土边界之外的人、物和事行使规范和执法的权力。属人管辖原则、保护性管辖原则和普遍管辖原则可引起域外管辖权，在刑事管辖权方面尤为如此。域外管辖权不同于美国的长臂管辖权。

10. 保护性管辖权又称效果管辖，是指国家可由于境外的人、物或行为可能对该国的基本国家利益构成威胁或造成侵害而对其行使管辖的权力。这种管辖权广泛存在于国家刑法和安全法领域。

选择题

（一）单项选择题

1. B

关于政府承认的原则，国际法并无明确的规定。按照惯常的国际实践，当一个国家决定是否承认一个新政府时，决定性的因素是这个政府是否"有效统治"了这个国家。所以，"有效统治"原则成为现代国际实践承认新政府的根据。除此之外，一般不必再考虑新政府的政权起源及存在的法律依据。

2. B

引起国家继承的情况大致有分裂、合并、分离、独立、割让。

3. D

对政府的承认是确认一个集团的人在一个国家内已组成了一个能够在国内实行有效统治、在国际关系中代表该国家的政府，同时表示愿意视其为该国的唯一合法政府而与之交往。并不是所有政府变更的情况都导致政府承认，一国按照宪法程序所进行的政府变动，不引起政府承认。政府承认只是对既存国家内部通过政变或革命所产生的新政府的承认。

4. C

在一国的一部分或几部分领土分离而组成一个或一个以上国家时，不论被继承国是否继续存在，对被

继承国全部领土有效的任何条约，继续对其所有继承国有效；仅对成为继承国领土有效的条约，只对该继承国有效；被继承国如继续存在，对被继承国有效的任何条约，继续对该国的其余领土有效，除非该条约只与被继承的领土有关，或根本改变实施条约的条件，或有关国家另有协议。

5. C

对叛乱团体的承认是指其他国家将一国内反抗政府的叛乱者承认为叛乱团体的行为。它是在一国发生的叛乱尚未达到内战的程度时，其他国家为保护本国商务或侨民利益作出的。对叛乱团体的承认不同于对交战团体的承认，这种承认本身并不使叛乱团体享有交战者的权利，仅表示承认国在一定范围内对叛乱团体的武装斗争保持中立的立场。

6. B

不承认原则与美国国务卿史汀生 1932 年给中、日两国政府的照会有关。该照会宣布：美国绝不承认损及中国主权独立或领土及行政完整等的任何情势、条约或协议；不承认采用与 1928 年巴黎《非战公约》及其义务相抵触之手段导致的任何情势、条约或协议。此即为"史汀生不承认主义"。自此以后，它为一系列国际文件和国家实践所接受，成为国际法上的不承认原则。

7. D

对于清政府以来的历届中国政府所缔结或参加的条约，按其性质和内容予以区别对待。1949 年《中国人民政治协商会议共同纲领》第 55 条规定："对于国民党政府与外国政府所订立的各项条约和协定，中华人民共和国中央人民政府应加以审查，按其内容，分别予以承认，或废除，或修改，或重订。"

8. C

为了保护国家及其公民的重大利益，国家有权对外国人在该国领域之外所犯罪行实行管辖，此即为保护性管辖。例如，中国《刑法》第 8 条规定："外国人在中华人民共和国领域外对中华人民共和国国家或者公民犯罪……可以适用本法……"

9. C

按照国际法，与国际法主体资格相联系的所谓"人身条约"是随着被继承国国际人格的消灭而消灭的。政治性条约，如同盟条约、共同防御条约等，一般不继承。处理与所涉领土有关事务的所谓"非人身

条约"，如有关边界和边境制度的条约，有关河流使用、水利灌溉、铁路交通的条约，一般应予继承。经济性条约一般需要根据条约的内容来确定是否予以继承。

10. D

在国际法上，永久中立国承担中立义务，使其主权在与战争有关的国际活动方面受到一定限制，但并不影响其主权地位，因为：第一，它所放弃的主权有限；第二，这种放弃是基于自愿，这本身就是主权的表现。

11. D

国际法上的承认包括对新国家的承认和对新政府的承认。既存国家是否要给予新国家或新政府承认，是一个国家根据其外交政策和国家利益权衡的结果，也是单方面的政治行为。既存国家一旦表示承认新国家或新政府，就是国际法意义上的承认，就产生一定的法律效果。

12. B

国际债务按债的使用范围可分为国债、地方化债务和地方债务。国债是以国家名义对外国国家、国际组织或其他国际法主体所负的财政义务，也称公共债务；地方化债务是以国家名义所借但用于国家领土某一部分的债务；地方债务是由地方当局所借并用于该地区的债务。国债和地方化债务属于国家继承的范围，地方债务不属于国家继承的范围。在上述选项中，只有甲国中央政府所借债务为国家债务，因此应由丙国政府继承。

13. B

根据国家豁免权原则，一国的国内法院非经外国同意，不得管辖以外国国家作为被告的诉讼，也不得对外国国家财产采取强制执行措施。国家对管辖豁免的放弃，并不意味着对执行豁免的放弃。即使国家放弃了管辖豁免，外国法院也不能因此当然地对该国国家财产实施扣押、查封等强制执行措施。

14. A

建立外交关系属于法律承认而不是事实承认。法律承认是认定被承认者作为法律的正式人格的存在，表明承认者愿意与被承认者发展全面、正常的关系，带来全面而广泛的法律效果。这种承认是正式和不可撤销的，通常所说的承认都是指法律承认。事实承认是为了处理既需要与某个对象进行某种交往又不愿或

不宜与其进行全面正式交往的情况而产生的一种权宜做法。事实承认被认为是不完全的、非正式的和暂时性的，它比较模糊并可以随时撤销。

15. A

国家管辖权是国家对人、物和事行使管辖的权利。它是国家的基本权利之一。属地管辖权是国家对其领域内的一切人、物和所发生的事件行使管辖的权利。引渡是一国把在该国境内而被他国追捕、通缉或判刑的人，根据有关国家的请求移交给请求国审判或处罚。国家通常依条约承担引渡义务。

16. D

使馆享有管辖豁免权，一个国家主张限制豁免理论，不意味着该国法院享有管辖权。一国代表在另一国法院出庭，不得视为默示接受法院的管辖权。未经一国同意，外国法院不得对该国财产采取强制措施。

（二）多项选择题

1. ABC

国家豁免的一般形式是一国法院不得对以外国国家为被告提起的诉讼行使管辖（除非得到后者同意）和不得对外国国家财产采取强制措施。国家豁免的放弃是国家的一种主权行为，必须由国家本身作出。一国代表到外国法院出庭抗辩该法院的管辖权，并不表示接受该国法院的管辖。国家豁免权也并不表明其参与从事的国际民商事活动可以不受法律约束。

2. AC

目前世界上的永久中立国有瑞士、奥地利和土库曼斯坦。

3. BC

在国际法上，永久中立国承担中立义务，使其主权在与战争有关的国际活动方面受到一定限制，但并不影响其主权地位，因为：第一，它所放弃的主权有限；第二，这种放弃是基于自愿，这本身就是主权的表现。

4. ACD

联邦的基本特征是：（1）联邦本身和成员邦都有最高立法机关、行政机关和司法机关，各自权限由联邦宪法规定。（2）联邦的人民具有共同国籍，各成员邦的国民同时也是联邦的国民。（3）联邦在国际法上是一个主权国家，是国际法主体，其成员邦依联邦宪法可以有一定的对外交往权，但通常不具有国际人格。

5. BCD

永久中立国的义务包括：（1）不得对他国进行战争，也不得参加其他国家间的战争；（2）不得缔结诸如军事同盟条约、共同防御协定之类的与中立地位抵触的条约，以及不得参加任何军事集团或联盟；（3）不得采取任何可能使它卷入战争的行动或承担这方面的义务，如不得允许外国军队过境或在其境内建立军事基地和组织军队，不得为他国提供准备、发动和进行战争的任何条件。

6. ABC

国家的基本权利是指国家固有的、不可缺少的、根本性的权利，是国家主权的直接体现，包括独立权、平等权、自卫权和管辖权。

7. ABC

既存国家是否给予新国家或新政府承认，是一个国家根据其外交政策和国家利益权衡的结果，也是单方面的政治行为。

8. AB

按照国际法，与国际法主体资格相联系的所谓"人身条约"，例如，参加某一国际组织的条约，是随着被继承国国际人格的消灭而消灭的；政治性条约，如同盟条约、共同防御条约等，一般不继承；处理与所涉领土有关事务的所谓"非人身条约"，如有关边界和边境制度的条约，有关河流使用、水利灌溉、铁路交通的条约，有关中立化或非军事区的条约，特别是为当地利益而缔结的条约等，一般应予继承。

9. BCD

承认产生两种效果：从政治上说，承认是承认国和被承认国之间政治关系的开始，导致双方外交等官方关系的建立。从法律上讲，不论是法律上的承认，还是事实上的承认，都构成两国关系的法律基础，承认国就应根据国家主权平等原则，承认被承认国的国内立法和司法判决的效力、外交代表和国家及其财产的司法豁免权。

10. CD

行使国家主权权力的各种机关，经授权行使国家主权权力并以该身份行事或实际行使该权力的国家领土组成单位、国家机构、部门或其他实体，以及国家代表，都享有豁免权。A项是大使的非职务行为，B项的国有企业行为并不代表国家，C项使馆交通工具免于扣押，D项属于国家行为。

11. ABC

普遍管辖权是指根据国际法的规定，对于某些特定的国际罪行或违反国际法的罪行，由于危害国际和平与安全以及全人类的利益，所以，不论犯罪行为发生于何地和罪犯国籍如何，各国均有权对其实行管辖，如战争罪、海盗罪、贩奴罪等。

12. BC

国家豁免的放弃是国家的一种主权行为，这种放弃必须是自愿的和明确的。国家在外国领土范围内从事商业活动本身并不意味着放弃豁免。放弃豁免的行为是单独的，在一案中放弃豁免不意味着在他案中也放弃豁免。国家为主张豁免权，对外国法院的管辖作出反应，不构成豁免的默示放弃。

13. AB

国家债务是指一个被继承国按照国际法而对另一国、某一国际组织或任何其他国际法主体所负的任何财政义务。按使用范围，债可分为国债、地方化债务和地方债务。国债是以国家名义所借并用于全国的债务，也称公共债务；地方化债务是以国家名义所借但用于国家领土某一部分的债务；地方债务是由地方当局所借并用于该地区的债务。A、B两项属于国家债务，应该继承。

14. AB

正式承认即法律上的承认，它构成承认国与被承认者之间建立和发展全面交往的基础，在性质上是不能撤销的。事实上的承认是一种非正式的承认，具有临时性，可以撤销。二者的区别主要体现在政治效果方面：前者是建立和维持外交关系的基础；后者一般只发生一定范围的经济及其他事务性关系，而不涉及政治上之外交关系。本题中A、B两项涉及政治上的外交关系，所以是对S国的正式承认。

15. BC

一个国家同意适用另一个国家的法律或者派代表在另一个国家的法院出庭主张豁免，都不应被解释为同意该另一个国家的法院行使管辖权。反诉是国家默示放弃管辖豁免的一种方式。一个国家在一种情形下放弃管辖豁免不意味着它在另一种情形下也放弃管辖豁免。

16. ABD

《阻断外国法律与措施不当域外适用办法》规定，外国法律与措施不当域外适用违反国际法和国际关系基本准则，影响中国国家主权、安全、发展利益，不

当禁止或者限制中国公民、法人或者其他组织与第三国（地区）及其公民、法人或者其他组织进行正常的经贸及相关活动，中国可以采取相应措施。这是中国行使保护性管辖权和被动属人管辖权，也是一种域外管辖权，但不是美国的长臂管辖权。

（三）不定项选择题

1. ABCD

自卫权是国家使用武力反击外来武力攻击的权利。自卫权是国家固有的或自然的权利，可单独或集体行使；自卫是对武力攻击的反应。武力攻击是指已发生的或迫近的武力攻击；自卫权应在受武力攻击时、联合国安全理事会采取维持国际和平与安全的必要办法之前行使，且自卫行动应立即报告联合国安全理事会，并不得影响联合国安全理事会采取其所认为必要行动的权责；行使自卫权必须遵守必要性和比例性原则。

2. ABD

默示承认是一种间接的、通过某种行为表示的承认，通常是缔结双边条约、建立或维持外交关系或者领事关系。至于新国家或新政府参加国际会议、国际组织或多边国际公约，并不当然构成其他国家对它们的默示承认。

3. BCD

普遍管辖权是指根据国际法的规定，对于某些特定的国际罪行或违反国际法的罪行，由于危害国际和平与安全以及全人类的利益，所以，不论犯罪行为发生于何地和罪犯国籍如何，各国均有权对其实行管辖，如战争罪、海盗罪、贩奴罪等。

4. AC

按照国际法，地方债务非国家所借，国家对此不承担责任。至于恶债，如战争之债，因其不正当之用途及违反国际法之性质，当然不在国家继承范围之列，"恶债不予继承"已成为一项公认的国际法原则。所以，可以成为国家继承对象的只有国家以其名义向外国国家、国际组织或其他国际法主体所负的合法国债与地方化债务。

5. C

自愿割让是领土取得的一种合法方式。甲国自愿将亚金索地区割让给乙国，乙国即取得了对该土地的主权。人民自决权原则仅仅适用于殖民地人民的独立。和平解决国际争端原则适用于国家之间而非国内争端。

甲国对"亚金索国"的承认不能使它具有成为国家的要素，因为承认不具有构成的性质。

6. AC

根据《维也纳外交关系公约》，乙国大使馆享有管辖豁免权。丙国同意仲裁不意味着它放弃执行豁免。乙国法院承认仲裁裁决并未侵犯丙国的管辖豁免或执行豁免。丙国没有履行对其不利的仲裁裁决违反保护投资的义务，构成国际不法行为，甲国有权对其A公司提起外交保护。

7. C

卸任的国家元首不享有外国刑事管辖属人豁免权，对灭绝种族罪的外国刑事管辖豁免权例外没有成为一项习惯法规则，国家官员的外国刑事管辖豁免权是豁免程序，邀请作证不侵犯国家官员的外国刑事管辖豁免权。

8. A

行使域外管辖权应当以符合国际法为前提。一个国家只有在国际法允许的范围内主张域外管辖权，才有权获得其他国家的承认。国家在基本国家利益受到威胁时，有权采取保护性管辖权。维护国家安全是对国家根本利益的威胁与挑战。当他国行使域外管辖权违反国际法和国际关系基本准则，影响国家主权或国家安全时，一国可以不承认、不执行、不遵守，并采取必要的反制措施。违反强行法的国际罪行不一定引起国家管辖权，比如危害人类罪。

9. AC

选项A正确：由于中国船舶受到碰撞并引起了中国公民的人身财产损失，中国有权行使保护性管辖权，对案件进行管辖。选项B错误：国际海洋法法庭的管辖范围并不包括海上碰撞等纠纷，而是主要包括管辖海洋开发、海洋划界等国家之间的纠纷，或者国际海底矿产开发合同纠纷等。选项C正确：公海上的船舶碰撞应当适用法院地法。在中国境内提起的刑事附带民事诉讼应当适用中国法律进行裁判。选项D错误：国内的刑事或民事案件裁判与1982年《联合国海洋法公约》所规定的事项并无关联。

 简答题

1.（1）国家承认是指既有国家确认某一实体作为国际法意义上的国家而存在，并表示愿意将其视为国

家而与其交往。政府承认是指一国确认一个集团的人在一个国家内已组成了一个能够在国内实行有效统治、在国际关系中代表该国的政府，并表示愿意视其为该国的唯一合法政府而与之交往。

（2）政府承认与国家承认一样，均属于受到国际法制约而能产生一定效果的国家行为，但由于二者涉及的对象不同，其条件、方式和效果均有一定区别。在现代国际法中，国家承认的条件有两个：一是必须具备现代国际法意义上的国家的全部要素；二是新国家的建立应当符合公认的国际法原则。政府承认的条件有两个：一是有关新政府必须在一国的全部或大部分领土上实际确立了有效统治，并且已经得到了本国全体或大多数居民的惯常服从；二是新政府成立必须要符合公认的国际法准则。在实践中，对国家承认的方式通常是既有国家给予新国家明确、无条件的法律承认。政府承认则多采用默示承认的方式。政府承认与国家承认有相似的政治效果和法律效果。

2.（1）国家管辖权是国家对人、物和事行使规范和执法的权力。它是国家的基本权利之一。国家管辖权可分为立法管辖权、行政管辖权和司法管辖权，或者民事管辖权、刑事管辖权和行政管辖权。根据行使管辖的依据不同，国家管辖权可分为属地管辖权、属人管辖权、保护性管辖权和普遍管辖权。

（2）属地管辖权是国家对其领域内的一切人、物和所发生的事件行使管辖的权利。属人管辖权是国家对在其领域外的本国人或外国人行使管辖的权利。保护性管辖权是国家为了保护其本身安全或重大利益，对外国人在该国领域之外的侵害行为所实行的管辖权。普遍管辖权是国家根据国际法的规定，对于危害国际和平与安全以及全人类利益的某些特定的国际罪行或违反国际法的罪行行使的管辖权，而不论犯罪行为发生于何地和罪犯国籍如何。

（3）一个国家可以上述管辖权中的任何一项或者这四项管辖权的任何一种组合为依据建立其管辖权。因此，两个或两个以上国家可能对同一行为行使管辖权，这称为平行管辖或并行管辖。管辖权基本上是域内的（即域内管辖权），但也有域外性质（即域外管辖权），这对刑事管辖权而言尤其如此。属人管辖原则、保护性管辖原则和普遍管辖原则可引起域外管辖权。无论哪一种管辖权，一个国家在行使时不得与国际法相抵触，比如行使属地管辖权得尊重国家官员的外国

刑事管辖豁免权或外交人员的豁免权。就上述四种管辖权的关系而言，属地管辖权是根本。在属人管辖权、保护性管辖权或普遍管辖权与之冲突时，属地管辖权优先，除非存在相反的条约义务。那种侵犯属地管辖权的极具攻击性的国家立法明显不符合国际法。因此，单方面域外执法（包括绑架、武力营救、暗杀）或者侵犯国家官员外国刑事管辖豁免权或外交豁免权的单边刑事措施违反国际法。

3.（1）按照国际法，与国际法主体资格相联系的所谓"人身条约"，随着被继承国国际人格的消灭而消灭。政治性条约，如同盟条约、共同防御条约等，一般不继承。处理与所涉领土有关事务的所谓"非人身条约"，如有关边界和边境制度的条约，有关河流使用、水利灌溉、铁路交通的条约，一般应予继承。经济性条约一般需要根据条约的内容来确定是否予以继承。

（2）根据《关于国家在条约方面的继承的维也纳公约》，条约继承的具体制度是：1）一国领土的一部分成为另一国领土的一部分时，在所涉领土内，被继承国的条约失效，继承国的条约生效。2）新独立国家对于任何条约，没有维持其效力的义务。继承国可发出继承通知，以确立其成为多边条约缔约国的地位；对于被继承国已签署但有待批准或接受的多边条约，继承国可通过履行相应手续而成为该条约的缔约国。至于双边条约，只有在两国明示或默示同意时，才在新独立国家与另一方之间有效。3）两个或两个以上国家合并为一个国家时，对其中任何一个国家有效的任何条约，除非另有协议，或其继续适用将不合条约的目的和宗旨，或根本改变实施条约的条件，应继续对继承国有关领土有效；对未生效的条约，继承国可通知其他缔约国以确立其缔约国的地位。4）在一国的一部分或几部分领土分离而组成一个或一个以上国家时，不论被继承国是否继续存在，对被继承国全部领土有效的任何条约，继续对其所有继承国有效；仅对成为继承国领土有效的条约，只对该继承国有效；被继承国如继续存在，对被继承国有效的任何条约，继续对该国的其余领土有效，除非该条约只与被继承的领土有关，或根本改变实施条约的条件，或有关国家另有协议。

4.（1）国家管辖豁免权通常指国家及其财产不受他国法院管辖和强制执行的特权。这是一项普遍接受

的国际习惯法原则，源自罗马法上"平等者之间无管辖权"的格言。国家主权平等、独立和尊严是国家豁免的基础。这种豁免的一般形式是一国法院不得对以外国国家为被告提起的诉讼行使管辖（除非得到后者同意），以及不得对外国国家财产采取强制措施。

（2）国家是国际法上管辖豁免的当然享有者。国家是由有组织的机关组成的实体，因此，国家作为管辖豁免的主体实际上涉及谁可以代表国家，从而成为国家定义的一部分。行使国家主权权力的各种机关，经授权行使国家主权权力并以该身份行事或实际行使该权力的国家领土组成单位、国家机构、部门或其他实体，以及国家代表，都享有豁免权。

（3）在国家管辖豁免问题上，理论上和实践中曾有绝对豁免原则与限制豁免或相对豁免原则之分。前者指不论所涉及外国国家的行为或财产的性质如何，一律给予豁免。后者则将国家的行为分为主权行为和非主权行为，主张只有国家的主权行为才享有豁免，而国家的非主权行为不能享有豁免。在某些诉讼中国家不得援引豁免为《联合国国家及其财产管辖豁免公约》所接受。国家管辖豁免权例外的核心是商业交易诉讼。商业交易是指为销售货物或为提供服务而订立的任何商业合同或交易；或任何贷款或其他金融性质之交易的合同，包括涉及任何此类贷款或交易的任何担保义务或补偿义务等。确定一项合同或交易是否为商业交易，应主要参考该合同或交易的性质。但如果合同或交易的当事方已达成一致，或者根据法院地国的实践，合同或交易的目的与确定其非商业性质有关，则其目的也应予以考虑。

（4）国家可通过明示或默示的方式放弃在外国法院的管辖豁免权。明示放弃豁免即国家以国际协定、书面合同或仲裁协议、在法院发表的声明或在特定诉讼中提出的书面函件等方式，明示同意外国法院对某一案件行使管辖或采取强制措施。默示放弃豁免即国家通过某种行为表示同意外国法院的管辖。

5. 自卫权是国家使用武力抵抗外来武力攻击，以保护自己的固有权利或自然权利。它是基于国际习惯法并为《联合国宪章》第51条所明确承认和支持的一项国际法权利。根据《联合国宪章》第51条和国际习惯法，自卫权包含以下要素：（1）自卫权是国家固有的或者自然的权利，可以单独或者集体行使。（2）自卫权是对武力攻击的反应。先发制人不是《联合国宪章》第51条中的自卫。（3）自卫权应该在受到武力攻击时、安全理事会采取必要办法之前行使，且自卫行动应该立即报告安全理事会，并不得影响安全理事会采取其所认为必要行动的权责。（4）行使自卫权必须遵守必要性和比例性原则。

6.（1）国家官员的外国刑事管辖豁免权是指一个国家的官员对其犯罪行为享有不受外国法院刑事管辖和强制措施的特权。它是一项习惯国际法，其基础是国家官员的代表性和职能需要。

（2）国家官员的外国刑事管辖豁免权可分为属人豁免权与属事豁免权两类。属人豁免权是指国家官员因其职位或身份而享有的外国刑事管辖豁免权。这种豁免权在官员任职时生效，离职时失效，涵盖国家官员以官方身份和私人身份在担任其职位之前和期间的行为，具有临时性质，除非终身任职。国家高级官员享有这种豁免权，包括传统的"三巨头"，即现任国家元首、政府首脑和外交部部长。属事豁免权是指国家官员对其履行国家职能的行为享有的外国刑事管辖豁免权。这种豁免权仅涉及国家官员以官方身份所实施的行为，即官方行为，因此不覆盖国家官员以私人身份采取的行为和官员任职之前或离职之后采取的行为。

（3）国家官员的外国刑事管辖豁免权的内容是刑事管辖豁免和刑事程序强制措施豁免，不包括刑事立法管辖豁免。刑事程序措施包括调查、拘留、起诉、审判或传唤证人，只要这类措施具有强制性，将妨碍或阻止国家官员履行职能，就构成对豁免权的侵犯，比如通缉、发布逮捕令或逮捕。如果一种刑事程序措施并不对国家官员施加强制性义务，则不得视为侵犯其豁免权，比如邀请作证。

（4）国家官员的外国刑事管辖豁免权可能在刑事起诉之前的预审阶段出现，外国法院即应考虑。对于享有属人豁免权的"三巨头"，外国法院应自行提出豁免问题。对于享有属事豁免权的官员，则必须由官员所属国提出。

参见程晓霞、余民才主编：《国际法》，7版，69～72页。

7. 国家的基本权利是国家根据主权所固有的那些权利。国家的基本权利一般包括独立权、平等权、自卫权和管辖权。独立权是国家主权在对外关系上的体现，是国家可以按照自己的意志处理本国事务而不受外来控制和干涉的权利。它不仅指国家的政治独立，还包括国家在经济上的独立,即不受外国剥削和掠夺的权利。平等权是指国家在国际法上的地位平等,而不问其大小强弱,也不问其社会制度的性质和发展水平。平等权是指法律上的平等,不是实力的平等。自卫权是国家使用武力反击外来武力攻击的权利,这种权利的行使受国际法的限制,如必须遵守必要性和比例性原则。先发制人不是自卫。管辖权是国家对人、物和事行使规范和执法的权力,它是国家的基本权利之一。根据行使管辖的依据不同,国家管辖权可分为属地管辖权、属人管辖权、保护性管辖权和普遍管辖权。其中,属地管辖权是根本,保护性管辖权和普遍管辖权是对传统国际法上国家管辖权的扩展,它们都必须依照国际法行使。在属人管辖权、保护性管辖权和普遍管辖权与属地管辖权发生冲突时,属地管辖权优先,除非存在相反的条约义务。

参见程晓霞、余民才主编:《国际法》,7 版,50～60 页。

8. 国家豁免权主要有如下特点:(1)国家豁免权是国际法规范的一个问题,而非一个单纯的礼让问题。(2)国家豁免权发生在外国法院有关国家的民事程序中,是外国法院行使管辖权的障碍。(3)国家豁免原则上是一个法律问题。但是,在特定情况下,它是一个外交问题。(4)国家豁免权的实质是豁免程序,而不豁免实体义务或责任。(5)国家豁免权不因被指控的行为严重违反诸如国际人道法或国际人权法方面的强行法而受到影响。(6)国家豁免权不取决于存在确保救济实现的有效可替代手段。

9.(1)强行法是指国家之国际社会全体接受并公认为不许损抑且仅有以后具有同等性质之一般国际法规律始得更改之规律。违反强行法的罪行通常包括灭绝种族罪、危害人类罪、战争罪、种族隔离罪、酷刑和强迫失踪。

(2)国家官员的外国刑事管辖豁免是指一个国家的官员对其犯罪行为享有不受外国法院刑事管辖和强制措施的特权。它是一项国际习惯法规则。

(3)国家官员的外国刑事管辖豁免权分为属人豁免权与属事豁免权。属人豁免权是指国家官员因其职位或身份而享有的外国刑事管辖豁免权。国家元首、政府首脑和外交部部长("三巨头")以及其他高级官员在其任职期间对外国法院的刑事管辖享有属人豁免权,无论相关行为是否是职务行为,也无论相关行为

是否违反强行法。

(4)属事豁免权是指国家官员对其行使国家权力时实施的任何行为享有的外国刑事管辖豁免权。高级官员以外的其他所有国家官员,对于职务行为,享有外国法院的属事豁免权。即使在不担任国家官员之后,对于任职期间的官方行为,仍然有豁免。但是违反强行法的罪行是否构成属事豁免权的例外,这尚未成为一项习惯国际法规则。

材料与法条分析题

1. B 国法院的做法不正确。

国家豁免权是一项普遍接受的国际习惯法原则,一国法院非经外国国家同意不得就对它提起的诉讼行使管辖和采取强制措施。B 国法院受理诉讼、发出传票、缺席判决和对定金采取强制措施的行为,侵犯了A 国的国家豁免权。

(1)A1 是 A 国的一个独立法人,以其自有资产对外承担责任。它不是 A 国国家定义的一部分,因此,A 国不对 A1 未偿债务承担责任。

(2)A 国政府向 B 国政府购买武器的交易不属于豁免例外的商业交易。

(3)A2 是独立法人,与 A1 的债务没有任何法律关系,它也不是 A 国国家定义的一部分。

2.(1)国家管辖权分为属地管辖权、属人管辖权、保护性管辖权和普遍管辖权四种。因为 A 潜逃到丁国,所以,依据属地管辖权,丁国有权缉拿 A,对其进行审判。尽管 A 不是乙人,也不在乙国,但他侵害了乙国公司的重大利益,所以,乙国对他有权实施管辖,可以向丁国提出引渡要求。根据国际法的规定,对于某些特定的国际罪行,由于危害国际和平与安全以及全人类的利益,因而不论犯罪行为发生于何地和罪犯国籍如何,各国均有权对其实行管辖。A 对丙国船舶实施了海盗行为,因此,丙国可对其行使普遍管辖,要求丁国引渡。但引渡是一项基于条约的义务,由于丁国与乙、丙两国均无相关引渡或司法协助协议,所以,丁国没有义务将 A 引渡给乙国或丙国,是否引渡由丁国自行决定。

(2)虽然甲国对 A 有属人管辖权,但由于 A 在丁国,需通过引渡或司法协助才能将其缉拿归案,所以,甲国不能直接向丁国派遣警察缉拿 A。

3. 这个条款体现的是保护性管辖权和中国法域外适用。

（1）国家管辖权是指国家对人、物和事行使规范和执法的权力，可分为立法管辖权、行政管辖权和司法管辖权。香港地区是中华人民共和国不可分离的部分，中华人民共和国有权制定和实施法律，防范、制止和惩治与香港特别行政区有关的分裂国家、颠覆国家政权、组织实施恐怖活动和勾结外国或者境外势力危害国家安全的行为和活动。

（2）保护性管辖权是国家为了保护其本身安全或重大利益，对外国人在该国领域之外的侵害行为实行管辖的权力。这种针对国家的严重行为包括威胁国家政治或军事安全的罪行、伪造货币罪、违反移民法的罪行或损害公共卫生的罪行等。不具有香港特别行政区永久性居民身份的人在香港特别行政区以外针对香港特别行政区实施分裂国家罪、颠覆国家政权罪、勾结外国或者境外势力危害国家安全罪或恐怖活动罪，香港特别行政区有权行使保护性管辖。《香港特别行政区维护国家安全法》第38条规定：不具有香港特别行政区永久性居民身份的人在香港特别行政区以外针对香港特别行政区实施本法规定的犯罪的，适用本法。

（3）中国法域外适用是指中国法律延伸适用于中国领土之外的人、物和事。通过《香港特别行政区维护国家安全法》第38条，分裂国家罪、颠覆国家政权罪、勾结外国或者境外势力危害国家安全罪或恐怖活动罪延伸适用于不具有香港特别行政区永久性居民身份的人在香港特别行政区以外针对香港特别行政区的这类犯罪行为。《香港特别行政区维护国家安全法》是加快我国法域外适用的法律体系建设和加强涉外法治体系建设的重要部分。

参见程晓霞、余民才主编：《国际法》，7版，44～45、56～58页。

4.（1）国家享有主权，国家主权所固有的那些权利被称为国家的基本权利。国家的基本权利包括独立权和平等权。

（2）独立权是国家主权在对外关系上的体现，是国家按照自己的意志处理本国事务而不受外来控制和干涉的权利。它包含自主性和排他性两方面的意义，因而构成不干涉原则的基础。依据独立权，国家有权根据本国人民的意愿，自由选择本国的政治、经济、社会和文化制度，发展道路，不接受其他任何国家的命令。世界上没有最好的发展道路和制度模式，也没有固定的现代化道路模式。各国人民选择自己的发展道路和制度模式，自主探索适合自己的现代化道路，是行使独立权的具体实践。

（3）平等权是指国家在国际法上的地位平等，而不问其大小强弱，也不问其社会制度的性质和发展水平如何，均有平等权利与责任。发展是联合国的三大支柱之一，发展权是一项不可剥夺的人权，发展机会均等是国家和组成国家的个人的一项特有权利。平等权意味着所有国家、所有民族都享有平等的发展机会和权利。平等权也意味着相互尊重，因而每个国家应该尊重其他国家人民选择的发展道路和制度模式，尊重其他国家自主探索符合本国国情的现代化道路的努力，不得强加自己的模式，更不得强行颠覆他国政权和政治制度，阻断他国的发展道路。

参见程晓霞、余民才主编：《国际法》，7版，50～54页。

论述题与深度思考题

1.（1）对中华人民共和国的承认属于对新政府的承认，而不是对新国家的承认。中国政府在很多场合和许多文件中都对此作了明确的肯定。

（2）中国政府在对待承认问题上还积极地规定接受他国承认的条件，即必须承认中华人民共和国政府是代表中国的唯一合法政府，断绝与台湾当局的一切官方关系以及承认台湾是中国领土不可分割的一部分，是中国的一个省。此即"逆条件"的承认。同时，在中国政府看来，承认是互相的，对于不承认中国政府的国家或政府，中国政府也拒绝给予其合法地位。"逆条件"的承认和承认的相互性是中华人民共和国对承认的贡献。

（3）中华人民共和国对旧中国的继承问题，只能是政府继承问题。按照国际法，中华人民共和国政府应享有中华民国政府及其他前政府一切合法的国际权利及利益，但对其所承担的国际义务则要区别对待。我国政府的原则立场是：

1）关于条约。对清政府以来的历届中国政府所缔结或参加的条约，按其性质和内容予以区别对待。1949年《中国人民政治协商会议共同纲领》第55条规定："对于国民党政府与外国政府所订立的各项条约和协定，中华人民共和国中央人民政府应加以审查，按其内容，分别予以承认，或废除，或修改，或重订。"

2）关于国家财产。从 1949 年 10 月 1 日起，中华人民共和国政府对于旧中国政府在国外的财产，包括公营企业，享有合法的继承权利。所有当时属于中国的国家财产，包括动产和不动产，不论其位于何地，也不论其所在地的国家或政府是否承认中华人民共和国政府，一律归中华人民共和国政府所有，它有权接收和处理。

3）关于国家债务。对于旧中国历届政府遗留下来的债务，中华人民共和国政府根据其性质区别对待：对恶意之债不予继承；而对合法债务则与有关国家或政府友好协商，进行清理，求得公平合理的解决。

4）关于中国政府在国际组织的代表权及其他权益。中华人民共和国在联合国及其他国际组织中的代表权问题，不是作为一个新的会员国加入，而是作为一个创始会员国恢复其既得合法权利和地位的问题。中华人民共和国政府有权继承旧中国政府在联合国或其他国际组织中的代表权及其他权益。

2. 美国对伊拉克的战争是非法的，其所依据的理由在国际法上都不成立。

（1）美国对伊动武不是自卫。自卫是国家使用武力反击外来武力攻击的合法军事行动，它构成《联合国宪章》第 2 条第 4 款的例外。伊拉克没有对美国发动武力攻击，也没有对美国形成迫近武力攻击威胁。

（2）伊拉克拒绝核查大规模杀伤性武器不构成美国对伊动武的另一个理由。武器核查是联合国安全理事会采取的措施，拒绝核查的后果应该由安全理事会决定，而不应该由美国单方面决定。

（3）美国没有提出伊拉克支持恐怖主义的充分证据。美国所依据的对恐怖主义进行先发制人不是国际法上的自卫。

（4）美国对伊拉克的战争违反了《联合国宪章》规定的国家主权平等、不使用武力和不干涉内政原则。

3. （1）国家及其财产管辖豁免是国际法领域一个重要的理论和实践问题，它通常是指国家及其财产免于他国法院管辖和强制执行的特权。这是一项普遍接受的国际习惯法原则。

国家及其财产管辖豁免原则经历了从绝对豁免到限制豁免的转变。绝对豁免是指不论一国行为及其财产的性质如何，也不论该国的财产位于何地、为谁所控制，该国及其财产在他国法院都享有豁免权。除非该国自愿放弃豁免权，任何其他国家的法院都无权受理以该国为被告或以该国财产为诉讼标的的民事案件。限制豁免则将国家行为分为主权行为和商业行为，只对外国国家的主权行为及用于该类行为的国家财产给予管辖豁免，而对其商业行为及用于该类行为的财产则不给予豁免。在 20 世纪之前，绝对豁免是英美国家盛行的理论和实践，限制豁免的影响不大。第二次世界大战后，随着英美国家转向限制豁免，限制豁免成为越来越多的国家所采取的立场。2004 年《联合国国家及其财产管辖豁免公约》反映了这一趋势。

（2）《联合国国家及其财产管辖豁免公约》是目前世界上关于国家及其财产管辖豁免问题最全面、最系统的一个国际法律文件，其许多规定对管辖豁免规则作出了新发展，表现在以下方面：

1）对有权主张豁免权的国家作出了定义。

2）明确规定了豁免权的内容，即管辖豁免和强制措施豁免。管辖豁免是指一外国法院不得就对某国提起的诉讼行使管辖权，除非得到该国同意。强制措施豁免是指外国法院不得在诉讼中对国家财产采取判决前或判决后的强制措施，如查封、扣押和执行措施，除非得到该国同意。而且，同意放弃管辖豁免并不意味着放弃强制措施豁免。

3）明确列举了某些行为不得视为同意一外国法院行使管辖权，包括同意适用外国的法律、援引豁免、对诉讼中有待裁决的财产主张一项权利或利益、国家代表在外国法院出庭作证以及未在外国法院的诉讼中出庭。

4）明确列举了国家豁免权的例外，尤其界定了商业交易概念及判断标准。

5）明确规定了国家放弃豁免权的形式。

（3）2023 年《中华人民共和国外国国家豁免法》是国家豁免原则在我国国家立法上的一项最新发展。它是首次全面确立中国的外国国家豁免制度的开创性立法，是中国加强涉外领域立法的又一里程碑。该法在许多方面与《联合国国家及其财产管辖豁免公约》的相关规定基本相同，但又独具特色，包括确立对等

原则，即外国给予中国国家及财产的豁免待遇低于本法规定的，中国实行对等原则。

参见程晓霞、余民才主编：《国际法》，7 版，60～63、67～69 页。

4. 自卫权是国家使用武力抵抗外来武力攻击以保护自己的固有权利或自然权利。它是基于习惯国际法并为《联合国宪章》第 51 条所明确承认和支持的一项国际法权利。自卫权包含以下要素：（1）自卫权是国家固有的或者自然的权利，可以单独或者集体行使。（2）自卫权是对武力攻击的反应。（3）自卫权应该在受到武力攻击时、安全理事会采取必要办法之前行使，且自卫行动应该立即报告安全理事会，并不得影响安全理事会采取其所认为必要行动的权责。（4）行使自卫权必须遵守必要性和比例性原则。

预防性自卫或先发制人自卫是指一国在受到武力攻击之前、威胁正在形成之中所进行的先发制人攻击。它是由 2002 年美国《国家安全战略》首次确立为一项安全战略的。预防性自卫与国际法上要求国家在"受到武力攻击时"才能进行自卫的规定不相符。不仅《联合国宪章》第 51 条没有提到预防性自卫或先发制人自卫概念，而且这些概念也没有得到国家和理论的普遍接受，因此，预防性自卫或先发制人不是国际法承认的自卫。

参见程晓霞、余民才主编：《国际法》，7 版，54～56 页。

5.（1）普遍管辖权通常被理解为普遍刑事管辖权，是指根据国际法，对于某些特定的国际罪行或违反国际法的罪行，由于危害国际和平与安全以及全人类的利益，不论犯罪行为发生于何地和罪犯国籍如何，所有国家均有权对其实行管辖。国际罪行是指发生在国际环境下并具有跨国或跨界影响，或破坏国际法律价值观或利益，引起国际关切，因而需要受到国际管制的犯罪行为。它可分为核心国际罪行和条约国际罪行。前一类包括灭绝种族罪、战争罪、危害人类罪、侵略罪、酷刑、强迫失踪和种族隔离等，后一类包括海盗、贩毒、贩卖奴隶或人口、核恐怖主义罪行、腐败和其他形式的国际有组织犯罪等。

（2）普遍管辖权的确立是因为某些犯罪活动严重危害国际和平与安全以及国际社会的整体利益，其主要目的是惩治国际犯罪的需要。行使这种管辖权的法

律依据是国际条约或国际习惯。例如，对海盗罪和危害人类罪的普遍管辖权是基于国际习惯，对空中劫持或特定恐怖主义罪行的普遍管辖权是基于条约。由于普遍管辖权是属地管辖权和属人管辖权的例外，故其行使只能在行使国自己的领土内或国际法允许的区域（如公海）进行，不得侵犯他国的属地管辖权。

（3）普遍管辖权与强行法密切相关，那些违反强行法的行为往往被视为严重违反国际法的罪行。但是，违反强行法的国际罪行并不一定引起国家管辖权，比如危害人类罪。普遍管辖权构成属地管辖权与属人管辖权的例外，是国家刑事司法集中体系中的一种补充性机制，与"引渡或起诉义务"有联系，后者在条约中体现为在缔约国之间实行普遍管辖。但是，二者仍然有区别：普遍管辖权是一种管辖权依据，其本身并不意味着提交案件供起诉的义务；而"引渡或起诉义务"是具体条约中的一项义务，不是一项习惯国际法规则。普遍管辖权与国际刑事管辖权也有区别：前者由国家行使，后者则属于国际法庭。

（4）行使普遍管辖权与国家官员的外国刑事管辖豁免权或外交豁免权存在表面冲突。根据有关国际条约的规定，凡犯有普遍管辖的罪行的人，无论其为依宪法负责的统治者、公务员或私人，均应受到惩治，如 1948 年《防止及惩治灭绝种族罪公约》第 4 条和 1998 年《国际刑事法院罗马规约》第 27 条。而根据习惯国际法，国家官员享有外国刑事管辖豁免权，国家元首、政府首脑和外交部部长在国外享有完全豁免权。当享有外交豁免权的国家元首、政府首脑、外交部部长或其他国家高级官员被指控犯有普遍管辖的罪行时，是普遍管辖权优先还是外交豁免权优先，可能成为争论的问题。根据国际实践和国际法原则，除非存在一个特别条约（如《前南斯拉夫问题国际刑事法庭规约》）或一个权威的中立机构决定追究某些特定人员对所犯严重国际罪行的刑事责任，国家以行使普遍管辖权的理由采取侵犯国家官员外国刑事管辖豁免权或外交豁免权的单边刑事措施是违反国际法的。这一点为国际法院 2000 年"逮捕令案"判决所证明。因此，行使普遍管辖权不意味着豁免权的丧失，豁免权的存在也不意味着绝对不受惩罚。

参见程晓霞、余民才主编：《国际法》，7 版，58、70～73 页。

第四章　国际组织法

 知识逻辑图

国际组织法
- 国际组织→政府间国际组织
  - 特征：国家间；有常设机构；依条约设立；国际法律人格
  - 地位
    - 缔约权
    - 使节权
    - 承认与被承认权
    - 国际索赔和国际责任
    - 特权与豁免
- 一般法律制度
  - 基本文件
  - 成员资格
    - 类型：完全成员；准成员；部分成员；联系成员；观察员
    - 取得：创始取得；纳入取得
    - 丧失与暂停
  - 组织机构与职能
    - 最高权力机关：大会；管理董事会
    - 执行机关：理事会；执行局；董事会
    - 行政机关：秘书处
  - 议事规则
    - 一致同意
    - 多数表决
    - 加权表决
    - 协商一致
  - 决议：法律效力取决于有关机构的职权或决议本身的实质内容
- 联合国法
  - 宗旨与原则：《联合国宪章》第1条（四大宗旨、三大支柱；中国"三大全球倡议"）、第2条
  - 会员国：193个
  - 主要机关
    - 大会：审议与建议机关
    - 安理会：唯一有权采取行动的机关　集体安全体制（《联合国宪章》第12条限制）　集体安全行动（强制制裁；武力强制措施）　联合国维持和平行动
    - 经济与社会理事会
    - 托管理事会
    - 国际法院：主要司法机关
    - 秘书处：日常行政事务管理
  - 改革：主要是安理会改革问题
  - 专门机构
    - 政府间组织
    - 广大国际责任
    - 与联合国的法律关系
    - 独立的法律地位
- 区域性国际组织：与联合国在维持国际和平与安全上合作与补充
- 非政府组织（NGO）
  - 不具有国际法的主体资格
  - 与联合国的关系：咨商地位

名词解释与概念比较

1. 国际组织
2. 安全理事会（考研）
3. 否决权
4. 联合国专门机构（考研）
5. 联合国集体安全体制
6. 联合国维持和平行动

 选择题

（一）单项选择题

1. 首次正式将"联合国"作为战后国际组织名称的文件是（   ）。
   A. 《联合国家宣言》
   B. 《关于建立普遍性国际组织的建议案》
   C. 《联合国宪章》
   D. 《关于普遍安全的宣言》

2. 联合国大会对于"重要问题"的表决，以到会及投票会员国的（   ）。
   A. 1/2 多数票表决
   B. 3/4 多数票表决
   C. 4/5 多数票表决
   D. 2/3 多数票表决

3. 国际联盟大会和行政院的决定的表决制度采取（   ）。
   A. 大国一致原则
   B. 全体一致原则
   C. 简单多数制
   D. 绝对多数制

4. 联合国的组织文件是（   ）。
   A. 《联合国组织条例》
   B. 《联合国宪章》
   C. 《联合国章程》
   D. 《国际联盟盟约》

5. 联合国大会由全体会员国组成，具有广泛的职权。关于联合国大会，下列哪一选项是正确的?（   ）（司考）。
   A. 其决议具有法律拘束力
   B. 表决时安全理事会 5 个常任理事国的票数多于其他会员国
   C. 大会是联合国的立法机关，2/3 以上会员国同意才可以通过国际条约
   D. 可以讨论《联合国宪章》范围内或联合国任何机关的任何问题，但安全理事会正在审议的除外

6. 联合国负责国际法编纂的主要机构是（   ）。
   A. 联合国大会
   B. 安全理事会
   C. 秘书处
   D. 国际法委员会

7. 在联合国体系中，协调联合国与联合国专门机构的机关是（   ）。
   A. 联合国安全理事会
   B. 联合国经济及社会理事会
   C. 联合国大会
   D. 联合国秘书处

8. 在国际上第一个明文规定不得使用威胁或武力侵害任何国家原则的公约是（   ）。
   A. 《国际联盟盟约》
   B. 《国际法原则宣言》
   C. 《巴黎非战公约》
   D. 《联合国宪章》

9. 下列国际组织中属于区域性国际组织的是（   ）。
   A. 美洲国家组织
   B. 世界货币基金会
   C. 世界银行组织
   D. WTO

10. 国际联盟是（   ）。
    A. 一般政治性普遍国际组织
    B. 区域性国际组织
    C. 联合国附属机构
    D. 专门性国际组织

11. 下列国际组织中不属于区域性国际组织的是（   ）。
    A. 阿拉伯国家联盟
    B. 美洲国家联盟
    C. 国际劳工组织
    D. 欧洲联盟

12. 联合国的创始会员国有（   ）。

A. 4个　　　　　　　　B. 18个

C. 32个　　　　　　　　D. 51个

13. 关于联合国大会与安全理事会在维持国际和平与安全方面的关系说法，其中正确的是（　　）。

A. 安全理事会协助大会进行工作

B. 大会协助安全理事会进行工作

C. 在采取维和行动问题上，大会可以向安全理事会提出建议

D. 大会有优先权

14. 联合国经济及社会理事会的议事表决制度采取（　　）。

A. 全体一致原则　　　B. 加权表决原则

C. 简单多数原则　　　D. 特别多数原则

15. 加权表决制作为国际组织表决制度的一种，指的是（　　）。

A. 该组织的最高权力机关决定某些会员国可以增加一定票数

B. 该组织行政机关决定某些会员国可以增加一定票数

C. 一些金融性的国际组织会员国除享有同样的表决票外，还可以就其所认缴股份额的多少增加一定票数

D. 该组织成员全体一致同意某些会员国可以增加一定票数

16. 《联合国宪章》的哪部分规定了联合国及其会员国应遵守的原则？（　　）

A. 第2条　　　　　　　B. 序言

C. 第1条　　　　　　　D. 附则

17. 历史最悠久的区域性国际组织是（　　）。

A. 阿拉伯国家联盟

B. 欧洲联盟

C. 非洲联盟

D. 美洲国家组织

18. 2006年是联合国秘书长的换届年，联合国依据《联合国宪章》选举产生新任秘书长。根据《联合国宪章》，对于秘书长的选举程序，下列哪一表述是正确的？（　　）（司考）

A. 由联合国安全理事会采取关于程序性事项的投票程序，直接表决选出秘书长

B. 由联合国大会直接选举，大会成员2/3多数通过

C. 由安全理事会采取实质性事项表决程序推荐秘书长候选人，经联合国大会以简单多数表决通过

D. 由安全理事会采取程序性事项表决程序推荐秘书长候选人，经联合国大会表决获2/3多数通过

19. 下列机构中不属于联合国主要机关的是（　　）。（考研）

A. 联合国大会

B. 联合国安全理事会

C. 联合国国际法委员会

D. 国际法院

20. 由于甲国海盗严重危及国际海运要道的运输安全，在甲国请求下，联合国安全理事会通过决议，授权他国军舰在经甲国同意的情况下，在规定期限可以进入甲国领海打击海盗。据此决议，乙国军舰进入甲国领海解救被海盗追赶的丙国商船。对此，下列哪一选项是正确的？（　　）（司考）

A. 安全理事会无权作出授权外国军舰进入甲国领海打击海盗的决议

B. 外国军舰可以根据安全理事会决议进入任何国家的领海打击海盗

C. 安全理事会的决议不能使军舰进入领海打击海盗成为国际习惯法

D. 乙国军舰为解救丙国商船而进入甲国领海属于保护性管辖

视频讲题

21. 甲国分立为"东甲"和"西甲"，甲国在联合国的席位由"东甲"继承，"西甲"决定加入联合国。"西甲"与乙国（联合国成员）交界处时有冲突发生。根据相关国际法规则，下列哪一选项是正确的？（　　）（司考）

A. 乙国在联大投赞成票支持"西甲"入联，一般构成对"西甲"的承认

B. "西甲"认为甲国与乙国的划界条约对其不产生效力

C. "西甲"入联后，其所签订的国际条约必须在秘书处登记方能生效

D. 经安全理事会 9 个理事国同意后，"西甲"即可成为联合国的会员国

视频讲题

（二）多项选择题

1. 国际组织在对外关系中具有下列哪些权利能力和行为能力？（　　）

A. 对外交往权

B. 缔约权

C. 承认与被承认权

D. 国际求偿权

2. 政府间国际组织的特征是（　　）。

A. 国际组织的成员是国家

B. 国际组织的成立是通过双边协议

C. 国际组织的宗旨是处理国际上的特定事务

D. 国际组织有常设机构

3. 联合国接纳新会员国的条件是（　　）。

A. 接受宪章所载义务

B. 大会推荐

C. 主权国家

D. 爱好和平

4. 联合国安全理事会在维持和平与安全方面以及制止侵略方面的职权包括（　　）。

A. 建议断绝外交关系

B. 建议经济制裁

C. 采取对会员国的海、空、陆军示威，封锁的行动

D. 组织并使用联合国军来维持国际和平与安全

5. 下列机构中，属于联合国专门机构的是（　　）。

A. 欧洲联盟

B. 万国邮政联盟

C. 世界银行

D. 世界气象组织

6. 下列属于安全理事会的职权的是（　　）。

A. 制止侵略行动

B. 中止会员国权利

C. 促使争端和平解决

D. 一定条件下采取必要的武力行动以维持国际和平与安全

7. 联合国接纳新会员国的程序包括（　　）。

A. 安全理事会审议与推荐

B. 有关国家按规定向联合国秘书长提出申请

C. 大会过半数票通过

D. 大会审议并经 2/3 多数票通过

8. 下列关于安全理事会表决程序的说法中正确的是（　　）。

A. 关于程序性问题由 15 个理事国中的 9 个可决票决定

B. 关于非程序性的实质问题，以 9 个理事国的可决票决定

C. 安全理事会的每个理事国都有一个表决权

D. 对于一个事项是否属于程序性问题采取"大国一致"的表决方式

9. 《联合国宪章》第 2 条规定的原则有（　　）。

A. 忠实履行宪章义务

B. 和平解决国际争端

C. 会员国主权平等

D. 确保非会员国遵守宪章原则

10. 国际法院作为联合国的主要司法机关，其法官的选举（　　）。

A. 由安全理事会和大会并行选举产生

B. 由安全理事会同意交大会表决

C. 安全理事会的常任理事国享有否决权

D. 安全理事会的常任理事国不享有否决权

11. 区域性组织在解决争端方面与联合国的关系是（　　）。

A. 区域性组织开始解决争端不影响安全理事会的职权的执行

B. 区域性组织可视情况自行采取行动，无须安全理事会的授权

C. 区域性组织采取的强制行动须经安全理事会授权

D. 区域组织解决争端必须符合《联合国宪章》的宗旨和原则，并不得影响联合国各机构职权的行使

12. 中国发起成立的政府间国际组织是（　　）。

A. 国际竹藤组织

B. 上海合作组织

C. 博鳌亚洲论坛

D. 亚洲基础设施投资银行

（三）不定项选择题

1. 下列属于国际组织发展新特点的是（　　）。

A. 国际经济组织、区域性组织迅猛发展，国际组织的数量急剧增加

B. 国际组织的活动范围包罗万象

C. 国际组织的作用加强

D. 国际组织正代替国家成为国际法的最主要的主体

2. 下列属于联合国宗旨的有（　　）。

A. 维持国际和平与安全

B. 发展各国间的友好关系

C. 促进国际合作，以解决国际上属于经济、社会、文化及人类福利性质之国际问题，并促进对人权的尊重

D. 构成协调各国行为的中心

3. 国际组织一般都设有的三级机构为（　　）。

A. 权力机构　　　　　B. 执行机构

C. 立法机构　　　　　D. 行政机构

4. 国际组织的议事规则大致有（　　）。

A. 一致同意　　　　　B. 多数表决

C. 加权表决　　　　　D. 协商一致

5. 下列关于联合国秘书处的说法，其中错误的是（　　）。

A. 秘书处是负责处理联合国日常行政管理事务的机关

B. 由秘书长和其他工作人员组成

C. 秘书长是联合国的行政首长，由大会根据安全理事会的推荐任命，任期5年

D. 秘书长和秘书处职员是国际公务员，只对联合国负责，为联合国工作，在特殊情况下可以寻求和接受其政府或联合国以外的任何当局的指示

6. 甲、乙两国为陆地邻国。由于边界资源的开采问题，两国产生了激烈的武装冲突，战火有进一步蔓延的趋势。甲、乙均为联合国成员国。针对此事态，如果拟通过联合国安全理事会采取相关措施以实现停火和稳定局势，那么，根据《联合国宪章》有关规定，下列选项正确的是（　　）。（司考）

A. 只有甲、乙两国中的任一国把该事项提交安全理事会后，安全理事会才有权对该事项进行审议

B. 在对采取措施的决议草案进行表决时，若获得全体理事国中1/2多数的同意，其中包括常任理事国的一致同意，该决议即被通过

C. 在对采取措施的决议草案进行表决时，安全理事会常任理事国中任何一国投弃权票，不妨碍该决议的通过

D. 只有得到甲、乙两国的分别同意，安全理事会通过的上述决议才能对其产生拘束力

视频讲题

7. "恐龙国际"是一个在甲国以非营利性社会团体注册成立的组织，成立于1998年，总部设在甲国，会员分布在二十多个国家。该组织的宗旨是鼓励人们"认识恐龙，回溯历史"。2001年，"恐龙国际"获得联合国经济及社会理事会注册咨商地位。现该组织试图把活动向乙国推广，并准备在乙国发展会员。依照国际法，下列表述正确的是（　　）。（司考）

A. 乙国有义务让"恐龙国际"在乙国发展会员

B. 乙国有权依照其本国法律阻止该组织在乙国的活动

C. 该组织在乙国从事活动，必须遵守乙国法律

D. 由于该组织已获得联合国经济及社会理事会注册咨商地位，所以，它可以被视为政府间的国际组织

视频讲题

8. 关于联合国安全理事会职权的说法，下列选项中错误的是（　　）。

A. 只能对会员国决定采取制裁措施

B. 建议争端当事国谈判解决争端

C. 对于安全理事会正在处理的争端，国际法院不得受理

D. 对于安全理事会正在处理的争端，大会不能向国际法院请求咨询意见

9. 联合国会员国甲国出兵侵略另一会员国。联合

国安理会召开紧急会议，讨论制止甲国侵略的决议案，并进行表决。表决结果为：常任理事国 4 票赞成、1 票弃权；非常任理事国 8 票赞成、2 票反对。据此，下列选项正确的是（　　　）。（司考）

　　A. 决议因有常任理事国投弃权票而不能通过

　　B. 决议因非常任理事国两票反对而不能通过

　　C. 投票结果达到了安理会对实质性问题表决通过的要求

　　D. 安理会为制止侵略行为的决议获简单多数赞成票即可通过

视频讲题

　　10. 下列关于"一带一路"倡议性质的说法，其中正确的是（　　）。

　　A. 自由贸易区　　　　B. 国际合作平台

　　C. 国际组织　　　　　D. 非政府组织

 简答题

　　1. 简述联合国专门机构及其法律地位。（考研）

　　2.《联合国宪章》第 2 条为联合国及其成员国规定了哪些原则？（考研）

　　3. 简述区域性国际组织的法律地位以及其与联合国的关系。

　　4. 从国际法的角度谈谈国际组织的基本特征。（考研）

　　5. 简述联合国安全理事会的职权。（考研）

　　6. 安全理事会在维持国际和平与安全方面的主要权力包括哪些？（考研）

　　7. 简述联合国安全理事会决议的效力。（考研）

　　8. 简述联合国大会与安全理事会之间的关系。

　　9. 简述安全理事会集体强制行动的国家执行。

 材料与法条分析题

　　1. A、B 两国是先后从 C 国分离出来的国家。当 A 国申请加入联合国而经安全理事会推荐时，常任理事国 D 国投反对票，理由是该国的国名与它的一个州的名称相同，且 A 国政要时常发表反 D 国言论。当 B 国申请加入联合国时，遭到另一常任理事国 E 国的反对，因为该国与它没有建立外交关系，而且 B 国人与 E 国西北部的人民属于同一种族。由于安全理事会迟迟不能就 A、B 两国的申请提出推荐，F 国建议由联合国大会通过决议，直接作出是否接纳 A、B 两国的决定。

　　根据以上案情，回答下列问题：

　　（1）安全理事会常任理事国在就是否接纳一国为联合国会员国的问题表示意见时，在法律上是否有权以《联合国宪章》第 4 条第 1 款没有明确规定的条件作为同意接纳的条件？

　　（2）在安全理事会对会员国申请不能作出接纳推荐时，联合国大会是否可以直接作出是否接纳的决定？

视频讲题

　　2. A 国是联合国会员国。该国由于总统被暗杀而使总统和总理所各自代表的两大部族陷入仇杀之中，大量无辜平民、妇女和儿童被屠杀，大批难民涌向周围邻国。安全理事会紧急讨论 A 国情势，通过第 1725 号决议，断定 A 国情势对国际和平与安全构成威胁，决心制止该国境内发生的严重违反国际人道法的行为，根据《联合国宪章》第七章采取行动，设立一个国际刑事法庭，起诉那些应对这种罪行负责的人。A 国一陆军上尉甲被法庭指控犯有灭绝种族、谋杀和酷刑等罪行。在法庭审理中，甲主张该法庭的建立不合法，对他没有管辖权，因为它不是依条约或《联合国宪章》修改程序建立的，而是由安全理事会建立的，《联合国宪章》没有赋予安全理事会建立一个司法机关的权利。而且，法庭的审判干涉了 A 国内政。

　　根据以上案情，分析甲的主张是否正确。为什么？

视频讲题

3. X组织是一个区域军事组织。该组织的成立公约第5条规定，对任何一个或数个缔约国的武力攻击，应视为对缔约国全体的攻击。因此，如果发生此种攻击，每一缔约国应按照《联合国宪章》第51条行使单独或集体自卫的权利，个别或共同地采取必要的行动，包括使用武力，协助被攻击的一国或数国。根据该条所采取的措施，将按照《联合国宪章》的规定行使。A国A1省与X组织的成员国B国和C国接壤。该国A1省由于H民族党要求独立而与政府军发生武装对抗。持续冲突造成大量平民流离失所，数十万难民涌向B国、C国边境。联合国安全理事会通过第1392号决议，要求A国政府与H民族党谈判，恢复A1省法律秩序，并决心继续处理此案。X组织要求A国停止在A1省的军事行动，尽快与H民族党谈判达成协议。由于X组织的要求没有得到满足，它宣布对A国采取军事行动，以阻止该国A1省日益恶化的人道主义灾难。A国与X组织的成员国都是联合国会员国。

根据以上案情，分析X组织对A国的军事行动是否合法。为什么？

视频讲题

4. 根据有关国际法原则、规则和制度，分析下面条款：

《联合国宪章》第39条规定，安全理事会应断定任何和平之威胁、和平之破坏或侵略行为之是否存在，并应作成建议或抉择依第41条及第42条规定之办法，以维持或恢复国际和平及安全。

 论述题与深度思考题

1. 结合实践，试述联合国安全理事会的制裁机制。
2. 比较并评述联合国大会与安全理事会在联合国事务中的地位与作用。（考研）
3. 试述联合国安全理事会的基本职权、面临困境和可能的改革方向。（考研）
4. 试述联合国集体安全体制。

参考答案

 名词解释与概念比较

1. 国际法上的国际组织指政府间国际组织。这种国际组织是指若干国家或其政府为实现特定目的，依据条约或受国际法制约的其他文书建立的拥有自己国际法律人格的组织。政府间国际组织是国际法主体，具有自主的法律地位。

2. 安全理事会是联合国的一个主要机关，由中、法、苏（现为俄罗斯）、英、美5个常任理事国和10个非常任理事国组成。安全理事会在联合国6个主要机关中处于首要政治地位，是对维持国际和平与安全负有主要责任并唯一有权采取行动的机关。

3. 否决权是联合国安全理事会常任理事国对非程序性事项的决定享有的以一票否决其他多数同意票的权力。《联合国宪章》规定，对于非程序性事项的决定，须以9个理事国的可决票包括全体常任理事国的同意票表决之。这就是"大国一致原则"。根据这个原则，只要有一个常任理事国投反对票，决议就不能通过。否决权是安全理事会表决制度的核心。

4. 联合国专门机构是根据特别协定同联合国建立关系的，对某一特定业务领域负有广大国际责任的政府间专门性国际组织。它们不是联合国的附属机构，而具有独立的法律地位。

5. 联合国集体安全体制是以对使用武力或武力威胁实行国际法律管制为基础，以联合国安全理事会为核心，以联合国组织的集体力量来维持或恢复普遍国际和平与安全的制度。联合国集体安全体制的核心基础是《联合国宪章》关于禁止使用武力或以武力相威胁的第2条第4款，其主要实施机构是联合国安全理事会和大会。

6. 联合国维持和平行动是由联合国安全理事会授权部署的、受联合国秘书长领导的、派往有关国家或地区执行帮助维持或恢复和平与安全或国内公共秩序的特派团，又称维持和平特派团。它是联合国维持国际和平与安全实践的产物。

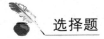

选择题

（一）单项选择题

1. B

1944 年《关于建立普遍性国际组织的建议案》将该国际组织命名为联合国。

2. D

大会关于"重要问题"须 2/3 多数票表决，对其他问题要求半数通过。

3. B

国际联盟大会和行政院在表决程序上采用全体一致通过的方式。

4. B

联合国是依据《联合国宪章》成立的一个普遍性国际组织。

5. D

联合国大会除关于联合国组织内部事项的决议外，其他决议对成员国没有拘束力。联合国大会实行一国一票制，它主要是一个审议和建议的机关，而非立法机关。《联合国宪章》第 10 条规定，大会得讨论本宪章范围内之任何问题或事项，或关于本宪章所规定任何大会之职权。

6. D

联合国成立后，国际法委员会在国际法的编纂中起主要作用。

7. B

联合国专门机构是根据政府间协定而建立的，在经济、社会、文化、教育、卫生及其他有关领域负有广泛的国际责任，并依据与联合国经济及社会理事会缔结的协定与联合国发生联系的专门性国际组织。

8. D

《联合国宪章》第 2 条第 4 款第一次明确规定了该原则。

9. A

只有 A 项所述国际组织属于区域性国际组织，其他均为普遍性国际组织。

10. A

国际联盟是人类历史上第一个普遍性、综合性的国际组织。

11. C

国际劳工组织属于普遍性国际组织。

12. D

按照《联合国宪章》第 3 条，凡参加旧金山联合国组织会议或以前签署《联合国家宣言》的国家，签署并给予批准的，均为联合国的创始会员国。

13. C

在维持国际和平与安全的问题上，大会可以提请安全理事会注意足以危及国际和平与安全的情势，并建议和平解决的措施。

14. C

经济及社会理事会的每个理事国有一个投票权，以简单多数票进行表决。

15. C

加权表决制是指在某些涉及政治、经济、金融事务的国际组织中，其表决程序是按照会员国在人口、经济实力、贡献大小等方面的不同而赋予不同票数的表决权，如国际货币基金组织每一成员国的表决权与其在基金的份额成正比。

16. A

《联合国宪章》第 2 条规定了联合国及其会员国应遵守的国际法原则。

17. D

美洲国家组织是历史最悠久的区域性国际组织，原为 1890 年成立的美洲国家商务局。1948 年第九届美洲国家会议通过《波哥大公约》，将其更名为现在的美洲国家组织。

18. C

按照《联合国宪章》，秘书长候选人必须由安全理事会以 9 个理事国的可决票包括全体常任理事国的同意票提出推荐，然后再由联合国大会以简单多数表决后任命。

19. C

联合国为实现其宗旨，设有 6 个主要机关：大会、安全理事会、经济及社会理事会、托管理事会、国际法院和秘书处。

20. C

《联合国宪章》第 39 条规定，安全理事会有权在维护国际和平与安全方面作出决议，采取行动。只有在某国领海的海盗危及国际和平与安全的情况下，安全理事会才能作出决议，不是对任何国家领海的海盗

都能作出决议授权外国军舰进行打击的。国际习惯法的构成有两个要素：一是客观要素，即存在各国重复一致的行为；二是主观要素，即重复一致的行为模式被各国认为具有法律拘束力。不能仅仅因为安全理事会的一项决议使一项行为模式成为国际习惯法。保护性管辖必须针对侵害本国重大利益的行为，故乙国军舰为解救丙国商船而进入甲国领海不属于保护性管辖。

21. A

国家承认可以采取默示的方式。一个国家在联合国正式投票支持申请国加入该国际组织的行为一般被认为是一种默示承认。根据国际法，与所涉领土有关事务的所谓"非人身条约"，如有关边界的条约，应该由继承国继承。联合国会员国缔结的条约应当在联合国秘书处登记，否则，不得在联合国机构中援引，但是不登记不影响条约的效力。申请国经联合国安全理事会推荐，大会以 2/3 多数表决通过，才能成为会员国。

（二）多项选择题

1. ABCD

国际组织具有对外交往权、缔约权、承认与被承认权和国际求偿权。

2. ACD

政府间国际组织是指数国为达到特定目的，依条约建立的拥有自己国际法律人格的组织，其特征包括 A、C、D 三项。

3. ACD

联合国接纳新会员国的条件是：爱好和平的主权国家，并愿意遵守宪章所规定的各项义务，而联合国认为它能够履行这些义务。有关国家必须向秘书长提出申请，由安全理事会推荐，最后经大会通过方可成为会员。

4. ABCD

安全理事会可建议和采取不涉及使用武力的措施，包括经济制裁、停止交通电信和断绝外交关系，并促使会员国执行该措施，如果认为不够，可以采取必要的武力行动，包括会员国的空、海、陆军示威，封锁和其他军事行动，并可组织联合国军来维持和平与安全。

5. BCD

欧洲联盟是区域性国际组织。

6. ACD

中止会员国权利是大会的职权。

7. ABD

接纳新会员国由有关国家向秘书长提出申请，由安全理事会审议与推荐，最后经大会 2/3 通过方可成为会员国。

8. ACD

非程序性的实质问题得由包括全体常任理事国在内的 9 个理事国的可决票决定。

9. ABCD

《联合国宪章》第 2 条规定了这四项原则。

10. AD

国际法院的法官由大会和安全理事会在候选人中分别独立选举产生，常任理事国不享有否决权。

11. ACD

地区性的国际争端在提交安全理事会前，应依区域办法和通过该区域的国际组织和平解决。在适当情况下，经安全理事会授权，区域组织可采取强制行动。区域办法和区域组织必须符合《联合国宪章》的宗旨和原则，并不得影响联合国各机构职权的行使。

12. ABD

中国发起成立了国际竹藤组织、亚洲基础设施投资银行和上海合作组织。博鳌亚洲论坛不是一个国际组织。

（三）不定项选择题

1. ABC

国际组织并未代替国家成为国际法的最主要的主体，国家仍是国际法最基本的主体。

2. ABCD

《联合国宪章》第 1 条有明确的规定。

3. ABD

国际组织不存在立法机构。

4. ABCD

一致同意是一些国际组织采用的表决制度。现在大多数国际组织采用多数表决制。多数表决制度在坚持一国一票的基础上，以出席并参加投票的成员国的多数同意通过组织的决议。加权表决制度是指根据一定标准，给予成员国不同数量或不同等质量的投票权，即所谓加权投票权。协商一致是指成员国之间通过广泛协商取得一致合意，不经投票即通过决议。

5. D

《联合国宪章》规定，秘书长和秘书处职员只对联合国负责，为联合国工作，不得寻求和接受任何政府或联合国以外的任何当局的指示。

6. C

安全理事会可以根据其职权对国际争端进行讨论，不依赖于联合国成员国的主动提交。安全理事会对有关国际和平与安全问题的表决，需要包括全体常任理事国在内的9个同意票才能通过决议。弃权不产生否决的效果，这是安全理事会多年形成的惯例。安全理事会决议的效力取决于它履行《联合国宪章》的职权，无须当事国的同意。

7. BC

非政府组织的行为受到所在国国内法的约束。取得联合国咨商地位并不能改变非政府组织的性质。

8. ACD

安全理事会是对维持国际和平与安全负有主要责任并唯一有权采取集体强制行动的机关，不仅可对会员国，也可对实体和个人进行制裁。安理会可以建议争端当事国谈判解决争端。大会和安全理事会可以平行处理有关维持国际和平与安全的同一问题。同一争端既可以同时由国际法院受理，也可以由联合国大会向国际法院请求咨询意见，《联合国宪章》第12条没有限制第96条第1款授予大会请求发表咨询意见的权力。

9. C

《联合国宪章》第27条规定，安全理事会对于非程序性事项的决议，应以包括全体常任理事国在内的9个理事国投票同意方可通过，此即为"大国一致原则"。非常任理事国不享有否决权。在实践中，常任理事国的弃权或缺席不被视为否决，不影响决议的通过。

10. B

"一带一路"倡议是中国提出的，是一个开放性的国际合作平台，不是自由贸易区和国际组织。

**简答题**

1.（1）联合国专门机构是指根据特别协定同联合国建立关系的，对某一特定业务领域负有广大国际责任的政府间专门性国际组织。这个定义表明联合国的专门机构具有如下基本特征：是政府间的组织；对某一特定业务领域负有广大国际责任；同联合国具有法律关系；有独立的法律地位。

（2）各专门机构根据同联合国经济及社会理事会签订的特别协定与联合国建立法律关系，依据特别协定被正式纳入联合国体系。但是，它们不是联合国的附属机构，而具有独立的法律地位。各专门机构有自己的基本文件、成员国、组织结构、议事规则、经费来源和工作总部，其决议与活动无须联合国批准。联合国只是以经济及社会理事会同专门机构协商并向其提出建议等方式协调彼此间的活动。

2. 实现联合国的宗旨，《联合国宪章》第2条规定了联合国本身及会员国应遵守的7项原则：（1）国家主权平等；（2）善意履行宪章义务；（3）和平解决国际争端；（4）禁止武力威胁或使用武力；（5）协助联合国行动；（6）保证非会员国遵守上述原则；（7）不干涉国家内政。其中，第一、二、三、四、七项原则构成国际法的基本原则，具有强行法的性质。

3.（1）区域性国际组织是特定区域内的国家为了共同利益或政策而建立的国际组织。它们具有独立的国际法律人格，不是联合国的组成部分。各区域性国际组织依自己的基本文件而创立，有自己的成员国、组织机构和活动程序。《联合国宪章》第八章确认了区域性国际组织的法律地位，强调区域性国际组织的基本职能是以区域行动来维护国际和平与安全，区域性国际组织的存在及活动不得违反联合国的宗旨和原则。

（2）区域性国际组织与联合国的关系表现在维持国际和平与安全方面。根据《联合国宪章》第八章，就联合国而言，区域性国际组织处于合作与补充的地位。这具体表现在：1）区域性国际组织的联合国会员国，在把地方性争端提交安全理事会之前，应通过区域性国际组织力求争端的和平解决。安全理事会应鼓励这种争端解决方法。2）协助安全理事会依职权而采取的强制行动，但此等行动必须以安全理事会授权为限，如未经授权，不得采取任何强制行动。3）区域性国际组织所进行或正在考虑进行的活动，不论何时，均应向安全理事会作出充分报告。因此，区域性国际组织被纳入了联合国维持国际和平与安全的世界体制，在维持国际和平与安全方面同联合国合作或协助联合国。

4. 国际法上的国际组织通常是指政府间国际组织，即若干国家或其政府为实现特定目的，依据条约或受

国际法制约的其他文书建立的拥有自己国际法律人格的组织。它通常具有以下基本特征：

第一，国家之间的组织，而非凌驾于国家之上的超国家组织。因此，国际组织不能违反国家主权原则去干涉在本质上属于成员国国内管辖的任何事项。

第二，依据国家之间的多边条约而创立。国家之间的多边条约是国际组织据以成立的法律基础。国际组织的主要机构、职权、活动程序以及成员国的权利与义务，都必须以该条约为依据，不得违反。

第三，设有一套常设组织机构。组织机构的制度化是国际组织不同于国际会议的主要特点。

第四，自主性，即国际组织不是任何国家的附属机构，也不听命于任何国家的指示，而独立地按照其组织原则和运行程序行事。

5. 安全理事会是联合国 6 个主要机关中处于首要政治地位的机关，是对维持国际和平与安全负有主要责任并唯一有权采取行动的机关。它的主要职权包括：

第一，在和平解决国际争端方面，它可以促请争端各当事国用和平的方法解决争端；可以调查任何争端或情势，以断定其继续存在是否足以危及国际和平与安全；对于上述性质的争端或情势，可以在任何阶段建议适当的调整程序或方法；任何会员国，在一定条件下的非会员国、大会或秘书长均得提请安全理事会注意可能危及国际和平与安全的争端或情势。

第二，在维持和平与制止侵略方面，它应断定任何对和平的威胁、破坏或侵略行为是否存在；为防止情势恶化，在建议或决定采取强制措施前，可促请有关当事国遵行安全理事会认为必要或适当的临时措施；可以决定采取武力以外的措施，以实施其决议，并促请会员国协同执行。此项措施包括局部或全部停止经济关系、铁路、海运、邮、电、无线电和其他交通工具，以及断绝外交关系；如上述措施不足或已经证明为不足时，可采取必要的空、海、陆军行动，包括会员国的空、海、陆军示威、封锁和其他军事行动，以维持或恢复国际和平与安全。

第三，安全理事会还负责拟订军备管制方案；在战略地区行使联合国的托管职能；建议或决定为执行国际法院判决所应采取的措施；同大会平行选举国际法院的法官；向大会推荐新会员国或联合国秘书长；向大会建议中止会员国的权利或开除会员国。

6. 参见"简述联合国安全理事会的职权"一题中

"和平解决国际争端"和"维持和平与制止侵略"部分。

7. 《联合国宪章》没有明确规定安全理事会决议的效力。从实际情况看，安全理事会决议的效力因其目的不同而不同。一般地说，安全理事会关于和平解决国际争端的决议是建议性的，对会员国没有约束力；而安全理事会关于《联合国宪章》第七章维持和平与安全的执行性决议具有约束力。因为各会员国根据《联合国宪章》第 24 条将维持国际和平及安全的主要责任授予了安全理事会，并同意安全理事会在履行此项权责时代表它们。它们还在第 25 条下同意依宪章的规定接受并履行安全理事会的决议。而且，依据《联合国宪章》第 103 条，安全理事会的决议优先于任何其他国际条约的义务。

但是，执行性决议因其决定采取的措施不同又有所区别。对于《联合国宪章》第 41 条的决议，所有国家必须遵守执行；而对于第 42 条的决议，参与军事行动或维和行动往往取决于国家的自愿，其他不参与国家的遵守体现为对执行行动提供适当支援或对被执行者不得给予协助。

8. 安全理事会与大会是联合国维持国际和平与安全的两个最主要的机关。（1）大会在此方面的建议权受安全理事会职权的制约。对安全理事会正在处理的任何争端或情势，大会非经安全理事会请求，不得对该争端或情势提出任何建议。（2）大会和安全理事会可以平行处理同一和平与安全问题。大会可以讨论安全理事会正在处理的问题，并对此表示某种意见，如支持或欢迎。安全理事会如果提出请求或停止对某项争端或情势的审议，大会可以提出建议。大会还可以对安全理事会排他性处理的问题请求国际法院发表咨询意见。（3）当安全理事会因常任理事国未能一致同意而不能履行其维持国际和平与安全的主要责任时，经安全理事会依任何七理事国之表决请求或者联合国过半数会员国请求，大会可于 24 小时内举行紧急特别会议，向会员国提出集体办法的妥当建议，并可以建议在必要时使用武力，以维持或恢复国际和平与安全。

9. 集体强制行动是安全理事会为维持国际和平与安全所采取的非武力强制措施和武力强制措施的总称。这类行动由所有国家或若干国家执行，包括非会员国。国家执行有以下三种模式：

第一，以其直接行动执行。安全理事会决定、授

权或要求"所有国家"、"各国"、"所有会员国"、"会员国"、"参加的会员国"、"采取行动的会员国"、"沿岸国"或"区域各国"执行相关强制措施。国家执行强制制裁区别于一个国家依其国内法对外国个人或实体实施的单边制裁。中国《对外关系法》首次明确执行安全理事会制裁决议的法律制度。中国采取措施执行安全理事会根据《联合国宪章》第七章作出的具有约束力的制裁决议和相关措施。外交部对这些制裁决议和措施的执行发出通知予以公告，国家有关部门和省、自治区、直辖市人民政府在各自职权范围内采取措施予以执行。在中国境内的组织和个人应当遵守外交部公告内容和各部门、各地区有关措施，不得从事违反制裁决议和措施的行为。

第二，通过其为会员的国际组织的行动执行。安全理事会授权"会员国"通过国际组织（如北大西洋公约组织）或与该组织合作采取行动，执行所规定的任务。

第三，合作或协助执行。安全理事会促请会员国彼此合作或协助具体执行强制行动的国家、维和行动特派团、区域安排或多国部队，包括支助、便利、分享信息、技术援助或能力建设。

参见程晓霞、余民才主编：《国际法》，7版，276～277页。

材料与法条分析题

1.（1）安全理事会常任理事国在法律上不能以《联合国宪章》第4条第1款没有明确规定的条件作为同意接纳新会员国的条件。

根据《联合国宪章》第4条第1款，申请者需具备5个条件：1）国家；2）热爱和平；3）接受《联合国宪章》的义务；4）能够履行这些义务；5）愿意履行这些义务。该条款规定的条件是详尽无遗的，而不是仅仅以指导的或举例的方式所作的陈述。如果要求与这些条件无关的其他条件，势必使该规定失去意义和价值。因此，上述所有条件虽然均服从于联合国的判断，但《联合国宪章》第4条第1款表明，具备上述5个条件的国家就具备了加入联合国的资格。国际法院在1948年"接纳一国加入联合国的条件案"的咨询意见中指出，《联合国宪章》第4条第1款规定的条件不

仅是必要的，而且是充分的。这些条件不是一种不可缺少的最低限度的条件，任何会员国都无权在这些条件之上加上它所认为适宜的政治考虑。

在本案中，常任理事国D国和E国分别反对A国和B国加入申请的理由虽然与它们各自的政治考虑有关，但这些本身不是A、B两国是否符合申请者资格的条件。

（2）在安全理事会对会员国申请不能作出接纳推荐时，联合国大会不能直接作出接纳的决定。《联合国宪章》第4条第2款规定，准许符合第1款规定的国家为联合国会员国，将由大会经安全理事会之推荐以决议行之。这条规定为接纳新会员国规定了两个程序：安全理事会的"推荐"和大会的"决议"，而前者的"推荐"是后者"决议"的前提。这种推荐应是肯定的，而非否定的。对安全理事会的推荐不能作出这样的解释：如果安全理事会对于加入的申请国没有作出有利的决定，这在实际上就是建议不接纳有关国家。对于这项建议，大会可以接受，也可以拒绝接受；而如果拒绝接受，大会就是接纳了申请国。国际法院在1950年"联合国大会接纳会员国的权限案"的咨询意见中指出，作为"否决权"的结果而没有安全理事会的推荐，不能解释为"不赞成"的推荐，因为安全理事会本身曾把它自己的决定解释为没有作出推荐的意思。如果大会有权不经安全理事会的推荐而作出决定，安全理事会就被剥夺了《联合国宪章》授予它的一项重要职权。而且，《联合国宪章》并未使安全理事会在对大会的关系上处于从属的地位。

本案中F国的建议不正确，大会不能直接作出接纳A、B两国的决定，必须在安全理事会作出肯定推荐后才能以决议行之。

2.甲的主张不正确。（1）安全理事会有权建立惩治个人的刑事司法机关。1）安全理事会对维持国际和平与安全负有主要责任，并享有相当大的自由裁量权。安全理事会行使《联合国宪章》第七章所述权力的条件是：存在威胁和平、破坏和平或侵略的行为。一旦安全理事会断定某一情势构成对和平的威胁、和平的破坏或侵略行为，它就有选择措施以恢复和平与安全的广泛自由裁量权。《联合国宪章》第39条明确表明安全理事会有采取第41条、第42条所规定措施的广泛权力。第41条规定了可采取非武力的措施，并列举

了一些各国可采取的属于此类的措施。该条中的"包括"一词意味着，它对非武力措施的规定不是详尽无遗的，因此，建立刑事司法机关完全在安全理事会依第41条行动的权力范围内。尽管安全理事会是一个政治机关，没有司法权力，但这不意味着它不能建立一个刑事司法机关来履行它维持和平与安全的主要职责。就如联合国大会不必有司法职能，它也可以建立联合国行政法庭一样。例如，事实上，作为恢复伊拉克入侵科威特后海湾地区和平与安全行动的一部分，安全理事会建立了联合国赔偿委员会。

在本案中，安全理事会断定A国情势对国际和平与安全构成威胁，并决定根据《联合国宪章》第七章采取行动，制止该国境内发生的严重违反国际人道法的行为。因此，它有权建立一个惩治个人的特设国际刑事法庭作为第七章中规定的一项措施。条约或修改《联合国宪章》不是建立这样一个法庭的唯一法律基础。它可以由一个具有有限的、能作出有约束力的决定权的机关建立。安全理事会根据《联合国宪章》第七章采取行动时就是这样的一个机关。

2）《联合国宪章》第7条第2款规定，安全理事会可依本宪章设立认为必需的辅助机关。第29条更明确规定，安全理事会可设立其认为于行使职务所必需的辅助机关。

（2）不干涉各会员国国内管辖事件是《联合国宪章》的一项原则。但这项原则受一个条件的限制，即该原则不应影响执行依《联合国宪章》第七章采取的执行措施。在本案中，国际刑事法庭的建立正是安全理事会根据《联合国宪章》第七章采取的执行行动，因此不存在干涉A国内政的问题。

（3）法庭的属人管辖和属事管辖是针对在A国境内对严重违反国际人道法行为负责的人。甲是A国人，他被指控的罪行属于法庭的管辖范围，因此他对法庭管辖权的反对不能成立。

3. X组织对A国的军事行动不合法。（1）A国没有武力攻击X组织的成员国B和C。根据X组织的成立公约第5条，如果任何一个或数个缔约国受到外来武力攻击，其他缔约国应行使单独或集体自卫的权利，采取包括使用武力在内的必要的行动，协助被攻击的缔约国。本案中没有发生这种攻击。A国A1省众多难民涌向B、C国边境不构成A国对B国和C国的武力攻击。

（2）X组织的军事行动没有得到安全理事会的授权。在现代国际法上，除以自卫合法使用武力外，另一种合法使用武力的情况是安全理事会采取或授权采取的武力执行行动。在本案中，安全理事会没有给予X组织这种授权，它无权自行对A国采取军事措施。因为：1）根据《联合国宪章》第52条，区域组织及其工作须与联合国的宗旨和原则相符合。2）X组织的成立公约第5条规定，因自卫而采取的防御措施，将依《联合国宪章》的规定行使，这包括依第53条的规定行使。而该条规定，如无安全理事会的授权，区域组织不得采取任何执行行动。X组织的行动违反了自己的组织文件，侵犯了安全理事会的权威。3）X组织的成员国都是联合国会员国，根据《联合国宪章》第103条的规定，它们依《联合国宪章》所负的义务优于其依任何其他国际协定所负的义务。在本案中，安全理事会已处理A国情势，并决定继续处理此案，因此，处理A国情势的权力仍在安全理事会手中，X组织有义务尊重。

（3）人道主义灾难不构成X组织军事打击A国的法律理由。人道主义灾难不是现代国际法上允许的一个单方面合法使用武力的理由，也没有形成这方面的国际习惯法。

4. 这个条款规定了安全理事会采取集体安全行动的法律基础。

（1）安全理事会对威胁和平、破坏和平或侵略行为是否存在享有决断权。这种权威不受联合国大会或国际法院决定的影响，尽管大会依据《联合国宪章》的授权可以讨论和平或侵略问题，国际法院在一项特定争端中也可以裁决某种行为是否构成威胁和平、破坏和平或侵略行为。这个条款里的和平与安全词语是一个发展的概念。通过安全理事会的实践，它已经从国家与国家之间的传统安全威胁扩大到非传统安全威胁，包括国内局势（如国内冲突）、恐怖主义行为、大规模杀伤性武器的扩散和小武器与轻武器的扩散、环境、国际公共卫生以及非法贩运人口。侵略是一个国家使用武力侵犯另一个国家的主权、领土完整或政治独立，或以1974年《关于侵略定义的决议》所宣示的与《联合国宪章》不符的任何其他方式使用武力。构成侵略行为的显见证据是一个国家违反《联合国宪章》的规定首先使用武力，比如一个国家的武装部队侵入或轰炸另一个国家的领土、封锁另一个国家的港口或海岸。安全理事会断定可导致对和平的破坏的情况较少，仅在涉及使用武力的情况下作出这种断定。在历史上，安全理事会仅在极少数情况下曾断定存在一国对另一国的侵略行为。

（2）安全理事会可以采取非武力强制措施和武力强制措施，以恢复或维持国际和平与安全。安全理事会一旦断定存在威胁和平、破坏和平或侵略行为，即有权采取《联合国宪章》第41条和第42条规定的措施。第41条的措施是非武力强制措施，包括局部或全部停止经济关系、铁路、海运、航空、邮、电、无线电和其他交通工具，以及断绝外交关系。这类措施通常被称为制裁，可以对目标国家或实体或其个人采取。第42条的措施是武力强制措施，即必要的空、海、陆军行动，包括会员国的空、海、陆军示威、封锁和其他军事举动。

（3）安全理事会可以平行采取非武力强制措施和武力强制措施。换言之，采取非武力强制行动不是采取武力强制行动的必经程序。这个条款中"依第四十一条及第四十二条规定之办法"的表述表明了这一点。

（4）安全理事会对强制措施的执行采取建议或决定的形式。建议没有法律拘束力，国家可以自由选择执行安全理事会建议的措施。决定是执行性的，具有法律拘束力，所有国家必须执行安全理事会决定的措施，因为各会员国根据《联合国宪章》第24条将维持国际和平及安全的主要责任授予安全理事会，并同意安全理事会在履行此项权责时代表它们。它们还在第25条下同意依宪章的规定接受并履行安全理事会的决议。然而对于第42条的决定，参与军事行动或维持和平行动往往取决于国家的自愿，其他不参与国家的遵守体现为对执行行动提供适当支援或对被执行者不得给予协助。

（5）国家执行第41条和第42条规定的措施不同于反措施、世界贸易组织体制内的贸易报复、自卫或单边强制措施。

上述要点的详细内容参见程晓霞、余民才主编：《国际法》，7版，268～270、273～276页。

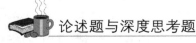 论述题与深度思考题

1.（1）安全理事会的制裁机制是指安全理事会实施《联合国宪章》第41条规定的行动的统称。安全理事会启动制裁的法律基础是《联合国宪章》第39条。它规定：安全理事会应断定任何和平之威胁、和平之破坏或侵略行为之是否存在，并应作成建议或抉择依第41条及第42条规定之办法，以维持或恢复国际和平及安全。一旦安全理事会断定存在上述行为，即有权建议或决定采取第41条规定的措施。第41条提供了一系列非武力强制措施选择，包括局部或全部停止经济关系、铁路、海运、航空、邮、电、无线电和其他交通工具，以及断绝外交关系。安全理事会的制裁决定对所有国家具有拘束力。这种制裁可分为全面制裁和定向制裁，不仅针对目标国家，还可以针对目标实体或个人。

（2）安全理事会1966年第一次对南罗得西亚实行经济制裁，至目前共建立31项制裁机制，包括针对南非、前南斯拉夫、海地、朝鲜、伊朗，以及针对基地组织和阿富汗塔利班等。这些制裁措施包括全面经济和贸易制裁，以及一些更为具体的定向制裁或"聪明制裁"，比如对实体或个人（包括国家高级官员）的武器禁运、旅行禁令以及金融或商品方面的限制等，旨在支持国家和平过渡，阻止违背《联合国宪章》的变化，制止恐怖主义，保护人权和推动核不扩散。目前，安全理事会正在进行的制裁机制有14项，集中在支持政治解决冲突、核不扩散和反恐怖主义方面。因此，制裁措施不具有惩罚性质。

（3）安全理事会制裁机制从20世纪90年代开始转向对实体或个人的定向制裁，比如禁止旅行或冻结财产，可能引起与人权保护的紧张关系，比如某些个人或实体在某些欧洲国家法院和欧洲人权法院对安全理事会制裁措施的合法性提起挑战。原则上，安全理事会在实施制裁时需要遵守国际法，包括人权法，尽管《联合国宪章》没有明文规定。它也在日益认识到被制裁方的权利的情况下实行制裁，在2006年设立除名协调人，在2009年建立基地组织制裁委员会监察员办公室。

（4）执行安全理事会的制裁区别于反措施、世界贸易组织体制内的贸易报复或一个国家依其国内法对外国个人或实体实施的单边制裁。中国反对在安全理事会框架外实施单边制裁。

2.（1）

类别	机关	
	联合国大会	安全理事会
性质	主要是一个审议和建议的机关，在一定意义上具有世界议会的性质。 可以讨论《联合国宪章》范围内或有关联合国任何机关的职权的任何问题或事项；除安全理事会正在处理外，可向会员国或安全理事会提出关于这些问题或事项的建议。具体地说，大会职权主要包括：1）审议为维持和平与安全进行合作的一般原则，并可提出建议；2）讨论会员国、安全理事会或非会员国向它提出的有关和平与安全的任何问题，并可提出建议；3）提请安全理事会注意足以危及国际和平与安全的情势，并建议和平解决的措施；4）发动研究并提出建议，促进政治、经济、社会等方面的合作，协助实现全人类的人权和基本自由；5）鼓励国际法的逐渐发展与编纂；6）接受并审议联合国和其他机构的报告；7）选举安全理事会、经济及社会理事会、托管理事会的须经选举的理事国；8）和安全理事会各自选举国际法院的法官；9）根据安全理事会的推荐委任联合国秘书长和接纳会员国；10）根据安全理事会的建议中止会员国的权利或开除会员国；11）在非战略地区执行联合国的托管职能；12）审议、批准联合国的预算，分配会员国的经费负担，审查各专门机构的行政预算等	对维持国际和平与安全负有主要责任并唯一有权采取行动。 1）在和平解决国际争端方面：①它可以促请争端各当事国用和平方法解决争端；②可以调查任何争端或情势，以断定其继续存在是否足以危及国际和平与安全；③对于上述性质的争端或情势，可以在任何阶段建议适当的调整程序或方法；④任何会员国、一定条件下的非会员国、大会或秘书长均得提请安全理事会注意可能危及国际和平与安全的争端或情势。 2）在维持和平与制止侵略方面：①它应断定任何对和平的威胁、破坏或侵略行为是否存在；为防止情势恶化，在建议或决定采取强制措施前，可促请有关当事国遵行安全理事会认为必要或适当的临时措施。②可以决定采取武力以外的措施，以实施其决议，并促请会员国协同执行。此项措施包括局部或全部停止经济关系、铁路、海运、航空、邮、电、无线电和其他交通工具，以及断绝外交关系。③如上述措施不足或已经证明为不足时，可采取必要的空、海、陆军行动，包括会员国的空、海、陆军示威与封锁、其他军事举动，以维持或恢复国际和平与安全。 3）安全理事会还负责拟订军备管制方案；在战略地区行使联合国的托管职能；建议或决定为执行国际法院判决所应采取的措施；同大会平行选举国际法院的法官；向大会推荐新会员国或联合国秘书长；向大会建议中止会员国的权利或开除会员国
决议效力	建议性，无拘束力	执行性决议有拘束力

（2）联合国大会与安全理事会在联合国各主要机关中居于中心地位。大会和安全理事会在职权上有明确的划分。大会主要是一个审议和提出建议的机关，而不像安全理事会那样主要是一个维持国际和平与安全的行动机关。大会可以讨论关于维持国际和平与安全的问题，但在原则上，只有安全理事会才能采取《联合国宪章》第七章所规定的具体行动。大会在经济、社会等方面有广泛的讨论和建议权，但在政治方面的讨论和建议则受到安全理事会职权的制约。对于已列入安全理事会议程的问题，非经安全理事会请求，大会不能提出建议。大会与安全理事会的主要活动范围虽然不同，但在行使各自的职权时，有许多问题又需要相互协调和共同行动。联合国活动的效率，在很大程度上取决于大会与安全理事会协调一致的努力。

参见程晓霞、余民才主编：《国际法》，7版，267～268、273～278页。

3.（1）安全理事会的职权有三个方面：一是和平解决国际争端，二是维持和平与制止侵略，三是其他方面的职权。具体参见题目"简述联合国安全理事会的职权"的参考答案。

（2）联合国现行体制基本上是1945年确立的。自其成立约80年来，联合国发生了深刻变化，其组成规模从最初的51个国家扩大到193个国家。联合国在国际事务，尤其是在维持国际和平与安全方面，日益显示出它的重要地位和重要作用。而联合国组成结构、力量对比的变化没有在联合国权力机构尤其是安全理事会中得到适当反映。因此，安全理事会改革成为联合国改革的一个核心问题。

安全理事会改革存在困难。一方面，目前各国尚未达成一致意见。另一方面，修改《联合国宪章》有程序上的障碍。《联合国宪章》第108条规定，本宪章之修正案经大会会员国2/3表决并由联合国会员国2/3，包括安全理事会全体常任理事国，各依其宪法程序批准后，对联合国所有会员国发生效力。第109条规定：联合国会员国，为检讨本宪章，得以大会会员国2/3表决，经安全理事会任何9个理事国的表决，确定日期及地点举行全体会议。全体会议以2/3表决所建议对于宪章的任何更改，应经联合国会员国2/3，包括安全理事会全体常任理事国，各依其宪法程序批准后，发生效力。

（3）改革安全理事会、扩大其组成规模是国际社

会的普遍共识。但是，关于安全理事会应扩大到多大规模，新增理事国中是否包括常任理事国，如果增加常任理事国，新增常任理事国是否拥有否决权，以及改革的进度等，都存在重大分歧。"威胁、挑战与变革"高级别名人小组 2004 年报告建议，将安全理事会的席位从目前的 15 席扩大到 24 席。具体方案有两个可选择：一个是除常任理事国外，增设 8 个任期 4 年的"半常任理事国"席位，另设一名任期 2 年的"非常任理事国"。另一个是现有 5 个常任理事国地位保持不变，新增 6 个没有否决权的常任理事国和 3 个任期 2 年的非常任理事国。2005 年联合国秘书长报告支持这两个方案，并建议会员国在 2005 年 9 月首脑会议前就这个重要问题作出决定。而其他国家集团提出了不同的方案："四国联盟"集团和"团结谋共识"运动建议将安全理事会扩大到 25 席，非洲联盟建议扩大到 26

席。"四国联盟"决议草案还建议增设 6 个常任理事国席位，新常任理事国在安全理事会扩大正式完成后 15 年内不行使否决权。非洲联盟则坚持应增加 6 个有否决权的常任理事国。而"团结谋共识"运动反对增加常任理事国。"四国联盟"方案遭到包括美国、俄罗斯等国家的反对，而且它们也反对就安全理事会改革设定时限。

因此，安全理事会改革尚需各国充分协商，努力寻求最广泛一致。这一进程将持续相当长时间。

上述要点的详细内容参见程晓霞、余民才主编：《国际法》，7 版，280～281 页。

4.（1）联合国集体安全体制的性质。（2）联合国集体安全行动。（3）联合国维持和平行动。

上述要点的详细内容参见程晓霞、余民才主编：《国际法》，7 版，272～279 页。

第五章　国际法上的个人

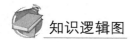 知识逻辑图

国际法上的个人
- 国籍
  - 取得
    - 出生取得国籍（血统主义、出生地主义、混合主义）
    - 入籍取得国籍（自愿申请、婚姻、收养）
  - 丧失
    - 自愿丧失
    - 非自愿丧失
  - 抵触
    - 积极抵触
      - 双重国籍
      - 多重国籍
    - 消极抵触：无国籍
  - 中国国籍立法与实践
    - 双系血统主义结合出生地主义
    - 不承认双重国籍
    - 防止和减少无国籍人
- 外国人待遇
  - 原则：国民待遇、最惠国待遇、差别待遇
  - 入境、居留、出境：依国家的法律或协议办理
  - 外国人在中国的法律地位
    - 入境、过境和居留经主管机关许可
    - 其在华正当权益受保护
- 难民
  - 政治难民或公约难民
  - 甄别标准
    - 畏惧遭受迫害
    - 在本国或经常居住国之外
  - 待遇：不推回原则
- 投资保护
- 外交保护
  - 概念：依据属人优越权，保护属于本国国民的自然人或法人
  - 条件
    - 受到的损害由外国国际不法行为所致
    - 具有保护国国籍："国籍持续原则"
    - 用尽当地救济
- 领事保护与协助

条约义务；互惠

请求引渡的主体：罪犯国籍国、犯罪行为地国、犯罪结果发生地国或其他国家

引渡对象："本国国民不引渡"原则

可引渡的犯罪：双重犯罪原则

引渡的程序：外交途径；司法与行政审查

引渡效果：只能就其请求引渡所指控的犯罪审判

中国引渡法 { 外国向中国请求引渡 / 中国向外国请求引渡；附条件引渡 }

国家属地优越权，主要依据是国内法

国家的权利

对象：政治犯

国际法上的个人

引渡

政治犯不引渡

庇护

 **名词解释与概念比较**

1. 最惠国待遇与国民待遇（考研）
2. 国籍（考研）
3. 外交保护（考研）
4. 引渡与庇护（考研）
5. 双重犯罪原则（考研）
6. 国籍的抵触（考研）
7. 难民（考研）
8. 庇护与域外庇护（考研）

选择题

（一）单项选择题

1. 甲国公民詹某在乙国合法拥有一房屋，乙国某公司欲租用该房屋，被詹某拒绝。该公司遂强行占用该房屋，并将詹某打伤。根据国际法的有关规则，下列救济方式哪一项是正确的？（　　）（司考）

A. 詹某应该向乙国提出外交保护

B. 詹某可以将此事诉诸乙国行政及司法当局

C. 詹某应向甲国驻乙国的外交团提出外交保护的请求

D. 甲国可以立即行使外交保护权

视频讲题

2. 甲国人詹某，多次在公海对乙国商船从事海盗活动，造成多人死亡。同时詹某曾在丙国实施抢劫，并将丙国一公民杀死。后詹某逃匿于丁国。如果甲、乙、丙、丁四国间没有任何引渡或司法协助方面的多边或双边协议，根据国际法的有关规则，下列哪项判断是正确的？（　　）（司考）

A. 丁国有义务将詹某引渡给乙国

B. 丁国有义务将詹某引渡给丙国

C. 丁国有权拿捕詹某并独自对其进行审判

D. 甲国有权派出警察到丁国缉拿詹某归案

3. 下列关于外交保护的说法，哪一项是正确的？（　　）

A. 国家的外交保护只能应公民的请求而行使

B. 甲国国民在乙国受到侵害的同时具有乙国的国籍，甲国不能对其进行外交保护

C. 甲国国民在乙国受到当地歹徒的抢劫，甲国可直接对其行使外交保护

D. 甲国国民受到乙国不法侵害后，无须在乙国国内寻求司法或行政方面的救济，甲国可以直接提起外交保护

4. 依国际法上的庇护制度，关于受庇护的外国人的地位，下列哪项表述是正确的？（　　）

A. 受庇护的外国人的法律地位低于普通外国人

B. 受庇护人的民事地位与本国公民的相同

C. 受庇护的外国人除非取得了庇护国的国籍，其地位原则上与一般外国人相同

D. 受庇护人在庇护国享有合法的居留权、各项民事权利及政治权利

5. 甲国人兰某和乙国人纳某在甲国长期从事跨国人口和毒品贩卖活动，事发后兰某逃往乙国境内，纳某逃入乙国驻甲国领事馆中。兰某以其曾经从事反对甲国政府的政治活动为由，要求乙国提供庇护。甲、乙两国之间没有关于引渡和庇护的任何条约。根据国际法的有关规则和制度，下列哪一项判断是正确的？（　　）（司考）

A. 由于兰某曾从事反对甲国政府的活动，因而乙国必须对兰某提供庇护

B. 由于纳某是乙国人，因而乙国领事馆有权拒绝把纳某交给甲国

C. 根据《维也纳领事关系公约》的规定，乙国领馆可以行使领事裁判权，即对纳某进行审判并作出判决后，交由甲国予以执行

D. 乙国可以对兰某的涉嫌犯罪行为在乙国法院提起诉讼，但乙国没有把兰某交给甲国审判的义务

6. 中国公民陆某2001年通过其在甲国的亲戚代为申请甲国国籍，2002年获甲国批准。2004年5月陆某在中国因违法行为被刑事拘留。此时，陆某提出他是甲国公民，要求我国有关部门通知甲国驻华领事。经查，根据甲国法律，陆某持有的甲国护照真实有效；陆某本人到案发时从未离开中国，也从未申请退出中国国籍。根据中国国籍法有关规定，下列哪一项判断是正确的？（　　）（司考）

A. 陆某仍是中国人

B. 陆某是中国境内的外国人

C. 陆某是中国法律承认的具有双重国籍的人

D. 陆某的国籍状态不确定

7. 按照通行的国际实践，对于双重国籍人，当他位于任意一个国籍国领土时，（　　）。

A. 他仍可以主张自己是外国人

B. 他可以在该国享有司法豁免权

C. 他可以主张自己是无国籍人

D. 他一般被视为所处领土的本国人

8. 父母无国籍或国籍不明，定居在中国，本人出生在中国的，（　　）。

A. 不具有任何国家的国籍

B. 等查明其父母的国籍后再确定其国籍

C. 具有中国国籍

D. 如申请加入中国国籍，则具有中国国籍

9. 我国1980年公布的第一部《国籍法》，在出生国籍上采取（　　）的原则。（司考）

A. 血统主义

B. 血统主义与居住地主义结合

C. 血统主义与出生地主义结合

D. 出生地主义

10. 按我国国籍法的基本原则，已具有外国国籍的海外华人（　　）。（司考）

A. 允许保留中国国籍

B. 不允许保留中国国籍

C. 可以放弃外国国籍而保留中国国籍

D. 必须放弃外国国籍

11. 最惠国待遇是当今国家间进行交往中一种常见的给予对方的待遇和优惠，对此，（　　）。

A. 最惠国待遇就是指给予某个国家的待遇高于给予其他任何国家的待遇

B. 一国有义务给予他国以最惠国待遇

C. 最惠国待遇必须建立在互惠基础上

D. 最惠国待遇是指将给予某个国家的待遇不低于现在和将来给予任何第三国的待遇

12. 甲国公民在乙国抢劫丙国公民并将其杀死，后逃入丁国。如甲、乙、丙三国均向丁国要求引渡，下列选项中正确的是（　　）。

A. 丁国应将其引渡给甲国

B. 丁国应将其引渡给乙国

C. 丁国应将其引渡给丙国

D. 由丁国自己决定将其引渡给哪个国家

13. 国际法上所说的一般外国人包括（　　）。

A. 外国专家　　　　B. 外交人员

C. 领事官员　　　　D. 到访的外国元首

14. 戴某为某省政府的处级干部。两年前，戴父在

甲国定居，并获甲国国籍。2006 年 7 月，戴父去世。根据有效遗嘱，戴某赴甲国继承了戴父在甲国的一座楼房。根据甲国法律，取得该不动产后，戴某可以获得甲国的国籍，但必须首先放弃中国国籍。于是戴某当时就在甲国填写了有关表格，声明退出中国国籍。其后，戴某返回国内继续工作。针对以上事实，根据我国《国籍法》的规定，下列哪项判断是正确的?（　　）（司考）

　　A. 戴某现在已自动丧失了中国国籍

　　B. 戴某现在只要在中国特定媒体上刊登相关声明，即退出中国国籍

　　C. 戴某现在只要向中国有关部门申请退出中国国籍，就应当得到批准

　　D. 戴某现在不能退出中国国籍

　　15. 甲国 1999 年发生未遂军事政变，政变领导人朗曼逃到乙国。甲国法院缺席判决朗曼 10 年有期徒刑。甲、乙两国之间没有相关的任何特别协议。根据国际法有关规则，下列哪一选项是正确的?（　　）（司考）

　　A. 甲国法院判决生效后，甲国可派出军队进入乙国捉拿朗曼，执行判决

　　B. 乙国可以给予朗曼庇护

　　C. 乙国有义务给予朗曼庇护

　　D. 甲国法院的判决生效后，乙国有义务将朗曼逮捕并移交甲国

　　16. 中国人高某在甲国探亲期间加入甲国国籍，回中国后健康状况不佳，也未申请退出中国国籍。后甲国因高某在该国的犯罪行为，向中国提出了引渡高某的请求，乙国针对高某在乙国实施的伤害乙国公民的行为，也向中国提出了引渡请求。依我国相关法律规定，下列哪一选项是正确的?（　　）（司考）

　　A. 如依中国法律和甲国法律均构成犯罪，即可准予引渡

　　B. 中国应按照收到引渡请求的先后确定引渡的优先顺序

　　C. 由于高某健康状况不佳，中国可以拒绝引渡

　　D. 中国应当拒绝引渡

　　17. 王某是定居美国的中国公民，2013 年 10 月回国为父母购房。根据我国相关法律规定，下列哪一选项是正确的?（　　）（司考）

　　A. 王某应向中国驻美签证机关申请办理赴中国的

签证

　　B. 王某办理所购房产登记需提供身份证明的，可凭其护照证明其身份

　　C. 因王某是中国公民，故需持身份证办理房产登记

　　D. 王某回中国后，只要其有未了结的民事案件，就不准出境

视频讲题

　　18. 甲国公民汤姆于 2012 年在本国故意杀人后潜逃至乙国，于 2014 年在乙国强奸一名妇女后又逃至中国。乙国于 2015 年向中国提出引渡请求。经查明，中国和乙国之间没有双边引渡条约。依相关国际法及中国法律规定，下列哪一选项是正确的?（　　）（司考）

　　A. 乙国的引渡请求应向中国最高人民法院提出

　　B. 乙国应当作出互惠的承诺

　　C. 最高人民法院应对乙国的引渡请求进行审查，并由审判员组成合议庭进行

　　D. 如乙国将汤姆引渡回本国，则在任何情况下都不得再将其转引

视频讲题

　　19. 定居德国的中国人 L 与德国人 Z 结婚并取得德国国籍。但是，L 并没有向中国公安机关申请退出中国国籍，也没有注销身份证或户籍。下列说法正确的是（　　）。（法考）

　　A. 当 L 在中国涉及民事诉讼时，应当被人民法院认为具有中国国籍

　　B. 如果 L 在中国境内有未了结的民事诉讼，就不应出境

　　C. 如 L 涉嫌危害公共利益，被中国公安机关采取行政措施限制人身自由，可以依法申请行政复议

　　D. 如 L 因为严重违法被公安部驱逐出境，可以向

人民法院提起行政诉讼

（二）多项选择题

1. 中国一女子移民并定居美国，后与美国人结婚并取得美国国籍，根据《国籍法》的规定，该女子的国籍会出现下列哪种情况？（　　）

A. 该女子已取得了美国国籍，则自动丧失中国国籍

B. 该女子并没有声明放弃中国国籍，因此，可以继续保留中国国籍

C. 该女子已取得了美国国籍，则不能再加入中国国籍

D. 如果该女子申请恢复中国国籍并被批准，则不得再保留美国国籍

2. 发生非自愿丧失国籍的情况有（　　）。

A. 一国公民被外国人收养而取得收养人的国籍

B. 一国公民因被认领而取得认领人的国籍

C. 一国女子与外国男子结婚

D. 个人申请解除或退出本国国籍

3. 下列有关外国人进入一国境内的说法，其中正确的是（　　）。

A. 国家有权决定准许或拒绝外国人入境

B. 两国可以在互惠的基础上达成协议对双方国家公民互免签证

C. 外国人一般要持有有效护照并经过入境国的签证手续

D. 外国人一般要持有护照但无须签证手续即可入境

4. 合法进入一国境内的外国人，按照国际实践一般享有（　　）。

A. 继承权　　　　　　B. 选举权

C. 财产权　　　　　　D. 诉讼权

5. 国家一般可以对外国人出境规定某些条件，包括（　　）。

A. 出境前必须办理出境手续

B. 出境前应依法付清债务和捐税

C. 外国人的任何财产都不能带出境

D. 外国人了结其民事或刑事诉讼后再出境

6. 不适用最惠国待遇的情形包括（　　）。

A. 给予邻国的利益和特惠

B. 关税同盟内的优惠

C. 自由贸易区和优惠贸易区内部的优惠

D. 经济共同体内的优惠

7. 一国行使外交保护的条件包括（　　）。

A. 一国公民所受到的损害是由一外国的国际不法行为所致

B. 用尽当地救济

C. 受害人在受害行为发生时到外交保护结束时连续拥有保护国的国籍

D. 必须由受害人首先提出外交保护请求

8. 关于在一国居住的外国人的法律地位，下列表述正确的是（　　）。

A. 外国人在居留期间处于居住国的管辖下，应遵守居住国的法律

B. 外国人仍须履行对其国籍国的有关义务

C. 当其权利在居住国受到任何侵害时，其国籍国都应该立即提供外交保护

D. 该外国人可以要求与居住国国民享有完全等同的一切权利

9. 中国公民李某（曾任某国有企业总经理）2004年携贪污的巨款逃往甲国。根据甲国法律，对李某贪污行为的最高量刑为 15 年。甲国与我国没有引渡条约。甲国表示，如果中国对李某被指控的犯罪有确凿的证据，并且作出对其量刑不超过 15 年的承诺，可以将其引渡给中国。根据我国引渡法的有关规定，下列哪些判断是正确的？（　　）（司考）

A. 我国对于甲国上述引渡所附条件，是否作出承诺表示接受，由最高人民法院决定

B. 我国对于甲国上述引渡所附条件，是否作出承诺表示接受，由最高人民检察院提请最高人民法院作出决定

C. 如果我国决定接受甲国上述引渡条件，表示接受该条件的承诺由外交部向甲国作出

D. 一旦我国作出接受上述条件的承诺并引渡成功，我国司法机关在对李某审判和量刑时，应当受该承诺的约束

10. 外国向中国提出的引渡请求必须同时符合下列哪些条件才能引渡？（　　）

A. 引渡请求所指的行为，依中国法律和请求国法律都构成犯罪

B. 为了提起刑事诉讼而请求引渡的，引渡请求所指控的犯罪必须依双方的法律均可判处 1 年以上有期

徒刑或更重的刑罚

　　C. 引渡请求所指的行为只要依我国法律构成犯罪的即可引渡

　　D. 中国可以基于法定情况拒绝引渡

　　11. 下列有关庇护的说法正确的是（　　）。

　　A. 庇护是国家基于领土主权而延伸出来的权利，是否给予某人以庇护，给予受庇护人何种地位都是国家自主决定的事项，但国家不能违背其承担的国际义务

　　B. 庇护不仅是不引渡，还包括不予驱逐和准其居留

　　C. 对从事战争犯罪、劫持航空器、种族灭绝等被认为是国际罪行的行为的人，不得进行庇护

　　D. 庇护的主要根据是国际条约

　　12. 国籍对个人和国家的重要意义表现在（　　）。

　　A. 国籍是国内法院确定某人为诉讼主体的法律依据

　　B. 国籍是一个国家确定某人为其国民或公民的根据

　　C. 国籍对国家行使管辖权具有重要意义

　　D. 国籍是确定国内管辖事项的一个重要依据

　　13. 依据国际法，犯有以下哪些罪行的人不能请求或享受庇护的权利？（　　）

　　A. 海盗罪

　　B. 非法贩运麻醉药品和精神药物

　　C. 政治犯

　　D. 劫持航空器

　　14. 下列有关引渡的说法不正确的是（　　）。

　　A. 可以引渡的犯罪必须是请求引渡国和被请求引渡国都认定是犯罪的行为

　　B. 可以引渡的犯罪是被请求引渡国认定是犯罪的行为

　　C. 可以引渡的对象是本国国民

　　D. 国家之间一般通过国内立法或缔结双边条约来规定引渡问题

　　15. 甲国人亨利持假护照入境乙国，并以政治避难为名进入丙国驻乙国的使馆。甲、乙、丙三国都是《维也纳外交关系公约》的缔约国，此外彼此间没有相关的其他协议。根据国际法的有关规则，下列哪些选项是正确的？（　　）（司考）

　　A. 亨利目前位于乙国领土上，其身份为非法入境者

　　B. 亨利目前位于丙国领土内，丙国有权对其提供庇护

　　C. 丙国有义务将亨利引渡给甲国

　　D. 丙国使馆有义务将亨利交由乙国依法处理

视频讲题

　　16. 外国公民雅力克持旅游签证来到中国，我国公安机关查验证件时发现，其在签证已经过期的情况下，涂改证照，居留中国并临时工作。关于雅力克的出入境和居留，下列哪些表述符合中国法律规定？（　　）（司考）

　　A. 在雅力克旅游签证有效期内，其前往不对外国人开放的地区旅行，不再需要向当地公安机关申请旅行证件

　　B. 对雅力克的行为县级以上公安机关可拘留审查

　　C. 对雅力克的行为县级以上公安机关可依法予以处罚

　　D. 如雅力克持涂改的出境证件出境，中国边防检查机关有权阻止其出境

　　17. 甲国公民彼得，在中国境内杀害一中国公民和一乙国在华留学生，被中国警方控制。乙国以彼得杀害本国公民为由，向中国申请引渡，中国和乙国间无引渡条约。关于引渡事项，下列哪些选项是正确的？（　　）（司考）

　　A. 中国对乙国无引渡义务

　　B. 乙国的引渡请求应通过外交途径联系，联系机关为外交部

　　C. 应由中国最高人民法院对乙国的引渡请求进行审查，并作出裁定

　　D. 在收到引渡请求时，中国司法机关正在对引渡所指的犯罪进行刑事诉讼，故应当拒绝引渡

　　18. 甲国公民杰克申请来中国旅游，关于其在中国出入境和居留期间的管理，下列哪些选项是正确的？（　　）（司考）

　　A. 如杰克患有严重精神障碍，中国签证机关不予签发其签证

　　B. 如杰克入境后可能危害中国国家安全和利益，

中国出入境边防检查机关可不准许其入境

C. 杰克入境后，在旅馆以外的其他住所居住或者住宿的，应当在入住后 48 小时内由本人或者留宿人，向居住地的公安机关办理登记

D. 如杰克在中国境内有未了结的民事案件，法院决定不准出境的，中国出入境边防检查机关有权阻止其出境

19. 中国公民王某与甲国公民彼得于 2013 年结婚后定居甲国并在该国产下一子，取名彼得森。关于彼得森的国籍，下列哪些选项是正确的？（　　）（司考）

A. 具有中国国籍，除非其出生时即具有甲国国籍

B. 可以同时拥有中国国籍与甲国国籍

C. 出生时是否具有甲国国籍，应由甲国法确定

D. 如出生时即具有甲国国籍，其将终生无法获得中国国籍

20. 根据 1951 年《关于难民地位的公约》及其 1967 年议定书，下列属于难民权利的有（　　）。

A. 不被驱逐出境或送回至其生命或自由因为政治原因而受威胁的领土边界

B. 在宗教自由、出席法院、初等教育等方面享有国民待遇

C. 在结社权利、以工资受偿的雇佣等方面享有国民待遇

D. 在自营职业、自由职业等方面享有不低于一般外国人在同样情况下所享有的待遇

（三）不定项选择题

1. 甲国人艾某在甲国打工时因不满雇主詹某，炸毁了詹某的厂房和住所，逃至乙国。艾某的行为根据甲国刑法，有可能被判处死刑。甲、乙两国之间没有任何涉及刑事司法协助方面的双边或多边条约。基于以上情况，根据国际法，下列判断何者为正确？（　　）（司考）

A. 如果甲国向乙国提出引渡请求，则乙国有义务将艾某引渡给甲国

B. 如果艾某向乙国提出庇护请求，则乙国有义务对艾某进行庇护

C. 乙国可以既不对艾某进行庇护，也不将其引渡给甲国

D. 甲国可以在乙国法院对艾某提起刑事诉讼

2. 高某出生在甲国，其父亲是乙国人，母亲是丙、丁双重国籍人，假设对原始国籍的获得，甲、丙两国采取纯粹的出生地主义，乙、丁两国采取纯粹的双系血统主义。此时，根据有关国际法规则和国际实践，对于高某此时的国籍状况，下列何种表述正确？（　　）（司考）

A. 高某可能拥有甲、乙、丙、丁四国的国籍

B. 高某仅可能拥有甲、乙、丙三国的国籍

C. 高某仅可能拥有甲、乙、丁三国的国籍

D. 高某仅可能拥有甲、乙两国的国籍

3. 中国某国有企业在甲国设有办事处，甲国人员贾某为该办事处雇员。贾某利用职务之便，将办事处公款 1 000 万美元窃为己有进行挥霍。此间，贾某从未到过中国，目前其在甲国。中国与甲国之间没有任何司法协助方面的协定，但中国与乙国间有引渡协定。根据国际法及中国有关法律，下列哪些判断是错误的？（　　）（司考）

A. 中国对贾某的上述侵占公款案没有管辖权

B. 乙国向甲国就贾某伪钞案请求引渡，如获成功，贾某被引渡到乙国后，乙国可以不经甲国同意，径直将贾某转引渡给中国

C. 中国对贾某的上述侵占公款案有管辖权，可以自行派公务人员赴甲国缉拿贾某归案

D. 中国法院可以对贾某首先作出缺席判决，然后申请甲国对该判决予以执行

4. 中国人姜某（女）与甲国人惠特尼婚后在甲国定居，后姜某在甲国生下一女。根据我国国籍法，下列选项正确的是（　　）。（司考）

A. 如姜某之女出生时未获其他国家国籍，可以获得中国国籍

B. 姜某之女一出生就无条件获得中国国籍

C. 如姜某之女出生时已获得甲国国籍，她也可以同时获得中国国籍

D. 姜某之女出生地在甲国，因而不能获得中国国籍

5. 甲国公民库克被甲国刑事追诉，现在中国居留。甲国向中国请求引渡库克，中国和甲国间无引渡条约。关于引渡事项，下列选项正确的是（　　）。（司考）

A. 甲国引渡请求所指的行为依照中国法律和甲国法律均构成犯罪，是中国准予引渡的条件之一

B. 由于库克健康原因，根据人道主义原则不宜引渡的，中国可以拒绝引渡

C. 根据中国法律，引渡请求所指的犯罪纯属军事犯罪的，中国应当拒绝引渡

D. 根据甲国法律，引渡请求所指的犯罪纯属军事犯罪的，中国应当拒绝引渡

6. 中国公民李某与俄罗斯公民莎娃结婚，婚后定居北京，并育有一女李莎。依我国《国籍法》，下列选项正确的是（　　）。（司考）

A. 如李某为中国国家机关公务员，其不得申请退出中国国籍

B. 如莎娃申请中国国籍并获批准，不得再保留俄罗斯国籍

C. 如李莎出生于俄罗斯，不具有中国国籍

D. 如李莎出生于中国，具有中国国籍

7. 马萨是一名来华留学的甲国公民，依中国法律规定，下列哪些选项是正确的？（　　）（司考）

A. 马萨入境中国时，如出入境边防检查机关不准其入境，可以不说明理由

B. 如马萨留学期间发现就业机会，即可兼职工作

C. 马萨留学期间在同学家中短期借住，应按规定向居住地的公安机关办理登记

D. 如马萨涉诉，则不得出境

8. 甲国球星埃尔申请加入中国国籍，依据中国《国籍法》，下列判断正确的是（　　）。（法考）

A. 埃尔加入中国国籍后，可保留甲国国籍

B. 埃尔加入中国国籍的申请应由中国外交部审批

C. 埃尔的申请无论是否被批准，其与中国女子李某在广州出生的儿子具有中国国籍

D. 埃尔申请一旦被批准，则不得再退出中国国籍

视频讲题

9. 甲国人汉斯持公务签证来华，在北京已居住两年。在此期间，汉斯与中国女子王某结婚并在北京生下一子。根据中国相关法律规定，下列判断正确的是（　　）。（法考）

A. 只要汉斯有尚未完结的民事诉讼就不得离境

B. 北京是汉斯的经常居所地

C. 汉斯利用周末假期在某语言培训机构兼职教课，属于非法就业

D. 汉斯的儿子具有中国国籍

视频讲题

10. 甲国人施密特在乙国旅游期间，乙国经丙国的请求对施密特采取了强制措施，之后丙国请求乙国引渡施密特。根据国际法的相关规则和实践，下列判断正确的是（　　）。（法考）

A. 如果施密特是政治犯，乙国应当拒绝引渡

B. 如果施密特的行为在乙国和丙国都构成严重犯罪，乙国可以引渡

C. 如果施密特的行为只在丙国构成犯罪，乙国应当拒绝引渡

D. 因施密特为甲国公民，乙国无权将其引渡给丙国

视频讲题

11. 中国公民王某在甲国旅游期间被殴打致重伤后报警，犯罪嫌疑人李某在未逮捕前逃至乙国。经查，李某为中国公民，甲乙两国无引渡条约，中国与甲乙两国均有引渡条约，依中国法律和国际法，下列选项正确的是（　　）。（法考）

A. 中国可以对王某进行外交保护

B. 如乙国将李某引渡给中国，甲国提出引渡的，中国应拒绝

C. 如甲国向乙国提出引渡，乙国无权拒绝

D. 鉴于李某正继续逃窜，中国在未提出引渡前，可以通过外交途径请求乙国对李某采取强制措施

视频讲题

12. 中国人王某定居美国多年，后自愿加入美国国籍，但没有办理退出中国国籍的手续。根据我国相关法律规定，下列选项正确的是（   ）。（司考）

A. 由于王某在中国境外，故须向在国外的中国外交代表机关或领事机关办理退出中国国籍的手续

B. 王某无须办理退出中国国籍的手续

C. 王某具有双重国籍

D. 王某已自动退出了中国国籍

视频讲题

 简答题

1. 简述外交保护的前提条件。（考研）

2. 简述我国《国籍法》的制度。（考研）

3. 什么是引渡？国际法上有哪些引渡原则？（考研）

4. 简述难民地位的甄别标准。

5. 国家刑事管辖权与引渡制度的关系。

 材料与法条分析题

1. 甲出生在中国香港地区，其父母是中国人。中国恢复对香港行使主权后，他继续持"英国国民（海外）护照"在 A 国所建立的商业基地从事商业活动。一天，A 国数十人洗劫了甲所经营的商店，焚烧了他的库房，并将他本人打成重伤。中国驻 A 国大使馆要求 A 国尽快查清此事件，依法惩处相关肇事者，采取有效措施防止此类事件再次发生。A 国拒绝中国大使馆的要求，并称中国的行为是对其内政的干涉，因为甲不是中国人。

根据以上案情，分析 A 国的主张是否正确？为什么？

视频讲题

2. 中国公民甲原是中国某银行的地方支行行长。他曾数度非法将总额为 3.65 亿美元的公款转移到 A 国，存入 A 国 A1 银行的私人账户，而后潜逃到该国。中国某中级人民检察院签发逮捕令，并经公安部通过国际刑警组织发出红色通缉令。当得知甲藏匿于 A 国后，中国向 A 国请求引渡，并要求 A 国对甲先行采取强制措施。A 国以双方没有引渡条约、其国内法中没有贪污罪罪名和规定死刑不引渡为由拒绝引渡。与此同时，甲在 A 国申请政治避难，诉称他在国内时因为与其上级领导在管理方面的意见不合而不得晋升。A 国同意了申请，给予他庇护。其后，由于甲卷入 A 国在野党政治献金丑闻，又由于 A 国与中国都参加了《联合国反腐败公约》的谈判，并最后签署了该公约，所以在双方对引渡甲的磋商中，A 国暗示，如果中国保证不判处甲死刑，可予考虑。

根据以上案情，回答下列问题：

（1）A 国拒绝引渡和庇护的做法是否正确？为什么？

（2）在 A 国态度趋于积极的情况下，中国应该如何做？

视频讲题

3. A 国人甲在 B 国定居，并在那里建立了事业中心。甲去 C 国（中立国）探亲时申请入籍，取得 C 国国籍。按照 A 国国籍法，甲自动丧失 A 国国籍。当时，A 国与 D 国进入战争状态。甲持 C 国护照返回 B 国，向 B 国政府申请将其登记簿上的国籍由 A 国改为 C 国，得到批准。在 B 国向 A 国宣战后，甲被 B 国警方以敌国侨民为由逮捕，并被移交给 D 国。B 国还撤销了将他登记为 C 国公民的行政决定，扣押和没收了他的财产。

甲获得释放后申请回 B 国遭到拒绝，即赴 C 国定居。此后，他又向 B 国政府申请撤销关于取消其国籍登记的行政决定，也遭到拒绝。于是，C 国指责 B 国逮捕、拘留其公民甲并且扣押和没收其财产的行为违反国际法，要求 B 国予以赔偿。

根据以上案情，回答下列问题：

（1）C 国是否有理由对甲提出外交保护？

（2）国籍与外交保护有什么关系？

视频讲题

4. 根据有关国际法原则、规则和制度，分析下面条款：

《外交保护条款草案》第1条规定，外交保护是指一国对于另一国国际不法行为给属于本国国民的自然人或法人造成损害，通过外交行动或其他和平解决手段援引另一国的责任，以期使该国责任得到履行。

 论述题与深度思考题

1. 试述确定外国人待遇的原则。（考研）

2. 试述我国《引渡法》的主要制度。

3. 在外交保护问题上，为何外国人用尽当地救济后，本国才可提出外交保护？（考研）

4. 论外交保护与领土庇护之不同点。（考研）

5. 试述外交保护与领事保护与协助和投资保护的区别。

参考答案

 名词解释与概念比较

1.

类别	概念	
	最惠国待遇	国民待遇
定义	授予国给予受惠国或与之有确定关系的人或事的待遇，不低于现时或将来给予任何第三国或与之有确定关系的人或事的待遇	国家在一定范围内给予外国人与本国公民同等的待遇
适用范围	经济和贸易方面	民事权利和诉讼权利
限制	给予邻国的优惠，关税同盟、自由贸易区或经济共同体内的优惠	政治权利
目的	外国人与外国人处于同等法律地位	外国人与本国人处于同等法律地位

2. 国籍是一个人属于一个国家的国民或公民的法律资格，表示这个人与该国稳定的法律联系。国籍是确定个人法律地位的依据，通常由国内法规定。

3. 外交保护是指一国对于另一国国际不法行为给属于本国国民的自然人或法人造成损害，通过外交行动或其他和平解决手段援引另一国的责任，以期使该国责任得到履行。外交保护是国家的权利，其行使需满足一定条件。

4.

类别	概念	
	引渡	庇护
定义	一国根据请求，把在其境内的被请求引渡人移交给请求国追诉或处罚的一种国际刑事法律合作	国家对于因政治原因而被外国追诉或受迫害而来避难的外国人，准其入境和居留，并给予保护
性质	通常依条约承担引渡义务	国家的权利
标准	双重犯罪原则	庇护国国内法
对象	普通刑事犯罪	政治犯
后果	移交请求国追诉或处罚	不引渡，保护

5. 双重犯罪原则是指可引渡的犯罪是请求引渡国和被请求引渡国都认定为犯罪的行为，它一般是普通刑事犯罪。双重犯罪可以是请求引渡国和被请求引渡国的法律将同一行为都规定为犯罪，而不论它们的法律是否将这种犯罪列入相同的犯罪类别或者是否使用相同的术语规定这种犯罪的名称。它也可以是双方共同参加的条约所规定的犯罪行为。

6. 国籍的抵触是指一个人在同一时间内具有两个或两个以上的国籍，或者不具有任何国籍的法律状态。前者即双重或多重国籍的状态，称为国籍的积极抵触；后者即无国籍状态，称为国籍的消极抵触。

7. 难民是指有正当理由畏惧由于种族、宗教、国籍、属于某一社会团体或具有某种政治见解的原因遭受迫害而留在其本国以外，并由于此项畏惧而不能或不愿受该国保护的人，或者不具有国籍而留在他以前经常居住国以外，而现在不能或由于畏惧不愿返回该国的人。这类难民又称为政治难民或"公约难民"。难民的一项基本权利是不被驱逐出境或者送回至其生命或自由因为政治原因而受威胁的领土边界。

8. 庇护通常是指领土保护，是指国家对于因政治原因而被外国追诉或受迫害而来避难的外国人，准其入境和居留，并给予保护。庇护是国家的权利，是国家主权行为。庇护的主要根据是国内法，其针对的对象是政治犯。

域外庇护是指国家的驻外使领馆庇护外国人，又称外交庇护。外交庇护没有被各国普遍接受，因而不是普遍适用的国际习惯法。

选择题

（一）单项选择题

1. B

外国人在所在国享有诉讼权利。当其合法权益受到不法侵害时，他首先应该寻求所在国的行政救济或司法救济，所以 B 项正确。

2. C

在国际法上，国家一般没有引渡的义务，因此，引渡必须根据有关的引渡条约进行。当他国在没有引渡条约的情况下提出引渡请求，一国可以自由裁量，包括可以根据其有关国内法或其他因素作出决定。詹某逃匿于丁国又犯有海盗罪，因此，丁国可以基于属地管辖权和普遍管辖权对其进行抓捕并审判。甲国对詹某的属人管辖权要让位于丁国的属地管辖权，因此，甲国无权派警察到丁国缉拿詹某归案。

3. B

外交保护是国家的权利，国家可以拒绝，也可以不应请求人的请求而主动进行。若本国国民受到外国国民的私人侵害，外国国家并无不法行为，本国不应对其进行外交保护。此外，外交保护应遵守"用尽当地救济原则"。如果受害者是双重国籍人，一国籍国不能对另一国籍国提出外交保护请求，除非在发生伤害和正式提出请求时前一国家的国籍是主要的，所以只有 B 项正确。

4. C

庇护是指一国对请求避难的外国人给予保护的行为。受庇护人在庇护国享有合法的居留权，原则上不被引渡和驱逐；其在居留期间除非取得了庇护国的国籍，原则上与一般外国人享有相同的待遇，也可依庇护国的有关法律和政策享有某种优惠待遇，但不能从事敌视和有害本国的活动；庇护国对受庇护人负有相应的保护和防止责任。

5. D

庇护是一国的主权行为，其主要根据是国内法。个人可以请求庇护，是否给予则由请求国自行决定。乙国没有庇护兰某的义务。由于纳某长期在甲国从事人口和毒品贩卖活动，甲国可以对其行使管辖权。乙国并没有所谓的领事裁判权。

6. A

中国国籍法不承认双重国籍，而且规定中国国民丧失中国国籍必须经申请批准。陆某本人到案发时从未离开中国，也从未申请退出中国国籍，更没有获得批准。所以，虽然他已经成功申请了甲国国籍，但他仍然是中国人。

7. D

当一个双重国籍人处于其任意一个国籍国的领土上时，所在国通常只承认其本国国籍，而否认其外国人的身份。

8. C

防止和减少无国籍人是中国国籍法的一项原则。对于无国籍或国籍不明并定居在中国的外国人，只要他们的子女出生在中国，其子女即具有中国国籍。

9. C

我国《国籍法》规定了以双系血统主义为主、以出生地主义为辅的混合原则。如父母双方为中国国民，本人出生在中国，即具有中国国籍；本人出生在外国，原则上也具有中国国籍，但如父母一方定居在外国且本人出生时即具有外国国籍的，则不具有中国国籍，如父母无国籍或国籍不明并定居在中国，且本人出生在中国，即具有中国国籍。

10. B

不承认双重国籍是我国《国籍法》的一项基本原则。定居外国的中国公民，自愿加入或取得外国国籍，即自动丧失中国国籍。

11. D

最惠国待遇是指授予国给予受惠国或与之有确定关系的人或事的待遇，不低于现在和将来给予任何第三国或与之有确定关系的人或事的待遇；最惠国待遇也有可能受到限制，如关税同盟之间互相给予的待遇等，就不适用于所有的受惠国。

12. D

有权请求引渡的国家有三类：罪犯本人所属国、犯罪行为发生地国、受害人所属国。如果三类国家同时要求引渡同一罪犯，原则上由被请求国决定把罪犯引渡给哪个国家。

13. A

国际法上的外国人指一切不具有本国国籍的自然人和法人。一国境内的外国人包括两类：一类是根据国际法享有外交和领事特权的外国人，因为他们具有特殊的法律地位，所以不在一般外国人之列；另一类是普通外国人。

14. D

根据我国《国籍法》的规定，国家工作人员和现役军人，不得退出中国国籍。

15. B

庇护是国家的权利，而非义务。是否给外国人以庇护，由一国自由决定。除非国家承担了条约义务，否则，它没有义务将在其境内的外国人移交给另一国。

16. D

《引渡法》第8条第1款规定，被请求引渡人如果具有中国国籍，中国应当拒绝引渡。《国籍法》第9条规定："定居外国的中国公民，自愿加入或取得外国国籍的，即自动丧失中国国籍。"第11条规定："申请退出中国国籍获得批准的，即丧失中国国籍。"由此可以看出，因获得外国国籍而自动丧失中国国籍必须有个先决条件，即"定居外国"，而高某是在甲国探亲期间加入甲国国籍，之后即回国，题中并没有交代高某在甲国定居的事实，因此高某不能自动丧失中国国籍，而且高某没有申请退出中国国籍，所以，高某仍然具有中国国籍。

17. B

王某是中国公民，因而他无须向中国驻美签证机关申请办理赴中国的签证。中国《出境入境管理法》第14条规定，定居国外的中国公民在中国境内办理金融、教育、医疗、交通、电信、社会保险、财产登记等事务需要提供身份证明的，可以凭本人的护照证明其身份。该法第12条规定，中国公民有未了结的民事案件，人民法院决定不准出境的，不准出境。

18. B

根据中国《引渡法》，外交部为指定的进行引渡的联系机关，引渡请求应向外交部提出。该法第15条规定，在没有引渡条约的情况下，请求国应当作出互惠的承诺。第16条第2款规定，最高人民法院指定的高级人民法院对请求国提出的引渡请求是否符合本法和引渡条约关于引渡条件等规定进行审查并作出裁定。

第14条规定，请求国不对被引渡人在引渡前实施的其他未准予引渡的犯罪追究刑事责任，也不将该人再引渡给第三国；但经中国同意，或者被引渡人在其引渡罪行诉讼终结、服刑期满或者提前释放之日起30日内没有离开请求国，或者离开后又自愿返回的除外。

19. C

根据中国《国籍法》，定居在外国的中国公民如自愿取得外国国籍，则中国国籍自动丧失，故A选项错误。中国公民有未了结的民事案件，人民法院决定不准出境的，不准出境。L已经自动丧失中国国籍，故B选项错误。驱逐出境的决定是终局的，外国人对驱逐出境决定不服的，不享有救济权，不能申请行政复议，也不能提起行政诉讼，故D选项错误。

（二）多项选择题

1. AD

根据中国《国籍法》，定居在外国的中国公民如自愿取得外国国籍，则中国国籍自动丧失，但如曾具有中国国籍的外国人申请恢复中国国籍并被批准的，则不能再保留外国国籍。

2. ABC

丧失国籍的情况分为自愿丧失和非自愿丧失两种情况，非自愿丧失主要是由于取得外国国籍、婚姻、收养或认领等而丧失本国国籍。

3. ABC

按照国际习惯法，一国没有允许外国人入境的义务。国家之间一般根据互惠原则允许外国人因合法目的进入本国，外国人入境一般需要所进入国家的入境签证。

4. ACD

选举权只有一国公民才能享有，除此以外的基本民事权利，都可由外国人根据国民待遇原则而享有。

5. ABD

外国人出境的条件一般包括：出境前必须办理出境手续；出境前依法付清债务或提供担保；外国人有诉讼在身可以依法限制其出境。

6. ABCD

最惠国待遇一般只适用于经济和贸易方面。最惠国待遇的例外包括给予邻国的优惠，关税同盟、经济共同体和关税同盟之间互相给予的待遇等。

7. AB

国家行使外交保护的条件包括：（1）一国公民所受到的损害是由外国的国际不法行为所致。（2）受害人在受害行为发生时到外交保护提出时连续拥有保护国的国籍。（3）用尽当地救济。受害人首先向其国籍国提出请求不是外交保护的一个条件。

8. AB

外国人在外国仍然处在国籍国的属人管辖之下，负有效忠国籍国的义务。当外国人的正当合法利益在居留国受到不法侵害时，有权请求国籍国的外交保护，但必须符合一定的条件。外国人处在居留国的属地管辖之下，必须遵守居留国的法律。外国人与所在国的国民在民事权利上一般享有同等的待遇，但不包括政治权利。

9. ACD

我国向外国请求引渡通过我国外交部进行。如果被请求国就准予引渡附加条件，对于不损害我国主权、国家利益和公共利益的，由外交部代表我国政府向被请求国作出承诺。对于量刑的承诺，由最高人民法院决定。一旦接受附加条件就要受该承诺的约束。

10. AB

我国法律规定，外国向中国提出引渡必须同时符合下列两个条件：（1）引渡请求所指的行为，依我国法律和请求国法律都构成犯罪。（2）为了提起刑事诉讼而请求引渡的，引渡请求所指控的犯罪必须依双方的法律均可判处 1 年以上有期徒刑或更重的刑罚；为了执行刑罚而请求引渡的，在提出引渡请求时，被请求引渡人尚未服完的刑期至少为 6 个月。

11. ABC

庇护是国家基于领土主权而延伸出来的权利。是否给予某人以庇护，给予受庇护人何种地位都是国家自主决定的事项，但国家不能违背其承担的国际义务。对于从事战争犯罪、劫持航空器、种族灭绝等被认为是国际罪行的行为的人，不得进行庇护。庇护的主要依据是国内法的规定。

12. BC

国籍是一国确定某人为其国民或公民的根据，国家因此而行使属人管辖权。国籍又是确定某人处于不同于外国国民的法律地位的依据，享受本国法律上的权利和义务。

13. ABD

依据国际法，犯有以下罪行的，不得对行为人进

行庇护：危害和平罪、战争罪、危害人类罪、种族灭绝罪、海盗罪、危害民用航空安全、贩毒罪等。

14. BC

可引渡的犯罪要符合"双重犯罪原则"，即必须是请求引渡国和被请求引渡国都认定是犯罪的行为。本国国民一般不引渡。在国际法上，国家没有引渡的义务，国家之间一般通过国内立法或缔结条约来规定引渡问题。

15. AD

有效护照是各国出入境管理法的通常要求。国际法一般不承认一国驻外使馆有域外庇护的权利。使馆必须尊重所在国的法律，不得作出与使馆职务不符的行为。

16. BCD

中国《出境入境管理法》第 44 条第 2 款规定，未经批准，外国人不得进入限制外国人进入的区域。该法第 71 条第 1 项规定，持用伪造、变造、骗取的出境入境证件出境入境的，处 5 日以上 10 日以下拘留，可以并处 2 000 元以上 1 万元以下罚款。该法第 4 条第 2 款中规定，出入境边防检查机关负责实施出境入境边防检查；县级以上地方人民政府公安机关及其出入境管理机构负责外国人停留居留管理。

17. AB

在国际法上，国家没有引渡的义务，除非存在条约义务。一国是否接受他国的引渡请求，在没有条约义务的情况下，由被请求国自行决定。中国《引渡法》第 4 条第 1 款规定，中国和外国之间的引渡通过外交途径联系，中国外交部为指定的进行引渡的联系机关。第 16 条规定，外交部收到请求国提出的引渡请求后，应当对引渡请求书及其所附文件、材料是否符合本法第二章第二节和引渡条约的规定进行审查。最高人民法院指定的高级人民法院对请求国提出的引渡请求是否符合本法和引渡条约关于引渡条件等规定进行审查并作出裁定。第 9 条第 1 款规定，中国对于引渡请求所指的犯罪具有刑事管辖权，并且对被请求引渡人正在进行刑事诉讼或者准备提起刑事诉讼的，可以拒绝引渡。

18. ABD

中国《出境入境管理法》第 21 条规定，患有严重精神障碍、传染性肺结核病或者有可能对公共卫生造成重大危害的其他传染病的外国人，不予签发签证。

该法第 25 条规定，可能危害中国国家安全和利益、破坏社会公共秩序或者从事其他违法犯罪活动的外国人，不准入境。该法第 39 条第 2 款规定，外国人在旅馆以外的其他住所居住或者住宿的，应当在入住后 24 小时内由本人或者留宿人，向居住地的公安机关办理登记。该法第 28 条第 2 项规定，外国人有未了结的民事案件，人民法院决定不准出境的，不准出境。

19. AC

一个人以什么方式取得国籍，取决于每个国家国内法的规定。根据中国《国籍法》第 5 条，父母双方或一方为中国公民，本人出生在外国，具有中国国籍；但父母双方或一方为中国公民并定居在外国，本人出生时即具有外国国籍的，不具有中国国籍。该法第 3 条规定："中华人民共和国不承认中国公民具有双重国籍。"中国《国籍法》允许外国人在一定条件下取得中国国籍。《国籍法》第 7 条规定，外国人或无国籍人，愿意遵守中国宪法和法律，并具有下列条件之一的，可以经申请批准加入中国国籍：（1）中国人的近亲属；（2）定居在中国的；（3）有其他正当理由。

20. ABD

参见 1951 年《关于难民地位的公约》第 4 条、第 15～19 条、第 21～24 条、第 33 条的规定。

（三）不定项选择题

1. C

在国际法上，国家一般没有引渡的义务，因此，引渡需要根据有关的引渡条约进行。两国之间没有条约时，一国可以自由裁量。由于甲、乙两国之间没有任何相关条约，所以乙国没有义务将艾某引渡给甲国。庇护是一国行使属地管辖权的结果，一国原则上有权自由决定是否对请求避难的人予以庇护，乙国没有义务庇护艾某。刑事诉讼是国家行为，是一国主权范围内的事项，甲国不可以在乙国提起刑事诉讼。

2. C

因出生而取得国籍属于国籍的原始取得，实践中各国赋予原始国籍的标准有三种：血统主义、出生地主义和混合原则。高某出生在甲国，甲国采取纯粹的出生地主义，高某因此可以取得甲国国籍。高某的父亲是乙国人，母亲是丙、丁双重国籍人，乙、丁两国都采取纯粹的双系血统主义，因此，高某可以随父亲

获得乙国国籍，或者随母亲获得丁国国籍。因丙国采取出生地主义，而高某出生在甲国，故他不可能获得丙国国籍。

3. ABCD

国家对其领土范围以外从事严重侵害该国或其公民重要利益行为的外国人有进行管辖的权利。从国际实践看，这种管辖权的行使一般基于两个条件：（1）外国人在领土外所侵害的是该国或其公民的直接利益，构成该国刑法规定之罪行或规定应处以一定刑罚以上的罪行；（2）该行为根据行为地法的法律同样构成应处以刑罚的罪行。因此，本案中中国有管辖权。保护性管辖权实现的方式：一是行为人进入该受害国境内被依法拘捕，二是通过国家间对行为人进行引渡实现受害国的管辖权，因此，我国不能直接进入甲国抓捕。引渡的罪行特定原则要求请求国只能就其请求引渡的特定犯罪行为进行审判。判决的承认与执行是国际民商事司法协助项目，不涉及刑事案件的判决。

4. A

我国《国籍法》第 5 条规定，父母双方或一方为中国公民，本人出生在外国，具有中国国籍；但父母双方或一方为中国公民并定居在外国，本人出生时即具有外国国籍的，不具有中国国籍。第 3 条还规定，我国不承认中国公民具有双重国籍。

5. ABC

根据中国《引渡法》，外国向中国提出的引渡请求，只有在同时符合下列两个条件时才准予引渡：第一，引渡请求所指的行为，按照中国法律和请求国法律均构成犯罪。第二，为提起刑事诉讼而请求引渡的，引渡请求所指控的犯罪必须依双方的法律均可判处 1 年以上有期徒刑或者其他更重的刑罚；为执行刑罚而请求引渡的，在提出引渡请求时，被请求引渡人尚未服完的刑期至少为 6 个月。纯属军事犯罪属于《引渡法》中"应当拒绝引渡"的一种情形。由于被请求引渡人的年龄、健康等原因，根据人道主义原则不宜引渡的，属于《引渡法》中"可以拒绝引渡"的一种情形。是否拒绝引渡请求，由被请求引渡国根据自己的法律来判断。

6. ABD

根据中国《国籍法》，国家工作人员和现役军人不得退出中国国籍。申请加入中国国籍获得批准的，即取得中国国籍，并不再保留外国国籍。父母一方为中

国公民的，本人出生在中国或外国，具有中国国籍。

7. AC

中国《出境入境管理法》规定，外国人有下列情形之一的，不准出境：被判处刑罚尚未执行完毕或者属于刑事案件被告人、犯罪嫌疑人的，但是按照中国与外国签订的有关协议，移管被判刑人的除外；有未了结的民事案件，人民法院决定不准出境的。对于不准入境的，出入境边防检查机关可以不说明理由。外国人在中国境内工作，应当按照规定取得工作许可和工作类居留证件。外国人在旅馆以外的其他住所居住的，应当在入住后 24 小时内由本人或者留宿人，向居住地公安机关办理登记。

8. C

中国《国籍法》不承认双重国籍，因此埃尔入籍中国，需要放弃甲国国籍。入籍中国后，后续也可以放弃中国国籍，入籍其他国家。根据《国籍法》，中国人的子女无论在何地出生，原则上都有权取得中国国籍。加入、退出和恢复中国国籍的申请，由公安部审批。

9. CD

外国人有未了结的民事诉讼，法院作出不准出境决定的，方可限制其出境。外国人在中国境内工作必须有工作类居留证和工作类许可证。夫妻双方一人为中国人且孩子出生在中国的，按照《国籍法》第 4 条，孩子出生时即具有中国国籍。根据最高人民法院《关于适用〈中华人民共和国涉外民事关系法律适用法〉若干问题的解释（一）》的规定，因公务连续居住不成为经常居所地。

10. ABC

政治犯不引渡原则和双重犯罪原则都是有关引渡的国际法原则。引渡的对象可以是被请求国人、请求国人或第三国人，各国一般拒绝引渡本国公民。

11. BD

行使外交保护的条件之一是本国国民因外国国际不法行为受到侵害。在没有引渡条约的前提下，一国对另一国没有引渡义务。根据本国国民不引渡原则，一国对于他国引渡本国国民的请求有权拒绝。在紧急情况下，可以在向外国正式请求引渡之前，通过外交或其他途径，请求外国对有关人员先行采取强制措施。

12. BD

根据中国《国籍法》，只有同时满足已经定居外国和自愿加入或取得外国国籍两个条件才会自动丧失中国国籍。属于自动丧失国籍的，不需要办理退籍手续，当事人也就不具有双重国籍。

 简答题

1.（1）外交保护是指一国对于另一国国际不法行为给属于本国国民的自然人或法人造成损害，通过外交行动或其他和平解决手段援引另一国的责任，以期使该国责任得到履行。外交保护是国家的权利，是否行使由国家自由决定。

（2）国家行使外交保护有三个先决条件：第一，一国国民受到的损害是由该外国的国际不法行为所致。第二，请求国能证明受害者为其本国国民。这在国际法上被称为"国籍持续原则"，即受害人自受害之日起至求偿提出之日需要持续具有保护国国籍。第三，用尽当地救济，即国家在为受侵害的本国人提出外交保护之前，该受害人必须首先用尽所在国法律规定的一切救济方法，包括行政或司法救济手段，除非依条约的规定排除了当地救济。

2. 我国《国籍法》主要规定了如下制度：

（1）在原始国籍赋予上采取双系血统主义和出生地主义相结合的原则。这具体体现在《国籍法》第 4 条、第 5 条和第 6 条的规定。

（2）不承认双重国籍。《国籍法》第 3 条规定："中华人民共和国不承认中国公民具有双重国籍。"第 5 条、第 8 条、第 9 条和第 13 条对这一原则作了具体规定。

（3）防止和减少无国籍人。《国籍法》对此从两个方面予以规定：一是对于无国籍或国籍不明并定居在中国的外国人，只要他们的子女出生在中国，其子女即具有中国国籍。二是对于无国籍人，只要他们愿意遵守中国的宪法和法律，并具备法定条件之一（中国人的近亲属；定居在中国；有其他正当理由）就可以经申请批准加入中国国籍。另外，我国《国籍法》不以任何理由剥夺我国公民的国籍。

3. 引渡是指一国根据请求，把在其境内的被请求引渡人移交给请求国追诉或处罚的一种国际刑事法律合作。它是国家间的一种司法合作行为，通常是依条约承担的义务。

根据国际实践，引渡有如下原则：（1）本国国民不引渡原则；（2）双重犯罪原则；（3）政治犯不引渡原则；（4）审查原则；（5）罪行特定原则。

上述要点的详细内容参见程晓霞、余民才主编：《国际法》，7版，100～101页。

4. 根据1951年《关于难民地位的公约》及其1967年议定书，难民地位的甄别有主观和客观两项标准。

（1）主观标准是难民地位申请者主观上畏惧遭受迫害。这种畏惧是一种心理上的反应，只要理由是正当的，无须实际遭受迫害。畏惧遭受迫害的理由可以是种族、宗教、国籍、属于某一社会团体或具有某种政治见解。因为这些原因受到的迫害通常称为政治迫害，故经济难民或战争难民不是"公约难民"。

（2）客观标准是难民地位申请者在其本国或经常居住国之外，且由于畏惧而不能或不愿受其本国保护或返回其经常居住国，因而难民与无国籍人有区别。

参见程晓霞、余民才主编：《国际法》，7版，95～96页。

5.（1）国家刑事管辖权是指国家对刑事犯罪行使规范和执法的权力。按行使依据，它可分为属地管辖权、属人管辖权、保护性管辖权和普遍管辖权。刑事管辖权基本上是域内的，但也有域外性质，即域外刑事管辖权。属地客观原则、属人原则、保护性原则和普遍原则都可引起域外刑事管辖权。

（2）一个国家可以基于任何一种管辖权依据主张或行使其刑事管辖权。当国家之间的刑事管辖权发生冲突或行使域外刑事管辖权时，就需要进行刑事法律合作。

（3）引渡是国家之间的一种刑事法律合作，是域外刑事管辖权实现的一种法律方式。它是指一国（被请求国）根据请求，把在其境内的被请求引渡人移交请求国追诉或处罚。请求引渡国是具有刑事管辖权的国家，包括罪犯国籍国、犯罪行为地国、犯罪结果发生地国或其他国家。

（4）引渡制度可能对国家行使刑事管辖权构成某种限制。这体现在三个方面：第一，可引渡的犯罪一般是普通刑事犯罪，且必须是请求国和被请求国法律都认定为犯罪的行为，这即是"双重犯罪原则"或"相同原则"。第二，引渡请求需经被请求国的主管司法机关和行政机关分别进行司法审查和行政审查，然后作出是否引渡的决定。即使同意引渡，也可能附条

件。第三，请求国只能就其请求引渡时所指控的犯罪行为对被请求引渡人进行审判和处罚，不能审判和处罚其他罪行，这即罪行特定原则。

材料与法条分析题

1. A国的主张不正确。

（1）甲是中国人。甲出生在中国香港地区，其父母是中国人。根据《关于〈中华人民共和国国籍法〉在香港特别行政区实施的几个问题的解释》（以下简称《解释》），甲是中国人。

（2）甲的中国人身份不因他持"英国国民（海外）护照"而受影响。《解释》规定，所有香港中国同胞，不论其是否持有"英国国民（海外）护照"，都是中国公民。

（3）保护海外侨民是国家的责任。甲是中国人，中国驻A国大使馆对他在A国遭受的不法侵害表示关切，是履行其保护中国人的职责；要求A国依法惩处肇事者，是尊重A国的主权，不存在干涉其内政的问题。

2.（1）A国拒绝引渡的理由不充分：1）引渡通常是国家依条约承担的义务。在没有条约义务时，一国是否接受他国的引渡请求，由该国自行决定。中国与A国不存在有关引渡的条约，而且其国内法规定死刑不引渡，所以，A国拒绝引渡请求本无可厚非。但A国国内法无贪污罪名的理由不充分。因为双重犯罪原则不取决于请求引渡国和被请求引渡国的法律是否将同一犯罪行为列入相同的犯罪类别，或者是否使用相同的术语规定这种犯罪的名称。

2）A国庇护甲的做法不正确。庇护是一国对基于政治原因而被外国追诉或受迫害的外国人给予保护。甲曾经与其上级领导在管理方面的意见分歧不属于政治原因，甲未得晋升不属于政治迫害。依照中国法律，甲的贪污行为是应该受到惩罚的犯罪行为，不是政治犯罪。

（2）中国可以向A国作出不判处甲死刑的承诺。中国《引渡法》规定，如果被请求国就准予引渡附加条件的，对于不损害中国主权、国家利益、公共利益的，可以由外交部代表中国政府向被请求国作出承诺。对于量刑的承诺，由最高人民法院决定。

3.（1）C国有权提出外交保护：1）甲具有C国

国籍。C国作为一个主权国家，有权制定法律并根据其法律授予国籍。甲依C国法律申请入籍，取得了C国国籍。

2）甲的C国国籍得到B国承认。

3）甲不能被视为敌国侨民，因为甲取得C国国籍后，不再具有A国国籍。

4）从B国逮捕甲并没收其财产之时到C国正式提出请求时，甲都是C国国民。

5）甲已用尽B国可利用的救济。

（2）国籍是一国对其在国外的国民行使外交保护的法律基础。它具体体现为国籍持续原则，即对于在受到损害之时为一国国民，并在正式提出请求之日为其国民的人，该国有权行使外交保护。对于在正式提出请求之日为一国国民，但在受到损害之时不是其国民的人，只要该人已丧失原有国籍，并且基于与提出请求无关的原因，以不违反国际法的方式已获得该国的国籍，该国也可行使外交保护。但是，如果一人受损害时为其原国籍国而不是现国籍国的国民，则现籍国不得针对原国籍国就该人所受到的损害行使外交保护。

在双重或多重国籍情况下，双重或多重国籍国民的国籍国，可针对非国籍国为该国民单独或共同行使外交保护，非国籍国不得援引其一国籍对抗另一国籍国的请求。但一国籍国不能对另一国籍国提出请求，除非在受到损害之时和正式提出请求之日前一国家的国籍是主要的。

4. 这个条款是对外交保护的定义，反映了它的特点和行使条件。

（1）外交保护具有如下特点：1）外交保护是国家的权利，是国家以自己的名义而非其国民的代理人的身份提起外交保护。2）国家提起外交保护是因为其国民受到另一国国际不法行为的损害。如果损害并非该另一国国际不法行为所致，或者是因本国国际不法行为所致，不引起外交保护。3）外交保护通过外交或法律的和平解决方式进行，比如谈判、提交国际司法或仲裁，不得诉诸使用武力或以武力相威胁的方式。4）外交保护是促使责任国履行其责任的方式。

（2）国家行使外交保护需要遵守以下三个条件：第一，外国的国际不法行为造成损害。第二，受保护者具有保护国国籍。第三，用尽当地救济。

上述要点的详细内容参见程晓霞、余民才主编：

《国际法》，7版，96～99页。

 论述题与深度思考题

1. 国家给予外国人何种待遇，国际法上并无统一规定。在国际实践中，各国一般在互惠和不歧视的基础上，在不同领域分别采取国民待遇、最惠国待遇和差别待遇。

（1）国民待遇。它是指国家在一定范围内给予外国人与本国公民同等的待遇，即在同等条件下，外国人享有与本国人相同的权利和义务。依此原则，一方面，国家给予外国人的待遇不低于本国人的待遇；另一方面，外国人不得要求任何高于本国人的待遇。国民待遇通常是国家在互惠原则的基础上互相给予。从国际实践来看，给予外国人以国民待遇，一般限于民事权利和诉讼权利方面。至于政治权利，例如，选举权和被选举权，外国人一般不能享有。即使在民事权利方面，也有一定限制。国民待遇还适用于外国公司、产品、船舶和其他物品以及投资。

（2）最惠国待遇。它是指授予国给予受惠国或与之有确定关系的人或事的待遇，不低于现时或将来给予任何第三国或与之有确定关系的人或事的待遇。最惠国待遇一般通过双边或多边条约规定，采用互惠的、无条件的和有限制的最惠国待遇形式，通常涉及所给予待遇的实质事项，而非程序或管辖权事项。在当代，最惠国待遇原则主要适用于国际经济法领域，特别是贸易和投资领域。

根据国际实践，最惠国待遇的例外有以下情形：1）给予邻国的利益和特惠；2）关税同盟内的优惠；3）自由贸易区和优惠贸易区域内部的优惠；4）经济共同体内的优惠。

（3）差别待遇。它是指一国给予外国人不同于本国人的待遇，或对不同国籍的外国人给予不同的待遇。第一种情况如国民待遇中对外国人民事权利的一些限制，或者一国在某些领域或地区给予外国人特别优惠的待遇。第二种情况如最惠国待遇的例外情形，以及由于民族、历史、地理等原因，某些国家或国家集团的关系密切一些，从而相互给予对方国民而不给予第三国国民在某些事项上较优惠的待遇。国际法承认上述差别待遇，但是，如果因种族、宗教、政治等方面的原因实行差别待遇，则成为歧视待遇，就是违反国际法的。

2. 2000 年《引渡法》规定了如下主要制度：

（1）引渡的原则。

中外引渡合作应在平等互惠的基础上进行，并不得损害我国主权、安全和社会公共利益。中外引渡应通过外交途径联系。我国外交部为指定的进行引渡的联系机关。但是，如果引渡条约对联系机关有特别规定的，依照条约规定。

（2）外国向我国请求引渡。

外国向我国提出的引渡请求，只有在同时符合下列两个条件时才准予引渡：第一，引渡请求所指的行为，按照我国法律和请求国法律均构成犯罪。第二，为提起刑事诉讼而请求引渡的，引渡请求所指控的犯罪必须依双方的法律均可判处 1 年以上有期徒刑或者其他更重的刑罚；为执行刑罚而请求引渡的，在提出引渡请求时，被请求引渡人尚未服完的刑期至少为 6 个月。

我国有关主管机关在审查引渡请求时，可基于法定情况拒绝引渡。这些情况有两类：第一类是"应当拒绝引渡"的情形，第二类是"可以拒绝引渡"的情形。前者包括：被请求引渡人具有我国国籍；政治犯或我国已给予受庇护权利的；军事犯罪；可能因种族、宗教、国籍、性别、政治见解或者身份等原因而被提起刑事诉讼或者执行刑罚的；我国已对指控的犯罪作出生效判决或者已经终止刑事诉讼程序；被指控犯罪已过追诉时效或被请求引渡人已被赦免；被请求引渡人曾经或可能遭受酷刑；根据缺席判决提出引渡请求等。后者包括：我国对引渡请求所指控的犯罪具有刑事管辖权，并且正在进行刑事诉讼或者准备提起刑事诉讼；由于被请求引渡人的年龄、健康等原因，根据人道主义原则不宜引渡。

请求国请求引渡必须出具请求书，并提供逮捕证或生效法律判决书或裁定书的副本以及必要的犯罪证据或者证据材料。而且，请求国还须保证：1）不对被引渡人在引渡前实施的其他未准予引渡的犯罪追究刑事责任，也不将该人再引渡给第三国。2）承担因撤销、放弃引渡请求或引渡请求错误而给被请求引渡人造成损害的责任。如果两个以上国家就同一行为或者不同行为请求引渡同一人，应当综合考虑我国收到引渡请求的先后、我国与请求国是否存在引渡条约关系等因素，确定接受引渡请求的优先顺序。

引渡审查由外交部、最高人民法院、最高人民检察院和国务院进行。外交部在收到请求国提出的引渡请求后，对引渡请求书及其所附文件、材料是否符合《引渡法》和引渡条约的规定进行形式审查。如果符合规定，外交部则将引渡请求书及其所附文件和材料转交最高人民法院和最高人民检察院。最高人民法院指定高级人民法院对引渡请求是否符合《引渡法》和引渡条约关于引渡条件等规定进行审查并作出裁定，最后由最高人民法院复核。最高人民法院裁定符合引渡条件的，由外交部报送国务院决定是否引渡。国务院在必要时，可授权国务院有关部门决定。

引渡拘留、引渡逮捕、引渡监视居住和引渡执行等由公安机关进行。

（3）我国向外国请求引渡。

我国向外国请求引渡通过我国外交部进行。在紧急情况下，在向外国正式提出引渡请求前，可以通过外交途径或者被请求国同意的其他途径，请求外国对有关人员先行采取强制措施。引渡、引渡过境或者采取强制措施的请求所需的文书、文件和材料，应当依照引渡条约的规定提出；在没有引渡条约或者引渡条约没有规定时，可依《引渡法》有关规定提出；被请求国有特殊要求的，在不违反我国法律的基本原则的情况下，可以按照被请求国的特殊要求提出。如果被请求国就准予引渡附加条件，对于不损害我国主权、国家利益和公共利益的，可以由外交部代表我国政府向被请求国作出承诺；对于限制追诉的承诺，由最高人民检察院决定；对于量刑的承诺，由最高人民法院决定。

参见程晓霞、余民才主编：《国际法》，7 版，102～104 页。

3. 外交保护是指一国对于另一国的国际不法行为给属于本国国民的自然人或法人造成损害，通过外交行动或其他和平解决手段援引另一国的责任，以期使该国责任得到履行。外交保护是国家的权利。但是，国家行使外交保护必须满足用尽当地救济的条件，也就是国家在为受侵害的本国人提出外交保护之前，该受害人必须首先用尽所在国法律规定的一切救济方法，包括行政或司法救济手段，除非依条约的规定排除了当地救济。之所以如此，是由于主权国家有独立权、管辖权，可以按照自己的意志处理本国事务而不受外来控制和干涉。外交保护与尊重国家主权都是国际法的重要原则，当本国人在外国遭受损害时，首先应尊重该国国家主权，在该外国寻求帮助，只有在用尽当

地救济仍无法保护本国人权益时，本国才能够通过外交保护予以救济。只有这样才能在保护本国人的同时最低限度地干涉外国国家主权。

参见程晓霞、余民才主编：《国际法》，7版，96～100页。

4. 外交保护与领土庇护的不同点如下。（1）保护的依据不同：前者的依据主要是属人管辖权，后者的依据是属地管辖权。（2）保护对象不同：前者的保护对象通常是本国人，还可以扩大到本国法人；后者的保护对象是外国人，是政治犯，不涉及法人。（3）法律关系不同：前者是保护国与被求偿国之间的关系，后者是庇护国与受庇护的人之间的关系。（4）行使的条件不同：前者的行使在国际法上有明确的条件，后者的行使由庇护国自由决定。（5）保护的手段不同：前者采取外交行动或其他和平解决手段，后者是庇护国采取的国内措施。（6）目的不同：前者的目的是促使责任国履行其责任，后者的目的是保护人权。

参见程晓霞、余民才主编：《国际法》，7版，96～100、104页。

5. 外交保护与领事保护与协助具有如下区别：（1）概念不同；（2）外交保护起因于外国的国际不法行为造成对本国国民的损害，领事保护与协助与此无关；（3）外交保护是依国际法采取外交行动或其他和平解决程序，领事保护与协助是在国外的本国公民、法人、非法人组织正当权益被侵犯或者需要帮助时，国家驻外外交机构依法维护其正当权益及提供协助的行为；（4）外交保护是促使责任国履行其国际责任，领事保护与协助无关东道国的责任；（5）外交保护涉及与东道国中央政府的关系，领事保护与协助涉及与东道国领事辖区内政府的关系。

外交保护与投资保护具有如下区别：（1）概念不同；（2）外交保护是基于一般国际法，投资保护是基于条约；（3）国家援引外交保护权，自然人或法人援引投资保护机制；（4）投资保护排斥外交保护；（5）在国际投资领域，投资保护是一般性机制，外交保护是剩余机制。

上述要点的详细内容参见程晓霞、余民才主编：《国际法》，7版，97～98页。

第六章　国际人权法

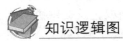 知识逻辑图

国际人权法

性质与发展
- 国际法上的人权：条约、决议所宣示保护的基本权利；性质
  - 普遍性与平等性
  - 相对性
  - 特殊性与渐进性
- 概念：尊重、保护和实施人权的国际法原则、规则和制度的总称——→特征
  - 个人权利
  - 超前意义
  - 与政治紧密相连
- 历史发展：初步发展阶段（17世纪至第二次世界大战前）；全面发展阶段（第二次世界大战后至现在）；中国人权观
- 国际人权保护与国家主权和不干涉内政原则：辩证统一、密切联系

国际人权标准
- 三代人权观
  - 一代——→自由权：公民权利和政治权利
  - 二代——→平等权：经济、社会和文化权利
  - 三代——→集体人权：自决权、发展权、环境权、健康权
  - 相互依存、不可分割
- 普遍性基本人权标准
  - 人民自决权和自然资源主权
  - 经济、社会和文化权利
  - 公民权利和政治权利
- 普遍性专门人权标准
  - 防止并惩治灭绝种族罪和种族隔离罪：《防止及惩治灭绝种族罪公约》《禁止并惩治种族隔离罪行国际公约》
  - 废除奴隶制和禁止强迫劳动：《禁奴公约》
  - 禁止和消除歧视：《消除一切形式种族歧视国际公约》
  - 妇女、儿童权利：《消除对妇女一切形式歧视公约》《儿童权利公约》
  - 残疾人权利：《残疾人权利公约》
  - 非居住国公民和移徙者的权利：《保护所有移徙工人及其家庭成员权利国际公约》
  - 被拘留者的权利与免遭强迫失踪：《禁止酷刑和其他残忍、不人道或有辱人格的待遇或处罚公约》《保护所有人免遭强迫失踪国际公约》
  - 发展权与和平权：1986年《发展权利宣言》
  - 土著人民权利和农村人口权利：《土著和部落人民公约》《联合国土著人民权利宣言》《农民和其他农村地区劳动者权利宣言》
- 区域性人权标准
  - 《欧洲人权公约》和《欧洲社会宪章》
  - 《美洲人权公约》
  - 《非洲人权和人民权利宪章》
  - 《阿拉伯人权宪章》

实施机制（保障）（确认——实施）
- 国际实施
  - 机构
    - 宪章机构：联合国大会、联合国经济及社会理事会、联合国人权理事会、国际法院
    - 人权条约机构：人权事务委员会、儿童权利委员会等
  - 制度
    - 条约制度：报告制度、国家间指控、个人申诉、调查、紧急行动程序
    - 非条约制度：普遍定期审议、联合国人权理事会申诉程序
- 国内实施（辅助——基础）
  - 立法、司法行政及社会发展与促进措施；人权条约的域外适用；中国人权法治
  - 克减缔约国义务：法律规定、保障公共安全或增进公共福利

名词解释与概念比较

1. 国际法上的人权
2. 集体人权（考研）
3. 国家间指控
4. 个人申诉制度
5. 普遍定期审议（考研）
6. 克减权
7. 人权理事会

选择题

（一）单项选择题

1. 中国政府主张，人权在本质上是（　　）。

A. 国际法管辖的问题

B. 国内法管辖的问题

C. 国际法和国内法管辖的问题

D. 权利本身的问题

2. 人民充分享有一切基本人权的先决条件是（　　）。

A. 自决权　　　　　　　B. 发展权

C. 平等权　　　　　　　D. 生存权

3. 称为第一人权或首要人权的权利是（　　）。

A. 自决权　　　　　　　B. 发展权

C. 生存权　　　　　　　D. 平等权

4. 国际人权法是在哪段时间全面形成和发展起来的？（　　）

A. 法国资产阶级大革命

B. 第一次世界大战

C. 第二次世界大战

D. 美国独立战争

5. 第一个系统提出基本人权具体内容的国际文书是（　　）。

A.《发展权利宣言》

B.《世界人权宣言》

C.《联合国宪章》

D.《公民权利和政治权利国际公约》

6. 与1966年两个人权公约一起构成"国际人权宪章"的文件是（　　）。

A. 1948年《世界人权宣言》

B. 1948年《防止及惩治灭绝种族罪公约》

C. 1965年《消除一切形式种族歧视国际公约》

D. 1973年《禁止并惩治种族隔离罪行国际公约》

7. 国际人权法的主要渊源是（　　）。

A. 国际人权公约　　　　B. 国际人权判例

C. 国际习惯　　　　　　D. 国际惯例

8. 下列关于人权的说法中，不符合中国政府立场的是（　　）。

A. 人权高于主权

B. 人权中首要的权利是国家独立权和人民的生存权

C. 人权既是一项个人权利，又是一项集体权利

D. 人权既包括政治权利，也包括经济、文化和社会等方面的权利

9. 人权条约中关于国际人权保护的个人申诉制度是指（　　）。

A. 个人直接到国际法院对国家提出申诉

B. 个人直接向国际人权机构对国家提出书面申诉

C. 个人由国家代表到国际法院对另一国提出申诉

D. 个人由国家代表在国际人权机构对另一国提出书面控诉

10. 联合国人权理事会隶属于（　　）。

A. 联合国秘书处

B. 联合国安全理事会

C. 联合国大会

D. 联合国经济及社会理事会

11. 首次以公约形式系统地具体载明了妇女权利，被视为"国际妇女权利法案"的是（　　）。

A. 1967年《消除对妇女歧视宣言》

B. 1979年《消除对妇女一切形式歧视公约》

C. 1952年《妇女参政权公约》

D. 1998年《在预防犯罪和刑事司法领域中消除对妇女的暴力行为的示范战略和实际措施》

12. 最早的区域性人权公约是（　　）。

A.《欧洲人权公约》

B.《美洲人权公约》

C.《非洲人权和人民权利宪章》

D.《亚洲人权宣言》

13. 第一个单独采用任择议定书形式规定个人申诉制度的人权条约是（　　）。

A. 1999年《消除对妇女一切形式歧视公约任择议

定书》

B. 2002 年《〈禁止酷刑和其他残忍、不人道或有辱人格的待遇或处罚公约〉任择议定书》

C. 1966 年《公民权利和政治权利国际公约任择议定书》

D. 1989 年《旨在废除死刑的〈公民权利和政治权利国际公约〉第二任择议定书》

14. 第一个设立调查程序的人权条约是（　　）。

A.《保护所有移徙工人及其家庭成员权利国际公约》

B.《消除对妇女一切形式歧视公约任择议定书》

C.《〈禁止酷刑和其他残忍、不人道或有辱人格的待遇或处罚公约〉任择议定书》

D.《禁止酷刑和其他残忍、不人道或有辱人格的待遇或处罚公约》

（二）多项选择题

1. 第三代人权即"集体人权"或"新一代人权"是指（　　）。

A. 生存权　　　　　　B. 发展权

C. 环境权　　　　　　D. 自决权

2. 核心国际人权条约包括（　　）。

A.《防止及惩治灭绝种族罪公约》

B.《经济、社会及文化权利国际公约》

C.《公民权利和政治权利国际公约》

D.《妇女政治权利公约》

3. 下列关于国际人权法说法正确的有（　　）。

A. 国际人权法所规定人权的享受者主要是个人

B. 国家并不像在其他国际条约中那样成为国际法权利的直接受益者，而主要是义务承担者

C. 个人只是国际人权公约的缔约国之间的权利和义务的"偶然受益者"

D. 国家根据国际人权法不享有权利，只承担义务

4. 根据 1948 年《防止及惩治灭绝种族罪公约》，下列构成灭绝种族的行为有（　　）。

A. 致使某一团体的成员在身体上或精神上遭受严重伤害

B. 故意使某一团体处于某种生活状况下，以毁灭其全部或局部的生命

C. 强制施行办法，意图防止某一团体内的生育

D. 强迫转移某一团体的儿童至另一团体

5. 下列关于特别程序的说法，其中正确的

是（　　）。

A. 国际法院处理劳工案件的程序

B. 联合国人权理事会用于处理特定国家人权状况或世界性人权专题的机制的总称

C. 独立专家机制

D. 政府间机制

6. 根据 1984 年《禁止酷刑和其他残忍、不人道或有辱人格的待遇或处罚公约》，下列哪些行为是酷刑行为？（　　）

A. 由公职人员为了向某人或第三者取得情报或供状，蓄意使某人在肉体或精神上遭受剧烈疼痛或痛苦的任何行为

B. 以官方身份行使职权的人为了向某人或第三者取得情报或供状，蓄意使某人在肉体或精神上遭受剧烈疼痛或痛苦的任何行为

C. 纯因法律制裁使人在肉体或精神上遭受剧烈疼痛或痛苦的行为

D. 法律制裁所固有或附带的使人在肉体或精神上遭受剧烈疼痛或痛苦的行为

7. 依《联合国宪章》设立的一般性人权机构有（　　）。

A. 联合国大会

B. 联合国大会第三委员会

C. 经济及社会理事会

D. 国际法院

8. 按照《公民权利和政治权利国际公约》，属于缔约国行使克减权条件的是（　　）。

A. 社会紧急状态威胁到国家的生存

B. 必须经正式宣布

C. 克减的程度以危急情势所绝对必要为限

D. 克减措施不得与它根据国际法所负的其他义务相抵触，并不得包含纯粹基于种族、肤色、性别、语言、宗教或社会出身的理由的歧视

（三）不定项选择题

1. 人权的含义是指（　　）。

A. 天赋人权

B. 人所享有或应有的基本权利

C. 国际社会对人权的保护权

D. 对少数特别人保护的权利

2.《发展权利宣言》指出，发展权（　　）。

A. 是个人人权

B. 是集体人权

C. 不应当理解为个人人权

D. 既是个人人权，也是集体人权

3. 下列关于人民自决权的说法，其中正确的是（　　）。

A. 所有民族都有自决权，根据此种权利，自由决定其政治地位并自由从事其经济、社会和文化之发展

B. 所有民族得为本身之目的，自由处置其天然财富及资源，但不得妨碍因基于互惠原则之国际经济合作及因国际法而生之任何义务。

C. 无论在何种情形下，民族之生计，不容剥夺

D. 人民自决权不受任何约束

视频讲题

4. 下列人权机构中根据国际人权公约设立的是（　　）。

A. 人权事务委员会

B. 防止歧视及保护少数小组委员会

C. 消除对妇女歧视委员会

D. 禁止酷刑委员会

5. 按照《公民权利和政治权利国际公约》，下列属于不得克减的权利的是（　　）。

A. 健康权

B. 免于酷刑、残忍和不人道待遇以及奴役和强迫劳动的自由

C. 免于因债务而被监禁的自由

D. 禁止刑法的溯及效力

6. 为促进对人权的尊重和保护，联合国大会2006年通过决议，设立了一个专门负责联合国人权领域工作的大会附属机构。下列选项正确的是（　　）。（司考）

A. 联合国人权委员会

B. 联合国人权事务委员会

C. 联合国人权理事会

D. 联合国人权法院

7. 关于普遍定期审议的说法，下列选项中正确的是（　　）。

A. 它是一种国家间合作的机制

B. 它取代人权条约机制

C. 它是联合国经济社会理事会的机制

D. 它是一种国别审议机制

简答题

1. 简述联合国人权系统及其特点。

2. 简述人权理事会申诉程序在国际人权保护中的作用。

3. 简述人权的国际保护实施机制。（考研）

4. 简述人权理事会的职权。（考研）

5. 简述不可克减条款。（考研）

6. 论述人权的国内法保护。（考研）

材料与法条分析题

1. B1是生活在A国A1省西北部的一个土著部族。A国成立后，其政府与B1部族酋长签订协定，宣布B1部族的传统生活和游牧区为保留地，并承认他们有权维持其传统语言、文化和生活方式。A国批准1966年《公民权利和政治权利国际公约》及其第一任择议定书后，颁布了《文化促进法》，制订了在保留地区推广官方语言的计划。在这一计划的安排下，越来越多的土著后裔将官方语言作为主要语言，其传统语言有被淡忘之势。与此同时，B1保留地经勘探发现有巨大油气田。A1省政府向中央政府请求征用保留地用于油气开发，得到允许。于是，B1部族酋长致函人权事务委员会，指控A国政府违反了根据《公民权利和政治权利国际公约》第1条所承担的义务，剥夺了该部族的自决权和享受其固有文化、使用其固有语言的权利。人权事务委员会将来文通知了A国政府。

假设你是A国政府的法律顾问，请根据以上案情提出法律意见。

视频讲题

2. A国是《公民权利和政治权利国际公约》的缔

约国。B 国公民 B1 因在 A 国涉嫌参与绑架活动而被该国 A1 区警察枪杀。B1 的妻子代表 B1 向人权事务委员会提起申诉。申诉书称，由于在此事件中，A1 区当局认定警察的枪杀行为无罪，因而它严重违反了正义原则，是一个确立警察谋杀平民可以不受惩罚的恶例，也违反了《公民权利和政治权利国际公约》第 6 条、第 7 条、第 9 条、第 14 条和第 17 条的规定。人权事务委员会经审议认为，警察枪杀嫌疑人的行为是有预谋的行为，这种行为违反了《公民权利和政治权利国际公约》第 6 条第 1 款的规定。

根据以上案情，回答下列问题：

（1）本案中当事人请求权利救济的方式是什么？

（2）人权事务委员会在本案中管辖的依据是什么？

视频讲题

3. A 国与 B 国都是《公民权利和政治权利国际公约》的缔约国。A 国发表的《全球宗教信仰自由年度评估》第六部分称，B 国取缔"天道教"和禁止其公民信仰该教的做法侵犯了人人享有宗教信仰自由的权利，违反了依《公民权利和政治权利国际公约》承担的义务。B 国发表外交声明称，A 国的指责是无理的，B 国宪法明文保障公民的宗教信仰自由，而"天道教"根本不是宗教，依法取缔是保障公共安全、秩序或他人基本权利自由所必要的。两国协商未果后，A 国向人权事务委员会提出指控 B 国违反《公民权利和政治权利国际公约》义务的来文。委员会受理了指控来文。

根据以上案情，回答下列问题：

（1）本案中 A 国援用的是什么制度？

（2）人权事务委员会在本案中管辖的依据是什么？它应采取什么处理程序？

视频讲题

4. 根据有关国际法原则、规则和制度，分析下面

条款：

《经济、社会及文化权利国际公约》第 1 条第 1 款规定，所有人民都有自决权。他们凭这种权利自由决定他们的政治地位，并自由谋求他们的经济、社会和文化的发展。

5. 运用有关国际法原则、规则和制度，分析下面材料：

在人权问题上没有完成时，只有进行时；没有最好，只有更好。

 论述题与深度思考题

1. 国际人权公约规定的主要是人权，而人权的权利主体主要是个人，所以，个人是国际人权法的主体。这种说法正确与否？请说明理由。

2. 结合实际，分析国际人权保护与国家主权和不干涉内政原则的关系。

3. 结合国家在国际法上的地位和有关条约，试述国家在人权的国际保护方面的主要权利和义务。（考研）

4. 试述国际人权法在 21 世纪的新发展。

5. 试述人权条约在我国国内法中的地位。（考研）

参考答案

 名词解释与概念比较

1. 国际法上的人权是指经国际人权条约规定或联合国大会决议所宣示予以保护的基本权利。这种人权具有普遍性和平等性、相对性、特殊性与渐进性的性质。

2. 集体人权是指人民、团体、群体或组织以集体名义享有的权利，通常与个人人权相对。集体人权包括自决权、发展权和环境权等。集体人权概念的提出对于促进发展中国家的独立和发展有积极意义。

3. 国家间指控是指相关人权条约的一个缔约国向相关条约监督机构就另一个缔约国未履行该条约的情况提出申诉。这种程序通常建立在任择性基础上，即缔约国得随时声明条约监督机构对国家间指控来文有管辖权。

4. 个人申诉制度是指处于一国管辖下的受害个人

或其代表对该国侵害有关人权公约所载权利而向相关条约监督机构控诉的制度，它适用于承认条约监督机构有权接受并审查个人控诉来文的缔约国。这种制度是以有关公约的任择议定书或任择性条款为基础的，而且以用尽国内救济办法为受理个人来文的前提条件。

5. 普遍定期审议是指人权理事会根据联合国大会第 60/251 号决议的授权，通过第 5/1 号决议——《联合国人权理事会的体制建设》建立的，一种以确保普遍性尊重地平等对待所有国家的方式，定期普遍审议每个国家履行人权义务和承诺情况的合作性机制。它是人权理事会确保人们普遍享有人权的一个主要支柱，是其他人权机制的补充而不是重复。

6. 克减权是指国家在社会紧急状态威胁到国家的生存时，可以采取措施克减其依《公民权利和政治权利国际公约》所承担义务的权利。这种权利的行使要受该公约第 4 条规定的条件的限制。

7. 人权理事会是联合国大会 2006 年第 60/251 号决议设立、用于在联合国系统内负责处理人权问题的主要专门机构，由经选举的 47 个成员国组成。它继承并合理调整了前联合国人权委员会的所有任务、机制、职能和职责。

 选择题

（一）单项选择题

1. B

人权在本质上属于一国内部管辖的事项，个人的权利主要通过国家来保障和实现，保护人权的主要责任在于主权国家。离开主权国家不可能解决任何人权问题。没有国家间的合作，人权的促进和保障将无从谈起。

2. A

《经济、社会及文化权利国际公约》与《公民权利和政治权利国际公约》第 1 条第 1 款都规定："所有人民都有自决权。他们凭这种权利自由决定他们的政治地位，并自由谋求他们的经济、社会和文化的发展。"据此可见，人民充分享有一切基本人权的先决条件是自决权。

3. C

生存权是其他人权的基础，只有充分保障人的生存权，才有可能谈及发展、自由等权利。

4. C

第二次世界大战后，人权全面进入国际法领域。首先载入人权条款的是《联合国宪章》，其序言开宗明义指出："欲免后世再遭今代人类两度身历惨不堪言之战祸，重申基本人权，人格尊严与价值，以及男女与大小各国平等权利之信念……"

5. B

1948 年联合国大会通过《世界人权宣言》，这是在联合国主持下制定的第一个系统提出基本人权具体内容的国际文件。

6. A

1948 年《世界人权宣言》与 1966 年《经济、社会及文化权利国际公约》和《公民权利和政治权利国际公约》及其 1989 年《旨在废除死刑的〈公民权利和政治权利国际公约〉第二任择议定书》被誉为"国际人权宪章"。

7. A

国际人权法是指有关尊重、促进和保护人权的国际法原则、规则和制度的总称，国际条约是其主要渊源。

8. A

中国政府认为，人权目前既是一项个人权利，也是集体权利；既包括公民政治权利，也包括经济、文化和社会等方面的权利，其中首要的权利是国家独立权和人民的生存权。

9. B

个人申诉是处于一国管辖下的受害个人或其代表对于该国侵害有关人权公约所载权利而向相关条约监督机构控诉的制度，它适用于承认条约监督机构有权接受并审查个人控诉来文的缔约国。多数核心人权条约建立了个人申诉制度。这种制度以有关公约的任择议定书或任择性条款为基础，而且以用尽国内救济办法为受理个人来文的前提条件。

10. C

联合国人权理事会是联合国大会 2006 年 3 月决议设立的，是大会的附属机构。

11. B

1979 年《消除对妇女一切形式歧视公约》首次以公约形式系统地具体载明了妇女权利。该公约第一次定义了"对妇女的歧视"，并规定了各缔约国应采取一

切措施来保障妇女的权益。

12. A

《欧洲人权公约》是最早的区域性人权公约，由欧洲理事会在1950年通过。《美洲人权公约》由美洲国家组织于1969年通过。《非洲人权和人民权利宪章》由非洲统一组织于1981年通过。不存在《亚洲人权宣言》。

13. C

1966年《公民权利和政治权利国际公约任择议定书》是第一个单独采用任择议定书形式规定个人申诉制度的人权条约。该议定书第1条规定，成为本议定书缔约国的公约缔约国承认（人权事务）委员会有权接受并审查该国管辖下的个人声称为该缔约国侵害公约所载任何权利的受害者的来文。来文所涉公约缔约国如非本议定书的缔约国，委员会不得予以接受。

14. D

《禁止酷刑和其他残忍、不人道或有辱人格的待遇或处罚公约》是第一个设立这种程序的人权条约。该公约第20条规定，如果禁止酷刑委员会收到可靠的情报，认为有确凿证据证明在一个缔约国境内经常施行酷刑，该委员会应请该缔约国合作研究该情报并对此予以说明。该委员会如果认为有正当理由，可以指派1名或1名以上成员进行秘密调查，并立即向该委员会提出报告。在缔约国的同意下，这种调查可以包括到该国境内访问。

（二）多项选择题

1. BCD

第三代人权是"集体人权"或"新一代人权"，即自决权、发展权和环境权等。

2. BC

《经济、社会及文化权利国际公约》《公民权利和政治权利国际公约》《消除一切形式种族歧视国际公约》《消除对妇女一切形式歧视公约》《儿童权利公约》《保护所有移徙工人及其家庭成员权利国际公约》《禁止酷刑和其他残忍、不人道或有辱人格的待遇或处罚公约》构成核心国际人权条约。

3. ABC

与国际法的其他部门相比，国际人权法所规定人权的享受者主要是个人，国家并不像在其他国际条约中那样成为国际人权法上权利的直接受益者，而主要

是义务承担者，即国家在国际法上承担承认、尊重、促进并保护法定人权和基本自由的义务和责任。但这并不意味着国家只承担义务而不享有权利，国家同样享有国际人权条约所明示的权利，如克减权等。

4. ABCD

1948年《防止及惩治灭绝种族罪公约》定义的"灭绝种族"是指"蓄意全部或局部消灭某一民族、人种、种族或宗教团体"。构成灭绝种族的行为是：（1）杀害该团体的成员；（2）致使该团体的成员在身体上或精神上遭受严重伤害；（3）故意使该团体处于某种生活状况下，以毁灭其全部或局部的生命；（4）强制施行办法，意图防止该团体内的生育；（5）强迫转移该团体的儿童至另一团体。

5. BC

特别程序是由前人权委员会建立、人权理事会继承的用于处理特定国家人权状况或世界性人权专题的机制的总称。特别程序是独立的，以个人身份任职。

6. AB

根据公约规定，酷刑是指"为了向某人或第三者取得情报或供状……蓄意使某人在肉体或精神上遭受剧烈疼痛或痛苦的任何行为，而这种疼痛或痛苦是由公职人员或以官方身份行使职权的其他人所造成或在其唆使、同意或默许下造成的。纯因法律制裁而引起或法律制裁所固有或附带的疼痛或痛苦不包括在内"。

7. ABCD

依《联合国宪章》的规定，联合国大会及其第三委员会、经济及社会理事会具有保护和促进人权的职能，而国际法院具有条约的解释之管辖权。《消除对妇女一切形式歧视公约》第29条规定，缔约国之间关于公约的解释或适用的争端首先应该谈判解决；如果谈判不能解决，应交付仲裁。如果当事方在要求仲裁之日起6个月内不能就仲裁的组成达成协议，任何一方可将争端提交国际法院。可见，国际法院在保护和促进人权方面有其特定职能。

8. ABCD

按照《公民权利和政治权利国际公约》第4条的规定，缔约国行使克减权受如下限制。（1）社会紧急状态威胁到国家的生存。（2）必须经正式宣布。（3）克减的程度以危急情势所绝对必要为限。（4）克减措施不得与它根据国际法所承担的其他义务相抵触，并不得包含纯粹基于种族、肤色、性别、语言、宗教或社

会出身的理由的歧视。（5）该公约规定的下列权利不得克减：生命权，免于酷刑、残忍和不人道待遇的自由，免于奴役和强迫劳动的自由，免于因债务而被监禁的自由，禁止刑法的溯及效力，法律前的人格权，思想、良心和宗教自由。（6）克减的条款及其理由应立即经由联合国秘书长转告该公约其他缔约国。

（三）不定项选择题

1. B

人权主要指国家依国际法负有义务尊重、确认和保护的人的基本权利与自由。

2. D

1986年《发展权利宣言》确认发展权是一项不可剥夺的人权，发展机会均等是国家和组成国家的个人的一项特有权利。"由于这种权利，每个人和所有各国人民均有权参与、促进并享受经济、社会、文化和政治发展，在这种发展中，所有人权和基本自由都能获得充分实现。"

3. ABC

所有人民都有自决权。根据此种权利，人民自由决定其政治地位并自由从事其经济、社会和文化之发展。所有人民得为本身之目的，自由处置其天然财富及资源，但不得妨碍因基于互惠原则之国际经济合作及因国际法而生之任何义务。无论在何种情形下，民族之生计，不容剥夺。人民自决权受国际法一般原则的约束。

4. ACD

人权事务委员会是根据《公民权利和政治权利国际公约》第28条设立的；消除种族歧视委员会是1970年根据《消除一切形式种族歧视国际公约》第8条设立的；消除对妇女歧视委员会是1982年根据《消除对妇女一切形式歧视公约》第17条设立的；禁止酷刑委员会是1987年根据《禁止酷刑和其他残忍、不人道或有辱人格的待遇或处罚公约》第17条设立的；防止歧视及保护少数小组委员会是人权委员会的附属机关，不是根据国际人权条约设立的。

5. BCD

按照《公民权利和政治权利国际公约》第4条中的规定，下列权利不得克减：生命权，免于酷刑、残忍和不人道待遇的自由，免于奴役和强迫劳动的自由，免于因债务而被监禁的自由，禁止刑法的溯及效力，

法律前的人格权，思想、良心和宗教自由等。健康权不属于禁止克减的权利。

6. C

2006年3月15日，第60届联合国大会以170票赞成、4票反对、3票弃权的表决结果通过决议，决定设立人权理事会，以取代总部设在瑞士日内瓦的联合国人权委员会。

7. A

普遍定期审议是人权理事会建立的一种以确保普遍性、尊重平等地对待所有国家的方式，定期普遍审议每个国家履行人权义务和承诺情况的合作性机制。它是其他人权条约机制的补充而不是重复。

 简答题

1.（1）联合国保护和促进人权系统由两种主要类型的机构组成：依《联合国宪章》创立的机构和根据核心国际人权条约创立的机构。

1）宪章机构。依《联合国宪章》设立的人权机构有一般性和专职性两类。在前者，保护和促进人权只是其职能之一。这类机构有联合国大会及其第三委员会、经济及社会理事会和国际法院。此外，涉及人权保护和促进的许多联合国专门机构和伙伴也属于这种性质的机构，如国际劳工组织、世界卫生组织和联合国粮农组织等。

联合国人权理事会是联合国系统内负责处理人权问题的主要专门机构，由联合国大会2006年3月通过决议设立。它的前身是联合国人权委员会。理事会的附属机关是人权理事会咨询委员会。联合国人权事务高级专员办事处行使人权理事会及人权条约机构秘书处的职能。

2）人权条约机构。这是根据有关核心国际人权公约设立的、负责监督公约缔约国履行公约义务状况的专家委员会。这类已设立的机构有人权事务委员会，经济、社会和文化权利委员会，禁止酷刑委员会及预防酷刑小组委员会，以及儿童权利委员会等10个。

此外，人权条约机构还包括根据《禁止并惩治种族隔离罪行国际公约》第9条设立的三人小组。

（2）特点。

1）宪章机构的成员是国家代表，其职能所及人权领域广泛，作用包括制定有关促进、保护人权的公约、

宣言、指南、准则，或者进行调查或报告等。

2）人权条约机构的委员是经选举的独立专家，以个人身份任职，不是政府的代表。各人权条约机构的职能及于所负责的人权领域，而且主要职能是监督缔约国履行公约义务，在一定意义上具有"准司法"性质。

2.（1）人权理事会申诉程序是人权理事会根据联合国大会第60/251号决议的授权，通过《联合国人权理事会的体制建设》决议建立的，一种允许个人或非政府组织提起申诉的程序，以处理在世界上任何地方和任何情况下发生的，经证明确系一贯和严重地侵犯所有人权与基本自由的情势。它的前身是联合国"1503"程序。

（2）申诉程序建立了两个不同的工作组，即来文工作组和情势工作组。来文工作组根据可受理标准对侵犯人权和基本自由的来文进行初步筛选，将没有被拒绝的来文递送有关国家，以获得其对侵犯指控的看法。所有可受理的来文和建议都需递送情势工作组。情势工作组据此以决议或决定草案的形式，向理事会提交一份关于一贯严重侵犯人权与基本自由且已得到可靠证实的做法的报告，并向理事会提出可采取行动的建议。随后，理事会就提请它注意的每个情势作出决定。所有申诉程序都是保密的。

（3）申诉程序在人权保护方面发挥重要作用：第一，它是一种非条约程序，有助于实现对所有人人权的保护。第二，它主要面向受害人，且能及时启动，有助于预防和阻止一贯严重侵犯人权和基本自由的情况的发生。第三，可以减轻政治因素干扰，加强与有关国家的合作。

3.（1）人权的国际保护实施机制是指国际法提供的促进国家尊重、保护人权的制度或程序，包括报告制度、国家间指控制度、个人申诉制度、调查程序、紧急行动程序、普遍定期审议和人权理事会申诉程序。

（2）报告制度是国际人权条约广泛采用的监督缔约国履行义务的程序，它无须缔约国的特别批准而自动适用。根据这一程序，缔约国有义务向条约监督机构提交报告，陈述它们在履行条约义务、保障条约所确认的权利方面所采取的措施和取得的进展以及遇到的问题。缔约国提交的报告可分为初次报告、定期报告和其他报告。报告的实质是条约机构与缔约国之间就履约情况进行对话，目的在于"帮助缔约国完成其

执行公约的义务"。

（3）国家间指控制度是一些人权条约规定的一种监督程序，适用于接受条约监督机构有权受理并审议国家间指控来文的缔约国。这种程序通常建立在任择性基础上，即缔约国得随时声明条约监督机构对国家间指控来文有管辖权。《公民权利和政治权利国际公约》是这方面的典型。

（4）个人申诉制度是处于一国管辖下的受害个人或其代表对该国侵害有关人权公约所载权利而向相关条约监督机构控诉的制度，它适用于承认条约监督机构有权接受并审查个人控诉来文的缔约国。多数核心人权条约建立了个人申诉制度。这种制度以有关公约的任择议定书或任择性条款为基础，而且以用尽国内救济办法为受理个人来文的前提条件。

（5）调查程序是几个人权条约建立的一种监督程序。除非缔约国声明不承认有关人权条约机构的这一职权，该机构可按照相关条约的规定自行决定对缔约国违反公约的情况进行调查，包括对其领土的访问。《禁止酷刑和其他残忍、不人道或有辱人格的待遇或处罚公约》是第一个设立这种程序的人权条约。

（6）紧急行动程序是《保护所有人免遭强迫失踪国际公约》新建立的一种处理紧急事项的程序。按照这种程序，失踪者的亲属及其他相关人员，均可以失踪为紧急事项，向强迫失踪问题委员会提出查找失踪者的请求，缔约国应将其采取措施的情况向委员会报告。如果委员会有确凿的证据证明强迫失踪现象正大规模地或有系统地发生在一缔约国管辖的领土上，它可以通过联合国秘书长，紧急提请联合国大会注意这一事项。

（7）普遍定期审议和人权理事会申诉程序是人权理事会根据联合国大会决议的授权，通过《联合国人权理事会的体制建设》决议建立的非条约机制。前者是人权理事会依据平等的通用参数及适用标准，定期公平地审查所有联合国会员国的人权记录。后者是人权理事会受理个人或非政府组织的申诉来文，以处理在世界上任何地方和任何情况下发生的、经证明确系一贯和严重地侵犯所有人权和基本自由的情势。

（8）由此可见，人权的国际保护实施机制实质在于国际监督与国际合作，在促进和保护人权上主要发挥辅助或补充的作用。

参见程晓霞、余民才主编：《国际法》，7版，122～

127 页。

4. 人权理事会是联合国系统内负责处理人权问题的主要专门机构，由 2006 年联合国大会第 60/251 号决议设立，是大会的附属机构。它的职责主要是：促进对所有人的所有人权和基本自由的普遍尊重；处理侵犯人权局势，包括严重和有计划的侵犯行为，并就此提出建议；通过对话、能力建设和技术援助，帮助会员国遵守人权义务；充当联合国关于人权问题对话与合作的主要论坛；向大会提出关于进一步发展人权领域国际法的建议；平等地定期普遍审议每个国家履行人权义务和承诺的情况；提出促进和保护人权的建议。

参见程晓霞、余民才主编：《国际法》，7 版，119～120 页。

5. 不可克减条款即《公民权利和政治权利国际公约》第 4 条，它是指在社会紧急状态威胁到国家的生存时，该公约缔约国可以采取措施克减其依该公约所承担的义务。但是，缔约国行使克减权受如下限制：（1）社会紧急状态威胁到国家的生存；（2）必须经正式宣布；（3）克减的程度以危急情势所绝对必要为限；（4）克减措施不得与它根据国际法所负的其他义务相抵触，并不得包含纯粹基于种族、肤色、性别、语言、宗教或社会出身的理由的歧视；（5）克减的条款及其理由应立即经由联合国秘书长转告该公约其他缔约国。但是，该公约规定的下列权利不得克减：生命权，免于酷刑、残忍和不人道待遇的自由，免于奴役和强迫劳动的自由，免于因债务而被监禁的自由，禁止刑法的溯及效力，法律前的人格权，思想、良心和宗教自由等。

参见程晓霞、余民才主编：《国际法》，7 版，128～129 页。

6.（1）国家根据国际法负有尊重、保护和实施人权的义务。（2）国家可以通过立法、司法和行政措施履行其保护人权的义务。（3）国家法律明确人权的内容、相关方行为规范、预防与惩治侵犯人权机制和人权受害者补救机制。（4）国家有权根据自己的具体情况对人权的享有加以限制。

上述要点的详细内容参见程晓霞、余民才主编：《国际法》，7 版，127～129 页。

材料与法条分析题

1.（1）自决权是殖民地人民和其他被压迫民族享有的一项国际法权利。B1 是土著部族，不是殖民地人民或其他被压迫民族，因而不享有自决权。

（2）自决权是"人民"或"民族"的权利，而且是整个人民而非构成人民或民族的部分人的权利。B1 部族是 A 国人民的一部分，因此它不属于《公民权利和政治权利国际公约》第 1 条意义上的"人民"。

（3）《公民权利和政治权利国际公约》第一部分规定的人民自决权与《公民权利和政治权利国际公约》第三部分规定的其他权利不同，属于只有人民才能享有的集体权利，也就是说，该项权利只是赋予人民本身的权利。而根据《公民权利和政治权利国际公约任择议定书》第 1 条的规定，人权事务委员会只能受理声称个人权利受到侵害而成为受害者的个人的来文，而不能受理声称被赋予人民的集体权利受到侵犯的来文。因此，B1 部族酋长不能根据任择议定书声称自己是该项集体权利受到侵害的受害者。

（4）B1 部族酋长没有利用国内救济。

因此，人权事务委员会不能受理 B1 部族酋长关于自决权受到侵害的来文。

2.（1）个人申诉制度。个人申诉是处于一国管辖下的受害个人或其代表对于该国侵害有关人权公约所载权利而向相关条约监督机构控诉的制度，它适用于承认条约监督机构有权接受并审查个人控诉来文的缔约国。这种制度是以有关公约的任择议定书或任择性条款为基础的，而且以用尽国内救济办法为受理个人来文的前提条件。

（2）1966 年《公民权利和政治权利国际公约任择议定书》。该议定书规定，人权事务委员会有权受理并审查接受议定书的缔约国管辖下的个人声称是该公约中任何一项权利受到侵犯的受害者的来文，并将处理意见送交有关缔约国和个人。在本案中，被枪杀的 B1 是在 A 国管辖下的外国人，B1 妻子是 B1 的代表，A 国是《公民权利和政治权利国际公约》的缔约国。B1 妻子的申诉被人权事务委员会接受并作出审议，表明 A 国是公约任择议定书的缔约国，并断定 B1 妻子用尽了 A 国的国内救济办法。

3.（1）国家间指控制度。它是指有关人权条约的一缔约国向相关条约监督机构指控另一缔约国不履行公约义务的一种监督程序。它是一些人权条约建立的一种制度，适用于接受有关条约监督机构有权受理并审议国家间指控来文的缔约国。这种程序通常建立在

任择性基础上，即缔约国得随时声明条约监督机构对国家间指控来文有管辖权。

（2）1）《公民权利和政治权利国际公约》第41条。该条规定：缔约国可以随时声明承认人权事务委员会有权接受和审议一缔约国指控另一缔约国不履行公约义务的来文。依该条规定而递送的来文，必须是曾声明其本身承认委员会有权之缔约国所提出方得予以接受并审查。A 国与 B 国都是该公约的缔约国，它们没有解决彼此之间的分歧，人权事务委员会接受了 A 国的指控来文，表明两国都声明承认委员会接受和审议一缔约国指控另一缔约国来文的权利，且委员会已断定已用尽国内救济。

2）具体处理程序是：①提供斡旋，以便 A、B 两国友好解决分歧。

②如果分歧未获得满意解决，经 A、B 两国同意后，人权事务委员会可以指派一个由 5 名委员组成的和解委员会进行和解。和解委员会应在规定时间内提出报告书，并转送 A、B 两国。如果和解委员会达成了友好解决问题的办法，其报告书应扼要说明事实及所达成之解决办法。如果和解不成，报告书应说明对于 A、B 两国间争执事件的一切有关事实问题的结论，以及对于该事件友好解决的各种可能性意见。

③A、B 两国应在接到报告书后 3 个月内通知人权事务委员会主席是否接受和解委员会报告书的内容。

4. 这个条款确立人民自决权是一项人权。

（1）人民自决权是指各国人民，包括殖民地人民或其他被压迫民族自由决定其政治地位并自由发展其经济、社会和文化的权利。它是一项国际法基本原则，具有强行法地位。

（2）这个条款是国际公约第一次将人民自决权规定为一项基本人权。根据《联合国宪章》和联合国实践，殖民地人民，受外国奴役、统治与剥削的人民，托管领土的人民，非自治领土的人民或构成一个国家组成部分的历史上独立国家的人民，是享有自决权的人民。一个主权国家内在族裔、语言、文化或传统方面具有独特性的那些人是否是享有自决权的人民，这是一个有争议的问题，有不同的观点。在现代国际法上，人民是一个整体的概念，而非部分的概念，因而在一个独立的主权国家中，享有自决权的人民是指一个国家的所有人民。在这个意义上，人民自决权就是国家主权。

（3）人民自决权是一项集体人权。这项人权与《经济、社会及文化权利国际公约》中的其他人权不同，是人民本身的权利，而其他人权是个人权利。集体人权意味着自决权只能以人民的整体来主张和行使，不能由个人以人民的名义来主张和行使，因而自决权不是个人可以向经济、社会、文化权利委员会申诉的一项权利。

（4）人民行使自决权是自由决定他们的政治地位，并自由谋求他们的经济、社会和文化的发展，而不受外国干预和强迫。因此，自决权意味着不干涉内政和国家的独立权与平等权或自主权。

上述要点的详细内容参见程晓霞、余民才主编：《国际法》，7 版，39～42、111 页。

5. （1）人权是一个人作为人所享有或应享有的基本权利。国际法上的人权是指经国际人权条约规定或联合国大会决议所宣示予以保护的基本权利。这些基本权利可分为两大类：一是公民权利和政治权利，二是经济、社会和文化权利。这两类人权相互依存、不可分割和相互关联。

（2）人权没有完成时，国际人权法仍然处于发展之中，其权利的性质更具有道德和理想的超前意义。《世界人权宣言》序言提到，人人享有人权"已被宣布为普通人民的最高愿望"。相当部分人权标准迄今只有宣言、声明、准则或原则之类的文书，特别是发展权、环境权、土著人民权利、农民权和移民权，比如《发展权利宣言》《安全、有序和正常移民全球契约》《联合国土著人民权利宣言》《农民和其他农村地区劳动者权利宣言》。人权条约只对缔约国有拘束力，而且国家在接受时往往附加种种保留、声明或谅解。在国内法上，不仅几乎所有国家都不承认人权条约优越于本国宪法，而且相当多的国家甚至认为国内法优越于或等同于人权条约。至于哪些人权标准属于对各国具有一般效力的国际习惯，并不存在一个统一的标准。

（3）人权保护国际机制主要在于促进、尊重和保护人权以及国际合作。《联合国宪章》规定，联合国的宗旨之一是增进并激励对于全体人类之人权及基本自由的尊重。大会应发动研究并作成建议，以助成全体人类的人权和基本自由的实现。经济及社会理事会应作出各种建议，以增进全体人类之人权及基本自由的尊重与维护。人权理事会作为联合国系统内负责处理人权问题的主要专门机构，主要职责包括促进对所有人的所有人权和基本自由的普遍尊重，通过对话、能力建设和技术援助，帮助会员国遵守人权义务，充当联合国关于人权问题对话与合作的主要论坛等。人权理事会的普遍定期审议是普遍定期审议每个联合国会员国履行人权义务和承诺情况的政府间合作机制。包括人权事务委员会，经济、社会和文化权利委员会和儿童权利委员会在内的核心人权条约机构履行职能取决于缔约国的合作。国家间指控、个人申诉和调查程序通常建立在核心人权条约的任择性条款或任择议定书的基础上。即使人权理事会的申诉程序不以条约为基础，经证明确系存在一贯和严重地侵犯所有人权和基本自由的情势也构成限制条件。

（4）人权没有最好，只有更好。国家承担承认、尊重、促进并保护人权的主要责任。普遍性人权要通过不同地区和国家的人权实践和形态来实现。各国对人权的理解和所面临的人权问题有所不同，因而在促进和保护人权的项目的轻重缓急以及方式、方法和形态上必然存在差异。国际上不可能有绝对统一的人权模式和具体标准。各国有权根据本国国情选择人权的实现模式和发展道路。人权的实现具有渐进性，受社会物质条件的制约。《世界人权宣言》序言指出，该宣言是所有人民和所有国家努力实现的共同标准，要努力通过教诲和教育促进对权利和自由的尊重，并通过国家的和国际的渐进措施，使这些权利和自由得到普遍和有效的承认和遵行。《经济、社会及文化权利国际公约》第2条规定，缔约国承诺尽最大能力个别采取步骤或经由国际援助和合作，逐渐达到本公约中所承认的权利的充分实现。不仅如此，国家还有权根据自己的具体情况对人权的享有加以限制。这种限制有两个方面：一是克减缔约国义务，二是法律规定、保障公共安全或增进公共福利等的必要。

上述要点的详细内容参见程晓霞、余民才主编：《国际法》，7版，105～129页。

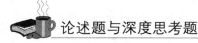

论述题与深度思考题

1. （1）这个问题在理论上是有争议的。

一种观点认为，国际人权法所规定人权的享受者主要是个人，国家并不像在其他国际条约中那样成为国际人权法上权利的直接受益者，而主要是义务承担者，即国家在国际法上承担承认、尊重、促进并保护法定人权和基本自由的义务和责任。正是这个缘故，按照亨金的说法，个人只是国际人权公约的缔约国之间的权利和义务的"偶然受益者"。

另一种观点认为，有关国际人权条约中规定了个人依国际人权条约在其权利受到侵犯时的申诉制度，因此个人直接享有了国际人权法上的权利，故在一定意义上可以成为国际人权法的主体。

（2）国际人权公约规定的主要是人权，而人权的权利主体主要是个人，但不能因此而认为个人是国际人权法的主体。国际人权公约和有关人权机构的参加者是国家，而非个人。国际人权实施措施是国家承担的履行有关人权公约的义务。有关人权条约个人申诉制度的实施以任择条款或任择议定书为基础表明，如果有关国家没有接受相关公约的任择条款或任择议定书，在这类国家管辖下的个人就没有向有关条约监督机构申诉的资格。

参见程晓霞、余民才主编：《国际法》，7版，105～106页。

2. （1）主权原则是处理国际关系最基本的原则，自然也是国际人权保护应遵守的原则。国际人权保护实际上是国家和国际组织根据国际人权条约，为实现基本人权的某些方面承担特定的或普遍的国际合作义务，并对违反人权条约义务、侵犯人权的行为加以防止和惩治。人权在本质上属于一国主权范围内的问题。个人的权利主要通过国家来保障和实现，亦即保护人权的主要责任在于主权国家。各主权国家有权根据本国国情选择人权的实现模式和发展道路。国际人权保护的实质在于国际法提供国家尊重、促进和保护人权的合作机制与程序。离开国家，不可能解决任何人权问题。没有国家之间的合作，人权的促进和保护也就无从谈起。因此，没有国家主权，人权也就无法得到切实保障和实现。所以，国际法上人权原则的确立绝不意味着人权高于主权。任何国家不得利用人权问题干涉他国内政，强行推行自己的社会、政治制度、发展模式和价值标准。许多国际文件一再重申，任何国家或国家集团均无权以任何理由直接或间接干涉任何其他国家的内政或外交事务。"人权无国界"或"人权高于主权"的理论混淆了人权的本质，夸大了二者的对立，实际上其是为干涉政策服务的理论工具。

（2）人权具有国际性，主权也不能成为国家无视国际人权义务、侵犯人权的盾牌。对于一国境内发生

的系统地、大规模地侵犯人权的事件，国际社会不应置若罔闻，而应予以积极关注。国际人权保护不仅包括在实现基本人权方面进行合作与保证，而且包括对侵犯人权的行为加以防止与惩治。人权在本质上属于国内管辖之事项不意味着人权完全排除了国际法的干预。《联合国宪章》第2条第7款明确规定了不干涉原则的限制，即当国内管辖之事件危及国际和平与安全时，安全理事会可依宪章第七章采取执行办法。而危及国际和平与安全可能与严重侵犯人权密切相关，如种族隔离、种族灭绝或种族清洗等。国际社会对一国境内的这类人道灾难进行的交涉或干涉，不应视为对该国内政的干涉，该国不得以内政为借口来抵制国际人权保护机制的实施，以及逃避因严重侵犯人权所必须承担的国际责任。

因此，国际人权保护与主权原则和不干涉内政原则是辩证统一、密切联系的，不是截然对立的：一方面，主权原则和不干涉内政原则是国际人权事业健康发展、人权保护切实有效的基础。另一方面，主权原则和不干涉内政原则不能成为对抗国际人权保护措施的依据。

3.（1）人权的国际保护的性质及权利与义务的关系，即权利和义务是相对的。一国的权利，往往就是他国的义务；同样一个法律规定，从一个方面来说，它是权利，而从另一个方面来看，它则是义务。人权的国际保护实质上是国际监督与国际合作。

（2）实体保护方面的权利和义务。1）国家是国际法最基本的主体，具有完全的权利能力与行为能力。国家负有促进和保护人权的首要责任和义务。国际条约中规定的承认、尊重和保护人权的义务的实现，基本上是由各国采取"必要的步骤"和"措施"，主要是"立法措施"来完成的。1966年两个人权公约的第2条都规定，缔约国承允保证人人享有公约所载的各项权利，不因种族、肤色、性别、语言、宗教、政见或其他主张、民族来源或社会阶级、财产、出生或其他身份等而受歧视。对于公民权利和政治权利，缔约国承允遇现行立法或其他措施尚无规定时，各依本国宪法程序，并遵照《公民权利和政治权利国际公约》的规定，采取必要步骤，制定必要之立法或其他措施，以实现本公约所确认之权利。对于经济、社会和文化权利，缔约国承允尽其资源能力所及，各自并借国际协助与合作，特别是经济与技术方面的协助与合作，采取种种步骤，以便用一切适当方法，尤其包括通过立

法措施，逐渐达到《经济、社会及文化权利国际公约》中所承认的权利充分实现。立法措施即通过立法手段将尊重和保护人权的国际义务予以国内法宣示和保障。其他措施主要包括司法措施和行政措施。司法措施是指通过国内法律和司法系统，对侵犯人权的行为予以防止、惩治，并对受害者提供适当的民事、刑事和行政救济。行政措施包括调整和规范政府机构、社会团体和个人的行为，执行主管当局的裁决，进行人权的教育、培训、宣传和研究等。

2）国家有权根据自己的具体情况对人权的享有加以限制。这种限制有两个方面：第一，克减缔约国义务。按照《公民权利和政治权利国际公约》第4条第1款，缔约国有克减权，即在社会紧急状态威胁到国家的生存时，缔约国可以采取措施克减其依该公约所承担的义务。第二，法律规定、保障公共安全或增进公共福利等的必要。

（3）国际合作与监督方面的权利和义务。具体见前述简答题"人权的国际保护实施机制"中有关报告、国家间指控、个人申诉和调查程序的内容。

参见程晓霞、余民才主编：《国际法》，7版，110～116、127～129页。

4. 国际人权法进入21世纪后有许多新发展。这主要表现在以下方面。

（1）人权标准方面：联合国通过了儿童权利任择议定书、《保护所有人免遭强迫失踪国际公约》、《残疾人权利公约》以及《联合国土著人民权利宣言》。

（2）人权机构方面：新设了人权理事会等宪章机构和人权条约机构。

（3）人权保护程序方面：调查程序的制度化；制定了紧急行动程序、普遍定期审议和人权理事会审查程序。

参见程晓霞、余民才主编：《国际法》，7版，107～108、112～127页。

5.（1）我国先后批准或加入了包括《经济、社会及文化权利国际公约》《残疾人权利公约》在内的二十多项国际人权条约。2004年宪法修正案首次引入"人权"概念，明确规定"国家尊重和保障人权"。但是，人权条约在我国国内法中没有明确的地位。我国宪法没有规定国内法接受国际条约的方式，而是由相关部门法具体规定的，因此，人权条约在我国国内法中的地位需具体情况具体分析。

（2）我国法律对国际条约的处理基本上有两种方式：一是有关法律作了明文规定。这种规定有三种表现方式：第一，所涉机关就有关问题应按照相关国际条约办理；第二，国际条约同我国有关法律有不同规定的，适用国际条约的规定，但我国声明保留的条款除外；第三，有关国内法没有规定的，按照相关国际条约办理。二是法律没有规定。因此，在有明文法律规定的那些范围内，有关条约可在我国适用，反之，则不能适用。

（3）按照我国刑法的规定，那些涉及刑事管辖权的人权条约在我国直接适用。而那些涉及人权标准的条约由于没有一个国内法作出明文规定，所以，这类条约在我国不能直接适用，必须转化适用。对于不能直接适用的人权条约，中国政府都认真履行公约所规定的义务，通过立法、司法、行政措施等严格执行公约的规定，并按时提交有关公约执行情况的报告。

参见程晓霞、余民才主编：《国际法》，7 版，24、108～109、129～130 页。

第七章　国家领土法

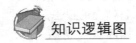知识逻辑图

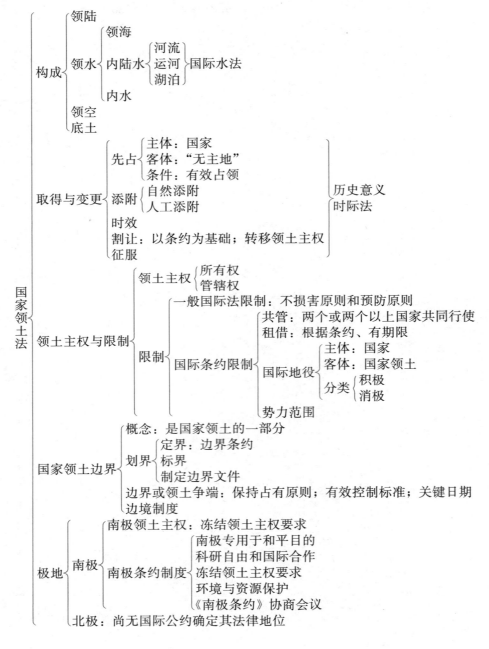

名词解释与概念比较

1. 国家领土（考研）
2. 国家领土边界（考研）
3. 国际河流
4. 先占（考研）
5. 关键日期（考研）
6. 占领地保有原则
7. 有效控制（考研）

 选择题

（一）单项选择题

1. 八角岛是位于乙国近海的本属于甲国的岛屿。40年前甲国内战时，乙国乘机强占该岛，并将岛上的甲国居民全部驱逐。随后，乙国在国内法中将该岛纳入乙国版图。甲国至今一直主张对该岛的主权，不断抗议乙国的占领行为并要求乙国撤出该岛，但并未采取武力收复该岛的行动。如果这种实际状态持续下去，根据国际法的有关规则，下列判断哪一项是正确的？（　　）（司考）

A. 根据实际统治原则，该岛在乙国占领50年后，其主权就归属于乙国

B. 根据时效原则，该岛在乙国占领50年后，其主权将归属于乙国

C. 根据实际统治原则和共管原则，乙国占领该岛50年后，该岛屿主权属于甲乙国共有

D. 根据领土主权原则，即使乙国占领该岛50年后，该岛屿主权仍然属于甲国

2. 下列关于国家领土的说法哪项是正确的？（　　）

A. 国家领土是指国家主权支配和管辖下的地球表面的特定部分

B. 国家领土包括陆地领土无限高的上空

C. 领水可以包括内水和领海，因此，内陆国也有领水，但不拥有领海

D. 国家领土由领陆、领水、领空和底土组成

3. 下列有关河流的表述中哪项是错误的？（　　）

A. 多国河流指对所有沿岸国家开放航行的河流

B. 国际河流流经的各段分别属于各沿岸国所有，它的地位主要由国际条约规定

C. 外国商船可以在内河自由航行

D. 所有国家的船舶特别是商船可以在国际河流自由通过

4. 下列有关先占的说法错误的是（　　）。

A. 先占是国家有意识地取得当时不在任何其他国家主权之下的土地的主权的一种占取行为

B. 先占并不一定是国家行为

C. 先占的客体必须是无主地

D. 国际法要求先占的完成必须是实现有效占领

5. 两国的界河为可通航河流，在无相反协议的情况下，其界线应划在（　　）。

A. 河床中心线

B. 航道中心线

C. 按实际的占有和利用

D. 等距离中间线

6. 中国对南沙群岛的领土主权的取得方式为（　　）。

A. 割让　　　　　　　B. 时效

C. 先占　　　　　　　D. 添附

7. 下列有关国家领土边界的说法，其中正确的是（　　）。

A. 国家领土边界必须要有边界标志

B. 边界并不构成国家领土的一部分

C. 边界可分为陆地边界、海上边界和空中边界

D. 海上边界的划定和陆地边界划定的规则相同

8. 划界过程中产生的法律文件的内容不一致的，如果界桩位置与附图不符，附图又与议定书不符，最后应（　　）。

A. 以议定书为准　　　B. 以界桩为准

C. 以附图为准　　　　D. 以边界条约为准

9. 下列有关《南极条约》对缔约国所提出的领土主权要求的正确表述是（　　）。

A. 签订条约表明缔约国互相承认和支持对南极的领土要求

B. 签订条约表明缔约国放弃对南极的领土要求

C. 冻结现状，即对南极领土不得提出新的或扩大现有要求

D. 对条约有效期间缔约国进行的任何活动的一种默示

10. 先占是国家对"无主地"实行有效占领而取得主权的一种方式，下列属于"无主地"的是(　　)。

A. 只有土著部落的地方

B. 没有主权者的完全无人居住的荒岛

C. 无人居住的一国领土的一部分

D. 未形成"文明国家"的民族的土地

11. 奥尔菲油田跨越甲、乙两国边界，分别位于甲、乙两国的底土中。甲、乙两国均为联合国成员国，且它们之间没有相关的协议。根据有关的国际法规则和国际实践，对油田的归属与开发，下列哪一选项是正确的？(　　)（司考）

A. 该油田属于甲、乙两国的共有物，其中任何一国无权单独进行勘探和开采

B. 该油田位于甲、乙两国各自底土中的部分分属甲国、乙国各自所有

C. 该油田的开发应在联合国托管理事会监督下进行

D. 无论哪一方对该油田进行开发，都必须与另一方分享所获的油气收益

视频讲题

12. 风光秀丽的纳列温河是甲国和乙国的界河。两国的边界线确定为该河流的主航道中心线。甲、乙两国间没有其他涉及界河制度的条约。现甲国提议开发纳列温河的旅游资源，相关旅行社也设计了一系列界河水上旅游项目。根据国际法的相关原则和规则，下列哪一项活动不需要经过乙国的同意，甲国即可以合法从事？(　　)（司考）

A. 在纳列温河甲国一侧修建抵近主航道的大型观光栈桥

B. 游客乘甲国的旅游船抵达乙国河岸停泊观光，但不上岸

C. 游客乘甲国渔船在整条河中进行垂钓和捕捞活动

D. 游客乘甲国游船在主航道上沿河航行游览

13. 甲、乙两国边界附近爆发部落武装冲突，致两国界标被毁，甲国一些边民趁乱偷渡至乙国境内。依相关国际法规则，下列哪一选项是正确的？(　　)（司考）

A. 甲国发现界标被毁应尽速修复或重建，无须通知乙国

B. 只有甲国边境管理部门才能处理偷渡到乙国的甲国公民

C. 偷渡到乙国的甲国公民，仅能由乙国边境管理部门处理

D. 甲、乙两国对界标的维护负有共同责任

14. 顺河为甲、乙两国的界河，双方对界河的划界使用没有另行约定，根据国际法的相关规则，下列哪一行为是合法的？(　　)（法考）

A. 甲国渔民可在全部河面上捕鱼

B. 甲国渔船遭遇狂风，为紧急避险可未经许可停靠乙国河岸

C. 乙国可不经甲国许可在顺河修建堤坝

D. 乙国发生旱灾，可不经甲国许可炸开自己一方堤坝灌溉农田

视频讲题

（二）多项选择题

1. 甲、乙两国是陆地邻国。甲国边防人员在例行巡逻时，发现本国一些牧民将一座界碑擅自移动，将另一座界碑毁坏。根据国际法的有关规则和制度，下列哪些判断是正确的？(　　)（司考）

A. 甲国巡逻人员应将被移动的界碑移回到甲国认定的界碑原处

B. 如本国的肇事者逃过边界，甲国巡逻人员可以进入乙国追拿这些肇事者

C. 甲国有义务惩办这些擅移界碑的本国牧民

D. 甲国应尽快通知乙国，并在甲、乙两国代表都在场的情况下将界碑恢复原状

2. 依据国际法，下列选项中哪些属于对国家领土主权的一般性限制？(　　)

A. 国家不得禁止外国船舶在其领海内的无害通过

B. 一国依与另一国在平等基础上签订的条约允许

另一国军队过境

C. 外交官在接受国享有外交特权及豁免权

D. 两国在自愿和平等的基础上，依双方签订的租借条约进行的领土租借

3. 传统国际法上领土取得的方式有（　　）。

A. 添附　　　　　　　　B. 先占

C. 时效　　　　　　　　D. 全民公决

4. 根据国际法，下列哪些选项不能成为先占的对象？（　　）

A. 月球和其他星球

B. 国际海底区域

C. 大陆架

D. 不属于任何国家的无人居住的荒岛

5. 下列领土变化属于自然添附的是（　　）。

A. 建造人工岛屿

B. 涨滩

C. 自然出现的新生岛屿

D. 在界河中进行人工填河使领土扩展

6. 根据国际法，下列关于多国河流的表述中哪几项是正确的？（　　）

A. 多国河流流经沿岸国各段的主权分属各沿岸国

B. 任何国家的船舶都有在多国河流航行的航行权

C. 多国河流沿岸的任何国家可以就整条河流的航行制定航行规则

D. 多国河流沿岸国船舶可以在河中航行

7. 以下关于领土的表述中错误的是（　　）。

A. 国家领土由领陆、领水、领空和底土构成

B. 领土还包括驻外使领馆（拟制领土）和在他国境内的军舰（浮动领土）

C. 领空指领陆、领水之上受国家主权管辖的无限高的空间

D. 领水即国家领陆以内的水域和与领陆相邻接的一定宽度的水域

8. 通常使用中间线划界的边界是（　　）。

A. 边界湖泊　　　　　　B. 不可通航的界河

C. 界山　　　　　　　　D. 领空

9. 根据《南极条约》及有关文件，南极的法律制度为（　　）。

A. 南极应只用于和平目的

B. 冻结领土主权要求

C. 可以以先占取得有关土地的主权

D. 定期举行"南极协商会议"

10. 先占是国际法中国家获得领土主权的一种方式。根据现代国际法的有关规则，下列哪些选项已经不能被作为先占的对象？（　　）（司考）

A. 南极地区　　　　　　B. 北极地区

C. 国际海底区域　　　　D. 月球

11. 甲、乙、丙三国均为南极地区相关条约缔约国。甲国在加入条约前，曾对南极地区的某区域提出领土要求。乙国在成为条约缔约国后，在南极建立了常年考察站。丙国利用自己靠近南极的地理优势，准备在南极大规模开发旅游。根据《南极条约》和相关制度，下列哪些判断是正确的？（　　）（司考）

A. 甲国加入条约意味着其放弃或否定了对南极的领土要求

B. 甲国成为条约缔约国，表明其他缔约国对甲国主张南极领土权利的确认

C. 乙国上述在南极地区的活动，并不构成对南极地区提出领土主张的支持和证据

D. 丙国旅游开发不得对南极环境系统造成破坏

12. 甲河是多国河流，乙河是国际河流。根据国际法相关规则，下列哪些选项是正确的？（　　）（司考）

A. 甲河沿岸国对甲河流经本国的河段拥有主权

B. 甲河上游国家可对自己享有主权的河段进行改道工程，以解决自身缺水问题

C. 乙河对非沿岸国商船也开放

D. 乙河的国际河流性质决定了其属于人类共同的财产

视频讲题

（三）不定项选择题

1. 甲国明知一岛屿已被乙国占领而恶意地予以占领，并且长期继续占有。为此，乙国不断地提出抗议。关于甲国的行为，下列说法正确的是（　　）。

A. 根据时效原则，该岛屿主权归属于甲国

B. 因为甲国是恶意的，所以不能取得该岛屿的主权

C. 即使该岛屿被甲国占领，其主权仍属于乙国

D. 甲国实际占领该岛屿50年后，其主权就归属

于甲国

2. 关于国家对领土享有排他的主权，下列说法正确的是（　　）。

A. 国家行使其领土主权不受任何限制

B. 领土主权不是绝对的，要受到条约与一般国际法的限制

C. 国家不得禁止外国船舶在其领海内的无害通过

D. 国际地役是对领土主权的特殊限制，用条约禁止一国拥有武装力量属于国际地役的范畴。

3. 下列各项属于国际地役的是（　　）。

A. 一国根据条约允许另一国的国民通过其领土

B. 一国给予另一国国民政治庇护

C. 一国允许外商在本国投资

D. 一国承担条约义务，允许另一国在其境内修筑铁路

4. 甲国与乙国就其相邻领土部分签订了边界条约。在标界完成后两国根据边界条约绘制了地图。随后，两国由于其他原因就上述领土发生纠纷后发现绘制的边界地图与边界条约不符。据此，下列说法正确的是（　　）。

A. 应以边界地图为准，因为其在后

B. 应以边界条约为准，因为地图本身不具有国际法效力

C. 地图和边界条约均构成两国间的条约，应以条约法的相关规定妥善处理

D. 应以实际标界位置为准

5. 关于领土的合法取得，依当代国际法，下列选项正确的是（　　）。（司考）

A. 甲国围海造田，未对他国造成影响

B. 乙国屯兵邻国边境，邻国被迫与其签订条约割让部分领土

C. 丙国与其邻国经平等协商，将各自边界的部分领土相互交换

D. 丁国最近二十年派兵持续控制其邻国部分领土，并对外宣称拥有主权

视频讲题

6. 乙国民航班机因机械故障坠毁在甲、乙两国边

界并引发森林火灾，甲、乙两国界碑也因此损毁。乙国组织力量紧急救援，为灭火和抢救生命，救援队擅自进入甲国一侧数十米。尽管乙国尽力救助，火灾还是给甲国造成财产损失。根据国际法相关规则，下列说法中正确的是（　　）。（法考）

A. 乙国救援人员未经甲国同意越过边境救灾，其行为必然不符合国际法的要求

B. 乙国可自行修复界碑，恢复后通知甲国

C. 乙国通知甲国后，界碑应得到尽快修复

D. 乙国无须承担甲国因火灾致损的国际责任

 简答题

1. 简述先占与时效的区别。（考研）

2. 简述《南极条约》对南极地位的规定。（考研）

3. 简述国家领土划界的程序。

 材料与法条分析题

1. 塔顿岛是一个不适宜人居住的岩石岛，盛产鸟粪，距离 A 国 147 海里，距离 D 国 365 海里。该岛最早为 B 国一航海家在 16 世纪初发现，其后 C 国一航海家也发现此岛，并称其为"鸟岛"。19 世纪中叶，D 国一名军官乘一艘商船经过此岛时，登上岛屿，宣示 D 国主权，并作了详细地理记录，但没有在岛上留下主权标志。D 国驻 B 国领事馆听取军官的报告后，通知了 B 国政府，并将地图和文字说明公布在 B 国一份全国性报纸上，没有任何国家表示异议。后来，C 国在与 A 国的战后和平条约中将塔顿岛割让给 A 国。这遭到 D 国强烈抗议。在此后的时间里，D 国一直反对 A 国强化控制该岛的活动。特别是第 50 年当 A 国宣布将塔顿岛出租给 B 国一家公司开发旅游时，D 国声称将采取一切手段恢复对岛屿的主权。

根据以上案情，回答下列问题：

（1）发现与先占的关系如何？

（2）A 国是否取得了塔顿岛的主权？

视频讲题

2. A 国与 B 国隔丹利海峡相望。两国订立的租借条约规定，B 国将海峡西面的大本岛永久租借给 A 国使用。条约生效后第 15 年，B 国发生内战，中央政府被推翻。新政府不满租借条约对其领土主权的限制，要求收回租借地，遭到 A 国拒绝。与此同时，B 国在海峡东面的日光岛进行填海工程，这引起 A 国的多次抗议。

根据以上案情，回答下列问题：

（1）B 国是否有权收回租借地？

（2）B 国是否有权继续进行填海工程？

视频讲题

3. A 国与 B 国是相邻的两个国家。在一次边界冲突中，A 国占领了 B 国部分领土。由于两国持续谈判未果，引起 B 国民众的强烈不满，于是 B 国个别激进分子时常对 A 国平民发动自杀式袭击。为确保安全和防止自杀式袭击，A 国在占领的领土上沿边界线修建了一道"隔离墙"，并颁布法律，将逮捕非法穿越"隔离墙"者。A 国还与 C 国签订协定，允许 C 国在"隔离墙"一侧 A 国占领的领土上 B 国的一个港口设立海关。

根据以上案情，分析 A 国的行为是否符合国际法。

视频讲题

4. 钓鱼岛自古就是中国的领土。对此，日本从未公开提出异议。直到 1895 年，中国在甲午战争中战败，被迫与日本签订《马关条约》，将台湾岛屿（包括钓鱼岛）割让给日本。此后日本才将钓鱼岛并入日本领土，称其为"尖阁群岛"。1943 年，中、美、英发表《开罗宣言》，规定日本将其窃取的中国领土归还中国（包括其攫取的其他土地）。1945 年，中、美、英发布《波茨坦公告》，规定《开罗宣言》之条件必将实施，公告规定的日本领土不包括钓鱼岛。同年 8 月，日本

宣布接受《波茨坦公告》并无条件投降。《日本投降书》宣告，承担忠诚履行《波茨坦公告》规定的义务。至此，钓鱼岛被中国收回。但是，1951 年，美国等一些国家排斥中国，与日本缔结《旧金山和约》，将钓鱼岛等交由联合国托管，实际是美国施政。对此中国发表声明，《旧金山和约》是没有中国参加的对日单独和约，是非法、无效的。1971 年，美国与日本协定，将琉球诸岛和钓鱼岛的"施政权""归还"日本。对此，中国发表声明，提出这是完全非法的，不能改变中国对钓鱼岛的领土主权。2013 年，日本右翼分子提出：1884 年日本人古贺辰四郎首次登上并最早发现了钓鱼岛；日本实际控制钓鱼岛 50 年以上，按时效也可取得其领土主权。而日本政府也玩弄"购岛"闹剧，企图使钓鱼岛国有化、日本化。

结合案例，请回答（考研）：

（1）日本可否按照"先占"或"时效"而取得钓鱼岛的领土主权？为什么？

（2）按条约法理论，上述条约对日本和中国是否具有法律约束力？为什么？

5. 运用有关国际法原则、规则、制度和原理，分析下面材料：

国家领土不得作为违背宪章规定使用武力所造成之军事占领之对象。国家领土不得成为他国以使用威胁或武力而取得之对象。使用威胁或武力取得之领土不得承认为合法。

 论述题与深度思考题

1. 论国家领土主权原则。（考研）

2. 试述领土取得和变更的传统方式及其地位。（考研）

参考答案

名词解释与概念比较

1. 国家领土是指处于国家主权支配之下的地球的特定部分。它通常由领陆、领水、领空和底土组成。领土是国家行使主权的空间，是国际法的客体。

2. 国家领土边界是指分隔一国领土与他国领土的界线。边界构成国家领土的一部分。

3. 国际河流是指流经两个以上国家并对所有国家的船舶开放的河流。这种河流流经的各段分别属于各沿岸国所有，各沿岸国对其拥有主权。但它的地位是由国际条约规定的，允许所有国家的船舶自由航行。

4. 先占是一个国家有意识地取得当时不在任何其他国家主权之下的土地的主权的一种占取行为。它是传统国际法承认的一种领土取得方式。

5. 关键日期是指当事"各方的权利已经明确，因此该日期以后的行为就不能够改变其法律立场"的时刻。它的核心是"时间在该日期被视为停止了，其后发生的任何事情都不能改变那时存在的情况。无论当时的情况如何，它在法律上都被视为仍然存在，而当事各方的权利受其支配。"

6. 占领地保有原则亦称保持占有原则，是指国家边界必须保持宣布独立时法律上原来的状态。它是拉美一些国家和非洲国家采用的一项避免或解决边界争端的原则，有重要意义。

7. 有效控制是指在依据领土取得方式无法确定争议领土的主权归属的情况下，国际法院或仲裁机构通过评估争端当事国提交的对争议领土有效行使国家权力的证据，来判定哪一方实施了和平、有效的占有或控制，从而将争议领土的主权判给行使有效控制的一方。

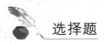

选择题

（一）单项选择题

1. D

国际法上通过时效取得领土的方式没有确定的年限，但原主国的抗议或主张构成依时效取得领土的障碍。本题中甲国一直主张对该岛的主权，不断抗议乙国的占领行为，乙国并没有通过时效取得该岛的主权。A、C两项中的"实际统治原则"是先占的条件之一，本题不适用先占的原则，因为先占的对象是无主土地。共管并不是领土变更的方式，而是对领土主权限制的方式。

2. D

国家领土是国家主权支配下的地球的特定部分。国家领土由领陆、领水、领空和底土组成。领空并不是无限高的上空，而是陆地上空的一部分空间。领水

包括内水和领海两部分，内陆国有内陆水，但不拥有海洋上的内水和领海。

3. C

国家对内河享有完全主权，外国船舶未经许可不得在内河航行。多国河流是流经两个或两个以上国家的河流，一般对所有沿岸国开放。国际河流是通过国际条约对所有国家开放航行的多国河流，它的法律地位一般由国际条约规定。国际河流一般允许所有国家的船舶特别是商船自由航行。

4. B

先占是国家有意识地取得当时不在任何其他国家主权之下的土地的主权的一种占取行为。先占的客体仅限于无主地，即不属于任何国家的土地。国际法要求先占的完成必须是实现有效占领，包括两个基本事实：占有和行政管理。先占的主体必须是国家，先占行为必须是一种国家行为。

5. B

以河流为界时，如果这种河流是可航的，则以河流的主航道的中间线为边界线；如果是不可航的，则以河床的中间线为边界线；以湖泊或内陆海为界时，以等距离中间线为边界线。

6. C

公元前 2 世纪中国人就发现了南沙群岛，并一直在其上居住，因此，应该属于先占。

7. C

国家领土边界是分隔一国领土与他国领土的界限。边界可分为陆地边界、海上边界和空中边界。海上边界的划定和陆地边界划定的法律原则与规则不同。国家边界可以有边界标志，也可以没有边界标志。边界与领土不可分，它构成国家领土的一部分。侵犯国家边界就是侵犯国家领土。

8. A

划界过程中产生的法律文件不一致时，应遵循以下惯例：界桩位置与议定书和附图不一致时，以议定书和附图为准；附图与议定书的规定不一致时，以议定书为准；议定书与条约不一致时，以条约为准。

9. C

《南极条约》第 4 条规定，该条约的任何规定不得解释为缔约任何一方放弃在南极原来所主张的领土主权权利或领土要求，或放弃由于它或其国民的活动或其他原因而构成的对南极领土主权要求的任何根据，

或损害缔约任何一方关于它承认或否认任何其他国家在南极的领土主权的要求或要求的根据的立场。但在该条约有效期内所发生的一切行为或活动，不得构成主张、支持或否定对南极的领土主权的要求的基础，也不得创立在南极的任何主权权利。在该条约有效期内，不得对南极提出新的领土主权要求或扩大现有的要求。

10. B

先占的客体仅限于无主地，也就是不属于任何国家的土地。这种土地或者完全无人居住，或者虽有土著居民，但该土著社会不被认为是一个国家，或者为原属国所放弃。

11. B

国家领土包括领陆、领水、领空和底土。国家对其领土和其中的资源享有排他的权利。

12. D

在国际法上，除非有条约另有规定，沿岸国在界河各自一侧行使主权和管辖权，但不得损害对方的利益。在河流的航行上，双方都有平等的自由航行权，而且船舶航行不受主航道边界线路线的限制。

13. D

在国家边界条约中，如果一方发现有界标被移动、损坏或灭失的情形，应尽速通知另一方，在双方代表在场的情况下修复或重建。甲国对偷渡的甲国公民享有属人管辖权，乙国对偷渡到乙国的甲国公民享有属地管辖权。故甲、乙两国根据不同的管辖原则对偷渡到乙国的甲国公民均享有管辖权。

14. B

界河两侧的国民一般只能在自己一侧的水域捕鱼。界河沿岸国的船只在紧急避险的情况下可以停靠对方河岸。一国对界河的利用要顾及对方的利益。

（二）多项选择题

1. CD

边境地区是指边界线相邻的一定区域。各国一般都通过国内法和双边条约建立特殊的边境管理制度。其中很重要的就是界标的维护。在已设立的界标边界线上，相邻国家对界标的维护负有共同的责任。双方都应采取必要措施防止界标的移动、损坏或灭失。若一方发现出现上述情况，应尽快通知另一方，在双方代表都在的情况下修复。国家有责任对移动、损坏界标的行为给予严厉的惩罚。

2. AC

对领土主权的限制有两类：一类是一般限制，如国家不得禁止外国船舶在其领海内的无害通过；另一类是依条约产生的对领土主权的特殊限制。B项属于积极的国际地役，D项属于租借。

3. ABC

传统国际法上领土取得的方式有先占、时效、割让、征服和添附等。现代国际法上领土的取得方式有人民自决、恢复领土主权等。

4. ABC

先占的客体仅限于无主地，也就是不属于任何国家的土地。根据相关国际法的规定，月球和其他天体以及国际海底区域是"全人类的共同财产"，任何国家不得据为己有。沿海国对大陆架有固有权利。

5. BC

添附有自然添附和人工添附两种。自然添附是由于自然力的作用而产生新的土地，如涨滩、三角洲、新生岛屿、废河床等。人工添附是由人工造成的，如围海造田、筑堤等。

6. AD

多国河流是指流经两个以上国家领土的河流。多国河流流经各沿岸国的各段，分别属于各沿岸国所有。如同对内河的使用和管理一样，各沿岸国对多国河流属于自己的那一段行使主权，但这种权力的行使应顾及其他沿岸国的利益，不得滥用。非沿岸国船舶是否可以航行，依国际条约规定的不同而不同。

7. BC

国家领土是国家主权支配下的地球的特定部分，由领陆、领水、领空和底土组成。领空并不是无限高的上空，而是陆地上空的一部分空间。领水即国家领陆以内的水域和与领陆相邻接的一定宽度的水域，包括领海和内水。驻外使领馆和在他国境内的军舰并不属于国家领土，只是一种法律拟制。

8. AB

在划界过程中应该遵循以下原则：对于界河的划分，如果这种河流是可航的，以河流的主航道的中间线为边界线；如果是不可航的，以河床的中间线为边界线；边界湖泊通常以其中间线或等距离线为边界线；界山通常以分水岭为边界线。

9. ABD

根据南极条约体系，南极的法律制度主要包括：

南极专用于和平目的；科研自由和国际合作；冻结领土主权要求；环境与资源的保护。根据《南极条约》第9条的规定，《南极条约》协商国应于合适的时间和地点召开协商会议，以便交换情报、共同协商有关南极的共同利益问题，并阐述、考虑以及向本国政府提出旨在促进该条约的原则和宗旨的措施的建议。这种会议每两年举行一次。

10. ABCD

《南极条约》第4条冻结了对南极的领土主权要求。北极地区主要是冰洋，而且冰块随洋流漂移，所以占领的规则不宜适用。根据《联合国海洋法公约》第十一部分的规定，国际海底区域是人类的共同继承财产，任何国家不能对该区域的任何部分主张主权。根据1967年《外层空间条约》和1979年《月球协定》，月球及其资源为全体人类的共同财产，不得有国家依据主权要求，通过占领或利用或任何其他方法据为己有。

11. CD

冻结对南极的领土主权要求，包括对南极领土不得提出新的要求或扩大现有要求；《南极条约》不构成对任何现有的对南极领土主张的支持或否定；条约有效期间进行的任何活动也不构成主张支持或否定对南极领土要求的基础。在南极进行的任何活动不得破坏南极的环境或生态。

12. AC

多国河流是流过两个或两个以上国家领土的河流。多国河流流经各国的河段分别属于各国领土，各国分别对位于其领土的一段拥有主权。对多国河流的航行、使用、管理等事项，一般都应由有关国家协议解决。多国河流一般地对所有沿岸国开放，而非沿岸船舶未经许可不得航行。通过条约规定对所有国家开放航行的多国河流被称为国际河流。国际河流一般允许所有国家的船舶特别是商船自由航行。国际河流的管理一般由条约成立的专门机构进行。

（三）不定项选择题

1. C

时效是指一国长期、不间断和公开地占有、统治他国部分领土而取得该部分领土的主权。但国际法上的时效并不以国内法上的"善意"为必要条件。即使最初是不正当地和非法地占有他国的部分领土，只要

这种占有是长期、不间断的和公开而稳定的，以至于造成一般信念以为事物现状是符合国际秩序的，那么这个国家就被视为这块土地的合法所有者。但原主国的抗议或主张构成依时效取得领土的障碍。至于时效的时限，国际法上没有统一的规则，依各个事件的具体情况而定。

2. BC

国家对领土享有排他的主权，但领土主权不是绝对的，其行使要受到一般国际法和国际条约的限制。一般国际法的限制如国家不得禁止外国船舶在其领海内的无害通过。国际条约的限制是对领土主权的特殊限制，包括：共管、租界、国际地役和势力范围。

3. AD

国际地役是指一国根据条约对其领土主权所加的一种特殊限制，据此，国家领土的一部或全部在一定范围内为另一国家的某种目的或利益服务。国际地役是根据国家之间的条约而产生的，它的主体只能是国家。一国给予外国人或外国公司的权利不构成国际地役。国际地役的客体是国家领土的一部或全部。以国家领土为客体，是区别国际地役与其他对领土主权的限制的标志。

4. B

国际法院在1986年"布基纳法索—马里边界争端案"中指出，地图虽然可以通过附于一个正式文本而取得法律效力，但地图本身不具有法律效力。如果地图与边界条约或议定书不一致，原则上应以边界条约或议定书为准。

5. AC

人工添附在不侵害他国权利的情况下是领土主权取得的合法方式。以武力威胁而缔结的割让领土条约无效，使用武力侵占他国领土违反国际法。

6. C

A选项错误：虽然乙国的行为可能构成国际不法行为，但乙国可援引危难解除行为的不法性，因而乙国的行为本质上并未违反国际法。B选项错误：界碑应当在通知对方国家后再行修复。D选项错误：解除行为的不法性不解除造成损害的责任。

 **简答题**

1. 先占是指一个国家有意识地取得当时不在任何

其他国家主权之下的土地的主权的一种占取行为。时效是指一国长期、不间断和公开地占有、统治他国部分领土而取得该部分领土的主权。两者的不同主要表现在以下方面：

（1）对象不同。依时效取得的是别国的领土。先占的对象是不属于任何国家的土地，即无主土地。传统国际法认为的无主土地是不属于任何国家的荒芜的土地，或虽有土著人居住但尚未形成国家的土地。

（2）构成条件不同。依时效取得的领土必须是一国占有别国领土在很长时间内不受干扰，而且原属国已经停止抗议并且放弃主张其权利。是否构成先占取决于国家的这种行为是否符合有效占领原则，即先占必须具备两个要素：占领和行政管理，如设立居民点、悬挂国旗、建立行政机构等。

（3）地位不同。先占是传统国际法上一种独立的领土取得方式。时效本身不能单独作为一种领土取得方式，它只有与默许、禁止反言以及抗议或不抗议的效果联系在一起时才发挥作用。

2. 法律上的南极地区是指南纬60°以南的地区，包括南极洲大陆及其沿海岛屿和海域。《南极条约》关于南极地位的规定有如下几方面：

（1）南极专用于和平目的。《南极条约》明文规定，"南极应只用于和平目的"，禁止采取一切具有军事性质的措施，如建立军事基地、建筑要塞以及进行军事演习或任何类型的武器试验等；禁止在南极进行任何核爆炸。

（2）科研自由和国际合作。《南极条约》规定，缔约各国有在南极实行科学考察的自由并促进为此而进行的国际合作。在一切实际可行的范围内，缔约各国应交换南极科学规划的情报；交换科学人员；交换南极的科学考察报告和成果并公开这些报告和成果；鼓励与国际组织的合作。

（3）冻结领土主权要求。《南极条约》第4条规定：本条约的任何规定不得解释为缔约任何一方放弃在南极原来所主张的领土主权权利或领土要求，或放弃由于它或其国民的活动或其他原因而构成的对南极领土主权要求的任何根据，或损害缔约任何一方关于它承认或否认任何其他国家在南极的领土主权的要求或要求的根据的立场。但在该条约有效期内所发生的一切行为或活动，不得构成主张、支持或否定对南极的领土主权的要求的基础，也不得创立在南极的任何

主权权利。在该条约有效期内，不得对南极提出新的领土主权要求或扩大现有的要求。

3. 划定国家领土边界通常是依条约进行的。通过条约划界通常包括三个重要的程序：

（1）定界。此即有关国家签订边界条约，确定两国边界的主要位置和边界的基本走向，并对边界线予以具体、明确的描述。

（2）标界。边界条约签订以后，即进入标界阶段。标界通常由缔约方的代表联合组成的划界委员会进行实地勘察，在地面上实际标明疆界。如果情况需要，以界桩、界碑或类似物体标明。

（3）制定边界文件。标界完成后，有关国家即拟定边界议定书，并绘制地图。议定书及地图经双方代表签字或政府批准生效后即作为边界条约的附件。

材料与法条分析题

1.（1）发现与先占是有联系的。在15世纪至16世纪地理大发现时期，发现一块无主地的象征性行为即足以构成对无主地的法律权利。在18世纪及以后，国际法有关发现和取得无主地的权利的规则发生了变化，形成了这样的规则：占领必须是有效的，有效占领才能产生领土主权。发现不产生确定的主权，只产生一种不完全的权利。这种权利使发现者的国家在对被发现的土地加以有效占领所需要的合理期间内，"有暂时阻止另一国加以占领的作用"，亦即在发现者的国家完成占领的合理期间内，被发现的土地不得成为他国先占的对象。在本案中，塔顿岛虽然最初先后为B国和C国的航海家发现，但在D国实行有效占领时，B、C两国没有表示任何异议，且B国一公司将租用该岛。因此，B、C两国发现所产生的不完全的权利消失，塔顿岛仍然是一个无主地。

（2）A国没有取得塔顿岛的主权。1）C国没有通过发现取得该岛的主权。虽然C国航海家比D国较早发现该岛，并冠以名称，但C国航海家的行为不是C国的国家行为，而且在合理期限内，C国没有进行有效占领。相反，D国军官登岛、宣示主权和记录的行为是D国的国家行为。塔顿岛是无主地，D国实行了有效占领。因为D国驻B国领事馆将岛屿地图和文字说明在B国一份全国性报纸上公布后，包括C国在内的任何国家都没有表示反对；而且，对于一块完全不

宜居住的地方，占领者从最初在那里出现时起，就一直处于绝对的和完全没有争议的地位。从这时候起，占有就应认为已经完成，这样的占有就是完全的占有。

2）C 国无权在和平条约中将岛屿割让给 A 国，A 国不能以 C 国继承者的名义取得对该岛的主权，因为在 C、A 两国签订条约时，该岛一直是 D 国的领土。C 国无权把它所没有的权利割让给 A 国。两国条约对 D 国没有法律约束力；而且，D 国对 C、A 两国的行为提出了强烈抗议。

3）A 国控制岛屿 50 年不能给它产生任何法律权利。因为国际法上的时效没有如 50 年那样的统一规则，它本身不是一项独立的取得或丧失领土的方式，通常是与默许、禁止反言以及抗议或不抗议的效果联系在一起发挥作用的。在 A 国控制该岛的 50 年间，D 国从未放弃对该岛的主权，它持续反对 A 国强化控制的活动。

2.（1）B 国有权收回租借地。租借是指一国根据条约将其部分领土出租给另一国。租借所转让的不是领土主权，而是使用权和管辖权。无论租借是否有期限，租让国都有权收回。在本案中，虽然 A 国通过与 B 国旧政府的条约取得永久租借大本岛的权利，但它不能有效对抗 B 国的领土主权；而且，B 国新政府没有义务继承其前政府与 A 国的租借条约，因为租借条约是与 B 国旧政府的代表身份有关的。

（2）B 国应该暂时停止填海工程。添附是现代国际法承认的一种取得领土的方式。添附有自然添附和人工添附两种。诸如围海造田之类的人工添附如果涉及其他国家的利益，在与有关利益国达成协议之前，不能进行这种添附。任何国家不得通过改变其本国领土的自然状态，而使邻国领土的自然状态遭受不利。本案中 A、B 两国是隔海峡相望的邻国，B 国进行的填海工程遭到 A 国抗议，表明了该工程与 A 国利益的相关性。

3. A 国的行为不符合国际法。（1）A 国无权在占领领土上修建"隔离墙"。征服不是现代国际法承认的国家领土取得和变更的方式，《联合国宪章》明确禁止以武力破坏国家领土完整。A 国的占领并没有使它成为占领领土的主权者。

（2）A 国不能允许 C 国在所占领领土上 B 国的一个港口设立海关，C 国不能取得这种权利，因为一个国家无权把它所没有的权利让给另一个国家。

4.（1）日本不能按照"先占"或"时效"取得钓鱼岛的领土主权。

先占作为传统国际法上的一种领土取得方式，是指一个国家有意识地取得当时不在任何其他国家主权之下的土地的主权的一种占取行为。先占的客体必须是不属于任何国家的土地，即"无主地"。钓鱼岛自古就是中国的领土，不满足先占的客体要求，因而日本不能依据先占取得钓鱼岛的领土主权。

时效是传统国际法上的另一种领土取得方式，是指一个国家长期、不间断和公开地占有、统治他国部分领土而取得该部分领土的主权。之所以时效可以使占领国成为所占领土地的主权者，原因在于占领国长期、不间断的和公开而稳定的占领造成一般信念，以为事物现状是符合国际秩序的。但是，时效不是一个具体时限（比如 50 年）的规则，而是与被占领国的反应（如默认或不抗议）联系在一起发挥作用的规则。如果被占领国持续公开地反对占领国在所占领土地上进行的任何有关主权的行为，无论经过多长时间，占领国都不能取得所占领土地的主权。中国在第二次世界大战结束后收复了对钓鱼岛的主权。中国一直公开、持续地反对美国取得对钓鱼岛的"施政权"和所谓"归还"日本"施政权"以及日本对钓鱼岛实施的系列行为，从来没有发生过日本对钓鱼岛的持续、公开和稳定的占领或者有效控制。中、日对钓鱼岛存在主权争端是国际公认的客观事实。

（2）《马关条约》是中国在甲午战争中战败后被迫与日本签订的不平等条约。不平等条约是否无效，1969 年《维也纳条约法公约》没有规定。按照现代国际法，不平等条约无效，对中国没有约束力。

《波茨坦公告》和《开罗宣言》对中、日具有法律约束力。这两个文件是中、英、美缔结的多边条约，设定了日本将其窃取的中国领土归还中国的义务和必须实施的义务。日本宣布接受《波茨坦公告》，并在《日本投降书》中承诺承担忠诚履行《波茨坦公告》规定的义务，因而对日本有约束力。1969 年《维也纳条约法公约》第 35 条规定，如果一个条约有意为第三国设定一项义务，应得到第三国书面明示接受。而日本书面明示接受了《波茨坦公告》和《开罗宣言》规定的义务。

《旧金山和约》和 1971 年美日协定对中国不具有约束力。条约对第三国无约束力是条约法的一项一般

原则。1969 年《维也纳条约法公约》第 34 条规定，条约非经第三国同意，不为该国创设义务或权利。对于美日损害中国对钓鱼岛主权的行为，中国予以明确反对，声明是完全非法、无效的。

5.（1）国家领土是指处于国家主权支配之下的地球的特定部分。国家领土的重要性在于它是国家行使其最高并且通常是排他的权威的空间，亦即领土是国家行使主权的空间。因为国际法承认每一国家是其领土内的最高权威，在领土上或进入领土内的任何人或物，都当然处于该国的最高权威之下。在本国领土内，外国当局没有任何权力。

（2）尊重国家领土完整和禁止使用武力或以武力相威胁是一项国际法基本原则。《联合国宪章》第 2 条第 4 款明文规定，各国在其国际关系上不得使用武力或以武力相威胁，侵害任何国家的领土完整或政治独立。领土完整包含三个核心要素：1）完整性，即国家对其全部领土享有行使所有国家职能的能力，这种能力只受有关国家的同意或联合国安全理事会根据《联合国宪章》第七章通过的有约束力的决议的限制；2）不可侵犯性，即一个国家未经另一个国家同意不得对该另一个国家领土行使国家管辖权；3）国家领土不遭任何肢解。据此，国家领土主权的任何变化必须按照国际法进行，主要通过利害关系国家的同意进行。因此，一个国家不得违反宪章规定使用武力，侵占另一个国家的领土。

（3）传统国际法承认时效、割让和征服是国家领土的取得方式。这些方式的领土取得往往是使用武力或武力威胁的结果。《联合国宪章》禁止一个国家使用武力或武力威胁夺取另一个国家的领土。根据 1969 年《维也纳条约法公约》第 52 条的规定，违反《联合国宪章》所含国际法原则以威胁或使用武力而缔结的领土取得条约无效。因此，一个国家不得以取得另一个国家的领土为目的使用武力或武力威胁。

（4）违反宪章规定使用武力或以武力相威胁占领或取得他国领土，是违反国际法的行为。对违法行为造成的后果不予承认是一项国际法原则。因此，对于使用武力或以武力相威胁所取得的领土，所有国家有义务不得承认为合法。

 论述题与深度思考题

1.（1）国家领土是处于国家主权支配下的地球的

特定部分。国家对其领土拥有主权。领土主权是国家主权的重要内容和表现。尊重国家领土的完整，就是尊重国家主权；破坏国家领土完整，就是侵犯国家主权。因此，现代国际法特别强调各国领土完整的不可侵犯。

（2）领土主权是国家在其领土范围内享有的最高的和排他的权力。它包含领土所有权和领土管辖权或统治权两方面的内容。领土所有权是指国家对其领土本身以及领土范围内的一切自然资源享有占有、使用和处置的权利。领土管辖权即国家对其领土范围内的人、物和事件行使排他性管治的权力。在遵守国际法的情况下，国家可按其意志行使领土主权。

（3）领土主权不是绝对的，其行使常常受到某些限制。这些限制来自两个方面：一般国际法和国际条约。一般国际法的限制如国家不得禁止外国船舶在其领海内的无害通过，国家有义务防止任何人在其领土上作出有害他国的行为。国际条约的限制是对领土主权的特殊限制，其形式主要有共管、租借、国际地役和势力范围 4 种。

2.（1）领土取得和变更的传统方式。

国家领土取得和变更的方式传统上有 5 种，即先占、添附、时效、割让和征服。

1）先占是一个国家有意识地取得当时不在任何其他国家主权之下的土地的主权的一种占取行为。先占的主体必须是国家，而先占行为必须是一种国家行为。先占的客体必须是不属于任何国家的土地，即"无主地"。这种土地或者完全无人居住，或者虽有土著居民，但该土著社会不被认为是一个国家，或者为原属国所放弃。国际法要求先占的完成必须是实现有效占领。

2）添附是指领土通过形成新的土地而增加。添附有自然添附和人工添附两种。自然添附是由于自然力的作用而产生新的土地，如涨滩、三角洲、新生岛屿、废河床等。人工添附是由于人工造成的，如围海造田、筑堤等。不过，这种添附有时涉及其他国家的利益，在与有关利益国达成协议之前，不能进行这种添附。

3）时效是指一国长期、不间断和公开地占有、统治他国部分领土而取得该部分领土的主权。国际法上的时效不以国内法上的"善意"为必要条件。即使最初是不正当地和非法地占有他国的部分领土，只要这种占有是长期、不间断的和公开而稳定的，以至于造

成一般信念以为事物现状是符合国际秩序的，那么这个国家就被视为这块土地的合法所有者。至于时效的时限，国际法上没有统一的规则，而依各个事件的具体情况而定。时效与先占不同：前者是占领他国的部分领土，后者占领的是无主地。在国际法律实践中，时效并不是一项单独存在的法律原则，它通常是与默许、禁止反言的观点以及抗议或不抗议的效果联系在一起发挥作用的。

4）割让是指一国通过条约将其对国家领土的主权转移给另一国。割让的构成应顾及三个方面：第一，如果国内法有关于割让领土的限制，那么违反这些限制的割让条约是无效的。第二，必须有转移主权的意思。取得管理权，即使是排他性的，而没有割让领土主权的意思，不能构成割让。第三，领土的某些组成部分，例如，河流、领海，不能离开土地而单独割让。割让是以条约为基础的，有强制性割让和非强制性割让两种。强制性割让是战胜国在战后和约中迫使战败国将其部分领土转移给自己。这种割让通常是战争或战争威胁的结果，已为现代国际法所废弃。非强制性割让是有关国家出于不同的动机和不同的目的在平等、自愿基础上和平谈判的结果。

5）征服是指战争结束后，征服国将被征服国领土全部或部分加以兼并的行为。仅仅征服本身并不当然使征服国成为被征服领土的主权者。只有在征服国已经牢固地确立了征服之后，并且战争状态已经结束，然后正式兼并了该领土的时候，征服才是取得领土的一种方式。征服不同于割让。如果战败国在战后和平条约中同意将被征服的领土转移给战胜国，这种取得领土的方式不是征服，而是割让。在现代国际法上，征服作为国家取得领土的一种方式，在法律上已没有存在的余地。

（2）领土取得和变更的传统方式的地位。

在上述5种领土取得传统方式中，除添附外，其他几种方式都曾被殖民主义、帝国主义广泛利用，以达到夺取他国领土的目的。所以，以现代国际法的观点来看，只有添附符合国际法，其他几种方式都不能作为取得领土的有效根据。然而，它们仍具有历史的意义。当涉及历史遗留下来的领土问题时，领土所有权的根源必须依据有关事实发生当时的法律来判断，这就是国际法上的时际法原则。

第八章　国际海洋法

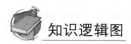 知识逻辑图

国际海洋法
- 以国际法为基础的国际海洋秩序：1982 年《联合国海洋法公约》及其执行协定；海上丝绸之路；海洋命运共同体
- 基线与海洋权利
  - 类型
    - 测算领海宽度的起算线
    - 正常基线
    - 直线基线：中国采用直线基线
    - 群岛基线
  - 海洋权利："陆地统治海洋"原则；海上陆地的地位决定海洋权利
- 国家管辖海域
  - 国家主权管辖海域
    - 内水
      - 地位：排他性主权
      - 特殊制度
        - 港口：从港口伸入大海最深处的永久性建筑
        - 历史性海湾
          - 长期行使主权
          - 他国默认
    - 领海
      - 地位：受主权支配，不超过 12 海里
      - 管辖权
        - 刑事
        - 民事
        军舰或其他用于非商业目的政府船舶的豁免权
      - 限制——外国船舶无害通过权：外国军舰通过中国领海需批准；传统捕鱼权
    - 用于国际航行的海峡
      - 地位：领海海峡；通过制度不影响海峡水域的法律地位
      - 通过制度
        - 过境通行：《联合国海洋法公约》专门确立
        - 无害通过
        - 自由航行
        - 专门条约的航行制度
    - 群岛水域
      - 群岛国主权
      - 无害通过；群岛海道通过
      - 自成一类的海域
  - 国家非主权管辖海域
    - 毗连区：沿海国行使必要管辖权：海关、财政、移民、卫生；从基线起不超过 24 海里
    - 大陆架
      - 概念
        - 地理学意义上
        - 《大陆架公约》标准
          - 200 米等深线
          - 可开发深度
        - 《联合国海洋法公约》标准
          - 自然延伸
            - 350 海里—大陆架界限委员会
            - 2 500 米等深线 100 海里
          - 距离：200 海里
      - 法律地位：出于勘探大陆架和开发其自然资源的目的对大陆架享有主权权利；专属性；固有性
      - 划界
        - 中间线等距离原则（《大陆架公约》）
        - 协议划界，以便得到公平解决（《联合国海洋法公约》）
    - 专属经济区
      - 概念：从基线起不超过 200 海里
      - 法律地位
        - 沿海国对与自然资源和经济活动有关的主权权利和管辖权
        - 其他国家的权利义务——相互适当顾及义务
        - 剩余权利：军事活动；防空识别区，海上识别区
      - 划界：单一划界
  - 异同
    - 联系
      - 重叠
      - 制度的应用
    - 区别
      - 权利依据不同
      - 范围不同
      - 权利所及范围不同

公海自由：航行、飞越、捕鱼、铺设海底电缆与管道、建造国际法允许的人工岛屿、科研共六大自由

公海

管辖权：船旗国专属管辖及其例外 { 登临权 紧追权 }

国家管辖范围以外海域

法律地位：国家管辖范围以外的海床洋底及其底土；人类共同继承财产

国际海底区域

开发制度：平行开发制 发展→ 1994 年《关于执行 1982 年 12 月 10 日〈联合国海洋法公约〉第十一部分的协定》

海洋生物多样性养护与可持续利用：一般原则和方法；海洋遗传资源；海洋保护区；环境影响评价

 名词解释与概念比较

1. 海洋权利
2. 领海（考研）
3. 正常基线与直线基线
4. 毗连区（考研）
5. 用于国际航行的海峡（考研）
6. 过境通行与无害通过（考研）
7. 沿海国的大陆架（考研）
8. 专属经济区（考研）
9. 公海
10. 登临权
11. 紧追权（考研）
12. 国际海底区域（考研）
13. 历史性海湾（考研）
14. 内海湾与历史性海湾（考研）
15. 直线基线（考研）
16. 防空识别区（考研）
17. 远洋群岛（考研）
18. 海洋保护区

选择题

（一）单项选择题

1. 《联合国海洋法公约》规定每一国家有权确定其领海宽度，直至从按照本公约确定的基线量起不超过多少海里的界限为止？（   ）
   A. 6 海里　　　　　B. 8 海里
   C. 12 海里　　　　 D. 24 海里

2. 1992 年中国《领海及毗连区法》规定，中国的领海基线采用（   ）。

A. 直线基线
B. 正常基线
C. 低潮线
D. 直线基线和正常基线

3. 沿海国为防止在其领土或领海内违反其海关、财政、移民或卫生的法律和规章，可以设立（   ）。
   A. 专属经济区　　　　B. 毗连区
   C. 渔区　　　　　　　D. 领海

4. 中国毗连区的宽度为中国领海以外（   ）。
   A. 8 海里　　　　　　B. 12 海里
   C. 24 海里　　　　　 D. 100 海里

5. 海洋法的发展有久远的历史。远在古罗马时期，海洋就被认为是（   ）。
   A. 共有物　　　　　　B. 无主物
   C. 领海　　　　　　　D. 公海

6. 中国 1958 年《关于领海的声明》明确宣布，渤海湾是中国的（   ）。
   A. 领海
   B. 领海直线基线以内的内海
   C. 专属经济区
   D. 大陆架上覆水域

7. 过境通行制度适用于在公海或专属经济区的一个部分和公海或专属经济区的另一部分之间用于国际航行的海峡。在这种海峡中，所有船舶和飞机都享有过境通行的权利，对此沿岸国（   ）。
   A. 不应妨碍过境通行
   B. 特定情况下可以中止
   C. 特定情况下可以限制
   D. 依特殊规定

8. 依据《联合国海洋法公约》，专属经济区的宽度不超过 200 海里，其起算线是（   ）。
   A. 从领海的外部边缘算起
   B. 从大陆架的外部边缘算起

C. 从领海基线算起

D. 从海岸线算起

9.《联合国海洋法公约》规定，沿海国对专属经济区内的自然资源的权利性质是（　　）。

　　A. 管辖权　　　　　　B. 主权权利

　　C. 占有权　　　　　　D. 管制权

10. 专属经济区的宽度为从领海基线量起不超过（　　）。

　　A. 188 海里　　　　　B. 200 海里

　　C. 250 海里　　　　　D. 300 海里

11. 依据《联合国海洋法公约》，海岸相邻或相向国家间大陆架的划分应依据（　　）。

　　A. 自然延伸原则

　　B. 等距离原则

　　C. 中间线原则

　　D. 国际法协议划分

12. 依据《联合国海洋法公约》的规定，私人船舶在公海上的行为（　　）。

　　A. 不受任何国家管辖

　　B. 受船旗国管辖

　　C. 受船长所属国管辖

　　D. 受船员所属国管辖

13. 公海法律制度的基础是公海自由，这就决定了公海是（　　）。

　　A. 共有物

　　B. 无主物

　　C. 国家管辖范围以外的海域

　　D. 国家享有主权权利的海域

14. 甲国是 1982 年《联合国海洋法公约》的缔约国。甲国的船舶在各国管辖范围以外的某海底进行矿业开采作业时，其活动应遵守国际法的哪一制度？（　　）

　　A. 公海海底的开发制度

　　B. 甲国有关海洋采矿的国内法

　　C. 国际海底区域开发制度

　　D. 公海自由制度

15. 国际海底区域目前的开发制度是（　　）。（考研）

　　A. 单一开发制度　　　B. 联合开发制度

　　C. 平行开发制度　　　D. 注册开发制度

16. 甲国在其宣布的专属经济区水域某暗礁上修建了一座人工岛屿。乙国拟铺设一条通过甲国专属经济区的海底电缆。根据《联合国海洋法公约》，下列哪一选项是正确的？（　　）（司考）

　　A. 甲国不能在该暗礁上修建人工岛屿

　　B. 甲国对建造和使用该人工岛屿拥有管辖权

　　C. 甲国对该人工岛屿拥有领土主权

　　D. 乙国不可在甲国专属经济区内铺设海底电缆

17. 乙国军舰 A 发现甲国渔船在乙国领海走私，立即发出信号开始紧追，渔船随即逃跑。当 A 舰因机械故障被迫返航时，令乙国另一艘军舰 B 在渔船逃跑必经的某公海海域埋伏。A 舰返航半小时后，渔船出现在 B 舰埋伏的海域。依《联合国海洋法公约》及相关国际法规则，下列哪一选项是正确的？（　　）（司考）

　　A. B 舰不能继续 A 舰的紧追

　　B. A 舰应从毗连区开始紧追，而不应从领海开始紧追

　　C. 为了紧追成功，B 舰不必发出信号即可对渔船实施紧追

　　D. 只要 B 舰发出信号，即可在公海继续对渔船紧追

18. 甲国某核电站因极强地震引发爆炸后，甲国政府依国内法批准将核电站含低浓度放射性物质的大量污水排入大海。乙国海域与甲国毗邻，均为《关于核损害的民事责任的维也纳公约》缔约国。下列哪一说法是正确的？（　　）（司考）

　　A. 甲国领土范围发生的事情属于甲国内政

　　B. 甲国排污应当得到国际海事组织同意

　　C. 甲国对排污的行为负有国际法律责任，乙国可通过协商与甲国共同解决排污问题

　　D. 根据"污染者付费"原则，只能由致害方，即该核电站所属电力公司承担全部责任

19. 甲国是群岛国，乙国是甲国的隔海邻国，两国均为《联合国海洋法公约》的缔约国。根据相关国际法规则，下列哪一选项是正确的？（　　）（司考）

　　A. 他国船舶通过甲国的群岛水域均须经过甲国的许可

　　B. 甲国为连接其相距较远的两岛屿，其群岛基线可隔断乙国的专属经济区

　　C. 甲国因已划定了群岛水域，则不能再划定专属经济区

　　D. 甲国对其群岛水域包括上空和底土拥有主权

20. 根据《联合国海洋法公约》，甲国在本国专属经济区的下列哪一行为符合公约？（   ）（法考）

A. 击落上空的乙国无人机

B. 击沉海面的丙国军舰

C. 在海上修建风力发电设施

D. 破坏丁国铺设的海底电缆

视频讲题

21. 根据《联合国海洋法公约》和中国相关规则与实践，下列哪一选项是正确的？（   ）（法考）

A. 甲国军用飞机可不经中国同意飞越中国毗连区

B. 甲国渔民在中国大陆架捕杀濒危海龟，应适用中国刑法

C. 甲国潜水艇必须浮出水面并展示其国旗才能通过中国毗连区

D. 联合国某专门机构的科考船可不经中国同意在中国专属经济区采集样本

视频讲题

（二）多项选择题

1. 划定领海基线的方法有（   ）。

A. 直线基线法   B. 正常基线法

C. 群岛基线法   D. 交圆法

2. 潜水艇在通过他国领海时，下列行为中哪些违反了国际法中的无害通过制度？（   ）

A. 在水面上连续不停地迅速通过，但未展示国旗

B. 在水下连续不停地迅速通过

C. 在水下行驶但进行侦察活动

D. 在水面上行驶，进行侦察活动

3. 依据《联合国海洋法公约》，下列哪些海湾可视为内水？（   ）

A. 湾口超过 24 海里，周围为一国所包围

B. 历史性海湾

C. 直线基线以内的海湾

D. 湾口不超过 24 海里，周围属于一国

4. 下列海域中属于沿海国领土的是（   ）。

A. 领海   B. 大陆架

C. 港口   D. 国际海底区域

5. 1958 年日内瓦海洋公约调整的海域是（   ）。

A. 领海   B. 公海

C. 大陆架   D. 专属经济区

6. 下列哪些海域受沿海国主权支配和管辖？（   ）

A. 内水

B. 领海

C. 群岛国的群岛水域

D. 大陆架

7. 根据《领海与毗连区公约》和《联合国海洋法公约》的规定，沿海国在毗连区内可对下列哪些事项行使必要的管制？（   ）

A. 财政   B. 卫生

C. 海关   D. 移民

8. 下列哪些活动构成非无害通过？（   ）

A. 捕鱼行为

B. 为救助遇难或遇险的人员而停泊

C. 进行侦察活动

D. 进行研究或测量活动

9. 沿海国的领海主权主要表现在以下哪些方面？（   ）

A. 沿海国对其领海享有属地优越权，因而对领海内的人和事物（除国际条约或国际习惯的限制外）行使排他的管辖权

B. 沿海国对其领海内的一切资源享有专属权利，任何外国或个人非经允许不得进行开发利用

C. 沿海国对其领海上空享有专属权利，外国航空器非经允许不得飞入或飞越该国领海上空

D. 沿海国享有沿海航运的专属权利

10. 依据《联合国海洋法公约》，在专属经济区内，沿海国可以（   ）。

A. 开发利用自然资源

B. 主张主权

C. 建造人工岛屿和其他设施

D. 对海洋科学研究行使管辖权

11. 根据《联合国海洋法公约》，在一国专属经济区内，其他各国享有的权利和自由包括（　　）。

　　A. 飞越自由

　　B. 开发非生物资源的权利

　　C. 航行自由

　　D. 铺设海底电缆和海底管道的自由

12. 依据《联合国海洋公约》，各国享有铺设海底电缆和管道自由的区域包括（　　）。

　　A. 他国领海海底　　　　B. 他国专属经济区

　　C. 公海海底　　　　　　D. 他国大陆架

13. 下列关于大陆架的说法，其中正确的是（　　）。

　　A. 沿海国的大陆架包括其领海以外依其陆地领土的全部自然延伸，扩展到大陆边外缘的海底区域的海床和底土

　　B. 大陆架上开采自然资源的权利不是专属的

　　C. 如果从测算领海宽度的基线量起到大陆边的外缘的距离不到 200 海里，则扩展到 200 海里的距离。

　　D. 大陆架是一国陆地领土在其领海之外自然延伸的全部部分

14. 大陆架的外部界限为（　　）。

　　A. 200 海里

　　B. 2 500 米等深线 100 海里

　　C. 2 500 米等深线

　　D. 350 海里

15. 下列哪些是海洋法中关于船舶在海上航行悬挂旗帜的规则？（　　）

　　A. 如果船舶未悬挂任何旗帜，任何国家的军舰都可以对其行使登临权

　　B. 公海上的船舶只能悬挂其船旗国国旗

　　C. 如果船舶在两个国家注册，则可以视情况选择悬挂哪国国旗

　　D. 如果船舶在两个国家注册，则应悬挂两国国旗

16. 军舰在公海上发现其他船舶有（　　）嫌疑时，可行使登临和检查的权力。

　　A. 从事海盗行为　　　　B. 没有悬挂国旗

　　C. 从事奴隶贩卖　　　　D. 贩卖毒品

17. 根据《联合国海洋法公约》，公海是指不包括下列哪些海域的全部海域？（　　）

　　A. 领海　　　　　　　　B. 大陆架

　　C. 内水　　　　　　　　D. 群岛海域

18. 《联合国海洋法公约》新增加的公海自由是（　　）。

　　A. 科学研究的自由

　　B. 建造人工岛屿的自由

　　C. 飞越自由

　　D. 航行自由

19. 根据《联合国海洋法公约》的规定，群岛水域的法律地位主要是（　　）。

　　A. 群岛国的主权及于群岛水域的上空、海床和底土，以及其中的资源

　　B. 群岛国应尊重与其他国家间的现有协定，并应承认直接相邻国家在群岛水域的某些区域内的传统捕鱼权利和其他合法活动

　　C. 尊重其他国家所铺设的通过其水域而不靠岸的现有海底电缆

　　D. 其他国家可以自由捕鱼和开发资源

20. 下列关于紧追权的说法，其中正确的是（　　）。

　　A. 沿海国当局如有充分理由认为外国船舶违反该国法律和规章时，可对该外国船舶进行紧追

　　B. 紧追必须在外国船舶或其小艇之一位于追逐国的内水、群岛水域、领海、毗连区、专属经济区或大陆架内时开始

　　C. 紧追必须继续不停

　　D. 只有追逐未曾中断，才可在领海或毗连区外继续进行

21. 甲国船东的货轮"欢乐号"（在乙国注册）在丙国港口停泊期间，非丙国国籍船员詹某和卡某在船舱内因口角引起斗殴。依据国际法的相关规定和实践，下列判断哪些是正确的？（　　）（司考）

　　A. 丙国通常依据詹某或卡某的请求，对该事件行使管辖权

　　B. 丙国通常依据船长的请求，对该事件行使管辖权

　　C. 丙国通常依据甲国驻丙国领事的请求，对该事件行使管辖权

　　D. 丙国通常依据乙国驻丙国领事的请求，对该事件行使管辖权

22. 甲国的一个航海航空爱好者组织"碧海蓝天协会"准备进行一次小型飞机"蓝天号"和赛艇"碧海号"的海上联合表演，计划涉及我国的领海和领海上空。对此，根据国际法的有关规则和我国的相关法律，下列哪些判断是正确的？（　　）（司考）

A. "蓝天号"如在我国领海上空进行，必须得到我国的允许

B. "碧海号"如在我国领海中进行，必须得到我国的允许

C. "蓝天号"在前往表演空域途中，如果仅以通过为目的，从而飞过我国的领海上空，则无须得到我国的许可

D. "碧海号"在前往表演的途中，如果仅仅是以通过为目的，从而穿越我国的领海，则无须得到我国的许可

23. 依据海洋法公约的规定，各国军舰在公海上如果发现外国船舶有从事海洋法公约规定的某些国际犯罪行为时有权登临检查。下列哪些船舶可以成为登临的对象？（　　）（司考）

A. 外国渔船　　　　B. 外国军舰

C. 外国商船　　　　D. 未挂任何旗帜的船舶

24. 甲国军舰"克罗将军号"在公海中航行时，发现远处一艘名为"斯芬克司号"的商船，悬挂甲国船旗。当"克罗将军号"驶近该船时，发现其已换挂乙国船旗。根据国际法的有关规则，下列哪些选项是错误的？（　　）（司考）

A. "斯芬克司号"被视为悬挂甲国船旗的船舶

B. "斯芬克司号"被视为具有双重船旗的船舶

C. "斯芬克司号"被视为无船旗船舶

D. "斯芬克司号"被视为悬挂方便旗的船舶

（三）不定项选择题

1. 过境通行制度适用于（　　）。

A. 内海

B. 领海

C. 通向海洋的运河

D. 用于国际航行的海峡

2. 下列关于公海上的管辖权的说法，其中正确的是（　　）。

A. 普遍管辖权的对象主要是从事海盗、贩毒、贩奴和侵害沿岸国的行为

B. 船旗国对公海上航行的船舶具有专属性管辖权

C. 登临权由各国军舰、军用飞机行使

D. 行使紧追权是普遍管辖权的一种

3. 公海上有权对涉嫌从事非法行为的船舶行使登临权的主体是（　　）。

A. 军舰　　　　B. 武装商船

C. 警务船舶　　D. 军用飞机

4. 下列属于海洋法中关于船舶在公海上航行悬挂旗帜的规则的是（　　）。（司考）

A. 船舶在航行途中，可以根据需要悬挂不同国家的旗帜

B. 如果船舶在两个国家注册，则应悬挂两个国家的旗帜

C. 如果船舶未挂任何旗帜，则任何国家的军舰都可以对其行使登临权

D. 为航行方便而在航行中不断变换旗帜的船舶，可被视为无国籍船舶

5. 下列关于内水的说法，其中正确的是（　　）。

A. 内水的法律地位与陆地领土的相同

B. 沿海国对其享有完全的和排他的主权

C. 该海域适用过境通行制度

D. 该海域适用无害通过制度

6. 根据我国法律规定，下列工具中可对外国船舶行使紧追权的是（　　）。（司考）

A. 军用船舶　　　B. 民用船舶

C. 军用航空器　　D. 民用航空器

7. 甲国注册的渔船"踏浪号"应乙国注册的渔船"风行号"之邀，在乙国专属经济区进行捕鱼作业时，乙国海上执法船赶来制止，随后将"踏浪号"带回乙国港口。甲、乙两国都是《联合国海洋法公约》的缔约国，且两国之间没有其他相关的协议。据此，根据海洋法的有关规则，下列选项中正确的是（　　）。（司考）

A. 只要"踏浪号"向乙国有关部门提交适当保证书和担保，乙国必须迅速释放该船

B. 只要"踏浪号"向乙国有关部门提交适当保证书和担保，乙国必须迅速释放该船船员

C. 如果"踏浪号"未能向乙国有关部门及时提交适当担保，乙国有权对该船船长和船员处以3个月以下的监禁

D. 乙国有义务将该事项迅速通知甲国

视频讲题

8. A公司和B公司于2011年5月20日签订合同，由A公司将一批平板电脑售卖给B公司。A公司和B公司营业地分别位于甲国和乙国，两国均为《联合国国际货物销售合同公约》缔约国。合同项下的货物由丙国C公司的"潇湘号"商船承运，装运港是甲国某港口，目的港是乙国某港口。在运输途中，B公司与中国D公司就货物转卖达成协议。

请回答："潇湘号"运送该批平板电脑的航行路线要经过丁国的毗连区。根据《联合国海洋法公约》，下列选项中正确的是（　　）。（司考）

A. "潇湘号"在丁国毗连区通过时的权利和义务与在丁国领海的无害通过相同

B. 丁国可在"潇湘号"通过时对毗连区上空进行管制

C. 丁国可根据其毗连区领土主权对"潇湘号"等船舶规定分道航行

D. "潇湘号"应遵守丁国在海关、财政、移民和卫生等方面的法律规定

视频讲题

9. "乐安号"运送一批出口货物的航行路线要经过丁国的领海和毗连区。根据《联合国海洋法公约》，下列选项中正确的是（　　）。（司考）

A. "乐安号"可不经批准穿行丁国领海，并在其间停泊转运货物

B. "乐安号"在丁国毗连区走私货物，丁国海上执法船可行使紧追权

C. "乐安号"在丁国毗连区走私货物，丁国海上执法机关可出动飞机行使紧追权

D. 丁国海上执法机关对"乐安号"的紧追权在其进入公海时立即终止

视频讲题

10. "青田号"是甲国的货轮、"前进号"是乙国的油轮、"阳光号"是丙国的科考船，三船通过丁国领海。依《联合国海洋法公约》，下列选项中正确的是（　　）。（司考）

A. 丁国有关对油轮实行分道航行的规定是对"前进号"油轮的歧视

B. "阳光号"在丁国领海进行测量活动是违反无害通过的

C. "青田号"无须事先通知或征得丁国许可即可连续不断地通过丁国领海

D. 丁国可以对通过其领海的外国船舶征收费用

视频讲题

11. 甲、乙两国协议铺设海底天然气管道，由甲国向乙国输送天然气。管道需要穿过丙国专属经济区与丁国大陆架，经过乙国领海接入乙国领土上的天然气管网。上述国家均为1982年《联合国海洋法公约》的缔约国。以下说法正确的是（　　）。（法考）

A. 专属经济区的权利是自身存在的权利，不需要通过宣告成立，但大陆架则相反

B. 如果丙国不同意，甲乙两国就不得在丙国专属经济区铺设管道

C. 甲乙两国在丁国大陆架铺设管道的线路需要丁国同意

D. 铺设管道后，如果管道的丙国段发生泄漏，丙国有权按照其国内法规定进行管辖并采取相应措施

 简答题

1. 简述领海的无害通过制度。（考研）
2. 简述领海的管辖权。（考研）
3. 简述沿海国对大陆架的权利。（考研）
4. 简述专属经济区上空的法律地位。（考研）
5. 简述公海管辖权。（考研）
6. 简述国际海底区域的法律地位。（考研）
7. 简述用于国际航行的海峡的通过制度。（考研）
8. 简述专属经济区的法律地位。（考研）

9. 什么是外大陆架？（考研）

10. 简述人类共同继承财产。（考研）

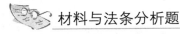

材料与法条分析题

1. X海峡位于B国南部大陆领土和C国北部大陆领土与C国X1岛屿之间，最大宽度不超过21海里。两国都主张12海里领海。A国两艘军舰通过X海峡的北部时，遭到B国海岸部队轰击，但未被击中。A国立即向B国政府抗议，声称其军舰在海峡中享有无害通过权。B国政府则称，外国军舰通过其领海必须事先通知并取得许可。为进一步试探B国的态度，A国派遣由两艘巡洋舰和两艘驱逐舰组成的舰队驶入X海峡北部，两艘驱逐舰触水雷，造成军舰严重受损、许多海军人员伤亡。事件发生后，A国通知B国政府，将在海峡扫雷，遭到B国政府拒绝。随后，A国海军单方面在海峡进行扫雷活动，引起B国政府强烈抗议。

根据以上案情，回答下列问题：

（1）A国军舰是否享有无害通过权？为什么？

（2）A国在X海峡北部扫雷是否符合国际法？

视频讲题

2. 一艘A国货轮驶离A国港口进入公海后，一A国船员酗酒后将一B国船员杀害。该货轮在通过C国领海驶往目的地D国港口时，B国领事请求C国协助，将A国犯罪嫌疑人逮捕。C国接受了请求，在通过其领海的A国货轮上逮捕了嫌疑人，并将货轮带回其港口进行刑事调查。A国、B国和C国都是《联合国海洋法公约》的缔约国。

根据以上案情，分析C国的做法是否正确。为什么？

视频讲题

3. A、B两国是濒临X海的两个相向邻国。该海最大宽度386海里，海底距离B国海岸153海里处有一个X1海沟。该海沟南北长约650海里，宽40～90海里，深度750～2 800米。海沟以西A国一侧的平均水深不超过90米。A、B两国都是《联合国海洋法公约》的缔约国（但二者都没有选择导致有拘束力裁判的程序）。长期以来，B国主张中间线为两国海上分界线。这为A国所拒绝。A国主张，直至海沟西坡的海底是其大陆领土的自然延伸，专属经济区是从其领海基线量起延至200海里的区域，划界应依据公平原则进行。当A国在B国主张的中间线以西3海里处发现巨大油气田并准备投产时，B国要求A国提供有关油气数据并停止开发活动，因为它担心A国的开采将像吸管一样吸走自己一侧专属经济区的油气资源，侵犯其海洋权益。B国的要求被拒绝后，它租用外籍科考船到中间线以东海域进行海底资源调查，并授予一家国内石油公司在这一海域的勘探权。

根据以上案情，回答下列问题：

（1）A国是否有义务提供油气数据和停止开发活动？

（2）本争端应如何解决？

视频讲题

4. A国是《联合国海洋法公约》的缔约国，濒临X海。一天下午1点30分，A国海岸警备队的巡逻飞机在其A1岛西北137公里处海域发现一艘国籍不明船舶，甲板上没有捕鱼用具，也没有渔获量。第二天下午1点20分，A国巡逻艇于A1岛西北248公里处追上国籍不明船舶，以涉嫌违反渔业法命令其停船，接受检查。疑船不予理睬，继续向西航行。在对空中和海面鸣枪警告无效后，A国巡逻艇使用机枪攻击疑船船体。晚上9点45分，疑船进入分界线B国一侧的专属经济区海域。A国巡逻艇继续追逐至该海域，经射击后将疑船包围。在僵持过程中，疑船上有两人突然用手枪射击，致使一巡逻艇驾驶员手腕负伤。A国巡逻艇于是使用大口径机枪猛烈扫射，4分钟后疑船沉没，15名船员投海。A国巡逻艇以落海海员可能进行恐怖主义自杀式爆炸和当时风急浪高为由不予施救，落海船员最后全部溺水死亡。

根据以上案情，分析 A 国的追逐是否符合国际法。

视频讲题

5. A 国一艘军舰在公海航行时撞沉一艘 B 国考察船后扬长而去，致使船上人员溺水死亡。当该军舰通过 B 国领海时，B 国逮捕了船长，并对他提起刑事诉讼，判处 5 年监禁。A 国和 B 国都是《联合国海洋法公约》的缔约国。

根据以上案情，分析 B 国的做法是否正确。为什么？

视频讲题

6. 2008 年 10 月以来，许多国家的船舶在索马里附近的公海上被索马里海盗劫持。一些国家欲派遣军舰赴该处公海打击海盗船；美国则主张进入索马里消灭海盗的巢穴；联合国安全理事会也准备讨论对该处海盗的打击方案。（考研）

问：

（1）其船舶未被劫持的国家可否去该处公海上打击海盗船？请述理由。

（2）美国是否可以进入索马里领土去消灭海盗？请述理由。

（3）联合国安全理事会在打击索马里海盗方面能有何作为？请述理由。

视频讲题

7. 根据有关国际法原则、规则和制度，分析下面条款：

《联合国海洋法公约》第 56 条第 1 款规定，沿海国在专属经济区内有以勘探和开发、养护和管理海床上覆水域和海床及其底土的自然资源（不论为生物或非生物资源）为目的的主权权利，以及关于在该区内从事经济性开发和勘探，如利用海水、海流和风力生产能等其他活动的主权权利。

 论述题与深度思考题

1. 试述专属经济区与大陆架的相互关系。（考研）
2. 试述公海自由原则。（考研）
3. 试比较各种海洋通过制度。
4. 论述国家管辖范围以外区域海洋生物多样性养护与可持续利用制度。

参考答案

 名词解释与概念比较

1. 海洋权利是指国家主要拥有的对海洋空间领海、专属经济区和大陆架的权利。这些权利源自国家对陆地的主权，这即海洋法上的"陆地统治海洋"原则。

2. 领海是沿海国的主权及于其陆地领土及其内水以外邻接的一带海域，其宽度从基线量起不超过 12 海里。领海是沿海国领土的组成部分，受沿海国主权的支配和管辖。

3.

类别	概念	
	正常基线	直线基线
定义	沿海国官方承认的大比例尺海图所标明的沿岸低潮线	连接海岸向外突出的地方和岛屿上适当各点的直线而形成的线
适用范围	海岸比较平直的情况	海岸线极为曲折或紧接海岸有一系列岛屿的情况
限制	—	不应在任何明显的程度上偏离海岸的一般方向；而且基线内的海域必须充分接近陆地领土，使其受内水制度的支配；一国不得采用直线基线制度，致使另一国的领海同公海或专属经济区隔断

4. 毗连区是邻接领海并由沿海国对某些事项行使必要管制的一定宽度的海域。毗连区的宽度从领海基线量起不超过 24 海里，沿海国可就海关、财政、移民或卫生事项行使管辖权。

5. 用于国际航行的海峡是指在公海或专属经济区的一个部分和公海或专属经济区的另一部分或外国领海之间用于国际航行的海峡，或其通过已全部或部分地为长期存在、现行有效的专门国际条约规定的海峡。过境通行是《联合国海洋法公约》确立的一种新的用于国际航行的海峡的通行制度。

6.

类别	概念	
	过境通行	无害通过
定义	专为在公海或专属经济区的一个部分和公海或专属经济区的另一部分之间的海峡继续不停和迅速过境的目的而行使航行和飞越自由	不损害沿海国的和平、良好秩序或安全的通过
适用范围	《联合国海洋法公约》第 37 条确立的用于国际航行的海峡	领海；适用过境通行以外的其他用于国际航行的海峡；群岛水域
权利主体	所有船舶和飞机	船舶，不包括飞机
限制	毫不迟疑地通过或飞越；不应予以停止；遵守过境通行义务和沿海国关于过境通行的法律和规章	继续不停和迅速进行；在某些情形下可予停止；潜水艇或其他潜水器通过领海时，须在海面上航行并展示其旗帜；不得从事非无害行为；遵守沿海国关于无害通过的法律和规章

7. 沿海国的大陆架是指沿海国领海以外依其陆地领土的全部自然延伸，扩展到大陆边外缘的海底区域的海床和底土。如果从测算领海宽度的基线量起到大陆边的外缘的距离不到 200 海里，则扩展到 200 海里的距离。为勘探大陆架和开发其自然资源的目的，沿海国对大陆架享有主权权利。

8. 专属经济区是沿海国领海以外并邻接领海的一个区域，其宽度从测算领海宽度的基线量起，不超过 200 海里。沿海国在专属经济区享有主权权利和管辖权。

9. 公海是不包括在国家的专属经济区、领海或内水或群岛国的群岛水域内的全部海域。公海不是任何国家的领土，所有国家享有公海自由。

10. 登临权是指军舰对公海上享有完全豁免权的船舶以外的外国船舶，有合理根据认为有从事海盗行为、奴隶贩卖等嫌疑的，有进行登船和检查的权利。它是公海自由的一个例外。

11. 紧追权是沿海国对违反其法律和规章并从其管辖海域逃向公海的外国船舶进行追逐以拿捕的权利。它是公海自由的一个例外，其行使受一系列条件的限制。

12. 国际海底区域是国家管辖范围以外的海床洋底及其底土，也就是各国大陆架或专属经济区以外的深海洋底及其底土。国际海底区域及其资源是人类的共同继承财产。

13. 历史性海湾是指那些沿岸属于一国，海湾口超过 24 海里，但依据历史性权利被确立为沿岸国内水的海湾。历史性海湾的标准一般是有关国家对该水域在相当长的时间内有效地行使排他性主权，并得到其他国家的默认。

14. 内海湾是海湾的湾口宽度不超过 24 海里，其湾口封闭线所包围的水域。该水域是内水。历史性海湾是指那些沿岸属于一国，海湾口超过 24 海里，但依据历史性权利被确立为沿岸国内水的海湾。历史性海湾的标准一般是有关国家对该水域在相当长的时间内有效地行使排他性主权，并得到其他国家的默认。

15. 直线基线是在海岸线极为曲折的地方，或者紧接海岸有一系列岛屿，连接海岸向外突出的地方和岛屿上适当各点之间的直线而形成的一条线。沿海国采用直线基线必须符合《联合国海洋法公约》的规定。

16. 防空识别区是一个沿海国在其领海以外划设的对外国航空器进行身份识别、采取某些管制措施的空域。它是一种国家接受的习惯做法。

17. 远洋群岛是指远离大陆海岸的一群岛屿，包括若干岛屿的若干部分、相连的水域或其他自然地形，彼此密切相关，以至于这种岛屿、水域和其他自然地形在本质上构成一个地理、经济和政治的实体，或在历史上已被视为这种实体。远洋群岛的基线如何划定，《联合国海洋法公约》没有明文规定。

18. 海洋保护区是划区管理工具的一种，是指一个地理上界定的，为达到特定长期生物多样性养护目标而指定和管理，并可以酌情允许符合养护目标的可持续利用的海域。这种区域的建立不包括国家管辖范围以内的任何区域，并且不得以此为依据，提出或否认任何主权、主权权利或管辖权主张。

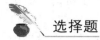 **选择题**

（一）单项选择题

1. C

《联合国海洋法公约》规定，每一国家有权确定其领海宽度，直至从按照本公约确定的基线量起不超过12海里的界限为止。

2. A

1992年《领海及毗连区法》第3条作了明确规定。

3. B

沿海国在毗连区内可对如下事项行使必要的管制：(1) 防止在其领土或领海内违反其海关、财政、移民或卫生的法律和规章；（2）惩治在其领土或领海内违反上述法律和规章的行为。

4. B

《领海及毗连区法》规定，中国毗连区的宽度为12海里。

5. A

远在古罗马时期，海洋就被认为是和空气一样的"共有之物"。

6. B

中国1958年《关于领海的声明》明确宣布，渤海湾是中国领海直线基线以内的内海。

7. B

过境通行制度适用于在公海或专属经济区的一个部分和公海或专属经济区的另一部分之间用于国际航行的海峡。在这种海峡中，所有船舶和飞机都享有过境通行的权利，过境通行不应受阻碍。

8. C

专属经济区是《联合国海洋法公约》确立的一项新的海洋法制度，是指领海以外并邻接领海的一个区域，其宽度从测算领海宽度的基线量起，不超过200海里。

9. B

沿海国在专属经济区内的权利主要是与自然资源和经济活动有关的权利，包括以勘探和开发、养护和管理海床和底土及其上覆水域的自然资源（不论为生物或非生物资源）为目的的主权权利。

10. B

《联合国海洋法公约》规定，专属经济区是领海以外并邻接领海的一个区域，其宽度从测算领海宽度的基线量起，不超过200海里。

11. D

海岸相向或相邻国家间专属经济区的界限，应在《国际法院规约》第38条所指国际法的基础上协议划定，以便得到公平解决。

12. B

取得一国国籍的船舶，有权悬挂该国的旗帜，并受该国法律的管辖和保护。

13. C

公海自由是现代国际海洋法的基本原则之一，它是指公海对所有国家开放，不论其为沿海国或内陆国。任何国家不得有效地声称将公海的任何部置于其主权之下。因此，公海不是任何国家的领土，任何国家通常没有在公海的任何部分行使其立法、行政、管辖或警察的权利。

14. C

国际海底区域法律制度的一项基本内容是资源开发制度，对于开发所涉及的生产政策、技术转让、合同的财政条款、审查制度等，《联合国海洋法公约》都作了具体规定。

15. C

《联合国海洋法公约》在谁有权勘探开发国际海底区域资源的问题上，规定了所谓"平行开发制度"。

16. B

专属经济区的法律地位是既不是领海也不是公海。沿海国对专属经济区不拥有领土主权，只享有公约规定的某些主权权利。沿海国对在其专属经济区内建造和使用人工岛屿和设施、海洋科学研究、海洋环境保护事项拥有管辖权。所以，甲国在其宣布的专属经济区水域某暗礁上有权修建人工岛屿，对建造和使用该人工岛屿拥有管辖权，但甲国对该人工岛屿没有领土主权。其他国家在专属经济区仍享有航行和飞越、铺设海底电缆和管道的自由以及与此有关的其他合法活动的权利。

17. A

紧追可以追入公海继续进行，直至追上并依法采取措施，但必须是连续不断的。另外，紧追应在被紧追船舶的视听范围内发出信号后，才可以开始。紧追

可以开始于一国内水、领海、毗连区或专属经济区。

18. C

内政是国家在其管辖的领土上行使最高权力的表现，即本质上属于国家主权管辖的事项都是国家内政。但"内政"绝不是一个单纯的地域上的概念，一个国家在本国境内的某些行为，也可能是违反国际法的。一个国家排污无须一个国际组织的同意。按照《关于核损害的民事责任的维也纳公约》，致害方不是唯一的责任承担方。

19. D

群岛国划定群岛基线不应导致另一国的领海同公海或专属经济区隔断。群岛国的领海、毗邻区、专属经济区和大陆架的宽度从其群岛基线量起，群岛基线以内的水域是群岛水域。群岛国的主权及于群岛水域的上空、海床和底土。所有国家的船舶均享有通过群岛国内水界限以外的群岛水域的无害通过权。

20. C

其他国家在一个国家的专属经济区享有航行和飞越、铺设海底电缆和管道的自由以及与此有关的其他合法活动的权利。沿海国在其专属经济区内有从事经济性开发和勘探，如海水、风力利用等其他活动的主权权利。

21. A

毗连区及其上空是专属经济区，外国在一个国家的专属经济区内享有航行与飞越自由。沿海国在专属经济区内对海洋科学研究享有管辖权，海龟不属于大陆架的资源范畴。

（二）多项选择题

1. ABC

根据《联合国海洋法公约》的规定，基线有正常基线和直线基线两种。在群岛国家，还有群岛基线。

2. ABCD

潜水艇或其他潜水器通过领海时，须在海面上航行并展示其旗帜。不得搜集使沿海国的防务或安全受损害的情报。

3. BCD

对于沿岸属于一国领土的海湾，可在一定条件下作为沿岸国的内水。《领海与毗连区公约》和《联合国海洋法公约》都规定，如果海湾的湾口宽度不超过24海里，则湾口封闭线所包围的水域为内水；如果湾口

宽度超过24海里，则海湾内24海里的直线基线所包围的水域才是内水。但这些规定不适用于所谓"历史性海湾"。历史性海湾是指那些沿岸属于一国、其湾口宽度超过24海里，但依据历史性权利被确立为沿岸国内水的海湾。

4. AC

内水与领海都是沿海国领土的组成部分。

5. ABC

1958年联合国第一次海洋法会议通过了《领海与毗连区公约》《公海公约》《大陆架公约》《捕鱼与养护公海生物资源公约》。

6. ABC

内水是领海基线向陆地一面的水域。在群岛国情形，群岛基线所包围的水域不为内水，而是群岛水域。群岛国的内水是群岛国按照《联合国海洋法公约》中有关河口、海湾和海港的规定，在其群岛水域内用封闭线划定的水域。

7. ABCD

根据《领海与毗连区公约》和《联合国海洋法公约》的规定，沿海国在毗连区内可对如下事项行使必要的管制：（1）防止在其领土或领海内违反其海关、财政、移民或卫生的法律和规章；（2）惩治在其领土或领海内违反上述法律和规章的行为。

8. ACD

《联合国海洋法公约》第19条第2款规定，外国船舶在领海内进行下列任何一种活动，其通过就不是无害通过：（1）搜集使沿海国的防务或安全受损的行为；（2）任何捕鱼活动；（3）进行研究或测量活动。

9. ABCD

沿海国的领海主权主要表现在以下方面：（1）沿海国对其领海享有属地优越权，因而对领海内的人和事物（除国际条约或国际习惯的限制外）行使排他的管辖权。（2）沿海国对其领海内的一切资源享有专属权利，任何外国或个人非经允许不得进行开发利用。（3）沿海国对其领海上空享有专属权利，外国航空器非经允许不得飞入或飞越该国领海上空。（4）沿海国享有沿海航运的专属权利。

10. ACD

沿海国在专属经济区内的权利主要是与自然资源和经济活动有关的权利，包括：（1）以勘探和开发、养护和管理海床和底土及其上覆水域的自然资源（不

论为生物或为非生物资源）为目的的主权权利，以及在该区域内从事经济性开发和勘探，如利用海水、海流和风力生产能源等其他活动的主权权利。这些权利是沿海国的专属权利，任何其他国家非经沿海国同意，不得进行这种勘探和开发。（2）对人工岛屿、设施和结构的建造和使用、海洋科学研究、海洋环境的保护和保全有管辖权。

11. ACD

《联合国海洋法公约》第58条规定，在专属经济区内，所有国家，不论为沿海国或内陆国，均享有航行和飞越的自由、铺设海底电缆和管道的自由，以及与这些自由有关的海洋其他国际合法用途。

12. BCD

领海是沿海国领土的组成部分，受沿海国主权的支配与管辖。而根据《联合国海洋法公约》的规定，在大陆架、专属经济区、公海，他国均享有铺设海底电缆的权利。

13. AC

《联合国海洋法公约》第76条第1款规定：沿海国的大陆架包括其领海以外依其陆地领土的全部自然延伸，扩展到大陆边外缘的海底区域的海床和底土。如果从测算领海宽度的基线量起到大陆边的外缘的距离不到200海里，则扩展到200海里的距离。

14. ABD

《联合国海洋法公约》给大陆架的外部界限确定了新的标准。这可归为两种情况：一是如果全部自然延伸到大陆边的距离不足200海里，则扩展到200海里；二是如果全部自然延伸到大陆边的距离超过200海里，则不应超过从测算领海宽度的基线量起350海里，或不应超过连接2 500米等深线100海里。

15. AB

船舶航行应仅悬挂一国的旗帜。除所有权确实转移或变更登记的情形外，船舶在航程中或在停泊港内不得更换其旗帜。悬挂两国或两国以上旗帜航行并视方便而换用旗帜的船舶，对任何其他国家不得主张其中的任一国籍，并可视同无国籍的船舶。

16. ABC

军舰对公海上享有完全豁免权的船舶以外的外国船舶，有合理根据认为有下列嫌疑的，有权登临该船：（1）从事海盗行为；（2）从事奴隶贩卖；（3）从事未经许可的广播；（4）没有国籍；（5）虽悬挂外国旗帜

或拒不展示其旗帜，而事实上却与该军舰属同一国籍。

17. ACD

《联合国海洋法公约》第86条规定，公海是指"不包括在国家的专属经济区、领海或内水或群岛国的群岛水域内的全部海域"。

18. AB

《联合国海洋法公约》第87条新增加的两项公海自由是：建造国际法所容许的人工岛屿和其他设施的自由以及科学研究的自由。

19. ABC

群岛水域是群岛基线所包围的水域。它是《联合国海洋法公约》新设立的一个海洋区域。根据该公约的规定，群岛水域的法律地位主要是：群岛国的主权及于群岛水域的上空、海床和底土，以及其中的资源。群岛国应尊重与其他国家间的现有协定，并应承认直接相邻国家在群岛水域的某些区域内的传统捕鱼权利和其他合法活动，以及尊重其他国家所铺设的通过其水域而不靠岸的现有海底电缆。

20. ABCD

沿海国当局如有充分理由认为外国船舶违反该国法律和规章时，可对该外国船舶进行紧追。这里引起紧追的理由在沿海国各管辖海域不尽相同，非领土性违法的种类明显地要比领土性违法的种类更加有限。紧追必须在外国船舶或其小艇之一位于追逐国的内水、群岛水域、领海、毗连区、专属经济区或大陆架内时，以及在外国船舶视听所及的距离内发出视觉或听觉的停驶信号后才可开始。紧追必须继续不停。只有追逐未曾中断，才可在领海或毗连区外继续进行。

21. BD

关于刑事管辖权，《联合国海洋法公约》规定，沿海国不应在通过领海的外国船舶上行使刑事管辖权，以逮捕与在该船舶通过期间船上所犯任何罪行有关的任何人或进行与该罪行有关的任何调查，除非：（1）罪行的后果及于沿海国；（2）罪行属于扰乱当地安宁或领海的良好秩序的性质；（3）船长或船旗国外交代表或领事官员请求地方当局予以协助；（4）这些措施是取缔违法贩运麻醉药品或精神调理物质所必要的。

22. AD

外国船舶享有经由一国领海的无害通过权，这是国际法公认的规则。《联合国海洋法公约》规定，所有国家，不论为沿海国或内陆国，其船舶均享有无害通

过领海的权利。无害通过是指不损害沿海国的和平、良好秩序或安全地通过。而通过是指为了穿过领海但不进入内水，或为了驶入或驶出内水而通过领海的航行。这种航行应继续不停和迅速进行。只有在遇到不可抗力或为救助遇难等情况下才能停船和下锚。依据中国的法律，外国航空器进入中国领海上空必须依协议、协定或经中国政府批准。无害通过仅限于外国船舶，不适用于航空器。

23. ACD

军舰和专用于政府非商业性服务的船舶享有豁免权，不能成为登临的对象。

24. ABD

《联合国海洋法公约》第 92 条规定，船舶航行应该仅悬挂一国旗帜。悬挂两国或两国以上旗帜航行并视方便而换用旗帜的船舶，对任何其他国家不得主张其中的任一国籍，并可视同无国籍的船舶。

（三）不定项选择题

1. D

过境通行制度是《联合国海洋法公约》为用于国际航行的海峡确立的一项新的通行制度。

2. BC

侵害沿岸国的行为不是普遍管辖的行为。船旗国专属管辖是公海管辖权的一般原则。登临权由各国的军舰、军用飞机和经授权的为政府服务的船舶或飞机行使。行使紧追权是沿海国对违法外国船舶执行其法律规章。

3. ACD

为了维护公海正常的法律秩序，军舰对公海上的外国船舶有登临权。军舰登临和搜索的权力比照适用于军用飞机，以及经正式授权并有清楚标志可以识别的为政府服务的任何其他船舶或飞机。

4. CD

船舶航行应仅悬挂一国的旗帜。除所有权确实转移或变更登记的情形外，船舶在航程中或在停泊港内不得更换其旗帜。悬挂两国或两国以上旗帜航行并视方便而换用旗帜的船舶，对任何其他国家不得主张其中的任一国籍，并可视同无国籍的船舶。

5. AB

内水属于国家领土的一部分，沿海国对其享有完全的和排他的主权，故不适用过境通行、无害通过等

制度。无害通过制度适用于领海、某些用于国际航行的海峡和群岛水域。而过境通行制度是《联合国海洋法公约》创设的适用于用于国际航行的海峡的特殊制度。

6. AC

我国《领海及毗连区法》第 14 条第 5 款规定，紧追权由我国军用船舶、军用航空器或者我国政府授权的执行政府公务的船舶、航空器行使。

7. ABD

根据《联合国海洋法公约》第 73 条第 2、4 款的规定，被逮捕的船只及其船员，在提出适当的保证书或其他担保后，应迅速获得释放。在逮捕或扣留外国船只的情形下，沿海国应通过适当途径将其所采取的行动及随后所施加的任何处罚迅速通知船旗国。

8. D

毗连区是邻接领海并由沿海国对某些事项行使必要管制的一定宽度的海域。沿海国在毗连区内可对如下事项行使必要的管制：（1）防止在其领土或领海内违反其海关、财政、移民或卫生的法律和规章；（2）惩治在其领土或领海内违反上述法律和规章的行为。

9. BC

外国船舶享有无害通过一国领海的权利。无害通过应继续不停和迅速进行，只有在遇到不可抗力或为救助遇难等情况下才能停船和下锚。沿海国对违反其法律规章的外国船舶享有紧追权。紧追在外国船舶进入其本国或他国领海时终止。紧追权只能由军舰、军用飞机或其他有清楚标志可以识别的为政府服务并经授权紧追的船舶或飞机行使。

10. BC

根据《联合国海洋法公约》，外国船舶享有无害通过一国领海的权利，但在通过时不得进行研究或测量活动。沿海国有权规定分道航行，但不得对外国船舶仅以其通过领海为理由而征收任何费用。

11. CD

专属经济区的权利需要通过宣告成立，大陆架不需要，A 选项错误。其他国家享有在专属经济区铺设管道的自由，不需要丙国同意，B 选项错误。沿海国享有大陆架的主权权利，所有国家都有在大陆架上铺设海底电缆和管道的权利，但铺设这种管道路线的划定需要沿海国同意。铺设管道后，如果管道的丙国段发生泄漏，丙国有权行使主权，按照国内法规定进行管辖。

简答题

1. （1）所有国家，不论为沿海国或内陆国，其船舶均享有无害通过领海的权利。无害通过是指不损害沿海国的和平、良好秩序或安全地通过。而通过是指为了穿过领海但不进入内水，或为了驶入或驶出内水而通过领海的航行。这种航行应继续不停地迅速进行。只有在遇到不可抗力或为救助遇难等情况下才能停船和下锚。潜水艇或其他潜水器通过领海时，须在海面上航行并展示其旗帜。

（2）外国船舶在领海内如果进行下列任何一种活动，其通过就不是无害通过：对沿海国的主权、领土完整或政治独立进行任何武力威胁或使用武力；以任何类型的武器进行任何操练或演习；搜集使沿海国的防务或安全受损害的情报；进行影响沿海国防务或安全的宣传；在船上起落或接载任何飞机；在船上发射、降落或接载任何军事装置；违反沿海国海关、财政、移民或卫生的法律和规章，上下任何商品、货币或人员；违反该公约规定的任何故意或严重的污染行为；任何捕鱼活动；进行研究或测量活动；干扰沿海国任何通信系统或任何其他设施或设备；以及与通过没有直接关系的任何其他活动。

（3）沿海国不应妨碍外国船舶无害通过领海，不应对外国船舶强加其实际后果等于否定或损害无害通过的要求，也不应对任何国家的船舶有形式上或事实上的歧视。沿海国还应将其所知的在其领海内对航行有危险的任何情况妥为公布。

（4）为维护领海的良好秩序和安全，沿海国可以制定关于无害通过领海的法律和规章；指定海道和分道通航制；在领海内采取必要的步骤以防止非无害的通过；出于保护国家安全之必要，在不歧视的条件下，可以在领海的特定区域内暂停外国船舶的无害通过。

2. （1）沿海国对其领海内的人、物或事件享有排他性管辖权，但这种管辖权受国际条约或国际习惯的限制。对享有外交特权与豁免的人以及军舰和其他用于非商业目的的政府船舶不能行使管辖权。此外，沿海国管辖权的行使还不应妨碍外国船舶的无害通过。

（2）沿海国不应在通过领海的外国船舶上行使刑事管辖权，以逮捕与在该船舶通过期间船上所犯任何罪行有关的任何人或进行与该罪行有关的任何调查，除非：1）罪行的后果及于沿海国；2）罪行属于扰乱当地安宁或领海的良好秩序的性质；3）船长或船旗国外交代表或领事官员请求地方当局予以协助；4）这些措施是取缔违法贩运麻醉药品或精神调理物质所必要的。此外，对于在驶离内水后通过领海的外国船舶，沿海国有权采取其法律授权的任何步骤以进行逮捕或调查。但在考虑是否逮捕或如何逮捕时，应适当顾及航行的利益。除《联合国海洋法公约》第十二部分关于"海洋环境的保护和保全"另有规定或违反适用于专属经济区的法律规章外，对于来自外国港口仅通过领海而不进入内水的外国船舶，沿海国不得在通过领海的该船舶上采取任何步骤，以逮捕与该船舶驶进领海前所犯任何罪行有关的任何人或进行与该罪行有关的调查。

（3）沿海国不应为对通过领海的外国船舶上的某人行使民事管辖权的目的而停止其航行或改变其航向。除船舶本身在通过沿海国水域的航行中或为该航行的目的而承担的义务或因而负担的责任外，沿海国不得为任何民事诉讼的目的而对该船舶从事执行或加以逮捕。但这种限制不妨碍沿海国按其法律为任何民事诉讼的目的而对在领海内停泊或驶离内水后通过领海的外国船舶从事执行或加以逮捕的权利。

3. （1）沿海国以勘探大陆架和开发其自然资源为目的，对大陆架享有主权权利。这种权利是专属的，即如果沿海国不勘探大陆架或开发其自然资源，任何人未经沿海国明示同意，均不得从事这种活动。而且，这种权利还是沿海国所固有的，它并不取决于有效或象征的占领或任何明文公告。

（2）沿海国对大陆架的主权权利主要包括：1）勘探、开发自然资源的权利。自然资源包括海床和底土的矿物和其他非生物资源，以及属于定居种的生物。2）授权和管理为一切目的在大陆架上进行钻探活动的专属权利。3）有建造并授权和管理建造、操作和使用人工岛屿、设施和使用人工岛屿、设施和结构的专属权利，并对它们拥有专属管辖权。

4. （1）专属经济区是领海以外并邻接领海的一个区域，其宽度从测算领海宽度的基线量起，不超过200海里。根据《联合国海洋法公约》第58条第1款的规定，在专属经济区内，所有国家，不论为沿海国或内陆国，均享有飞越的自由。因此，原则上，专属经济区上空属于各国自由飞越的空域。

（2）专属经济区上空不是公海上空，外国在专属

经济区上空的飞越自由不同于公海上空的飞越自由，受有关国际法规则的限制。这表现在：1）根据上空与地面一致的原则，沿海国在其专属经济区上空可行使某些权利。2）《联合国海洋法公约》第58条明确规定，国家在本公约有关规定的限制下享有在专属经济区的飞越自由。3）各国在专属经济区行使飞越自由时，"应适当顾及沿海国的权利和义务，并应遵守沿海国按照本公约的规定和其他国际法规则所制定的与本部分不相抵触的法律和规章"。4）不得进行任何目的在于搜集情报使沿海国的防务或安全受到损害的活动。5）根据《联合国海洋法公约》第301条，一国在行使飞越自由时，"应对任何国家的领土完整或政治独立进行任何武力威胁或使用武力，或以任何其他与《联合国宪章》所载国际法原则不符的方式进行武力威胁或使用武力"。

5. 公海不属于任何国家的管辖范围，但这不意味着在公海上没有任何形式和内容的管辖权的行使。这种管辖权不是对公海本身的管辖，而是对公海上的人和物的管辖。

（1）船旗国专属管辖。

船旗国专属管辖是公海管辖的一般原则。这种管辖取决于船舶航行时所悬挂的旗帜。《联合国海洋法公约》第92条第1款规定，船旗国对其在公海上航行的船舶具有专属管辖权。该公约其他条款对船旗国的专属管辖进一步予以规定。第94条第1款规定："每个国家应对悬挂该国旗帜的船舶有效地行使行政、技术及社会事项上的管辖和控制。"军舰或专用于政府非商业性服务的船舶，在公海上享有不受船旗国以外任何其他国家管辖的完全豁免权。在公海上发生的碰撞或其他航行事故涉及船长或任何其他为船舶服务的人员的刑事或纪律责任时，对此种人员的任何刑事诉讼或纪律程序，仅可向船旗国或此种人员所属国的司法或行政当局提出。船旗国当局以外的任何当局，即使作为一种调查措施，也不应命令逮捕或扣留船舶。

（2）非船旗国管辖。

为维护公海正常的法律秩序，在某些情况下，非船旗国可对外国船舶行使管辖权。它们构成船旗国专属管辖的例外，这种例外有登临权和紧追权。

1）登临权。根据《联合国海洋法公约》第110条，除条约授权的干涉行为外，军舰对公海上享有完全豁免权的船舶以外的外国船舶，有合理根据认为有下列嫌疑的，有权登临该船：从事海盗行为；从事奴隶贩卖；从事未经许可的广播；没有国籍；虽悬挂外国旗帜或拒不展示其旗帜，而事实上却与该军舰属同一国籍。登临的军舰有权检查该船悬挂的旗帜及船舶文件，甚至进行搜索。如证明此嫌疑无根据，且被登临的船舶并未从事嫌疑的任何行为，应对该船可能遭受的任何损失或损害负赔偿责任。军舰登临和搜索的权力比照适用于军用飞机，以及经正式授权并有清楚标志可以识别的为政府服务的任何其他船舶或飞机。

2）紧追权。它是指沿海国对违反其法律和规章并从其管辖海域逃向公海的外国船舶进行追逐以拿捕的权利。沿海国行使紧追权必须有充分理由。这里引起紧追的理由在沿海国各管辖海域不尽相同，非领土性违法的种类明显地要比领土性违法的种类更加有限。紧追必须在外国船舶或其小艇之一位于追逐国的内水、群岛水域、领海、毗连区、专属经济区或大陆架内时，以及在外国船舶视听所及的距离内发出视觉或听觉的停驶信号后才可开始。紧追必须继续不停，只有追逐未曾中断，才可在领海或毗连区外继续进行。船舶或飞机接替最初追逐的船舶或飞机进行追逐不构成紧追的中断。紧追权在被追逐的船舶进入其本国或第三国领海时应立即终止，但被追逐船舶进入其本国或第三国专属经济区时不终止紧追权。紧追权只能由军舰、军用飞机或其他有清楚标志可以识别的为政府服务并经授权紧追的船舶或飞机行使。紧追权包含行使"必要且合理的武力"。

行使紧追权的条件是累积的。只有满足每一项条件，紧追才是合法的。如果紧追无正当理由，对于在领海外被命令停驶或被逮捕的船舶可能因此遭受的任何损失或损害，追逐国应负赔偿责任。

6. 国际海底区域（以下简称"区域"）是指国家管辖范围以外的海床洋底及其底土，也就是各国大陆架或专属经济区以外的深海洋底及其底土。依照《联合国海洋法公约》第十一部分，"区域"的法律地位可概括为以下几点：（1）"区域"及其资源是人类的共同继承财产。（2）任何国家不应对"区域"的任何部分或其资源主张或者行使主权或主权权利；任何国家或自然人或法人，也不应将"区域"或其资源的任何部分据为己有。（3）"区域"内资源的一切权利属于全人类，由国际海底管理局代表全人类行使。（4）"区域"上覆水域或这种水域上空的法律地位不受影响。

7.（1）用于国际航行的海峡是指在公海或者专属经济区的一个部分和公海或专属经济区的另一部分或者外国领海之间用于国际航行的海峡，或者其通过已全部或部分地为长期存在、现行有效的专门国际条约所规定的海峡。这类海峡的通过制度主要是过境通行制度，此外还有无害通过制度、自由航行制度以及专门条约规定的制度。

（2）过境通行是《联合国海洋法公约》新建立的一种海峡通行制度，它是指在公海或专属经济区的一个部分和公海或专属经济区的另一部分之间用于国际航行的海峡中，所有船舶和飞机为继续不停和迅速过境的目的而行使航行和飞越自由。过境通行不受阻碍。但行使过境通行权的船舶和飞机应遵守有关不得进行任何武力威胁或使用武力、遵守海上和空中航行安全以及防污规章和程序等方面的义务。

（3）无害通过适用于在公海或专属经济区的一部分和外国领海之间的用于国际航行的海峡，以及由海峡沿岸国的一个岛屿和该国大陆形成的两端连接公海或专属经济区，但该岛向海一面有在航行和水文特征方面同样方便的一条穿越公海或专属经济区的航道的用于国际航行的海峡。在这类海峡中，所有船舶享有继续不停和迅速通过的权利，且通过不应被停止。穿越某一用于国际航行的海峡在航行和水文特征方面同样方便的一条穿越公海或专属经济区的航道时，则适用自由航行制度。如果某些海峡的通过已经全部或部分地规定在长期存在、现行有效的专门国际公约中，则适用条约规定的通过制度。

8. 专属经济区是沿海国主要享有主权权利和管辖权的一个区域。主权权利是与自然资源和经济活动相关的权利，即以勘探和开发、养护和管理专属经济区海床和底土及其上覆水域的自然资源为目的的主权权利，以及在该区域内从事经济性开发和勘探，如利用海水、海流和风力生产能等其他活动的主权权利。这些权利是沿海国专属的，任何其他国家非经沿海国同意，不得进行这种勘探和开发。管辖权事项涉及人工岛屿、设施和结构的建造和使用、海洋科学研究以及海洋环境的保护和安全。

同时，其他国家在专属经济区内享有航行和飞越的自由、铺设海底电缆和管道的自由，以及与这些自由有关的海洋其他国际合法用途。各国在行使权利和履行义务时，应适当顾及沿海国的权利和义务，并应遵守沿海国制定的与公约不相抵触的法律和规章。

因此，专属经济区既不是领海也不是公海，而是自成一类的国家管辖海域。

9. 外大陆架是从沿海国测算领海宽度的基线量起200海里以外的海底区域的海床和底土。这个区域的外部界限是从领海基线量起不超过350海里或者2 500米等深线以外100海里。沿海国划定外大陆架的界限必须将外大陆架的情报提交大陆架界限委员会。委员会应就有关划定大陆架外部界限的事项向沿海国提出建议，沿海国在这些建议的基础上划定的大陆架界限应有确定性和拘束力。外大陆架与200海里内的大陆架在法律地位上完全相同，沿海国为勘探和开发其自然资源的目的均享有主权权利。唯一限制是沿海国开发外大陆架上的非生物资源，应向国际海底管理局缴付实物或费用，由各缔约国公平分享。

10. 人类共同继承财产是指国家管辖范围以外的空间及其资源由全人类共同享有，任何国家、自然人或法人不得据为己有。人类共同继承财产概念首先由马耳他常驻联合国大使帕多提出。他在1967年提议，宣布国家管辖范围以外的海床洋底及其资源为人类的共同继承财产。1970年，联合国大会通过《关于各国管辖范围以外海床洋底及其底土的原则宣言》，郑重宣布该区域及其资源为人类的共同继承财产。1982年《联合国海洋法公约》第十一部分确立了人类共同继承财产原则的条约法地位及其内容。不仅如此，人类共同继承财产原则还从海洋扩大适用于外层空间。1979年《月球协定》第11条规定，月球及其自然资源均为全体人类的共同财产。

人类共同继承财产原则的主要内容包括：（1）适用范围是国际海底区域（即国家管辖范围以外的海床洋底及其底土）和外层空间及其资源。（2）国际海底区域、外层空间及其资源为全人类共同享有，任何国家、组织或个人不得将其据为己有。（3）国际海底区域和外层空间向所有国家开放，专为和平目的的利用。（4）由国际社会建立的具有普遍代表性的机构（如国际海底管理局）代表全人类进行管理。（5）开发活动为全人类谋福利，开发资源所得的利益由各国公平分享。

 材料与法条分析题

1.（1）A国军舰享有无害通过权。

1）X 海峡位于 B、C 两国领土之间，且最大宽度不足 24 海里，所以它是与外国领海相连接的用于国际航行的领海海峡。在这种海峡中，外国船舶享有无害通过权。

2）在适用无害通过制度的用于国际航行的海峡中，军舰通过无须事先通知并取得许可。国际法院在"科孚海峡案"中指出，外国军舰在用于国际航行的海峡中享有无害通过的权利，沿岸国不得禁止这种通过。B 国关于军舰通过需要得到许可的主张与国际法不符合。

（2）A 国在 X 海峡中 B 国与 C 国领土之间的北部区域扫雷不符合国际法。《联合国海洋法公约》规定，用于国际航行的海峡的通过制度，不应在其他方面影响构成这种海峡的水域的法律地位，或影响海峡沿岸国对这种水域及其上空、海床和底土行使主权或管辖权。X 海峡是领海海峡，沿海国对其享有主权，所以，A 国在 X 海峡享有的无害通过权并不影响 B 国对其领海的主权。扫雷不属于无害通过的一部分。A 国未经 B 国同意在 X 海峡北部的扫雷活动，侵害了 B 国的主权。

2. C 国的做法不正确。

（1）船旗国对其在公海上航行的船舶具有专属管辖权。A 国货轮在公海上发生的杀害事件应由 A 国管辖。

（2）对于来自外国港口仅通过领海而不进入内水的外国船舶，沿海国不得在通过领海的该船舶上采取任何步骤，以逮捕与该船舶驶进领海前所犯任何罪行有关的任何人或进行与该罪行有关的调查。A 国货轮是从本国港口出发，驶往目的地 D 国港口，它仅仅通过 C 国领海而不进入其内水，且杀害事件是驶入其领海前发生的。

3.（1）A 国没有义务提供油气数据和停止开发活动。

1）A 国 200 海里专属经济区权利主张与 B 国中间线主张重叠。

2）按照《联合国海洋法公约》第 56 条第 3 款的规定，专属经济区中有关海床和底土的权利应按照公约关于大陆架的规定来行使。这意味着，有关海底油气活动的法律基础应主要是大陆架制度。直至 X1 海沟西坡的海底是 A 国大陆领土的自然延伸。因为该部分海域平均水深不超过 90 米，且海沟明显构成 A、B 两国各自自然延伸的中断。所以，A 国对海沟西侧的海底享有大陆架权利。

3）A、B 两国尚未划定 X 海的边界线，中间线只是 B 国的单方面主张线，不是它们之间的既定边界线。A 国是在 B 国没有争议的海域开发油气田，是行使自己的主权权利，不存在吸走 B 国油气资源和侵犯其海洋权益的问题，因为界线并不存在。在 A、B 国双方没有就争端海域作出某种安排的情况下，A 国拒绝提供有关油气数据和停止开发活动合法合理。

（2）B 国在争议海域的单方面竞争性行为为国际法所禁止，以此对抗 A 国合法利用资源的活动背离了和平解决国际争端和自然资源永久主权原则。双方应根据《联合国海洋法公约》谈判解决争端。具体可采取如下方式：1）划定海上边界；2）临时安排。《联合国海洋法公约》第 74 条和第 83 条规定，在达成划界协定之前，有关国家应基于谅解和合作精神，尽一切努力作出实际性的临时安排。A、B 两国是公约的缔约国，有义务合作，谈判达成此类协定。临时安全可采取暂时冻结争议区域资源调查、勘探或开发活动和共同开发的形式。

4. A 国的追逐不符合国际法。紧追权是公海自由的一个例外，其行使受一系列条件的限制。这些条件是累积的，只有满足每一项条件，紧追才是合法的。在本案中，A 国的追逐有几个条件没有满足：

（1）追逐理由不充分。A 国以违反其渔业法为由进行追逐，而被追逐船舶既没有捕鱼用具，也没有进行捕鱼活动。它是一艘国籍不明的船舶。

（2）追逐的紧迫性不足。A 国在下午 1 点 30 分发现国籍不明的船舶后，直到第二天下午 1 点 20 分才追上该船舶。这期间间隔约 24 个小时。

（3）使用武力超过合理限度。一是双方实力相差悬殊；二是疑船上只有两人使用武器，而不是全船向巡逻艇开火；三是攻击武器是轻武器，而不是重武器；四是 A 国只有一名船员受轻伤。

（4）A 国没有给予落海海员人道主义救助。国际海洋法法庭在"塞加号案"中说，与其他国际法领域一样，人道主义的考虑必须适用于海洋法。A 国不予救助的理由是主观的，不能得到证明。

（5）在 B 国专属经济区追逐和使用武力损害了该国的合法权利。根据《联合国海洋法公约》，对于国籍不明的船舶，沿海国有登临权。因此，A 国应行使登临权而非紧追权。然而，登临权不能继续在他国专属经济区行使。A 国越过边界线进入 B 国专属经济区并使用武力是滥用登临权，侵害了 B 国的合法权利。

5. B国的做法不正确。

（1）A国军舰在公海上有不受A国以外任何其他国家管辖的完全豁免权。

（2）在公海上发生的碰撞事故涉及船长的刑事责任时，对此种人员的任何刑事诉讼程序，仅可向船旗国或此种人员所属国的司法或行政当局提出。船旗国当局以外的任何当局，即使作为一种调查措施，也不应命令逮捕或扣留船舶。本案中的碰撞事故发生在公海上，对A国军舰船长的刑事责任只能向A国提出。

（3）肇事军舰通过B国领海的豁免权不受影响，无论通过是否为非无害。

6. （1）可以。公海为不包括在国家的专属经济区、领海或内水或群岛国的群岛水域内的全部海域。公海不是任何国家的领土，所有国家享有公海自由。

公海不属于任何国家的管辖范围，但这不意味着在公海上没有任何形式和内容的管辖权的行使。这种管辖权不是对公海本身的管辖，而是对公海上的人和物的管辖。所有国家在公海享有登临权和紧追权。海盗是所有国家享有管辖权的一种公海犯罪行为。

（2）不可以。国家领土是处于国家主权支配之下的地球的特定部分。国家对其领土享有完全的、排他的权力，任何外国未经领土国同意，不能在其领土执行法律。索马里作为主权国家，对其领土范围内的人、物和事件有排他性管治的权利。美国不能进入索马里领土消灭海盗，否则，侵犯了索马里的主权。

（3）联合国安全理事会在打击索马里海盗方面能够作出决议，授权有关国家在索马里领海打击海盗。因为根据《联合国宪章》第七章，联合国安全理事会对于维护国际和平与安全负有主要责任。索马里海盗侵犯了所有船舶在索马里领海的无害通过权，成为威胁国际和平与安全的问题。

7. 这个条款确定了沿海国对其专属经济区权利的性质。

（1）专属经济区是领海以外并邻接领海的一个区域，其宽度从测算领海宽度的基线量起不超过200海里。

（2）沿海国对其专属经济区的权利是主权权利。这种权利是与自然资源和经济活动有关的权利，即以勘探和开发、养护和管理专属经济区海床和底土及其上覆水域的自然资源（不论为生物还是非生物资源）为目的的主权权利，以及在该区域内从事经济性开发和勘探，如利用海水、海流和风力生产能等其他活动

的主权权利，因而专属经济区是沿海国的一个资源管辖区。

（3）沿海国对其专属经济区的主权权利是一种专属权利，也就是沿海国对其专属经济区内自然资源的勘探和开发、养护和管理以及从事经济性活动享有排他性的专属权利，任何其他国家非经沿海国同意，不得进行这种勘探和开发活动。

（4）沿海国对其专属经济区的主权权利不是主权，而是为勘探和开发、养护和管理自然资源和进行经济性活动所必要的和与这种活动相关的一切权利，包括管辖权以及防止和处罚违反行为的权利，因而专属经济区不构成沿海国领土的组成部分。

论述题与深度思考题

1. （1）大陆架是沿海国领海以外依其陆地领土的全部自然延伸，扩展到大陆边外缘的海底区域的海床和底土。如果从测算领海宽度的基线量起到大陆边的外缘的距离不到200海里，则扩展到200海里的距离。专属经济区是沿海国领海以外并邻接领海的一个区域，其宽度从测算领海宽度的基线量起，不超过200海里。

（2）专属经济区和大陆架有密切的联系。在200海里内，二者是一个重叠区域，且沿海国的权利也有重叠。《联合国海洋法公约》第56条第3款规定，本条所载的关于海床和底土的权利，应按照第六部分（大陆架）的规定行使。

（3）专属经济区和大陆架有明显不同。

类别	制度	
	专属经济区	大陆架
权利依据	沿海国对专属经济区的权利并不是根据事实而存在的，它必须经过宣告。现在世界上大多数沿海国都主张了专属经济区，而且有些国家还主张了专属渔区	沿海国对大陆架的权利是固有的，是根据事实而存在的
范围不同	200海里是专属经济区的最大宽度	200海里是大陆架的最小宽度。因此，在200海里专属经济区外，沿海国仍可能有大陆架
权利所及范围	沿海国对专属经济区的主权权利及于该区域内的所有资源，包括生物资源和非生物资源	沿海国对大陆架的主权权利仅限于海床和底土的矿物和其他非生物资源，以及属于定居种的生物

参见程晓霞、余民才主编：《国际法》，7 版，170～175 页。

2. (1) 公海是指不包括在国家的专属经济区、领海或内水或群岛国的群岛水域内的全部海域。

(2) 公海自由是现代国际海洋法的基本原则之一，它是指公海对所有国家开放，不论其为沿海国或内陆国。任何国家不得有效地声称将公海的任何部分置于其主权之下。因此，公海不是任何国家的领土，任何国家通常没有在公海的任何部分行使其立法、行政、管辖或警察的权利。

(3) 公海自由的内容在 1958 年《公海公约》第 2 条中列举为 4 项：航行自由；捕鱼自由；铺设海底电缆和管道的自由；公海上空飞行自由。《联合国海洋法公约》第 87 条将公海自由的内容从 4 项扩大为 6 项，新增加的两项自由是：建造国际法所容许的人工岛屿和其他设施的自由以及科学研究的自由。

公海自由是由所有国家享有并行使的。为了使内陆国可以行使公海自由，《联合国海洋法公约》第十部分规定，内陆国有出入海洋的权利以及利用一切运输工具通过过境国领土的过境自由。

(4) 各国行使公海自由应按照国际法进行，并应适当顾及其他国家行使公海自由的利益。根据《联合国海洋法公约》，国家应确定对船舶给予国籍、船舶在其领土上登记及船舶悬挂该国旗帜的权利的条件，船舶具有其有权悬挂的旗帜所属国家的国籍，国家应确保国家和船舶之间必须有真正联系。公海上空飞行自由应遵守航空法中有关国际公约和国际习惯以及与公海航行相同事项的同样规则。行使捕鱼自由须尊重沿海国的利益与权利，遵守其他条约义务和关于养护公海与跨界生物资源的规定。行使铺设海底电缆和管道的自由须适当顾及已经铺设的电缆和管道，避免破坏或损害海底电缆和管道的行为，并负担修理费用。建造国际法容许的人工岛屿和其他设施的自由受《联合国海洋法公约》第六部分（大陆架）的限制。在公海上进行科学研究的自由须依《联合国海洋法公约》第六部分（大陆架）和第十三部分（海洋科学研究）的规定进行。

各国行使公海自由还应适当顾及本公约所规定的同"区域"内活动有关的权利；而且，行使公海自由应符合"公海应只用于和平目的"的原则。

3.

类别	通过制度				
	无害通过	过境通行	群岛海道通过	专属经济区自由	公海自由
定义	（略）	（略）	（略）	（略）	（略）
适用范围	领海；适用过境通行以外的其他用于国际航行的海峡；群岛水域	《联合国海洋法公约》第 37 条规定的用于国际航行的海峡	群岛水域	专属经济区	公海
权利主体	船舶，不包括飞机	所有船舶和飞机	所有船舶和飞机	所有船舶和飞机	所有船舶和飞机
军舰	不确定	确定	确定	确定	确定
限制	继续不停和迅速进行；在某些情形下可予停止；潜水艇或其他潜水器通过领海时，须在海面上航行并展示其旗帜；不得从事非无害行为；遵守沿海国关于无害通过的法律和规章	毫不迟疑地通过或飞越；不应予以停止；遵守过境通行义务和沿海国关于过境通行的法律和规章	与过境通行的限制类似	在《联合国海洋法公约》有关规定的限制下行使；适当顾及沿海国的权利与义务；不得搜集使沿海国的防务或安全受到损害的情报；不得使用武力或以武力相威胁	用于和平目的
管辖权	民事和刑事管辖权	登临权、紧追权，以及其他管辖权	登临权和紧追权		
结论	不同于其他通过制度	不同于无害通过和公海自由	与过境通行类似	不同于公海自由	受限最少的通过制度

4.（1）一般原则和方法。海洋生物多样性可持续利用是指利用生物多样性组成部分的方式和速度不会导致生物多样性的长期衰退，从而保持其满足今世后代的需要和期望的潜力。这种养护和可持续利用应遵循的一般原则和方法包括：污染者付费原则；人类共同继承财产原则；海洋科学研究自由以及其他公海自由；公平原则以及公正和公平分享惠益；风险预防原则或方法；生态系统方法；海洋综合管理方法；以及利用土著人民和当地社区的相关传统知识。国家的任何措施或活动不得妨害主权、主权权利或管辖权，并不得据此提出或否认任何主权、主权权利或管辖权主张。

（2）海洋遗传资源。海洋遗传资源是指来自海洋植物、动物、微生物或其他来源的、任何含有实际或潜在价值的遗传功能单位的材料。所有国家，无论其地理位置如何，以及在其管辖下的自然人或法人，都可在国家管辖范围以外区域进行海洋遗传资源和海洋遗传资源数字序列信息方面的活动。这种活动应有益于所有国家并造福于全人类，特别是有益于推进人类的科学知识和促进海洋生物多样性的养护和可持续利用，并应仅为和平目的进行。任何国家不应对国家管辖范围以外区域海洋遗传资源主张或行使主权或主权权利，任何此类主权和主权权利的主张或行使均应不予承认。原地收集海洋遗传资源不应构成对海洋环境任何部分或其资源的任何主张的法律依据。国家应向信息交换机制通报海洋遗传资源和海洋遗传资源数字序列信息方面活动的信息。

（3）海洋保护区。海洋保护区是划区管理工具的一种，是指一个地理上界定的，为达到特定长期生物多样性养护目标而指定和管理，并可以酌情允许符合养护目标的可持续利用的海域。这种区域的建立不包括国家管辖范围以内的任何区域，并且不得以此为依据，提出或否认任何主权、主权权利或管辖权主张。国家可单独或集体提交建立保护区的提案，由缔约方大会作出决定。国家应依大会决定开展活动，并应单独或集体向缔约方大会报告所建立的海洋保护区和有关措施的执行情况。科学和技术机构有权对这种保护区和有关措施进行监测和定期审查，并向缔约方大会提供意见和建议。

（4）环境影响评价。环境影响评价是指识别和评估某项活动的可能影响以供决策参考的程序。国家有义务在其管辖或控制下、在国家管辖范围以外区域计划开展的活动授权之前，进行环境影响评价。只要确定某项活动可能对国家管辖范围以外区域海洋环境造成重大污染或重大和有害的变化，即应开展环境影响评价。进行环境影响评价应遵循筛选、确定范围、公告和协商以及编写和公布报告等程序。国家只有在考虑到减轻或管理措施的情况下，确定已作出一切合理努力来确保活动能以符合防止对海洋环境造成重大不利影响的方式开展时，才能作出授权决定。国家应监测、报告和审查授权活动的影响。

参见程晓霞、余民才主编：《国际法》，7 版，185～186 页。

第九章 空间法

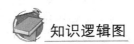知识逻辑图

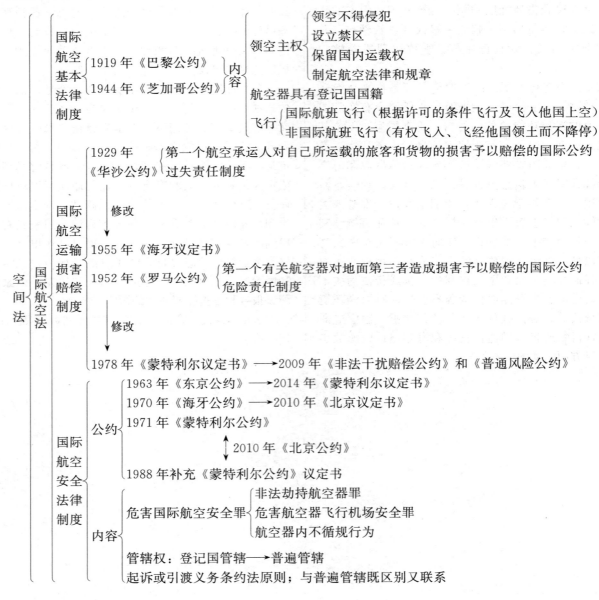

外层空间国际法治的基本框架
- 1963 年《关于各国探测及使用外空工作之法律原则》
- 1967 年《外层空间条约》——"外层空间宪章"
- 1968 年《营救协定》
- 1972 年《国际责任公约》
- 1975 年《登记公约》
- 1979 年《月球协定》

外层空间活动的基本原则及制度

- 为所有国家谋福利和利益原则
- 自由探索使用和遵守国际法原则
- 不得将外空据为己有原则
- 和平利用外空原则
- 国际合作原则

国际责任原则
- 绝对责任
- 过失责任
- 共同责任
- 赔偿主体、要求赔偿主体
- 赔偿方式、程序

援救宇航员原则
- 通知当局和联合国秘书长
- 采取措施营救、帮助和寻找宇航员
- 将宇航员安全交还给发射国
- 保护和归还空间物体

对空间物体管辖和所有权原则
- 发射国在本国对发射物体登记
- 联合国秘书长保持射入空间物体总登记册
- 登记国向联合国秘书长提供登记的情报
- 登记国的管辖权和所有权

月球开发制度
- 人类共同财产
- 和平利用
- 国际开发

外层空间国际治理的其他法律问题
- 卫星直接电视广播
- 卫星遥感地球 ── 共同遵守原则 ── 遵守国际法原则、国际合作原则、国际责任原则
- 外层空间使用核动力源
- 新问题、新挑战

空间法 — 外层空间法

名词解释与概念比较

1. 民用航空器和国家航空器
2. 国内载运权（考研）
3. 非法劫持航空器罪和危害国际航空安全罪
4. 《外层空间条约》（考研）
5. 引渡或起诉义务（考研）

选择题

（一）单项选择题

1. 月球主人公司是甲国人汤姆在甲国注册的公司，专门从事出售月球土地的生意。该公司把月球分为若干部分供购买者选购，并称通过与该公司订立"月球契约"，买方就拥有了其购买的月球特定部分的所有权。

对此，根据外层空间法的有关规则，下列判断哪一项是正确的？（　　）（司考）

A. 该类契约规定的所有权，必须得到甲国国家的特别批准方能在国际法上成立

B. 该类契约可以构成甲国国家对月球相关部分主张主权的证据

C. 即使该类契约受甲国国内法的保护，该所有权在国际法上也不能成立

D. 该类契约必须在联合国外层空间委员会登记，以确立购买者在国际法上的所有权

2. 航空器在法律上可分为民用航空器和国家航空器。这种分类取决于（　　）。

A. 它的用途

B. 航空器的所有权

C. 使用范围

D. 使用范围和所有权的结合

3. 《芝加哥公约》中所指的航空器是（　　）。

A. 民用航空器　　　　B. 国家航空器

C. 军事航空器　　　　D. 公务航空器

4. 被称为国际民用航空活动的宪章性文件的是（　　）。

A. 《芝加哥公约》　　　B. 《华沙公约》

C. 《蒙特利尔公约》　　D. 《海牙公约》

5. 最早确立空中主权原则的是（　　）。

A. 《芝加哥公约》　　　B. 《华沙公约》

C. 《蒙特利尔公约》　　D. 《巴黎公约》

6. 外层空间与空气空间的界限（　　）。

A. 以航空器向上飞行的最高限度为界

B. 以有空气存在的大气层的高度为界

C. 已经确定

D. 尚未确定

7. 根据《中华人民共和国民用航空法》，下列说法错误的是（　　）。

A. 民用航空器不得具有双重国籍

B. 民用航空器未经批准不得飞出中华人民共和国领空

C. 外国民用航空器的经营人，不得经营中华人民共和国境内两点之间的航空运输

D. 未注销外国国籍的民用航空器可以在中华人民共和国申请国籍登记

8. 被称为"外层空间宪章"的文件是（　　）。

A. 《外层空间宣言》

B. 《外层空间条约》

C. 《营救协定》

D. 《空间物体造成损害的国际责任公约》

9. 下述哪种说法是错误的？（　　）

A. 外层空间是无主地

B. 外层空间供各国为和平目的而使用

C. 各国不得在外层空间进行军事演习

D. 各国不能在外层空间主张主权

10. 按照已确立的外层空间责任原则，一国的非政府团体在外层空间的活动所产生的损害后果，在国际法上应怎样承担责任？（　　）

A. 由该非政府团体承担责任

B. 由该非政府团体的所属国承担责任

C. 由该非政府团体和其所属国分别承担责任

D. 由该非政府团体和其所属国承担连带责任

11. 甲国发射的空间实体在外层空间撞击了乙国的空间实体，碰撞后乙国的空间实体的碎片落在丙国的地面上，对丙国造成了损害，那么对于丙国的损失，根据《空间物体造成损害的国际责任公约》，由谁来承担责任？（　　）

A. 甲国单独承担责任

B. 乙国单独承担责任

C. 甲国或乙国都不承担责任

D. 甲国和乙国共同承担责任

12. 根据外层空间法的有关规定，对人类射入外层空间的实体行使管辖权的主体是下列哪一个？（　　）

A. 国际宇航组织

B. 联合国秘书长

C. 航天器登记国

D. 航天器所有人

13. 甲国某航空公司国际航班在乙国领空被乙国某公民劫持，后乙国将该公民控制，并拒绝了甲国的引渡请求。两国均为 1971 年《关于制止危害民用航空安全的非法行为的公约》等三个国际民航安全公约缔约国。对此，下列哪一说法是正确的？（　　）（司考）

A. 劫持未发生在甲国领空，甲国对此没有管辖权

B. 乙国有义务将其引渡到甲国

C. 乙国可不引渡，但应由本国进行刑事审判

D. 本案属国际犯罪，国际刑事法院可对其行使管辖权

视频讲题

（二）多项选择题

1. 根据《空间物体造成损害的国际责任公约》，下列国家属于发射国的是（　　）。

A. 发射"动力1号"卫星的甲国

B. 促使发射"动力2号"卫星的乙国

C. 甲国"动力3号"卫星在丙国发射

D. "动力4号"卫星使用丁国发射设备发射

2. 甲国和乙国共同进行一项外空的探测活动，并且签订了条约。条约的下列内容中违反国际法的有哪些？（　　）

A. 条约规定某处外空归甲国和乙国共同所有

B. 条约规定将该处外空用于试验某种新型的具有很小杀伤力的武器

C. 条约规定双方负有相互救助宇航员的义务

D. 条约规定在探测活动中造成第三国损害的，双方将联合拒绝赔偿

3. 甲国发射的气象卫星"雷公号"撞上了乙国飞行的遥感卫星"神眼号"，造成"神眼号"卫星坠落。"神眼号"的碎片撞上了丙国境内正在飞行的丙国民航飞机，造成该飞机坠落。同时，卫星碎片还将丙国地面的一个行人砸死。甲、乙、丙三国都是外层空间一系列公约的当事国。根据外层空间法的有关制度，下列哪些表述是正确的？（　　）

A. 甲、乙两国对卫星碎片造成的丙国行人的损害应承担绝对责任

B. 甲、乙两国对卫星碎片带来的丙国飞机的损害应承担绝对责任

C. 对于卫星碎片造成的丙国飞机的坠落，甲、乙、丙三国应各自承担过错责任

D. 对于"雷公号"和"神眼号"的相撞，甲、乙两国应根据各自的过错，承担相应的责任

4. 下列有关预防和打击危害国际民航安全非法行为的公约是（　　）。

A. 《国际民用航空公约》

B. 《东京公约》

C. 《海牙公约》

D. 《蒙特利尔公约》

5. 甲国登记发射的空间飞船在降落时偏离轨道落入乙国境内，飞船上载有3名宇航员，被乙国军队监测发现。甲、乙两国都是1968年《营救协定》的缔约国。对此事件，乙国应采取下列哪些行动？（　　）（司考）

A. 对宇航员提供一切可能的援助

B. 立即将宇航员送还甲国

C. 立即将此事件通知联合国外层空间委员会

D. 立即将此事件通知联合国秘书长

6. 国际航空法的法律制度体系，主要包括（　　）。

A. 以1944年《芝加哥公约》为主体的国际民用航空基本法律体制

B. 以1929年《华沙公约》为主体的国际民用航空损害赔偿法律体制

C. 以1970年《海牙公约》和1971年《蒙特利尔公约》为主体的维护国际民用航空安全法律体制

D. 以1919年《巴黎公约》为主体的航空管理法律体制

7. 中国是下列哪些公约的缔约国？（　　）

A. 1963年《东京公约》

B. 1970年《海牙公约》

C. 1971年《蒙特利尔公约》

D. 1967年《外层空间条约》

8. 《国际航空运输协定》规定了五种关于定期国际航班的空中自由，包括（　　）。

A. 不降停而飞越其领土的权利

B. 非运输业务性降停的权利

C. 卸下来自航空器所属国领土的旅客、货物和邮件的权利

D. 装载前往航空器所属国的旅客、货物和邮件的权利

9. 甲国、乙国、丙国、丁国和戊国都是《海牙公约》的缔约国。甲国公民刘某乘坐一架在乙国登记的飞机，当该飞机从乙国首都起飞后，刘某非法劫持了该飞机并改变了航向。飞机被劫持后飞经了丙国，最终被迫降在丁国机场，但是在该飞机降落前，刘某已跳伞到戊国，并被发现和控制。根据1970年《海牙公

约》的规定来分析，本案哪些国家对刘某的非法劫持航空器的行为有管辖权？（　　）（考研）

A. 甲国　　　　　　B. 乙国

C. 丙国　　　　　　D. 丁国

E. 戊国

10. 甲国发生内战，乙国拟派民航包机将其侨民接回，飞机需要飞越丙国领空。根据国际法相关规则，下列哪些选项是正确的？（　　）（司考）

A. 乙国飞机因接其侨民，得自行飞越丙国领空

B. 乙国飞机未经甲国许可，不得飞入甲国领空

C. 乙国飞机未经允许飞越丙国领空，丙国有权要求其在指定地点降落

D. 丙国军机有权在警告后将未经许可飞越丙国领空的乙国飞机击落

视频讲题

（三）不定项选择题

1. 甲、乙两国都是 1970 年《海牙公约》和 1971 年《蒙特利尔公约》的缔约国。甲国公民丙劫持了甲国民航客机 A11 号飞往乙国，并在乙国降落。甲国要求乙国将丙引渡回甲国，甲、乙两国没有双边引渡协议，则乙国（　　）。

A. 有义务将丙引渡给甲国

B. 对该案无管辖权

C. 没有引渡丙的义务

D. 不引渡丙，将此案件提交其主管当局以便起诉

2. 在外层空间法的各项渊源中，下列选项中，（　　）是最主要的渊源。

A. 国际习惯

B. 国际条约

C. 一般法律原则

D. 国际法院判例

3. 甲国一军用飞机由于风暴偏离正常轨道，进入乙国的领空。针对甲国的军用飞机的这一行为的说法，下列选项正确的是（　　）。

A. 构成甲国的国家不法行为

B. 不构成国家不法行为

C. 应由甲国向乙国承担国际责任

D. 甲国无须承担国际责任

4. 《空间物体造成损害的国际责任公约》规定：对空间物体造成损害的赔偿责任者是（　　）。

A. 经营人

B. 发射国

C. 经营人和发射国

D. 联合国和平利用外层空间委员会

5. 乙国与甲国航天企业达成协议，由甲国发射乙国研制的"星球一号"卫星。因发射失败卫星碎片降落到甲国境内，造成人员和财物损失。甲、乙两国均为《空间物体造成损害的国际责任公约》缔约国。下列选项正确的是（　　）。（司考）

A. 如"星球一号"发射成功，发射国为技术保密可不向联合国办理登记

B. 因"星球一号"由甲国的非政府实体发射，甲国不承担国际责任

C. "星球一号"对甲国国民的损害不适用《责任公约》

D. 甲国和乙国对"星球一号"碎片造成的飞机损失承担绝对责任

6. 乘坐乙国航空公司航班的甲国公民，在飞机进入丙国领空后实施劫机，被机组人员制服后交丙国警方羁押。甲、乙、丙三国均为 1963 年《东京公约》、1970 年《海牙公约》及 1971 年《蒙特利尔公约》缔约国。据此，下列选项正确的是（　　）。

A. 劫机发生在丙国领空，仅丙国有管辖权

B. 犯罪嫌疑人为甲国公民，甲国有管辖权

C. 劫机发生在乙国航空器上，仅乙国有管辖权

D. 本案涉及国际刑事犯罪，应由国际刑事法院管辖

7. 甲国研发的气象卫星委托乙国发射，因天气的原因该卫星在丙国境内实际发射。发射过程中火箭碎片掉落，砸伤受邀现场观看发射的某丁国国民。由于轨道偏离，该气象卫星与丁国通信卫星相撞，丁国卫星碎片跌落砸坏戊国建筑并造成戊国人员伤亡。甲、乙、丙、丁、戊都是《空间物体造成损害的

《国际责任公约》的缔约国，下列判断正确的是（　　）。（法考）

A. 丁国不对戊国财产和人员伤亡承担责任

B. 火箭碎片对某丁国国民造成的损害不适用《空间物体造成损害的国际责任公约》

C. 甲、乙、丙、丁国应对戊国的财产和人员伤亡承担绝对责任

D. 甲、乙、丙国应对丁国卫星损害承担过错责任

视频讲题

8. 甲国一民用气象气球由于风暴偏离正常轨道，进入乙国领空，并被乙国军用飞机击落。下列说法中正确的是（　　）。

A. 甲国侵犯乙国领空主权

B. 甲国气球进入乙国领空因不可抗力而解除行为的不法性

C. 乙国军用飞机击落气球违反国际法

D. 甲国有义务保证不重犯

 简答题

1. 简述领空主权的主要内容。（考研）
2. 简述外层空间法的基本原则。（考研）
3. 简述外层空间法的责任制度。（考研）
4. 简述电视卫星转播问题。（考研）
5. 简述国际航空安全法新发展的特点。

 材料与法条分析题

1. A、B 两国是《联合国海洋法公约》的缔约国，各自宣布从其领海基线起 200 海里的专属经济区。它们还是《国际民用航空公约》的缔约国。A 国一架高性能军用侦察机在距离 B 国东南海岸 135 公里海域上空低空侦察飞行，搜集 B 国海岸防御的情报，被 B 国一架军用飞机跟踪监视。当两架飞机靠近平行向西南方飞行时，A 国军用飞机突然转向，朝东北方飞行，其左机翼撞上 B 国飞机，致使其失控坠海。受损的 A 国飞机进入 B 国领空，并降落最近的一个军用机场。事件发生后，A 国指责 B 国侵犯它在国际空域的飞行自由，应对事件负责；其飞机进入和降落 B 国是出于紧急情况，无须 B 国同意；降落飞机享有主权豁免，B 国无权扣押和检查。

根据以上案情，分析 A 国主张的合法性。

视频讲题

2. A 国、B 国、C 国和 D 国都是 1970 年《关于制止非法劫持航空器的公约》的缔约国。一架在 A 国登记的民航飞机飞经 B 国领空时，被 C 国反政府游击队的一名成员 C1 劫持，要求 C 国政府释放被关押的 2 名游击队领导人。被劫持飞机降落 D 国后，C1 申请政治避难，得到 D 国允许。

根据以上案情，回答下列问题：

（1）本案中哪些国家对 C1 劫持航空器的行为有管辖权？

（2）D 国的做法是否正确？为什么？

视频讲题

3. A 国人甲向 A 国地方法院、A 国政府和联合国递交一份所有权声明，宣布他是月球的土地所有者。他注册成立"月球大使馆"公司销售月球土地，并在世界多个国家建立了分公司。B 国人乙与甲签订协议，代理销售月球北纬 20°～24°、西经 30°～34°的土地，并向 B 国地方政府管理部门登记成立"月球大使馆"分公司，开始销售月球土地。B 国人只要向"月球大使馆"分公司交纳一小笔费用即可取得 A 国总公司颁发的"月球土地所有权证书"。购买者据此可拥有所购买月球土地的所有权、使用权以及土地以上和地下 3 公里以内的矿物产权。B 国是 1979 年《月球协定》的缔约国。

根据以上案情，分析 B 国应该如何对待"月球大使馆"分公司及其销售月球土地的行为。

视频讲题

4. A、B两国共同发射"天眼号"核动力军用侦察卫星。A国在本国登记后，迅速向联合国秘书长提供了登记情报。当"天眼号"卫星因为失控而在重返大气层烧毁时，其放射性残片坠落在C国西北部3万平方公里的无人区内。C国立即展开行动，搜集并处理放射性碎片两千多片，共耗费265万美元。A、B、C三国都是《空间物体造成损害的国际责任公约》的缔约国。

根据以上案情，回答下列问题：

(1) 哪个国家对"天眼号"卫星保持管辖权和控制权？

(2) C国搜集和处理放射性碎片的费用是否可获得赔偿？为什么？

(3) C国如果提出赔偿要求，其解决程序是什么？

视频讲题

5. 根据有关国际法原则、规则和制度，分析下面条款：

《关于制止非法劫持航空器的公约》第7条规定，在其境内发现被指称的罪犯的缔约国，如不将此人引渡，则不论罪行是否在其境内发生，应无例外地将此案件提交其主管当局以便起诉。该当局应按照本国法律以对待任何严重性质的普通罪行案件的同样方式作出决定。

 论述题与深度思考题

1. 试述控制危害国际航空安全罪的主要法律措施。

2. 试述空间物体造成损害的国际责任制度。

3. 试述普遍管辖权与引渡或起诉义务的关系。

参考答案

 名词解释与概念比较

1.

类别	概念	
	民用航空器	国家航空器
范围	用于军事、海关和警察部门的航空器之外的其他航空器	用于军事、海关和警察部门的航空器
芝加哥公约	适用	不适用
飞行	按航空协定的规定可飞越另一国领土上空或在此领土上降落	未经特别协定或其他方式许可，不得飞越另一国领土上空或在此领土上降落

2. 国内载运权是指国家领土内两个地点之间的航空营运权。国家有权拒绝准许其他国家的航空器从事此种营运。国家不得在排他的基础上特准任何其他国家的空运企业享有此项特权，也不得向任何其他国家取得此项排他的特权。

3.

类别	概念	
	非法劫持航空器罪	危害国际航空安全罪
定义	在飞行中的航空器内的人员，用暴力或暴力威胁，或用其他恐吓方式，非法劫持或控制该航空器的犯罪行为	行为人非法故意从事国际刑法所禁止的危害航空器飞行安全的行为
犯罪地点	飞行中的航空器内	飞行中和使用中的航空器内
犯罪对象	飞行中的航空器	不仅有飞行中的航空器，还包括使用中的航空器
犯罪主体	飞行中的航空器内的人员	不限于飞行中的航空器内的人员，也包括地面上的人
犯罪目的	劫持或控制航空器	危及航空器的飞行安全

4. 《外层空间条约》首次以条约的形式构建了国际外层空间法的基本框架，确立了为所有国家谋福利、自由探索和利用外层空间、不得将外层空间据为己有以及和平利用等各国从事外层空间活动应遵循的基本原则，被誉为"外层空间宪章"。

5. 引渡或起诉义务是指有权对违反国际法的某种

特定行为行使管辖权的国家如果不将被指控的嫌疑人引渡给请求国，该国必须将此案件提交其主管当局以便起诉。它是普遍管辖权的行使方式，属于条约法范畴。

 选择题

（一）单项选择题

1. C

国家从事外层空间活动应遵循"不得将外层空间据为己有原则"。各国，包括其自然人、团体，不得通过主权要求或其他要求、使用或占领等方法，以及其他任何措施，把外层空间据为己有。

2. A

航空器在法律上可分为民用航空器和国家航空器。这种分类不取决于航空器的所有权，而取决于它的用途。

3. A

航空器是指在大气中依靠空气的反作用力而不是依靠空气对地（水）面的反作用力取得支撑力的任何器械。航空器在法律上可分为民用航空器和国家航空器。《国际民用航空公约》（即《芝加哥公约》）规定，该公约仅适用于民用航空器，不适用于国家航空器。

4. A

1944年《芝加哥公约》是现行有关国际航空的最广泛和最重要的国际法律文件，确立了有关现代国际航空法的基本原则和规则，被称为国际民用航空活动的宪章性文件。

5. D

1919年《空中航行管理公约》（即《巴黎公约》）明确规定国家对其领土上空具有完全和排他的主权。随后的包括1944年《国际民用航空公约》在内的一系列国际公约重申了《巴黎公约》的原则。

6. D

由于各国对划界问题分歧很大，空气空间和外层空间的界限问题至今没有解决。

7. D

2021年《中华人民共和国民用航空法》规定：（1）民用航空器未经批准不得飞出中华人民共和国领空。（2）民用航空器不得具有双重国籍。未注销外国

国籍的民用航空器不得在中华人民共和国申请国籍登记。（3）外国民用航空器的经营人，不得经营中华人民共和国境内两点之间的航空运输。

8. B

1967年《外层空间条约》以条约的形式确立了有关外层空间活动的基本原则，被誉为"外层空间宪章"。

9. A

外层空间不是"无主地"。

10. B

根据外层空间责任制度，国家对其外层空间活动承担国际责任，并应保证本国活动的实施符合国际法的规定，不论这种活动是其政府还是非政府实体从事的。

11. D

根据《国际责任公约》，发射国对于空间物体及其组成部分在地球、空间对另一国家或其自然人或法人造成的损害，应负国际责任。发射国在地球表面以外的任何地方，对另一国发射的空间物体造成损害，并因此对第三国或第三国的自然人或法人造成损害时：如果是在第三国的地球表面或飞行中飞机造成损害，则前两国对第三国负绝对国际责任。

12. C

发射国对发射物体向联合国秘书长登记。但对射入外层空间的实体行使管辖权的主体是登记国。

13. C

甲、乙两国都是1971年《关于制止危害民用航空安全的非法行为的公约》的缔约国，根据该公约确立的引渡或起诉原则，乙国如果不将其劫持甲国航空器的某公民引渡，则有义务提交其主管当局以便起诉。

（二）多项选择题

1. ABCD

根据《国际责任公约》，发射国对于空间物体及其组成部分在地球、空间对另一国家或其自然人或法人造成的损害，应负国际责任。这里的发射国包括：发射或促使发射空间物体的国家以及为发射物体提供领土或设备的国家。"发射"包括未成功发射在内。两个或两个以上国家共同发射空间物体时，对所造成的损害应承担共同或单独的责任。

2. ABD

1967年《外层空间条约》确立了有关外层空间活

动的基本原则，包括但不限于：（1）不得将外层空间据为己有原则，即各国不得通过主权要求、使用或占领等方法，以及其他任何措施，把外层空间据为己有。（2）和平利用外层空间原则，各缔约国必须把月球和其他天体绝对用于和平目的。禁止在天体建立军事基地、设施和工事，禁止在天体上试验任何类型的武器以及进行军事演习。（3）国际责任原则，即各国对其（不论是政府部门，还是非政府的团体组织）在外层空间所从事的活动，要承担国际责任。（4）援救宇航员原则，即在宇航员发生意外、遇难，或在另一缔约国境内、公海紧急降落的情况下，各缔约国应向他们提供一切可能的援助。

3. ABD

根据1967年《外层空间条约》和1972年《国际责任公约》所确立的责任制度，其内容主要包括：（1）绝对责任。发射国对于其空间实体在地球表面，或给飞行中的飞机造成损害，应负有赔偿的绝对责任。（2）过失责任。发射国的空间实体在地球表面以外的其他地方，对另一发射国的空间实体，或其所载人员或财产造成损害时，如果损害是由于发射国或其负责人的过失造成的，发射国对损害应承担责任。

4. BCD

有关预防、禁止和惩治危害国际航空安全非法行为的国际公约主要包括：（1）1963年《关于在航空器内的犯罪和其他某些行为的公约》（1963年《东京公约》）；（2）1970年《关于制止非法劫持航空器的公约》（1970年《海牙公约》）；（3）1971年《关于制止危害民用航空安全的非法行为的公约》（1971年《蒙特利尔公约》）；（4）1988年《补充1971年9月23日在蒙特利尔制定的关于制止危害民用航空安全的非法行为的公约的制止在为国际民用航空服务的机场上的非法暴力行为的议定书》（1988年《补充〈蒙特利尔公约〉议定书》）。

5. ABD

根据1967年《外层空间条约》和1968年《营救协定》所确立的援救制度，其内容主要包括：（1）通知发射当局和联合国秘书长。（2）采取措施营救、帮助和寻找宇航员。（3）将宇航员安全交还给发射国。

6. ABC

国际航空法的法律制度体系，主要包括：（1）以1944年《芝加哥公约》为主体的国际民用航空基本法

律体制；（2）以1929年《华沙公约》为主体的国际民用航空损害赔偿法律体制；（3）以1970年《海牙公约》和1971年《蒙特利尔公约》为主体的维护国际民用航空安全法律体制。

7. ABCD

中国于1978年加入1963年《东京公约》，于1980年加入1970年《海牙公约》和1971年《蒙特利尔公约》，于1983年加入1967年《外层空间条约》。

8. ABCD

《国际航空运输协定》规定了5种关于定期国际航班的空中自由。这五大空中自由是：（1）不降停而飞越其领土的权利；（2）非运输业务性降停的权利；（3）卸下来自航空器所属国领土的旅客、货物和邮件的权利；（4）装载前往航空器所属国的旅客、货物和邮件的权利；（5）装卸前往或来自任何其他缔约国领土第三国的旅客、货物和邮件的权利。

9. BE

乙国和戊国对刘某的非法劫持航空器的行为有管辖权。根据1970年《海牙公约》第4条的有关规定，在下列情况下，各缔约国应采取必要措施，对罪行实施管辖权：（1）罪行是针对该国登记的航空器，或在该航空器内发生的。本题中，乙国为航空器登记国。（2）在其内发生犯罪行为的航空器在该国降落时被指称的罪犯仍在航空器内。本题中，刘某在该飞机降落丁国前，已跳伞到戊国，不在丁国，故丁国无管辖权。（3）当被指称的罪犯在缔约国领土内，而该国未将此人引渡时。本题中，刘某已跳伞到戊国，被发现和控制，但戊国未将刘某引渡，因此，戊国有管辖权。

10. BC

国家领土之上的空气空间为国家的领空，是国家主权行使的空间。领土主权表现在以下方面：（1）领空不得侵犯。国家对其领空享有完全和排他的主权，外国航空器没有"无害通过权"。因此，未经一国允许，任何外国航空器不得飞入或飞越该国领空。（2）设立"禁区"。（3）保留"国内载运权"。（4）制定航空法律和规章。

（三）不定项选择题

1. CD

根据1970年《海牙公约》、1971年《蒙特利尔公约》的有关规定，在下列情况下，各缔约国应采取必

要措施，对罪行实施管辖权：在其内发生犯罪行为的航空器在该国降落时被指称的罪犯仍在航空器内，因此乙国对该案具有管辖权。两公约还规定，在其境内发现被指称的罪犯的缔约国，如不将此人引渡，则不论罪行是否在其境内发生，应无例外地将此案件提交其主管当局以便起诉。该当局应按照本国法律以对待任何严重性质的普通罪行案件的同样方式作出决定。

2. B

在外层空间法的各项渊源中，国际条约是最主要的渊源。外层空间法主要是通过国际条约和其他国际法律文件发展起来的。

3. BD

一国不遵守其国际义务的行为如果起因于不可抗力，则该行为的不法性即告解除。甲国的军用飞机进入乙国领空是由于风暴这一不可抗力引起的，因而甲国可援引不可抗力，不承担国家责任。

4. B

根据《国际责任公约》，发射国对于空间物体及其组成部分在地球、空间对另一国家或其自然人或法人造成的损害，应负国际责任。

5. CD

发射国应对其发射的空间物体进行登记。国家对其外层空间活动承担国家责任，不论这种活动是其政府部门或非政府实体从事。发射国空间物体对于下面两种人员造成的损害不适用《空间物体造成损害的国际责任公约》：该国的国民；在空间物体从发射至降落的任何阶段内参加操作的或者应发射国的邀请而留在紧接预定发射或回收区的外国公民。发射国对其空间物体在地球表面或给飞行中的飞机造成的损害，应负有赔偿的绝对责任。

6. B

根据1963年《东京公约》、1970年《海牙公约》及1971年《蒙特利尔公约》的规定，下列国家对危害民航安全罪行有管辖权：航空器登记国；航空器降落地国，当犯罪嫌疑人仍在航空器内；承租人的营业地国或常住地国，当航空器是不带机组的出租；嫌疑人所在国；嫌疑人国籍国或永久居所国；犯罪行为发生地国。劫机行为不是国际刑事法院可以管辖的犯罪行为。

7. BCD

根据1972年《国际责任公约》，发射国对其发射

的空间物体在地球表面，或给飞行中的飞机造成损害，应负绝对责任。发射国对其空间物体在地球表面以外的其他地方，对另一发射国的空间物体或其所载人员或财产造成损害，应承担过失责任。发射国是指发射或促使发射空间物体的国家以及从其领土或设施发射空间物体的国家。任一发射国的空间实体在地球表面以外的其他地方，对另一发射国的空间实体造成损害，并因此对第三国或其自然人或法人造成损害时，应共同和单独承担绝对责任或过失责任。发射国对受邀请观看发射的外国公民受到的损害不承担责任。

8. B

甲国气球因气象原因进入乙国领空，属于不可抗力因素，应当援引不可抗力解除行为的不法性。A项错误，B项正确。乙国军用飞机在自己的领空击落气球属于行使主权的合理范畴，不违反国际法，C项错误。甲国气球进入乙国领空不引起国家责任，D项错误。

 简答题

1. 国家领土之上的空气空间为国家的领空，是国家主权行使的空间。领空主权原则是确定的国际法原则。领空主权主要表现在如下方面：

（1）领空不得侵犯。国家对其领空享有完全和排他的主权，外国航空器没有"无害通过权"。因此，未经一国允许，任何外国航空器不得飞入或飞越该国领空。未经允许擅自进入一国领空的航空器，尤其是军用飞机，构成侵犯领空主权，地面国有权采取相应措施，如警告其离境、迫降甚至击落。1984年修正的《芝加哥公约》新增第3条分条规定，国家在行使主权时，对于未经允许而飞越其领土的民用航空器，如果有合理的根据认为该航空器被用于与该公约宗旨不相符的目的，有权要求该航空器在指定的机场降落；该国也可以给该航空器任何其他指令，以终止此类侵犯。为此目的，国家可采取符合国际法有关规则的适当方法。但是，对飞行中的民用航空器使用武器必须避免。如果进行拦截，必须不危及航空器内人员的生命和航空器的安全。

（2）设立"禁区"。国家出于军事需要或公共安全的理由，可在其领土内的某些地区的上空设立"禁区"，限制或禁止外国航空器飞行。但这种禁区应不分

国籍地适用于一切国家的民用航空器。在非常情况下，或在紧急时期内，或为了公共安全，国家也可以暂时限制或禁止航空器在其全部或部分领土上空飞行的权利，但此种限制或禁止应不分国籍地适用于所有其他国家的航空器。

（3）保留"国内载运权"，即国家领土内两个地点之间的航空营运权。国家有权拒绝准许其他国家的航空器为取酬或出租在其领土内载运乘客、邮件和货物前往其领土内另一地点。国家不得在排他的基础上特准任何其他国家的空运企业享有此项特权，也不得向任何其他国家取得此项排他的特权。

（4）制定航空法律和规章。为开发和利用本国的航空资源，维护空中航行的正常秩序，保护公众的合法利益，国家有权制定航空法律和规章。外国航空器须遵守这种法律和规章。大多数国家都制定有这类航空法律和规章。

2. 1967年《外层空间条约》确立了有关外层空间活动的基本原则：

（1）为所有国家谋福利和利益原则。探索和利用外层空间（包括月球和其他天体），应为所有国家谋福利和利益，而不论其经济或科学发展程度如何，并应为全人类的开发范围。

（2）自由探索利用和遵守国际法原则。所有国家可在平等、不受任何歧视的基础上，根据国际法自由探索和利用外层空间，自由进入天体一切区域。各缔约国在进行和探索利用外层空间的各种活动方面，应遵守国际法和联合国宪章。

（3）不得将外层空间据为己有原则。各缔约国不得通过主权要求、使用或占领等方法，以及其他任何措施，把外层空间据为己有。

（4）和平利用外层空间原则。各缔约国保证不在绕地球轨道放置任何携带核武器或任何其他类型大规模毁灭性武器的实体，不在天体配置这种武器，也不以任何其他方式在外层空间部署此种武器。各缔约国必须把月球和其他天体绝对用于和平目的。禁止在天体建立军事基地、设施和工事；禁止在天体上试验任何类型的武器以及进行军事演习。

（5）国际合作原则。各国在探索和利用外层空间时遵守合作和互助的原则。各国在外层空间所进行的一切活动，应妥善照顾其他国家的同等利益。如果一国认为另一国在外层空间的活动或实验可能危害和平探索和利用外层空间，应要求就这种活动或实验进行磋商。

（6）国际责任原则。各国对其（不论是政府部门，还是非政府的团体组织）在外层空间所从事的活动，要承担国际责任。空间物体的发射国，及为发射物体提供领土或设备的国家，对该物体及其组成部分在地球、空间对另一国家或其自然人或法人造成的损害，应负国际责任。

（7）援救宇航员原则。各缔约国应把宇航员视为人类派往外层空间的使者。在宇航员发生意外、遇难或在另一缔约国境内、公海紧急降落的情况下，各缔约国应向他们提供一切可能的援助。

（8）对空间物体的管辖权和所有权原则。空间物体登记国对射入外层空间的实体及其所在人员保持管辖权和控制权。射入外层空间的实体，不论居于何地，其所有权不受影响。

3. 外层空间法的责任制度主要包括以下内容。（1）责任的主体：发射国。（2）责任的范围：发射国的责任是对空间物体造成损害的责任。损害是指"生命丧失，身体受伤或健康的其他损害，以及国家或自然人或法人的财产，或国际政府间组织的财产受损失或损害"。（3）责任的基础：发射国对损害承担绝对责任或过失责任。（4）要求赔偿的程序及解决：损害赔偿的要求应通过外交途径提出。如果赔偿请求提出后1年未能通过外交谈判解决，经任何一方请求，应成立要求赔偿委员会。赔偿委员会的决定可以是最终的，并具有约束力，也可以是建议性的。（5）适用于发射国的规则对国际组织也适用。

上述要点的详细内容参见程晓霞、余民才主编：《国际法》，7版，200～201页。

4. 卫星国际直接电视广播是指通过地球静止轨道上的卫星，播放电视节目。其涉及的法律问题包括：播出国是否有对他国"自由播放"电视节目的权利，播出国在未经过地面接收国"事先同意"的情况下播出电视节目是否构成对接收国主权的侵犯。

1982年联合国大会通过《各国利用人造地球卫星进行国际直接电视广播所应遵守的原则》的决议，该决议规定了电视卫星转播的原则，主要包括：利用卫星进行国际直接电视广播不得侵犯国家主权并不得侵犯人人有寻求、接受和传递信息和思想的权利；从事卫星直播活动应遵守国际法；所有国家从事卫星直播的权利一律平等，并有权享受这种活动带来的利益；进行卫星直接电视广播应以国际合作为基础；广播国与收视国应进行协商；各国对其卫星直接广播活动承担国际责任。

参见程晓霞、余民才主编：《国际法》，7版，203页。

5.（1）适应针对民用航空的新型威胁比如大规模杀伤性武器恐怖主义，现代化和一体化航空安全法律框架。（2）扩展了防止和打击危害民用航空安全犯罪行为的属人和属物范围，特别是法律实体的刑事责任和有关核武器、生物武器和化学武器及其材料的恐怖主义行为。（3）扩大了对犯罪行为的管辖权，比如《北京议定书》将《海牙公约》提及的所有"缔约国"均改为"当事国"，《蒙特利尔议定书》在一定条件下承认航空器降落地国和经营人所在国有权对航空器内犯下的罪行和行为行使管辖权。（4）任何罪行均不应当被视为政治罪或与政治罪有关的罪行或政治动机引起的罪行。2010年《制止与国际民用航空有关的非法行为的公约》第13条规定，为引渡或司法互助的目的，第1条中所列的任何罪行均不应当被视为政治罪或与政治罪有关的罪行或政治动机引起的罪行。因此，对于此种罪行提出的引渡或司法互助请求，不得只以其涉及政治罪或与政治罪有关的罪行或政治动机引起的罪行为由而加以拒绝。（5）保护人权。2010年《制止非法劫持航空器公约的补充议定书》第10条规定，应当保证依据1970年《海牙公约》被拘留、被采取任何其他措施或正被起诉的任何人获得公平待遇，包括享有符合该人在其领土内的国家的法律和包括国际人权法在内的适用的国际法规定的所有权利和保障。

参见程晓霞、余民才主编：《国际法》，7版，194页。

材料与法条分析题

1. A国的主张不符合国际法。

（1）B国专属经济区上空不是国际空域。A国军用飞机是在B国享有主权权利的专属经济区上空飞行。根据上空与地面法律地位一致的原则，B国在其专属经济区的权利必然相应地延伸到该区域的上空。

（2）A国在B国专属经济区上空享有的飞越自由不同于公海上空的飞越自由，要受"本公约有关规定的限制"。按照《联合国海洋法公约》，这些限制包括：1）适当顾及沿海国的权利，遵守沿海国的法律和其他

国际法规则（第58条第3款）；2）不得进行任何目的在于搜集情报使沿海国的防务或安全受到损害的行为（第55条和第19条第2款c项）；3）不得对任何国家的领土完整或政治独立进行任何武力威胁或使用武力，或以任何其他与《联合国宪章》所载国际法原则不符的方式进行武力威胁或使用武力（第301条）。A国军用飞机的侦察飞行无视B国在其专属经济区的权利，不是行使正常的飞越自由，而是利用飞越自由搜集B国的情报，是对飞越自由的滥用。

（3）A国军用飞机进入B国领空、降落B国机场侵犯了B国主权。紧急情况不免除A国军用飞机进入和降落的非法性。因为根据《国际民用航空公约》，紧急降落只适用于民用航空器，不适用于国家航空器，所以，A国侦察机不享有紧急降落权。而且，《国际民用航空公约》规定，一缔约国的军用航空器未经特别协定或其他方式的许可，不得在另一缔约国领土上空飞行或在此领土上降落。A国飞机的进入和降落未经B国同意。再者，A国飞机的紧急情况是由其本身违反飞行规则所造成的。B国有权对其进行监视飞行。如果它继续保持飞行航向，不会与B国飞机发生碰撞。

（4）A国飞机不享有主权豁免。因为军用飞机不同于军舰，它本身不享有豁免权。军用飞机因为是国家的财产，所以依据国家豁免权原则，A国军用飞机不被强制执行。A国军用飞机侵犯B国的权利，且造成损害，B国进行检查没有侵犯A国的豁免权。

2.（1）A国和D国有管辖权。《关于制止非法劫持航空器的公约》第4条规定："一、各当事国应当采取必要措施，以就下列情况而对第一条所列的罪行及被指控的罪犯对旅客或机组人员所实施与该罪行有关的其他暴力行为，确立其管辖权：（一）罪行是在该国领土内实施的；（二）罪行是针对在该国登记的航空器或在该航空器内实施的；（三）在其内实施罪行的航空器在该国领土内降落时被指控的罪犯仍在该航空器内的；（四）罪行是针对租来时不带机组人员的航空器或是在该航空器内实施的，而承租人的主要营业地在该国，或如承租人没有此种营业地但其永久居所是在该国的；（五）罪行是由该国国民实施的。二、各当事国也可就下列情况而对任何此种罪行确立其管辖权：（一）罪行是针对该国国民实施的；（二）罪行是由其惯常居所在该国领土内的无国籍人实施的。三、如果被指控的罪犯在某一当事国领土内，而该当事国不依

据第八条将其引渡给依照本条适用的条款对第一条所列的罪行已确立管辖权的任何当事国，该当事国也应当采取必要措施，确立其对第一条所列罪行的管辖权。四、本公约不排除根据本国法律行使的任何刑事管辖权。"劫持事件是在 A 国登记的民航飞机内发生的，D 国是劫持者 C1 所在地国，而该国没有引渡他。

（2）D 国的做法不正确。1）劫持民用飞机是《关于制止非法劫持航空器的公约》的缔约国防止和惩罚的犯罪行为。C1 虽是 C 国反政府游击队的成员，但其劫持行为不属于政治犯罪，因此，D 国不能提供庇护。2）D 国虽没有引渡的义务，但公约第 7 条规定，在其境内发现被指称的罪犯的缔约国，如不将此人引渡，则不论罪行是否在其境内发生，应无例外地将此案件提交其主管当局以便起诉。该当局应按照本国法律以对待任何严重性质的普通罪行案件的同样方式作出决定。因此，D 国有义务依其法律对 C1 进行起诉和审判。3）D 国的做法违反了它依公约承担的国际义务。

3. B 国应该撤销"月球大使馆"分公司的登记，禁止其销售月球土地，认定代理销售协议和出售的月球土地所有权无效。

（1）包括月球和其他天体在内的外层空间不能据为己有是外层空间法的一项基本原则。1967 年《外层空间条约》第 2 条规定，各国不得通过主权要求、使用或占领等方法，以及其他任何措施，把外层空间（包括月球和其他天体）据为己有。1979 年《月球协定》第 11 条第 1 款和第 2 款进一步明确规定：月球及其自然资源均为全体人类的共同财产。月球不得由国家依据主权要求，通过利用或占领，或以任何其他方法据为己有。该条第 3 款中还明确规定了私人的责任：月球的表面或表面下层或其任何部分或其中的自然资源均不应成为任何国家、政府间或非政府国际组织、国家组织或非政府实体或任何自然人的财产。

（2）B 国是《月球协定》的缔约国，有责任使其承担的国际义务在国内得到遵守。B 国人乙与 A 国人甲签订代理销售月球土地协议以及销售月球土地违反了《月球协定》确立的规则，B 国有义务撤销公司登记，禁止销售和认定代理协议与所售土地所有权无效。

4.（1）A 国对"天眼号"卫星保持管辖权和控制权。1967 年《外层空间条约》第 8 条规定，凡登记把实体射入外层空间的缔约国对留置于外层空间或天体的该实体及其所载人员，应仍保持管辖及控制权。A

国是"天眼号"的登记国。

（2）C 国搜集和处理放射性碎片的费用不能获得赔偿。根据 1972 年《国际责任公约》，发射国所赔偿的"损害"是指生命丧失、身体受伤或健康的其他损害；国家或自然人或法人的财产，或国际政府间组织的财产受损失或损害。C 国搜集和处理碎片所产生的费用不属于"损失"的范围。

（3）C 国可分别或同时向 A、B 两国提出损害赔偿要求。这种要求应通过外交途径提出。如果 C 国与 A 国或 B 国无外交关系，可请另一国代其向 A 国或 B 国提出，也可以通过联合国秘书长提出，只要它们都是联合国会员国。C 国损害赔偿的要求应于损害发生之日起，或判明应负责任的 A 国或 B 国之日起 1 年内向它们提出。如果在提出要求赔偿文件之日起 1 年内，通过外交谈判仍未能解决赔偿要求，经任何一方请求，应成立赔偿要求委员会。如果各方同意，委员会的决定应是最终的，并具有拘束力，否则，委员会应提出最终的建议性裁决。

5. 这个条款确立了引渡或起诉义务。

（1）引渡或起诉义务是指有权对违反国际法的某种特定行为行使管辖权的国家如果不将被指控的嫌疑人引渡给请求国，该国必须将此案件提交其主管当局以便起诉。这个条款为其他许多有关预防和打击犯罪的国际条约所援引，被称为海牙公式。

（2）引渡或起诉义务赋予国家选择权以决定履行该义务的哪一部分。假定国家履行该义务的一部分，比如或者引渡，或者起诉，则无须履行另一部分。然而，如果一个国家不起诉，它并无必须引渡的义务。因为引渡和起诉之间的选择不意味着二者具有同等效力，引渡是《关于制止非法劫持航空器的公约》赋予有关国家的一种选择，而起诉是该公约规定的一种国际义务，违反此种义务是引起国家责任的一种违法行为。

（3）引渡或起诉义务与普遍管辖权有联系，前者在《关于制止非法劫持航空器的公约》中体现为在缔约国之间实行普遍管辖，所以又被称为准普遍管辖。但是，二者有本质区别。普遍管辖权是一项习惯国际法规则，是一种管辖权依据，其本身并不意味着提交案件供起诉的义务。而引渡或起诉义务是《关于制止非法劫持航空器的公约》中的一项义务，不是一项习惯国际法规则。

论述题与深度思考题

1. 危害国际航空安全罪系指非法地和故意地实施严重影响航班、机场和空中航行的运行的行为。根据1963年《东京公约》、1970年《海牙公约》、1971年《蒙特利尔公约》及其1988年补充议定书以及对它们现代化和一体化的2010年《北京公约》、2010年《北京议定书》和2014年《蒙特利尔议定书》，控制危害国际航空安全罪的法律措施主要有：

（1）将危害国际航空安全的行为规定为犯罪行为。

危害国际航空安全罪的行为一般分为三种：航空器内违反国家刑法的罪行和不循规行为、非法劫持或控制航空器、危害航空器飞行及机场安全。航空器内不循规行为是指危害或可能危害航空器或其所载人员或财产的安全，或危害航空器上的良好秩序和纪律的行为。《海牙公约》首次将非法劫持航空器的行为规定为犯罪，《北京议定书》扩展了《海牙公约》的范围，涵盖了包括通过技术手段在内的、不同形式的对航空器的劫持或控制。根据《蒙特利尔公约》第1条第1款和《蒙特利尔补充议定书》第2条第1款，任何人如果非法地和故意地从事严重影响飞行中的航空器或机场的安全的行为，即构成犯罪。《北京公约》将这类犯罪进一步扩大到包括：使用民用航空器旨在造成死亡、严重身体伤害或严重破坏；使用航空器释放或排放任何生物、化学或核武器或类似物质，造成死亡、严重身体伤害或严重破坏；在航空器内或针对航空器使用任何生物武器、化学武器或核武器或类似物质；非法运输任何生物武器、化学武器或核武器、相关材料或其他危险材料；对空中航行设施进行网络攻击。

（2）确立对危害国际航空安全罪的管辖权。

各国应采取一切实际措施，防止危害国际航空安全的罪行，并予以严厉惩罚。

《东京公约》确立了以航空器登记国管辖为一般原则、非登记国管辖为补充的并行管辖体制。《蒙特利尔议定书》通过确立非登记国——航空器降落地国和经营人所在国的强制管辖权，扩大了《东京公约》的管辖范围。《海牙公约》第4条和《蒙特利尔公约》第5条在并行管辖体制基础上，引入普遍管辖原则，规定除航空器登记国外，罪行发生地国、航空器降落地国、航空器承租人主要营业地或永久居所地国、罪犯所在地国等国家有管辖权。《北京议定书》第7条和《北京公约》第8条还分别将《海牙公约》和《蒙特利尔公约》的管辖权扩大到罪行是由其国民所实施的当事国、犯罪之受害者是其国民的当事国和罪行是由无国籍人实施的惯常居所地当事国。

（3）起诉或引渡义务。

引渡或起诉义务是指有权对违反国际法的某种特定行为行使管辖权的国家如果不将被指控的嫌疑人引渡给请求国，该国必须将此案件提交其主管当局以便起诉。《海牙公约》第7条最早规定这种制度，为《蒙特利尔公约》第7条和《北京公约》第10条以及其他许多有关防止和打击国际犯罪尤其是恐怖主义罪行的公约所援引，被称为海牙公式，或者恐怖分子无安全庇护所原则。

引渡或起诉义务赋予国家选择权以决定履行该义务的哪一部分。假定国家履行该义务的一部分，比如或者引渡，或者起诉，则无须履行另一部分。然而，如果一个国家不起诉，它并无必须引渡的义务。因为引渡和起诉之间的选择不意味着二者具有同等效力，引渡是有关公约赋予有关国家的一种选择，而起诉是有关公约规定的一种国际义务，违反此种义务是引起国家责任的一种违法行为。

2. 1972年《国际责任公约》所确立的责任制度主要包括以下方面：

（1）赔偿责任的主体。发射国应对其发射的空间物体造成的损害负赔偿责任。这类国家包括发射或促使发射空间物体的国家、从其领土或设施发射空间物体的国家。发射包括发射未成功在内。

（2）赔偿范围。发射国所赔偿的损失是指生命的损失、身体受伤或健康的其他损害，以及国家、自然人、法人的财产或国际政府间组织的财产受到损失或损害。对发射国的国民以及在空间物体从发射至降落的任何阶段内参加操作的或应发射国的邀请而留在紧接预定发射或回收区地带的外国国民造成的损害则不予赔偿。

（3）责任承担。发射国如果是两个或两个以上，则共同或单独承担赔偿责任。发射国在赔偿损害后，有权向共同参加发射的其他国家要求补偿。从其领土或设施上发射空间实体的国家，应视为参加共同发射的国家。任一发射国的空间物体在地球表面以外之其他地方，对另一发射国的空间物体，或其所载人员或财产造成损害，并因此对第三国，或第三国的自然人或法人造成损害时，前两国应在下述范围内共同或单独对第三国承担责任：1）若对第三国的地球表面或飞行中的飞机造成损害；2）若在地球表面以外的其他地方，对第三国的空间实体，或其所载人员或财产，造成损害。

（4）赔偿责任的基础。1）绝对责任。发射国对其空间物体在地球表面或给飞行中的飞机造成损害，应负赔偿的绝对责任。2）过失责任。发射国的空间实体在地球表面以外的其他地方，对另一发射国的空间实体，或其所载人员或财产造成损害时，如果损害是由于发射国或其负责人的过失造成的，发射国对损害应承担责任。

（5）要求赔偿的主体、程序、期限和数额。遭受损害的国家或其自然人或法人可向发射国提出赔偿损害的要求。赔偿损害的要求应通过外交途径提出。如果要求赔偿国与发射国没有外交关系，可请另一国代其提出，也可以通过联合国秘书长提出，只要它们均为联合国会员国。损害赔偿的要求应于损害发生之日，或判明应负责任的发射国之日起1年内向发射国提出。发射国负责偿付的赔偿额，应按国际法及公正合理的原则来确定，以使对损害所作的赔偿，能保证提出赔偿要求的自然或法人、国家或国际组织把损害恢复到未发生前的原有状态。

（6）损害赔偿要求的解决。求偿国与发射国应谈判解决赔偿要求。如果在提出要求赔偿文件之日起1年内，通过外交谈判仍未能解决赔偿要求，经任何一方请求，应成立赔偿要求委员会。如果各方同意，委员会的决定应是最终的，并具有拘束力，否则，委员会应提出最终的建议性裁决。

（7）上述责任制度适用于政府间国际组织。

3. 普遍管辖权通常是指根据国际法，对于某些特定的国际罪行或国际法上的罪行，由于危害国际和平

与安全以及全人类的利益，不论犯罪行为发生于何地和罪犯国籍如何，所有国家均有权对其实行管辖。引渡或起诉义务是指有权对违反国际法的某种特定行为行使管辖权的国家如果不将被指控的嫌疑人引渡给请求国，该国必须将此案件提交其主管当局以便起诉。它们既相联系又相区别。

（1）联系。

1）二者都是刑事管辖权，是打击有罪不罚的工具。2）引渡或起诉义务在条约中体现为在缔约国之间实行普遍管辖，所以又被称为准普遍管辖。3）管辖权行使都受国家官员外国刑事管辖豁免权的障碍。4）二者针对的罪行都不得被视为政治罪或与政治罪有关的罪行或政治动机引起的罪行而庇护或拒绝引渡或司法互助请求。

（2）区别。

1）普遍管辖权及于所有国家，引渡或起诉义务限于一个条约的缔约国之间。

2）普遍管辖权往往针对核心国际罪行，如灭绝种族罪、战争罪、危害人类罪或侵略罪；引渡或起诉义务针对条约罪，如劫持航空器罪、恐怖主义爆炸罪。

3）普遍管辖权是一种管辖权依据，其本身并不意味着提交案件供起诉的义务。引渡或起诉义务是具体条约中的一项义务。这项义务赋予国家选择权以决定履行该义务的哪一部分。假定国家履行该义务的一部分，比如或者引渡，或者起诉，则无须履行另一部分。但是，如果一个国家不起诉，它并无必须引渡的义务，因为在引渡和提起诉讼之间选择不意味着二者具有同等效力。引渡是这项义务赋予有关国家的一种选择，而起诉是这项义务规定的一种国际义务，违反此种义务是引起国家责任的一种违法行为。

4）普遍管辖权是一项习惯国际法规则，引渡或起诉义务是一项条约法规则。

上述要点的详细内容参见程晓霞、余民才主编：《国际法》，7版，58、196～197页。

第十章　条约法

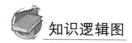 **知识逻辑图**

条约法
- 条约概念与条约法的渊源
  - 定义与基本特征
    - 主体：国际法主体
    - 合法：以国际法为准
    - 意思一致
    - 内容：国际法上的权利和义务
    - 书面形式
  - 条约法渊源：1969 年《维也纳条约法公约》
- 条约的缔结与生效
  - 缔约权与缔约能力：中国的缔约权
  - 缔结程序：谈判——→签署——→批准（接受或核准）——→交换或交存批准书
  - 登记保管
    - 保管机关：由条约约定或以其他方式指定
    - 始于：国际联盟
    - 效力：未在联合国登记，在联合国不得援引
  - 条约的加入
    - 三种情况
    - 既可以是生效条约，也可以是未生效条约
    - 我国相关规定
  - 条约的保留
    - 单方声明；可以任何措辞；实质排除条款适用；解释性声明不产生保留的效果
    - 多边条约
    - 保留的提出
    - 保留效果
      - 只要有一缔约国同意即生效力
      - 与接受保留国之间有效——随时→撤回：相关条款生效
      - 与反对保留国之间无效
  - 条约的生效：依条约的规定
- 条约的适用
  - 对缔约国：条约必须遵守；守约推进机制
  - 条约的适用范围：时间范围；空间范围；条约的冲突：《联合国宪章》优先；同一事项
  - 对第三国适用：条约相对效力原则；例外
- 条约的解释
  - 机关：当事国；国际组织；司法机关
  - 规则
    - 一般规则
    - 辅助资料
    - 文字认证

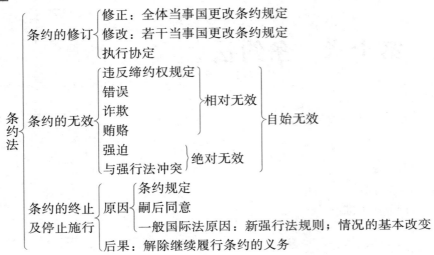

条约法
- 条约的修订
  - 修正：全体当事国更改条约规定
  - 修改：若干当事国更改条约规定
  - 执行协定
- 条约的无效
  - 违反缔约权规定
  - 错误
  - 诈欺 —— 相对无效
  - 贿赂 —— 自始无效
  - 强迫
  - 与强行法冲突 —— 绝对无效
- 条约的终止及停止施行
  - 原因
    - 条约规定
    - 嗣后同意
    - 一般国际法原因：新强行法规则；情况的基本改变
  - 后果：解除继续履行条约的义务

 名词解释与概念比较

1. 条约（考研）
2. 条约的解释（考研）
3. 善意原则（考研）
4. 条约保留与解释性声明（考研）
5. 情况的基本改变（考研）
6. 多边条约的加入（考研）
7. 条约必须遵守（考研）

选择题

（一）单项选择题

1. 甲为 A 国国家总统，乙为 B 国国家副总统，丙为 C 国政府总理，丁为 D 国外交部部长。根据 1969 年《维也纳条约法公约》的规定，上述四人在参加国际条约谈判时，哪一个需要出示其所代表国家颁发的全权证书？（　　）（司考）

A. 甲　　　　　　　　B. 乙
C. 丙　　　　　　　　D. 丁

2. 下列有关条约保留的说法，其中不正确的是（　　）。

A. 保留一般不可以随时撤回
B. 保留的目的在于排除条约的某些条款对当事方的适用效力或修改某些条款

C. 提出保留的依据在于国家主权
D. 保留是一种单方法律行为

3. 甲国积极参加了某多边条约的约文议定，并由甲国总统作为对约文的认证，签署了该公约，但根据甲国的国内法，该公约须由议会批准，甲国议会拒绝批准该公约。依国际法，下列哪项是正确的？（　　）

A. 甲国由于签署了该公约，所以负有批准的义务
B. 甲国没有必须批准该公约的义务
C. 甲国由于签署了该公约，所以该公约对甲国产生效力
D. 甲国虽然拒绝批准，但该公约仍对其产生效力

4. 1969 年《维也纳条约法公约》规定的条约保留的方式为（　　）。

A. 书面　　　　　　　B. 口头
C. 书面或口头　　　　D. 保留国自行决定

5. 《联合国宪章》规定负责条约登记的机关是（　　）。

A. 安全理事会
B. 秘书处
C. 经济及社会理事会
D. 国际法院

6. 批准条约是缔约国的权力机关对其全权代表所签署的条约的认可，是缔约程序之一，它表明（　　）。

A. 国家拒绝批准条约应承担法律责任
B. 批准条约是一国的任意行为
C. 国家签字的条约必须批准
D. 未经批准的条约不能生效

7. 条约在解释上发生分歧时，解决的方法是（ ）。

A. 国际法院解决

B. 联合国秘书处解决

C. 按条约规定解决

D. 仲裁法庭解决

8. 下列协议中可以称为条约的是（ ）。

A. 国家和外国法人订立的协议

B. 国家和国际组织订立的协议

C. 跨国公司与国际组织订立的协议

D. 联邦国家各成员间订立的协议

9. 下列有关条约中属于"非人身性条约"的是（ ）。

A. 同盟条约

B. 边界条约

C. 共同防御条约

D. 参加国际组织的条约

10. 如果条约是由于一国贿赂另一国代表而缔结的，则该条约（ ）。

A. 终止　　　　　B. 有效

C. 无效　　　　　D. 停止执行

11. 中国同外国缔结的引渡条约的批准机关是（ ）。

A. 国家主席　　　　B. 全国人大常委会

C. 国务院　　　　　D. 外交部

12. 缔约机关是否具有缔约权取决于下列哪一项？（ ）

A. 国内法规定　　　B. 国际法规定

C. 条约法规定　　　D. 缔约各方的协议

13. 依据《维也纳条约法公约》，双边条约的作准文本是（ ）。

A. 英语文本

B. 法语文本

C. 双方本国文字文本

D. 条约明确规定的某种文本

14. 条约草签的法律意义是（ ）。

A. 表明全权代表对条约约文已经认证，对所代表的国家具有法律约束力

B. 表明全权代表对条约约文已经认证，对所代表的国家不具有法律约束力

C. 所代表的国家不能对约文提出异议，只能通过签署使之具有法律效力

D. 所代表的国家可以对约文提出异议，但必须签署使之具有法律效力

15. 下列哪个条约可以适用保留？（ ）

A. 《中日友好条约》

B. 《维也纳外交关系公约》

C. 《联合国宪章》

D. 《联合国海洋法公约》

16. 如果联合国会员国间所订立的条约与《联合国宪章》相冲突，在优先适用上（ ）。

A. 先订立的条约优先

B. 后订立的条约优先

C. 依国际惯例

D. 在宪章之下义务优先

17. 甲、乙、丙三国订有贸易条约。后甲、乙两国又达成新的贸易条约，其中许多规定与三国前述条约有冲突。新条约中规定，旧约被新约取代。甲、乙两国均为《维也纳条约法公约》的缔约国。根据条约法，下列说法错误的是（ ）。（司考）

A. 旧约尚未失效

B. 新约不能完全取代旧约

C. 新约须经丙国承认方能生效

D. 丙国与甲、乙两国适用旧约

18. 不能以情况的基本改变为由终止的条约是（ ）。

A. 同盟条约　　　　B. 边界条约

C. 中立条约　　　　D. 通商条约

19. 国家权力机关批准条约的证明文件是（ ）。

A. 批准书　　　　　B. 宣言

C. 公告　　　　　　D. 加入书

20. 在外交实践中，当事国双方通过外交照会，就彼此间不太重要的事项达成协议的形式被称为（ ）。

A. 换文　　　　　　B. 议定书

C. 公约　　　　　　D. 宣言或声明

21. 按条约适用的缔约方数量，可以把条约分为（ ）。

A. 区域性条约和全球性条约

B. 多边条约和双边条约

C. 造法性条约和契约性条约

D. 政治性条约和经济性条约

22. 按照条约的性质可以把条约分为（ ）。

A. 开放性条约和非开放性条约

B. 多边条约和双边条约

C. 造法性条约和契约性条约

D. 政治性条约和经济性条约

23. 甲、乙两国缔结某条约时，约定甲、乙两国的文字的文本同样为作准文本，并以第三种文字的文本作为参考文本。条约生效后，两国发现三个文本中的某些用语有分歧：依乙国文字文本进行解释对甲国有利，而依第三国文字文本进行解释，对乙国有利。依据《维也纳条约法公约》的规定，下列说法中正确的是( )。（司考）

A. 甲、乙两国应接受各自语言文本的约束

B. 甲国可以依乙国文字文本进行解释适用，因为该文本对甲国有利且为作准文本

C. 乙国可以依据第三种语言文本进行解释适用，因为该文本为参考文本，不必考虑甲、乙两国的语言文本

D. 由于三种文本用语有分歧，该条约失效

视频讲题

24. 嘉易河是穿越甲、乙、丙三国的一条跨国河流。1982年甲、乙两国订立条约，对嘉易河的航行事项作出了规定，其中特别规定给予非该河流沿岸国的丁国船舶在嘉易河中航行的权利，且规定该项权利非经丁国同意不得取消。事后，丙国向甲、乙、丁三国发出照会，表示接受该条约中给予丁国在嘉易河上航行权的规定。甲、乙、丙、丁四国都是《维也纳条约法公约》的缔约国。对此，下列哪项判断是正确的?( )（司考）

A. 甲、乙两国可以随时通过修改条约的方式取消给予丁国的上述权利

B. 丙国可以随时以照会的方式，取消其承担的上述义务

C. 丁国不得拒绝接受上述权利

D. 丁国如果没有相反的表示，可以被推定为接受了上述权利

25. 中国拟与甲国就有关贸易条约进行谈判。根据我国相关法律规定，下列哪一选项是正确的?( )

（司考）

A. 除另有约定，中国驻甲国大使参加该条约谈判，无须出具全权证书

B. 中国驻甲国大使必须有外交部部长签署的全权证书方可参与谈判

C. 该条约在任何条件下均只能以中国和甲国两国的官方文字作准

D. 该条约在缔结后应由中国驻甲国大使向联合国秘书处登记

26. 条约解释的一般规则中不包括( )。（考研）

A. 善意解释

B. 按用语的通常含义解释

C. 补充资料解释

D. 按上下文解释

27. 甲、乙、丙国同为一开放性多边条约缔约国，现丁国要求加入该条约。四国均为《维也纳条约法公约》缔约国。丁国对该条约中的一些条款提出保留。下列哪一判断是正确的? ( )（司考）

A. 对于丁国提出的保留，甲、乙、丙国必须接受

B. 丁国只能在该条约尚未生效时提出保留

C. 该条约对丁国生效后，丁国仍然可以提出保留

D. 丁国的加入可以在该条约生效之前或生效之后进行

视频讲题

（二）多项选择题

1. 以中华人民共和国名义缔结条约，中国代表的全权证书由( )签署。

A. 国家主席

B. 国务院总理

C. 全国人大常委会委员长

D. 外交部部长

2. 下列关于条约为第三国创设权利和义务的说法，正确的是哪几项? ( )

A. 条约为第三国创设义务需要第三国书面明示接受该项义务

B. 条约为第三国创设权利时，原则上需要第三国同意

C. 条约使第三国负担义务时，该项义务一般须经条约当事国与该第三国同意才能变更或取消

D. 《联合国宪章》规定，在维持国际和平与安全的必要范围内，非联合国会员也有遵守宪章相关原则的义务。这是条约为第三国创设义务的例子

3. 条约的解释必须遵守的原则是（　　）。

A. 整体全面解释

B. 善意解释

C. 上述办法所作的结论不同，可使用解释的补充材料

D. 以两种或两种以上文字写成的条约，除规定遇有分歧时应以某种文字作准外，每种文字同一作准

4. 关于《联合国宪章》规定的条约的登记制度，下列说法正确的是（　　）。

A. 未经登记的条约效力不受影响

B. 未经登记的条约不得在联合国机构中援引

C. 未经登记的条约不发生法律效力

D. 登记是条约缔结的必经程序

5. 甲、乙、丙、丁为一公约的当事国，甲、乙两国又订立了一个新的公约。后一公约与前一公约有不同的规定。甲、乙、丙、丁之间如何适用两公约？（　　）

A. 丙、丁之间适用先公约

B. 甲、乙之间适用后公约

C. 甲、丙之间适用先公约

D. 乙、丁之间适用后公约

6. 某公约没有规定保留情况，甲国对公约中的某一条款提出保留，乙国认为此保留与公约目的、宗旨相符，表示接受；而丙国认为此保留与公约目的、宗旨不相符，表示反对。依国际法，此保留的法律后果是（　　）。

A. 甲、乙之间适用修改过的公约

B. 甲、丙之间不适用保留条款

C. 乙、丙之间不受甲国保留的影响

D. 甲、丙之间该公约不生效

7. 条约的冲突包括（　　）。

A. 条约与缔约国的国内法冲突

B. 两个国家先后订立两个相冲突的条约

C. 一个国家已和另一国缔结了一项条约，后来又与第三国订立了相冲突的条约

D. 一个多边条约的两个当事国间或一个当事国与第三国间缔结了违反该多边条约的条约

8. 依《维也纳条约法公约》的规定，下列哪些情形为以批准表示接受公约约束？（　　）

A. 另经确定，谈判国协议需要批准

B. 条约有此规定

C. 该国代表已对条约作出须经批准的签署

D. 该国对条约作出须经批准签署的意思可见于全权证书或已于谈判时有此表示

9. 以两种以上的文字作成的条约遇有解释分歧时，解释规则是（　　）。

A. 每一种文字的文本同一作准

B. 条约规定的文本作准

C. 以一种文字作准，其他文本作参考

D. 各方只受本国文本文字约束

10. 双边条约的生效时间是（　　）。

A. 自谈判之日起

B. 自签字之日起

C. 自批准之日起

D. 自互换批准书之日起

11. 条约必须遵守的含义是（　　）。

A. 无条件遵守一切条约

B. 不得援引国内法规定为由不履行条约

C. 遵守一切合法有效的条约

D. 依约善意履行合法有效条约

12. 下列哪几项属于国际法允许的单方终止条约的理由？（　　）

A. 缔约方严重违反条约义务

B. 情况的基本改变

C. 条约未经登记

D. 条约违反国内法

13. 下列属于条约有效必须具备的条件是（　　）。

A. 符合任意法

B. 符合强行法

C. 缔约国意思的自由表达

D. 具有完全的缔约权

14. 关于条约的保留，下列哪几项必须以书面形式作出？（　　）

A. 提出保留

B. 明示接受保留

C. 明示反对保留

D. 撤回保留

15. 关于条约的缔结主体，下列说法正确的是（　　）。

A. 条约的缔结主体是国际法主体

B. 国家是条约的缔结主体

C. 争取独立的民族是条约的缔结主体

D. 政府间的国际组织是条约的缔结主体

16. 国际组织的章程，通常采用下列（　　）名称。

A. 宪章 　　　　　 B. 协定

C. 规约 　　　　　 D. 盟约

17. 多边条约的生效有以下哪几种方式？（　　）

A. 自全体缔约国批准或各缔约国明确表示接受条约约束之日起生效

B. 自一定数目的国家交存批准书或加入书之日或在此之后若干日起生效

C. 自一定数目的国家，其中包括某些特定的国家交存批准书后生效

D. 多边条约自绝大多数缔约国批准之日起生效

18. 下列哪些情况中，条约应属无效？（　　）

A. 主体非国际法主体

B. 因贿赂而缔结

C. 因强迫而缔结

D. 因欺诈而缔结

19. 下列属于条约终止的情况的有（　　）。

A. 条约的解除条件成立

B. 条约期满和条约执行完毕

C. 条约的执行不可能

D. 全体当事国同意终止

20. 依据《维也纳条约法公约》，条约无效的原因包括（　　）。（考研）

A. 条约执行不可能

B. 条约是强迫缔结的

C. 情况的基本改变

D. 条约缔结时违反既存的强行法规则

21. 甲、乙、丙三国为某投资公约的缔约国，甲国在参加该公约时提出了保留，乙国接受该保留，丙国反对该保留，后乙、丙、丁三国又签订了涉及同样事宜的新投资公约。根据《维也纳条约法公约》，下列哪些选项是正确的？（　　）（司考）

A. 因乙、丙、丁三国签订了新公约，导致甲、

乙、丙三国原公约失效

B. 乙、丙两国之间应适用新公约

C. 甲、乙两国之间应适用保留修改后的原公约

D. 尽管丙国反对甲国在原公约中的保留，甲、丙两国之间并不因此而不发生条约关系

视频讲题

22. 中国参与某项民商事司法协助多边条约的谈判并签署了该条约，下列哪些表述是正确的？（　　）（司考）

A. 中国签署该条约后有义务批准该条约

B. 该条约须由全国人大常委会决定批准

C. 对该条约规定禁止保留的条款，中国在批准时不得保留

D. 如该条约获得批准，对于该条约与国内法有不同规定的部分，在中国国内可以直接适用，但中国声明保留的条款除外

23. 根据《维也纳条约法公约》和《中华人民共和国缔结条约程序法》，关于中国缔约程序问题，下列哪些表述是正确的？（　　）（司考）

A. 中国外交部部长参加条约谈判，无须出具全权证书

B. 中国谈判代表对某条约作出待核准的签署，即表明中国表示同意受条约约束

C. 有关引渡的条约由全国人大常委会决定批准，批准书由国家主席签署

D. 接受多边条约和协定，由国务院决定，接受书由外交部部长签署

视频讲题

24. 依据《中华人民共和国缔结条约程序法》及中国相关法律，下列哪些选项是正确的？（　　）

A. 国务院总理与外交部部长参加条约谈判，无须

出具全权证书

B. 由于中国已签署《联合国国家及其财产管辖豁免公约》，该公约对中国具有拘束力

C. 中国缔结或参加的国际条约与中国国内法有冲突的，均优先适用国际条约

D. 经全国人大常委会决定批准或加入的条约和重要协定，由全国人大常委会公报公布

（三）不定项选择题

1. 在缔结多边条约时，一国表示愿意受条约的约束而附有保留的行为，在下列哪种情况下方能有效？（　　）

A. 全体当事国一致同意

B. 至少有一个当事国同意

C. 当事国的简单多数同意

D. 当事国的 2/3 多数同意

2. 条约的加入是指（　　）。

A. 加入一个已生效的双边条约

B. 加入一个未生效的双边条约

C. 加入一个开放性的多边条约

D. 只能加入已生效的多边条约

3. 条约禁止保留的情形有（　　）。

A. 保留不符合条约的宗旨和目的

B. 有缔约国表示反对保留

C. 条约本身禁止保留

D. 条约仅准许特定保留，而相关保留不在其内

4. 条约的主要特征有（　　）。

A. 以国际法为准

B. 以书面形式订立

C. 国际法主体之间订立

D. 条约非经批准不能生效

5. 解释条约的机关可以是（　　）。

A. 条约当事国　　　　B. 国际法庭

C. 国际组织　　　　　D. 仲裁法庭

6. 假设甲、乙两国自愿经过谈判、签署和批准的程序，缔结了一项条约。该条约的内容包括：出于两国共同的利益，甲国将本国的领土提供给乙国的军事力量使用，用来攻击丙国国内的某个种族。依据国际法，下列说法错误的是（　　）。（司考）

A. 由于双方平等自愿缔结，满足条约成立的实质要件，因而该条约是合法有效的

B. 由于条约经过合法的缔结程序，因而该条约是合法有效的

C. 如果该条约的内容得到丙国的同意，则缔约行为的不法性可以得到排除

D. 如果该条约的上述内容被实施，则乙国的行为构成不法行为，甲国的行为不构成不法行为

7. 在条约谈判时，一般无须出示全权证书的人员包括（　　）。

A. 国家元首

B. 政府首脑

C. 外交部部长

D. 议长或其他议会元首

8. 甲、乙两国 1990 年建立大使级外交关系，并缔结了双边的《外交特权豁免议定书》。2007 年两国交恶，甲国先宣布将其驻乙国的外交代表机构由大使馆降为代办处，乙国遂宣布断绝与甲国的外交关系。之后，双方分别撤走了各自驻对方的使馆人员。对此，下列选项正确的是（　　）。（司考）

A. 甲国的行为违反国际法，应承担国家责任

B. 乙国的行为违反国际法，应承担国家责任

C. 上述《外交特权豁免议定书》终止执行

D. 甲国可以查封没收乙国使馆在甲国的财产

视频讲题

9. 国际人道法中的区分对象原则（区分军事与非军事目标，区分战斗员与平民）是一项已经确立的国际习惯法原则，也体现在 1977 年《1949 年 8 月 12 日日内瓦四公约关于保护国际性武装冲突受难者的附加议定书（第一议定书）》中。甲、乙、丙三国中，甲国是该议定书的缔约国，乙国不是，丙国曾是该议定书的缔约国，后退出该议定书。根据国际法的有关原理和规则，下列选项错误的是（　　）。（司考）

A. 该原则对甲国具有法律拘束力，但对乙国没有法律拘束力

B. 丙国退出该议定书后，该议定书对丙国不再具有法律拘束力

C. 丙国退出该议定书后，该原则对丙国不再具有

法律拘束力

D. 该原则对于甲、乙、丙三国都具有法律拘束力

视频讲题

10. 菲德罗河是一条依次流经甲、乙、丙、丁四国的多国河流。1966 年，甲、乙、丙、丁四国就该河流的航行事项缔结条约，规定缔约国船舶可以在四国境内的该河流中通航。2005 年年底，甲国新当选的政府宣布：因乙国政府未能按照条约的规定按时维修其境内航道标志，所以甲国不再受上述条约的拘束，任何外国船舶进入甲国境内的菲德罗河段，均须得到甲国政府的专门批准。自 2006 年起，甲国开始拦截和驱逐未经其批准而驶入甲国河段的乙、丙、丁国船舶，并发生多起扣船事件。对此，根据国际法的有关规则，下列表述正确的是（　　）。（司考）

A. 由于乙国未能履行条约义务，因此，甲国有权终止该条约

B. 若乙、丙、丁三国一致同意，可以终止该三国与甲国间的该条约关系

C. 若乙、丙、丁三国一致同意，可以终止该条约

D. 甲、乙两国应分别就其上述未履行义务的行为，承担同等的国家责任

视频讲题

11. 甲、乙、丙、丁都是某多边条约的缔约国。条约规定缔约国之间就该条约产生的纠纷应提交国际法院解决。甲对此规定声明保留。乙国表示接受甲国的保留；丙国不仅反对甲国的保留，还主张条约在甲、丙之间不发生效力。丁国反对甲国的保留但不反对条约其他条款在甲、丁两国的适用。甲、乙、丙、丁都是《维也纳条约法公约》的缔约国，下列两国判断正确的是（　　）。（法考）

A. 甲、乙两国之间因该条约产生的纠纷应由国际法院管辖

B. 丙国可反对甲国的保留，但不能主张条约在甲、丙之间不发生效力

C. 甲、丁之间条约有效，仅保留条款在两国之间视为不存在

D. 乙、丁之间因该条约产生的纠纷应由国际法院管辖

视频讲题

12. 甲、乙、丙、丁四国签订《工业制成品关税协定》，约定工业制品关税降至 5%。次年甲、乙、丙三国又签订《贸易区协定》，约定工业制成品关税降至 3%，但丙国对汽车整车类产品作出保留，甲、乙两国接受了丙国的保留。甲、乙、丙、丁四国都是《维也纳条约法公约》的缔约国，下列哪些判断是正确的？（　　）（法考）

A. 乙国对丙国机床征收 5% 的关税

B. 丁国对丙国机床征收 5% 的关税

C. 甲国对丙国整车类产品征收 3% 的关税

D. 甲国对乙国整车类产品征收 3% 的关税

 简答题

1. 简述中国条约保留的实践。

2. 简述条约必须遵守的原则。（考研）

3. 简述条约冲突时适用的基本原则。

4. 简述条约对第三国的效力。（考研）

5. 简述条约解释的规则。（考研）

6. 简述条约的无效。（考研）

7. 简述条约的保留。（考研）

8. 简述国际法上条约的构成要件。（考研）

材料与法条分析题

1. 云掩寺是位于 A 国和 B 国交界的碧螺山山脉东部的一座古寺。两国签订的边界条约规定，边界线沿着碧螺山的分水岭划出。双方建立的混合划界委员会

对划界地区实地勘察后，绘制了边界地图，其中一张关于碧螺山山脉的地图标明云掩寺在 A 国一边。该地图作为边界条约的附件Ⅰ，由双方各自公开出版发行。在两国进一步谈判边界事务安排时，B 国地理学会的一名成员在该国公开出版的一刊物上对地图上的线与实际的分水岭线的一致性提出了质疑。B 国仍然依据那张地图达成了与 A 国的边界事务安排。当 A 国宣布开放云掩寺旅游时，发现 3 名 B 国森林警察驻扎其内。A 国向 B 国提出抗议。B 国则声称，按照分水岭划出的边界线应该把该寺划在自己一侧，附件Ⅰ的地图有严重错误，是无效的。

根据以上案情，回答下列问题：

（1）A、B 两国边界条约附件Ⅰ的法律地位是什么？

（2）B 国关于地图无效的主张是否成立？为什么？

（3）附件Ⅰ与边界条约的效力冲突如何解决？

视频讲题

2. A、B 两国都是《联合国海洋法公约》的缔约国。A 国《海上航行安全法》规定，外国军舰通过领海须经该国政府批准。B 国军舰"海狼号"访问 C 国后返航通过 A 国领海时，A 国指责 B 国军舰违反其《海上航行安全法》，遂派遣两艘军舰向外驱赶"海狼号"。B 国反驳说，它的军舰在 A 国领海享有无害通过权，其通过无须 A 国政府批准，并抗议 A 国的驱赶行为。

根据以上案情，结合条约解释的规则，分析 B 国军舰是否享有无害通过 A 国领海的权利。

视频讲题

3. A、B 两国都是联合国会员国。A 国内战在联合国干预下结束。根据一个独立调查委员会的报告，联合国安全理事会通过第 1468 号决议，根据《联合国宪章》第七章采取行动，决定设立一个国际刑事法庭，

起诉应对 A 国内战中发生的严重违反国际人道法的行为负责的人，并要求所有国家与法庭合作，将被指控的嫌疑人移交给法庭。A 国陆军参谋长甲出席 B 国国际战略研究所举行的一个国际学术会议时，法庭指控他对 A 国境内发现的"万人坑"负有责任，要求 B 国逮捕甲并移交给法庭。这为 B 国所拒绝，因为它与 A 国之间的引渡条约规定，未经对方同意，任何一方不得将对方的国民引渡给任何第三方。

根据以上案情，分析 B 国的做法是否正确。为什么？

视频讲题

4. 根据有关国际法原则、规则和制度，分析下面条款：

《维也纳条约法公约》第 2 条规定，称"保留"者，谓一国于签署，批准、接受、赞同或加入条约时所做之片面声明，不论措辞或名称如何，其目的在摒除或更改条约中若干规定对该国适用时之法律效果。

5. 根据有关国际法原则和规则，分析下面条款：

《中华人民共和国对外关系法》第 31 条：国家采取适当措施实施和适用条约和协定。条约和协定的实施和适用不得损害国家主权、安全和社会公共利益。

论述题与深度思考题

1. 试论条约的保留。（考研）

2. 论条约的终止与停止施行。

3. 试比较条约的终止和条约的无效。（考研）

4. 为何条约原则上只约束缔约国，习惯国际法规则却可拘束所有国家？（考研）

参考答案

名词解释与概念比较

1. 条约通常是指国家间所缔结的以国际法为准的国际书面协定，不论其载于一项单独文书或两项以上

相互有关的文书内，亦不论其特定名称如何。条约的国际法规范主要是 1969 年《维也纳条约法公约》。

2. 条约的解释是指条约解释主体（包括有关国家或机构）按一定的规则和方法，对条约各条款、各条款相互间关系以及构成条约整体的其他文件的正确含义加以剖析、阐明。条约解释的一般规则是应依照其用语按上下文并参照条约的目的及宗旨所具有的通常意义善意解释。

3. 善意原则是条约法上的一项基本原则，是指依国际法有效成立的条约，当事国要诚实和正直地解释并予以履行，也即解释和履行条约不仅要按照条约的文字，而且要符合条约的精神。

4.

类别	概念	
	条约保留	解释性声明
定义	一国于签署、批准、接受、核准或加入条约时所作的片面声明，不论措辞或名称为何，其目的在于摒除或更改条约中若干规定对该国适用时之法律效果	一国所作的单方声明，无论措辞或名称如何，其目的在于确定或阐明该国对条约或其中若干条款赋予的含义或范围
目的	摒除或更改条约中若干规定对保留国的拘束力	确定或阐明声明国对条约或其中若干条款赋予的含义或范围
地位	有些被禁止	不被禁止

5. 情况的基本改变是条约法上的一项原则，它是指在缔结条约时有个假定，即条约的有效以缔约时所能预见到的情势不变为条件；如果情势发生根本变化，缔约国有权终止、退出或停止施行条约。援引情况的基本改变受法定条件的限制，而且边界条约或情况的基本改变系当事国违反条约义务或违反对其他当事国所负的任何其他国际义务所致，均不得以情况的基本改变为由终止、退出或停止施行条约。

6. 多边条约的加入是指没有在条约上签字的国家表示同意接受条约约束的一种正式的国际法律行为。加入主要适用于开放性的多边条约，尤其是造法性的国际公约。除条约另有规定外，加入方与原始缔约方享有同样的权利，并承担同样的义务。

7. 条约必须遵守是一项古老的习惯法原则，是指凡有效的条约对其各当事国有拘束力，必须由各该国善意履行。但是，条约必须遵守原则不是绝对的，它受到一些限制：违反强行法规则、情况的基本改变等都可以成为不遵守条约的理由。

选择题

（一）单项选择题

1. B

全权证书是一国主管当局所颁发，指派一人或数人代表该国谈判，议定或认证条约约文，表示该国同意受条约拘束，或完成与条约有关的任何其他行为的文件。国家元首、政府首脑和外交部部长谈判缔约，或使馆馆长议定派遣国和接受国之间的条约约文，由于他们所任职务，无须出具全权证书。

2. A

保留是指一国于签署、批准、接受、核准或加入条约时所作之片面声明，不论措辞或名称为何，其目的在于摒除或更改条约中若干规定对该国适用之法律效果。保留基于国家主权，国家具有平等的缔约能力，保留可随时撤回。

3. B

批准条约是国家的一项缔约权利，国家可以自由决定是否批准某一公约，即对签署的公约不负有批准的义务，未经批准的条约不对该国产生效力。

4. A

保留、明示接受保留及反对保留，都必须以书面形式提出并致送缔约国及有权成为条约当事国的其他国家；撤回保留或撤回对保留提出的反对，也必须以书面形式提出。

5. B

现行的条约登记制度是由《联合国宪章》和《维也纳条约法公约》规定的，凡联合国会员国所订立的条约和国际协定，应送请联合国秘书处登记。

6. B

并非所有的条约一经签署就有效，一些重要的条约必须经过批准才有效。批准是国家的主权行为。国家对其授权代表签署的条约一般予以批准，但国家没有必须批准的义务。在国际实践中曾有拒绝批准或长期不予批准的事例，拒绝批准的法律后果是条约失效或对拒绝批准国无效。

7. C

条约当事国往往预见到在适用条约时可能发生的解释困难，通常就条约的解释作出一定的安排：（1）在条约中规定解释条款，就条约所使用的术语作出解释；（2）附加解释性声明或议定书；（3）明确规定将因条约解释引起的争端交付仲裁或司法解决。

8. B

条约是两个或两个以上国际法主体依据国际法确立其相互权利和义务而缔结的国际书面协议。条约的主体必须是国际法主体，且其数目必须为两个或两个以上。国际法的主体中最基本的是国家。因此，国家是条约最主要、最常见的主体，国际条约也主要是国家间的条约。除国家外，国际组织和争取独立的民族在一定条件下和一定范围内也是国际法的主体，所以，它们也可以成为条约的主体。只有这些国际法主体才能缔结条约。自然人或法人不能成为条约的主体。

9. B

凡与缔约国的国际法主体资格相关的条约均称为"人身性条约"，凡与缔约国的国际法主体资格不相关的只是处分性的条约均称为"非人身性条约"。政治性条约是"人身性条约"。有关领土划界的条约属于"非人身性条约"。

10. C

贿赂是使条约无效的一种情况。

11. B

根据中国《缔结条约程序法》第7条的规定，条约和重要协定的批准由全国人民代表大会常务委员会决定。这里的条约和重要协定是指：（1）友好合作条约、和平条约等政治性条约；（2）有关领土和划定边界的条约、协定；（3）有关司法协助、引渡的条约、协定；（4）同中华人民共和国法律有不同规定的条约、协定；（5）缔约各方议定须经批准的条约、协定；（6）其他须经批准的条约、协定。

12. A

缔约能力和缔约权是两个不尽相同的概念。缔约能力是指在国际法上可以合法缔结条约的能力或资格；缔约权是指有权缔结条约的机构的权限。在国际法上，只有国家和其他国际法主体才有缔约能力，这是由它们作为国际人格者所决定的。缔约权由国家和其他国际法主体的内部法律决定，而各国和其他国际法主体的内部法律可以有不同的规定。

13. C

《维也纳条约法公约》中有明确规定。

14. B

草签表示认证条约约文，其本身不具有法律效力。但是，如果经确定谈判国有此协议，约文的草签也可以构成条约的签署。

15. B

保留通常适用于多边条约。双边条约一般不发生保留问题。《联合国海洋法公约》第309条禁止对公约作出保留或例外。《联合国宪章》也不得保留。

16. D

条约间产生冲突，就引起了哪个条约优先适用的问题。根据1969年《维也纳条约法公约》第30条，就同一事项先后订立的几个条约发生冲突时，如果联合国会员国间所订立的条约与《联合国宪章》相冲突，无论其在《联合国宪章》之前或之后，《联合国宪章》下的义务应优先。

17. C

条约只对缔约国有拘束力，不约束第三国。这即"条约对第三者无损益"的原则，条约非经第三国同意，不为该国创设义务或权利。新约与旧约冲突的部分只对丙国产生效力，丙国与甲、乙两国仍适用旧约。

18. B

边界条约是"非人身性条约"，不适用情况的基本改变原则。

19. A

国家权力机关批准条约的证明文件一般是批准书。宣言、公告和加入书在国际法上分别具有不同的含义和效力。

20. A

议定书通常是辅助性的法律文件，解决一些很具体的问题。公约通常是指许多国家为解决某一重大问题而在国际会议上或在国际组织主持下谈判缔结的多边条约。宣言或声明通常指两个或两个以上的国家就某一种问题举行会谈或会议，而于其后公开发表的文件。

21. B

按条约的缔约方数量，可以把条约分为多边条约和双边条约。

22. C

按条约的性质，条约可分为契约性条约和造法性

国际法练习题集（第六版）

条约。契约性条约是缔约方订立的解决当前的一个具体问题的条约；而造法性条约是缔约方订立的创立以后相互间必须遵守的共同行为规则的条约，这类条约大多数是一般性多边条约。

23．A

除条约规定或该条约各当事国约定在有分歧时以一个特定的约文为准外，每种文字的约文同一作准。各国只受其本国文字文本约束。

24．D

根据《维也纳条约法公约》的相关规定，当一个条约有意为第三国创设一项权利时，原则上仍应得到第三国的同意。但是，如果第三国没有相反的表示，应推定其同意接受该项权利。如果设定的是非经该第三国同意不得取消或变更的权利，则当事国不得单方取消和变更该项权利。

25．A

中国《缔结条约程序法》第6条第2款第2项规定，在谈判、签署条约、协定时，谈判、签署与驻在国缔结条约、协定的中华人民共和国驻该国使馆馆长，无须出具全权证书，但是各方另有约定的除外。第13条规定，中华人民共和国同外国缔结的双边条约、协定，以中文和缔约另一方的官方文字写成，两种文本同等作准；必要时，可以附加使用缔约双方同意的另一种第三国文字，作为同等作准的第三种正式文本或者作为起参考作用的非正式文本；经缔约双方同意，也可以规定对条约、协定的解释发生分歧时，以该第三种文本为准。某些属于具体业务事项的协定，以及同国际组织缔结的条约、协定，经缔约双方同意或者依照有关国际组织章程的规定，也可以只使用国际上较通用的一种文字。第17条第1款规定，中华人民共和国缔结的条约和协定由外交部按照联合国宪章的有关规定向联合国秘书处登记。

26．A

1969年《维也纳条约法公约》第31条至第33条规定了条约的解释规则：条约解释的通则；条约解释的补充规则；多种文字认证的条约的解释。

27．D

保留是一国单方面作出的。对于保留，其他的缔约国可以作出同意或反对。签署条约时，条约可能尚未生效；加入条约时，条约可能已经生效，所以，条约生效前和生效后都可提出保留。条约的保留是指一

国在签署、批准、接受、赞同或加入一个条约时所作的单方声明。所以，在条约已经对丁国生效后，就不能再提出条约保留了。加入一般没有期限的限制，因此加入可以在条约生效之前或生效之后进行。

（二）多项选择题

1．BD

中国《缔结条约程序法》第6条第1款第1项规定：以中华人民共和国名义或者中华人民共和国政府名义缔结条约、协定，由外交部或者国务院有关部门报请国务院委派代表。代表的全权证书由国务院总理签署，也可以由外交部部长签署。

2．ABCD

条约非经第三国同意，不为该国创设义务或权利。如果一个条约有意为第三国设定一项义务，应得到第三国书面明示接受。如果一个条约有意为第三国创设一项权利，也应得到第三国的同意，但在第三国无相反的表示时，应推定其同意。第三国所担负的义务，必须经条约各当事国与该第三国的同意，方得取消或变更，但经确定其另有协议者除外；第三国享有的权利，如果经确定原意为非经该第三国同意不得予以取消或变更，当事国则不得予以取消或变更。

3．ABCD

条约解释的通则是条约应依其用语，按上下文并参照条约的目的及宗旨所具有的通常意义，善意解释。按上述通则进行解释而意义仍属不明或难解，或导致显然荒谬或不合理时，为确定该用语的意义，可以使用补充的解释资料，包括该条约的准备资料及其缔结的情况。除条约规定或该条约各当事国约定在有分歧时以一个特定的约文为准外，每种文字的约文同一作准。

4．AB

未经登记的条约和国际协定，其缔约国不得在联合国任何机构中援引。因此，向联合国秘书处登记缔结的条约是会员国的义务。但是，登记不是条约生效的必备条件。未向秘书处登记，并不影响条约的法律效力，而只是不得在联合国任何机构中援引。

5．ABC

如果条约明文规定不得违反先订或后订条约，或不得视为与先订或后订条约不相符合，该先订或后订条约应优先。如果先订条约的全体当事国同时亦为后

订条约的当事国且先订条约依法并未终止或停止施行，适用后订条约。如果后订条约的当事国不包括先订条约的全体当事国，在同为先后两条约的当事国之间，适用后订条约；而在为两条约的当事国与仅为其中一条约的当事国之间，适用两国均为当事国的条约。

6. ABC

保留的效力为：（1）保留经另一缔约国接受时，就该另一缔约国而言，保留国即成为该条约的当事国，但以该条约已对这些国家生效为条件。（2）保留经另一缔约国反对时，条约在反对国与保留国之间并不因此而不生效力，除非反对国确切地表示了相反的意思。（3）一国表示同意承受条约拘束而附有保留的行为，只要至少有另一缔约国已经接受该项保留，就成为有效。

7. BCD

在几个条约就同一事项的规定相互矛盾时，就引起了条约间的冲突。条约的冲突常见于以下几种情况：两个国家先后订立两个相冲突的条约；一个国家已和另一国缔结了一项条约，后来又与第三国订立了相冲突的条约；一个多边条约的两个当事国间或一个当事国与第三国间缔结了违反该多边条约的条约。

8. ABCD

批准是一国确定其同意受条约拘束的行为，一般是条约经过签署后使条约发生拘束力的程序。以批准来表示一国同意承受条约的拘束，1969年《维也纳条约法公约》第14条第1款规定了下列几种情况：（1）条约规定以批准的方式表示同意；（2）另经确定，谈判国协议需要批准；（3）该国代表已对条约作出须经批准的签署；（4）该国对条约作出须经批准的签署的意思可见于其代表的全权证书，或在谈判过程中有这样的表示。

9. ABD

多种文字认证的条约的解释除条约规定或该条约各当事国约定在有分歧时以一个特定的约文为准外，每种文字的约文同一作准。各国只受本国文字文本约束。

10. BCD

双边条约的生效主要有以下几种方式：（1）自签字之日起生效，无须经过批准和交换批准书的程序。（2）自批准之日起生效，但无须交换批准书。如果双方同日批准，条约即在该日生效；如果先后批准，以后一个批准日为批准生效日。（3）自批准书交换之日或之后若干天起生效。

11. BCD

有效的条约对其各当事国有拘束力，必须由各该国善意履行。换句话说，只要是有效的条约，各当事国都应遵守并善意履行。有效的条约即依国际法有效成立的条约，这是遵守条约的前提条件。善意履行也就是诚实和正直地履行，也即履行条约不仅要按照条约的文字，而且要符合条约的精神。遵守条约还要求一国不得以国内法规定为由不履行条约。

12. AB

单方终止的理由有：（1）一方违约。条约一当事方违反条约，他方可以终止或停止施行该条约。但违反必须是重大的。重大违约是指废弃条约，而此种废弃非1969年《维也纳条约法公约》所准许；或违反条约规定，而此项规定是实现该条约的目的和宗旨所必要的。（2）情况的基本改变。情况的基本改变是条约法上的一项原则，它是指在缔结条约时有个假定，即条约的有效以缔约时所能预见到的情势不变为条件；如果情势发生根本变化，缔约国有权终止、退出或停止施行条约。

13. BCD

主体合格、内容合法、双方意思表示一致等是条约有效的必要条件，但其合法要件还需遵循强行法，即与强行法一致。

14. ABCD

保留、明示接受保留及反对保留，都必须以书面形式作出并致送缔约国及有权成为条约当事国的其他国家；撤回保留或撤回对保留提出的反对，也必须以书面形式作出。

15. ABCD

在国际法上，只有国家和其他国际法主体才有缔约能力。这是由它们作为国际人格者所决定的。

16. ACD

宪章、盟约和规约这类名称通常用于建立国际组织的国际协议，属于多边条约的性质，如《联合国宪章》《国际法院规约》等。

17. ABC

多边条约的生效有以下几种方式：（1）自全体缔约国批准或各缔约国明确表示接受条约约束之日起生效。（2）自一定数目的国家交存批准书或加入书之日或在此之后若干日起生效，如 1969 年《维也纳条约法公约》第 84 条规定："本公约应于第三十五件批准书或加入书存放之日后第三十日起发生效力。"（3）自一定数目的国家，其中包括某些特定的国家，交存批准书后生效，如《联合国宪章》第 110 条第 3 款规定，一俟美国政府通知，已有中国、法国、苏联、英国、美国以及其他签字国过半数将批准书交存时，本宪章即发生效力。

18. BCD

条约无效有以下几种情况：违反国内法关于缔约权的规定；错误；诈欺；贿赂；强迫；与强行法冲突。

19. ABCD

一般国际法上条约终止的情况有：（1）条约嗣后履行不能。（2）条约长期不适用。（3）嗣后出现与条约不相容的强行法规则。（4）条约履行完毕。（5）情况的基本改变。（6）一方违约。（7）单方面解约或退出。（8）断绝外交或领事关系。（9）战争。

20. BD

条约无效的情况包括：（1）违反国内法关于缔约权的规定。（2）错误。（3）诈欺。（4）贿赂。（5）强迫。（6）与强行法冲突。

21. BCD

根据《维也纳条约法公约》，如果后订条约的当事国不包括先订条约的全体当事国，在同为先后两条约的当事国之间，适用后订条约。所以，乙、丙、丁之间的新公约不导致甲、乙、丙之间投资公约终止，且乙、丙之间适用新公约。乙国接受甲国的保留，从而在两国间产生保留的效果，保留经另一缔约国接受时，就该另一缔约国而言，保留国即成为该条约的当事国；而当保留经另一缔约国反对时，条约在反对国与保留国之间并不因此而不生效力。

22. BC

国家在国际法上没有必须批准的义务。中国《缔结条约程序法》规定："条约和重要协定的批准由全国人民代表大会常务委员会决定"。此处的"条约和重要协定"包括"有关司法协助、引渡的条约"。根据 1969 年《维也纳条约法公约》第 19 条第 1 项，如果条约禁止保留，则不得提出保留。中国缔结的民商事司法协助条约同国内法有不同规定的，是否可以在国内直接适用，国内法没有规定。

23. ACD

根据《维也纳条约法公约》和中国《缔结条约程序法》，外交部部长谈判、签署条约、协定，无须出具全权证书。条约和重要协定由国务院提请全国人大常委会决定批准，中华人民共和国主席根据全国人大常委会的决定予以批准。《缔结条约程序法》第 12 条规定，接受多边条约和协定由国务院决定。接受书由外交部部长签署，具体手续由外交部办理。

24. AD

政府首脑和外交部部长在参加条约谈判时一般无须出具全权证书。根据中国《缔结条约程序法》第 7 条，条约和重要协定由国务院提请全国人大常委会决定批准，因而签署一个多边条约不对中国产生拘束力。中国对国际条约与国内法冲突的解决没有统一规定，而是由各个有关法律分别予以具体规定。根据中国《缔结条约程序法》第 15 条，经全国人大常委会决定批准或者加入的条约和重要协定，由全国人大常委会公报公布；其他条约、协定的公布办法由国务院规定。

（三）不定项选择题

1. B

保留经另一缔约国接受时，就该另一缔约国而言，保留国即成为该条约的当事国，但以该条约已对这些国家生效为条件。保留经另一缔约国反对时，条约在反对国与保留国之间并不因此而不生效力，除非反对国确切地表示了相反的意思。一国表示同意承受条约拘束而附有保留的行为，只要至少有另一缔约国已经接受该项保留，就成为有效。

2. C

加入是指没有在条约上签字的国家表示同意接受条约约束的一种正式国际法律行为。双边条约不发生加入的问题。加入主要适用于开放性的多边条约，尤其是造法性的国际公约。加入条约时，既可以加入已生效的条约，也可以加入尚未生效的条约。一旦加入，加入方即成为条约的缔约方，除条约另有规定外，与原始缔约方享有同样的权利，并承担同样的义务。

3. ACD

一项保留要发生效果，必须是可允许的。1969 年《维也纳条约法公约》以消极方式规定了禁止保留的情形。根据该公约第 19 条，有下列情形之一者，不得提出保留：（1）该项保留为条约所禁止。（2）条约仅准许特定的保留而有关的保留不在其内。（3）该项保与条约的目的与宗旨不相符。

4. ABC

根据条约的定义，条约具有以下几个基本特征：（1）条约的主体必须是国际法主体。（2）条约必须以国际法为准。（3）条约必须是缔约方意思表示的一致。（4）条约规定国际法主体间在国际法上的权利和义务关系。（5）条约通常是书面形式的协议。

5. ABCD

条约的解释机关有：（1）当事国。条约当事国有权对条约进行解释，因为条约主要是由当事各国缔结的，只有当事国最了解缔约的意思和各项条款的真实含义。（2）国际组织。国际组织原则上有权解释建立该组织的条约、公约或章程，以及该组织在行使职务时颁发的文件。国际组织的解释仅在该组织的范围内有效。（3）国际仲裁或司法机关。一些国际公约包含争端解决条款，规定当事国可把因条约解释引起的争端交付仲裁或司法解决。

6. ABCD

1969年《维也纳条约法公约》第53条规定，条约在缔结时与一般国际法强制规律抵触者无效。灭绝种族是公认的国际法罪行，违反强行法。

7. ABC

1969年《维也纳条约法公约》第7条第2款作了这样的明确规定。

8. C

根据《维也纳条约法公约》的有关规定，当外交和领事关系的存在是条约必不可少的条件时，断绝外交和领事关系可导致条约的终止。将大使馆降为代办处和宣布断绝外交关系是国家的权力，并不构成国际不法行为。

9. AC

国际习惯法原则对所有国家都有约束力。1977年《1949年日内瓦四公约第一附加议定书》作为条约，只对缔约国有约束力，一个国家退出该议定书后，该国不再受其拘束。

10. BC

条约一当事方有重大违约情事时，他方可以终止或停止施行该条约。未按时修理航道标志的行为不属于重大违约。拦截和驱逐船舶违反条约的通航规定，构成重大违约行为，其余国家可以一致同意终止条约关系。两个国家违约行为的严重程度不同，承担的国家责任也不同等。

11. BCD

接受保留的，保留所涉及的内容在双方之间有效，即保留在甲、乙两国之间有效，国际法院不应管辖甲、乙之间的纠纷。如果反对一项保留的国家并未反对该条约在该国与保留国之间生效，那么该保留所涉及的规定，在保留的范围内，不适用于该两国之间。因此，丙国可反对甲国的保留，甲国保留的部分对丙国不生效，但保留与条约的目的及宗旨不发生冲突的情况下，不能主张条约不发生效力。同样，甲、丁两国之间条约有效，甲国保留的部分对丁国不生效。乙、丁两国均未作出保留，两国之间因该条约产生的纠纷应由国际法院管辖。

12. BD

选项A错误：根据《贸易区协定》，乙国对丙国车床类产品征收关税应为3％。选项B正确：丁国与丙国之间适用《工业制成品关税协定》相关条款规定。选项C错误：甲国与丙国之间应当适用《贸易区协定》，但丙国对整车类产品提出了保留，且甲表示接受，那么，两国之间应当适用丙保留的条款。选项D正确：甲国与乙国之间应当适用《贸易区协定》，甲国对乙国整车类产品征收3％关税。

 简答题

1. 中国在参加多边条约时，曾对50多项条约提出保留。这些可分为如下几类：（1）对争端解决方式条款的保留，主要是排除国际法院等对于缔约国之间对条约的解释、适用发生争端时的强制管辖权。此种保留数量较多。（2）对可能损害中国国家主权、利益或与中国政治制度、外交政策等不相符条款的保留，如中国加入《维也纳外交关系公约》时，对有关"教廷大使"的规定予以保留。（3）对与中国国内法有抵触的条款的保留，如中国1986年对《联合国国际货物销售合同公约》涉及口头合同的第11条的保留。（4）对中国履约有技术困难的条款进行保留，如在加入《关于1973年国际防止船舶造成污染公约的1978年议定书》时，中国对公约附则Ⅲ、Ⅳ和Ⅴ都曾予以保留。

2.（1）条约必须遵守是一项古老的习惯法规则，源于古罗马法"对契约的遵守"的概念，后被移植到国际法中，成为公认的国际法原则。1969年《维也纳条约法公约》第26条规定，凡有效的条约对其各当事国有拘束力，必须由各该国善意履行。换句话说，只要是有效的条约，各当事国都应遵守并善意履行。有效的条约即依国际法有效成立的条约，这是遵守条约的前提条件。善意履行也就是诚实和正直地履行，也即履行条约不仅要按照条约的文字，而且要符合条约的精神。一当事国不得援引其国内法规定作为理由而不履行条约。

（2）为促进对条约的遵守，越来越多的条约设立履约监督机制，如人权、环境、预防与打击犯罪和武器控制类条约。与正式的争端解决办法相比，这是一种"比较柔和的"、非敌对形式的违约追究机制。条约必须遵守原则不是绝对的，它受到一些限制。违反强行法规则、情况的基本改变等都可以成为不遵守条约的理由。

3. 根据1969年《维也纳条约法公约》第30条，就同一事项先后订立的几个条约发生冲突时，其适用应遵循以下原则：

（1）如果联合国会员国间所订立的条约与《联合国宪章》相冲突，无论其在《联合国宪章》之前或之后，《联合国宪章》的义务应优先。

（2）如果条约明文规定不得违反先订或后订条约，或不得视为与先订或后订条约不相符合，该先订或后订条约应优先。

（3）如果先订条约的全体当事国同时亦为后订条约的当事国且先订条约依法并未终止或停止施行，适用后订条约。

（4）如果后订条约的当事国不包括先订条约的全体当事国，在同为先后两条约的当事国之间，适用后订条约；而在为两条约的当事国与仅为其中一条约的当事国之间，适用两国均为当事国的条约。

4. （1）第三国即"非条约当事国之国家"。原则上，条约只对缔约国有拘束力，不约束第三国。这即"条约对第三者无损益"的原则，也即条约相对效力原则。1969年《维也纳条约法公约》第34条规定，条约非经第三国同意，不为该国创设义务或权利。第35条、第36条进一步规定，如果一个条约有意为第三国设定一项义务，应得到第三国书面明示接受。如果一个条约有意为第三国创设一项权利，也应得到第三国的同意，但在第三国无相反的表示时，应推定其同意。第37条还就第三国的义务或权利的取消或变更作出如下规定：第三国所担负的义务，必须经条约各当事国与该第三国的同意，方得取消或变更，但经确定其另有协议者除外；第三国享有的权利，如果经确定原意为非经该第三国同意不得予以取消或变更，当事国则不得予以取消或变更。

（2）在某些情况下，条约会对第三国产生法律效果。典型例子如最惠国条款和所谓确立"客观制度"的条约。后者的事例通常包括有关国际水道的航行公约，规定非军事化、中立化或国际化的条约等。此外，如果条约的规定是对习惯法规则的编纂或已形成习惯法规则，则对第三国有拘束力。

（3）有的条约明确给第三国设定义务而无须其同意，这构成条约相对效力原则的例外。这方面的一个显著例子是《联合国宪章》，它明确规定了非会员国在维持国际和平与安全的必要范围内遵守宪章的原则的义务。

5. （1）条约解释的一般规则。对条约，应依其用语，按上下文并参照条约的目的及宗旨所具有的通常意义，善意解释。上下文除条约约文、序言和附件外，还包括：全体当事国之间就该条约的缔结所订立的与该条约有关的任何协定；一个或几个当事国就该条约的缔结所作出的并经其他当事国接受为与该条约有关的任何文件。应与上下文一并考虑的还有：各当事国嗣后所订立的关于该条约的解释或适用的任何协定，嗣后在条约适用方面确定各当事国对该条约解释的意思一致的任何惯例，以及适用于各当事国之间关系的任何有关国际法规则。

（2）条约解释的辅助资料。适用上述通则进行解释而意义仍属不明或难解，或导致显然荒谬或不合理时，为确定该用语的意义，可以使用补充的解释资料，包括该条约的准备资料及其缔结的情况，如谈判记录、条约的历次草案和讨论条约的会议记录等。

（3）多种文字认证的条约的解释。除条约规定或该条约各当事国约定在有分歧时以一个特定的约文为准外，每种文字的约文同一作准。在各个作准约文中，条约的用语应推定具有相同的意义。如果没有规定以某一特定约文为准且比较各作准约文后发现意义有差别而适用通常的解释方法仍不能消除时，应采用顾及条约目的和宗旨的、最能调和各约文意义的解释。

（4）条约解释的体系性。

参见程晓霞、余民才主编：《国际法》，7版，246～

247页。

6. 条约的无效是指条约丧失其有效条件而不具有拘束力。

（1）条约无效的情况。

1）违反国内法关于缔约权的规定。各国国内法，主要是宪法，都载有一些限制缔约权的规定。缔约国可以援引违反这些规定作为条约无效的根据。但是，这种违反必须是显而易见的，且违反的是具有根本重要性的国内法规则。此外，缔约代表违反缔约权限，如果在代表表示其国家同意受条约拘束前将缔约权的特定限制通知其他谈判国，该国也可以主张条约无效。

2）错误。如果条约内存在错误，且此项错误涉及一国于缔约时假定为存在并构成其同意受条约拘束的必要根据的事实或情势，该国可以援引错误撤销其同意。但是，如果错误是由该国本身的行为所造成，或当时情况足以使该国有知悉错误的可能，则该国不能援引错误作为撤销其同意的理由。如果只是条约使用的字句的错误，则条约的效力不受影响，当事国可对错误予以更正。

3）诈欺。如果条约是因一谈判国的诈欺而缔结的，另一国可以援引诈欺为理由而主张条约无效。

4）贿赂。如果一国受条约拘束的同意是由于另一谈判国直接或间接贿赂其代表而取得的，该国可以援引贿赂主张条约无效。

5）强迫。真正同意是条约有效的一个条件。通过行为或威胁对一国代表实施强迫而取得该国同意受拘束的条约，以及违反《联合国宪章》中所包含的国际法原则以武力威胁或使用对一国实施强迫而缔结的条约无效。

6）与强行法冲突。条约在缔结时与一般国际法强制规律抵触者无效。

（2）条约无效的后果。

条约被确定无效后，其规定无法律效力，而且它们自始无效，而不仅仅是从援引或确定无效之日起无效。

7. 条约的保留是指一国于签署、批准、接受、核准或加入条约时所作之片面声明，不论措辞或名称为何，其目的在于摒除或更改条约中若干规定对该国适用之法律效果。保留是一国的单方声明，应在表示接受条约约束时提出。保留可以采用任何措辞或名称。保留的实质是排除或更改条约中某些条款对提出保留

的缔约方的拘束力，因此保留不同于解释性声明。保留通常适用于多边条约。双边条约一般不发生保留问题。一项保留要发生效果，必须是可允许的。

8. 条约是两个或两个以上国际法主体依据国际法确立其相互权利和义务而缔结的国际书面协议。因此，构成条约的要件有：（1）条约的主体必须是国际法主体，且其数目必须有两个或两个以上。国家是条约最主要、最常见的主体，国际组织和争取独立的民族在一定条件下和一定范围内也是条约的主体。自然人或法人不能成为条约的主体。（2）条约必须以国际法为准。（3）条约必须是缔约方意思表示的一致。（4）条约规定国际法主体间在国际法上的权利和义务关系。（5）条约通常是书面形式的协议。

材料与法条分析题

1. （1）附件Ⅰ是A、B两国边界条约的组成部分，为二者所接受和遵守，具有条约的地位。

（2）B国关于地图无效的主张不成立。根据1969年《维也纳条约法公约》，错误是一缔约国可以援引为撤销其同意条约约束的一个理由。但是，依此主张条约无效是相对的。如果错误是由该国本身的行为所造成，或当时情况足以使该国有知悉错误的可能，该国则不能援引错误作为撤销其同意的理由。本案中在附件Ⅰ地图所划边界线存在错误的情况下，当时的情况足以使B国知悉错误的存在，因为：B国公开出版了边界地图，而且在两国谈判边界事务安排时，B国地理学会的一名成员在该国公开出版的一刊物上对附件Ⅰ地图上的线与条约上实际的分水岭线的一致性提出了怀疑。在B国知悉地图存在严重错误的可能时不主张图上所划边界线无效，即丧失援引错误的权利。

（3）边界地图通常是边界条约的一个附件。在地图与边界条约不一致时，原则上应以边界条约为准。但如果不一致的边界地图为有关国家所接受和遵守，则构成对条约的修正。国际法院在1962年"柏威夏寺案"中就以作为条约附件的地图所标明的边界线为准，而没有以条约规定的分水岭线为准。在本案中，B国公开出版附件Ⅰ的地图，并依据地图上的边界线与A国就边界事务作出了安排，这表明它同意了对边界条约的修正。因此，A、B两国在碧螺山的边界线应以附件Ⅰ为准。

2. B国军舰享有无害通过A国领海的权利。(1)《联合国海洋法公约》第二部分第三节A分节下的"所有船舶"或"船舶"术语虽然没有被定义或解释，但第三节"领海的无害通过"由三部分组成。A分节涉及"适用于所有船舶的规则"，B分节进一步对适用于商船的规则作了规定，C分节则对适用于军舰的规则予以规定。从逻辑上看，既然第三节首先规定了适用于所有船舶的规则，而后又分别对适用于商船和军舰的特别规则予以规定，那么这里的"所有船舶"术语显然包括商船和军舰。而第17条规定，所有国家的船舶都享有无害通过领海的权利。显而易见，军舰也享有这种权利。

（2）根据《维也纳条约法公约》的条约解释规则，条约解释应依照其用语按上下文进行。这里"按上下文"的措辞表明，解释军舰是否享有无害通过权必须将C分节与A分节联系起来。既然A分节和C分节都是"领海的无害通过"标题下的组成部分，那么依此逻辑，无害通过适用于军舰。而且，A分节中有些非无害行为只能由军舰行使，如在通过时对沿海国的主权、领土完整或政治独立进行任何武力威胁或使用武力；以任何类型的武器进行任何操练或演习，在船上发射、降落或接载任何军事装置。再者，按《联合国海洋法公约》第20条的规定，潜水艇在领海内享有无害通过权。该条"潜水艇和其他潜水器"的措辞包括军用潜艇在内。

（3）按照条约解释规则的"通常意义"的解释要求，第三节"领海的无害通过"中"所有船舶"或"船舶"术语在没有明确排除军舰这类船舶情况下，它的通常意义应该是包括军舰在内的所有类型的船舶。

（4）在某些用于国际航行的海峡中，适用与领海相同的无害通过制度。在这类用于国际航行的海峡中，外国军舰享有无害通过权。国际法院在1949年"科孚海峡案"判决中指出，外国军舰在用于国际航行的海峡中享有无害通过的权利。沿岸国不得禁止这种通过。

（5）B国是《联合国海洋法公约》的缔约国，享有公约规定的权利。其军舰"海狼号"是返航时经过A国领海，属于公约中的无害通过。

3. B国的做法不正确。

（1）联合国安全理事会第1468号决议对B国有约束力。《联合国宪章》第25条规定，联合国会员国同意依宪章之规定接受并履行安全理事会之决议。第1468号决议是安全理事会根据宪章第七章采取的行动，并规定所有国家有义务与它设立的国际刑事法庭合作，逮捕被指控的嫌疑人并移交给它。B国是联合国会员国，根据宪章有遵守第1468号决议的义务。

（2）B国根据安全理事会第1468号决议的义务优于它根据与A国引渡条约的义务，即未经A国同意，它不得将A国陆军参谋长甲移交给法庭的义务。《联合国宪章》第103条规定，联合国会员国在本宪章下的义务与其依任何其他国际协定所负之义务有冲突时，其在本宪章下之义务应居优先。1969年《维也纳条约法公约》第30条重申了这一原则。本案中的国际刑事法庭是根据安全理事会决议设立，被指控A国陆军参谋长甲在B国管辖的领土内，法庭向B国提出了逮捕并移交甲的要求。因此，B国有义务与法庭合作，不能以它与A国的引渡条约来对抗。

4. 这个条款是对条约保留概念的定义，说明了保留的构成条件。

（1）保留是一国对条约所做的单方声明，必须在表示接受条约的约束时提出，也就是在签署、批准、接受、赞同或加入条约时提出。在表示接受条约约束时之后提出的保留无效，除非得到其他缔约国全体同意。

（2）提出保留是一个国家的权利。但是，这种权利受如下条件的限制：保留不为条约所禁止；条约允许对特定事项作出保留而有关保留不在其内；保留不违反条约的目的和宗旨。

（3）单方面声明构成保留的标准不取决于它使用何种措辞或名称，而取决于它排除、改变条约中若干条款对于提出保留国适用的法律效果。

（4）保留不同于解释性声明，后者的效果在于使国内法与国际法取得协调一致。

5. 这个条款是条约必须遵守原则在中国国内法上的反映。

（1）条约必须遵守是一项国际法原则。它是指凡有效的条约对其各当事国有拘束力，必须由各该国善意履行。也即是说，各当事国必须遵守有效的条约并善意履行，不得援引其国内法规定为理由而不履行条约。善意履行就是诚实和正直地履行，也即履行条约不仅要按照条约的文字，而且要符合条约的宗旨。

（2）实施和适用条约是中国的主权行为。国家可采取立法、司法和行政措施实施和适用条约。除明文

规定不适用于港澳地区外，对中国有效的条约和协定在中国全部领土范围内适用。

（3）中国许多法律法规明文规定条约和协定在国内的实施和适用。这大致有转化适用和纳入适用或直接适用两种方式。条约直接适用的具体形式有四种，即：直接适用国际条约；国际条约另有规定的，适用国际条约的规定；国际条约与相关国内法有不同规定的，适用国际条约的规定；国内法没有规定的适用国际条约。

（4）中国有时还采取专门行政措施实施条约，比如2025年国务院办公厅《关于进一步加强贸易政策合规工作的意见》。

 论述题与深度思考题

1.（1）概念。

条约的保留是指一国于签署、批准、接受、核准或加入条约时所作之片面声明，不论措辞或名称为何，其目的在于摒除或更改条约中若干规定对该国适用之法律效果。这个概念不同于解释性声明。解释性声明是一国所作的单方声明，无论措辞或名称如何，其目的在于确定或阐明该国对条约或其中若干条款赋予的含义或范围。保留和解释性声明有不同的法律优势。有的多边条约禁止保留，但并不禁止解释性声明。保留通常适用于多边条约。双边条约一般不发生保留问题。

（2）保留的提出。

一项保留要发生效果，必须是可允许的。1969年《维也纳条约法公约》以消极方式规定了禁止保留的情形。根据该公约，有下列情形之一者，不得提出保留：该项保留为条约所禁止；条约仅准许特定的保留而有关的保留不在其内；该项保留与条约的目的与宗旨不相符。除这些情形之外的其他保留都是允许的。即使一个条约本身没有保留条款，也允许提出不与条约的目的和宗旨相冲突的保留。

提出保留的时间是一国签署、批准、接受、核准或加入条约时。国际法委员会关于条约保留的草案指南案文——《条约的保留：实践指南》还增加了"一国发出继承条约的通知时"的规定。这些时间都是缔约国表示同意承受条约拘束的时间。因此，如果一国在表示接受条约约束时没有提出保留，那么在此之后，其无权再提出保留。但是，如果条约本身有相反规定，

或其他缔约国不反对，则上述时间限制就成为例外。

（3）保留的接受与反对及其法律效果。

根据《维也纳条约法公约》，有关保留的接受和反对及其法律效果的规则是：

1）条约明文准许的保留不需要其他缔约国事后予以接受，除非该条约有相反规定。

2）如果从谈判国的有限数目以及条约的目的和宗旨可见，该条约在全体当事国间全部适用是每一当事国同意承受该条约约束的必要条件，则保留必须经全体当事国接受。

3）若条约为一国际组织章程，除其另有不同规定外，保留须经该组织的主管机关接受。

4）凡不属于上述情形，除条约另有规定外：①保留经另一缔约国接受时，就该另一缔约国而言，保留国即成为该条约的当事国，但以该条约已对这些国家生效为条件。②保留经另一缔约国反对时，条约在反对国与保留国之间并不因此而不生效力，除非反对国确切地表示了相反的意思。③一国表示同意承受条约拘束而附有保留的行为，只要至少有另一缔约国已经接受该项保留，就成为有效。

5）就上述第2项和第4项而言，除条约另有规定外，如果一国在接到保留国的通知后12个月的期间届满之日，或至其表示同意承受条约约束之日为止，未对保留提出反对，该保留即被视为业经该国接受，在这两个日期中，以较后一个日期为准。

对另一当事国成立的保留，在保留国与该当事国之间的关系上，在保留范围内修改保留所涉及的条约规定；而在其他当事国之间，该项保留不修改条约的规定。反对保留的国家如果并未反对该条约在该国与保留国之间生效，则在该两国之间仅不适用所保留的规定。

（4）撤回保留及撤回对保留的反对。

《维也纳条约法公约》第22条规定，除条约另有规定外，保留可以随时撤回，无须经业已接受保留的国家的同意；对保留提出的反对亦可随时撤回；撤回保留及撤回对保留的反对都应通知有关当事国，撤回自接受保留国或提出保留国收到通知时起开始发生效力。

（5）保留的程序。

根据《维也纳条约法公约》第23条，保留、明示接受保留及反对保留，都必须以书面形式提出并致送

缔约国及有权成为条约当事国的其他国家；撤回保留或撤回对保留提出的反对，也必须以书面形式提出；如果保留是在签署待批准的条约时提出的，保留国应在批准条约时确认该项保留，遇有这种情形，该项保留应视为在其确认之日提出。

参见程晓霞、余民才主编：《国际法》，7 版，235～238 页。

2.（1）条约的终止是指一个有效的条约由于法定的原因而终止其所发生的法律效果的法律情况。条约的停止施行是指暂时停止条约所发生的一些法律效果的法律情况。这二者的区别在于：终止后条约不再对当事国产生法律效果；而停止施行后条约可以恢复对当事国的法律效果，其并非永久停止。

（2）条约终止和停止施行的原因。

条约终止和停止施行的原因可以概括为以下三个方面。

1）条约规定终止或停止施行。

条约本身所规定的终止原因有：①条约期满。有效期届满的条约，若无延长之行为，则自动失效。②条约解除条件成立。③单方面解约或退出。单方面解约多用于双边条约。双边条约的一个当事国提出解约，如对方在一定期限内不提出反对，该条约即终止。而单方面退出多用于多边条约。多边条约的一个当事国提出退约，如果其他国家在一定期限内不提出反对，该条约对退出方终止其效力，而对其他当事国继续有效。

条约中明文规定停止施行的条款不多，比较常见的如国际组织的组织文件中的暂停会员国资格条款以及有关人权的条约中的暂停履行部分义务条款。

2）条约当事国嗣后共同同意该条约终止或停止施行。

条约的全体当事国于缔约后可以共同同意终止或停止施行条约。共同同意可以是明示的，也可以是默示的。明示的共同同意是由原条约全体当事国另订一条约，或在该另订条约的一个条款中明文规定将原条约终止或停止施行。默示的共同同意通常发生于后订条约默示地终止或停止施行前条约的情况。

3）一般国际法上条约的终止或停止施行。

①发生意外，不可能履行。条约缔结后，如果实施条约所必不可少的标的物永久消失或毁坏以致不可能履行时，当事国可以此为理由终止或退出条约。

如果不可能履行属于暂时的性质，当事国只能停止施行条约。但是，不可能履行如果是该当事国违反条约义务或违反对条约其他方所承担的任何其他国际义务的结果，该当事国则不能以此项理由终止或停止施行条约。

②条约长期不适用。条约缔结后，如果一方长期不适用，其他方也不提出异议，默认这种状况继续下去，条约就可以终止。

③嗣后出现与条约不相容的强行法规则。一个在缔结时与当时存在的强行法规则不相冲突的条约因后来出现一个与之不相容的新强行法规则时，该条约自新强行法规则产生之时起因无效而终止。

④条约履行完毕。

⑤情况的基本改变。情况的基本改变是条约法上的一项原则，它是指在缔结条约时有个假定，即条约的有效以缔约时所能预见到的情势不变为条件；如果情势发生根本变化，缔约国有权终止、退出或停止施行条约。但是，所变更的情势必须是缔约时存在的，这些情况的存在构成各当事国同意受条约拘束的必要基础；而且所发生的变更必须是各当事国未能预见的，并将根本改变依据条约尚待履行的义务的范围。边界条约或情况的基本改变系当事国违反条约义务或违反对其他当事国所负的任何其他国际义务所致，均不得以情况的基本改变终止、退出或停止施行条约。

⑥重大违约。条约一当事方违反条约，他方可以终止或停止施行该条约。但违反必须是重大的。重大违约是指废弃条约，而此种废弃非 1969 年《维也纳条约法公约》所准许；或违反条约规定，而此项规定是实现该条约的目的和宗旨所必要的。

⑦单方面解约或退出。如果条约本身无单方面解约或退出的规定，但依各缔约国的原意和该条约的性质推定有解约或退出的可能性或权利，则缔约国可以解约或退出。

⑧断绝外交或领事关系。缔约国间外交或领事关系的断绝并不影响彼此间由条约确定的法律关系，但是外交或领事关系的存在是适用条约所必不可少的则成为例外。

⑨战争。战争对条约的影响依条约的性质和缔约国的意向而定。有些条约随战争的爆发而终止或停止施行，如政治、经贸性条约。但有些条约继续有效，如边界条约、建立客观制度的条约、关于战争法规的

条约等。

（3）条约终止和停止施行的后果。

条约当事国如果在条约或其他协议中约定了终止和停止施行条约的后果，则适用已取得同意的后果，否则，条约的终止解除当事国继续履行条约的义务；

3.

条约的停止施行解除停止施行条约的当事国于暂停期间在彼此关系上履行条约的义务，而不影响其他缔约国之间的法律关系。

参见程晓霞、余民才主编：《国际法》，7版，251～254页。

类别	概念	
	条约的终止	条约的无效
定义	一个有效的条约由于法定的原因而终止其所发生的法律效果的那种法律情况	条约丧失其有效条件而不具有拘束力
产生原因	(1) 条约规定终止的原因，如条约期满、条约解除条件成立。 (2) 条约当事国嗣后共同同意该条约终止。 (3) 一般国际法上条约的终止，如发生意外不可能履行，嗣后出现与条约不相容的强行法规则，情况的基本改变，重大违约	违反国内法关于缔约权的规定；错误；诈欺；贿赂；强迫；与强行法冲突
法律效果	(1) 条约当事国如果在条约或其他协议中约定了终止条约的后果，则适用已取得同意的后果。 (2) 解除当事国继续履行条约的义务。条约的终止原则上是整个条约终止或停止施行。但是，如果条约的条文可以分离，也可以部分条文终止。 (3) 条约的终止不影响各当事国在该条约终止前由于实施该条约所产生的任何权利、义务或法律情势。在条约与新强行法相抵触成为无效而终止的情形，嗣后此等权利、义务或情势之保持仅以与强行法不相抵触者为限	(1) 条约无法律效力，而且自始无效。原则上，条约无效是条约作为一个整体无效。但是，如果条约的条文可以分离，则无效的条文无效。 (2) 因信赖此种条约而实施的行为，每一当事国可以要求任何其他当事国在彼此关系上尽可能恢复实施此项行为前原应存在的状况，在援引条约无效之理由前以善意实施之行为并不仅因条约无效而成为不合法。然而，后一种结果不适用于对欺诈、贿赂行为或强迫负有责任的当事国

4. 条约是两个或两个以上国际法主体依据国际法确立其相互权利和义务而缔结的国际书面协议。由于条约的约束力基于国家的同意，只有表示接受条约约束的国家才受条约约束，因而条约原则上只拘束缔约国。此即条约相对效力原则。1969年《维也纳条约法公约》规定，条约非经第三国同意，不为该国创设义务或权利；如果一个条约有意为第三国设定一项义务，应得到第三国书面明示接受。如果一个条约有意为第三国创设一项权利，也应得到第三国的同意，但在第三国无相反的表示时，应推定其同意。

国际习惯是在国际法律关系中具有法律拘束力的一致性一般国家惯例或通例。它是各国采取一致或相同的做法，并被接受为法律，因而对所有国家具有约束力。但是，如果一个国家持续反对，国际习惯则对反对国没有约束力。

参见程晓霞、余民才主编：《国际法》，7版，10～12、225～226、244～245页。

第十一章 外交与领事关系法

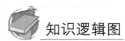知识逻辑图

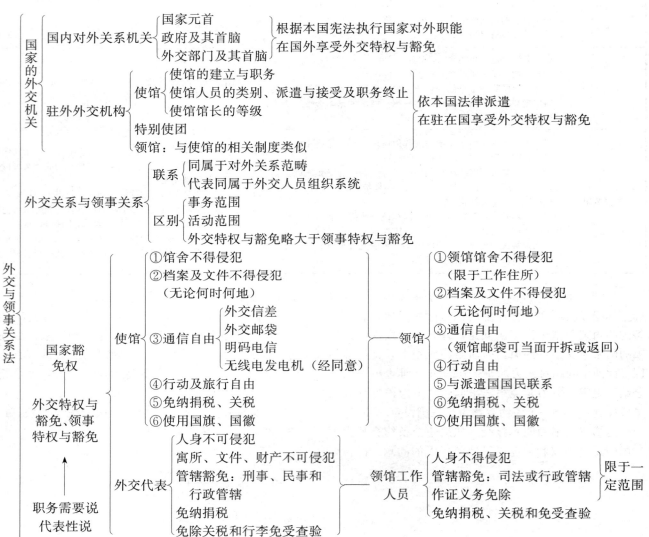

名词解释与概念比较

1. 特别使团与外交团（考研）
2. 代办与临时代办
3. 不受欢迎的人（考研）
4. 职业领事与名誉领事
5. 领事特权与豁免（考研）
6. 应受国际保护人员

 选择题

（一）单项选择题

1. 甲国总统任命杰克逊为驻中华人民共和国大使，则杰克逊执行职务的时间是从什么时候开始的？（ ）
A. 甲国总统作出任命决定以后
B. 进入中华人民共和国境内
C. 呈递国书后
D. 中华人民共和国主席第一次接见以后

2. 领馆人员职务终止的情况不包括（ ）。
A. 被派遣国召回
B. 外交关系断绝
C. 领馆关闭
D. 被宣告为不受欢迎的人或不能接受

3. 使馆可免纳捐税，但下列哪项不应免除？（ ）
A. 所得税
B. 服务费
C. 交通费
D. 房产税

4. 外交团团长由下列人员中的哪一位担任？（ ）
A. 外交团中年龄最长的一位使馆馆长
B. 外交团中等级最高、递交国书最早的使馆馆长
C. 外交团中威望最高的使馆馆长
D. 外交团中民主选举出的使馆馆长

5. 下列有关国与国之间领事关系的建立说法错误的是（ ）。
A. 国与国之间领事关系的建立，以协议为之
B. 除另有声明外，两国同意建立外交关系亦即同意建立领事关系
C. 断绝外交关系当然断绝领事关系
D. 领馆之设立地点、领馆类别及辖区确定后，派

遣国须经接受国同意始得变更之。

6. 中国任命总领事的机关是（ ）。
A. 外交部
B. 国务院
C. 全国人大常委会
D. 国家主席

7. 甲、乙两国关系恶化，后两国断交，则两国使馆人员的职务（ ）。
A. 即告终止
B. 暂时终止
C. 仍旧保持
D. 馆长决定

8. 领馆档案及文件不得侵犯，适用于下列哪种情形？（ ）
A. 只在领馆内
B. 只在领馆辖区内
C. 只在外交邮差或外交邮袋里
D. 无论何时何地

9. 中国在加入1961年《维也纳外交关系公约》时，对外交代表的等级提出保留的是（ ）。
A. 大使
B. 公使
C. 代办
D. 教廷大使

10. 下列不属于1961年《维也纳外交关系公约》中三级使馆馆长的是（ ）。
A. 大使或教廷大使
B. 公使或教廷公使
C. 代办
D. 临时代办

11. 下列哪项是在对外关系上的最高机关和最高代表？（ ）
A. 瑞士的联邦委员会
B. 英国首相
C. 美国国务院
D. 法国外交部长

12. 某国驻华商社工作人员阿姆杜拉策划、参与了与国内犯罪分子走私犯罪活动。对阿姆杜拉的刑事责任问题，应当如何处理？（ ）（司考）
A. 适用我国法律追究其走私的刑事责任
B. 通过外交途径解决
C. 适用其本国的法律追究其走私罪的刑事责任
D. 直接驱逐出境

13. 康某是甲国驻华使馆的官员。与康某一起生活的还有其妻、其子（26岁，已婚）和其女（15岁）。

该三人均具有甲国国籍。一日，四人在某餐厅吃饭，与邻桌发生口角，引发斗殴并致对方重伤。警方赶到时，斗殴已结束。甲国为《维也纳外交关系公约》的缔约国，与我国没有相关的其他协议。根据国际法和我国法律的相关规定，下列哪一选项是正确的？（　　）（司考）

A. 警方可直接对康某采取强制措施，包括立即限制其人身自由

B. 警方可直接对其妻依法采取强制措施，包括立即限制其人身自由

C. 警方可直接对其子依法采取强制措施，包括立即限制其人身自由

D. 警方不得对康家的任何人采取任何强制措施，包括立即限制其人身自由

14. 下列外交人员在派遣之前，其人选需要事先获得接受国同意的是（　　）。（考研）

A. 参赞　　　　　　　B. 秘书

C. 随员　　　　　　　D. 武官

15. 甲、乙、丙三国均为《维也纳外交关系公约》缔约国。甲国汤姆长期旅居乙国，结识甲国驻乙国大使馆参赞杰克，两人在乙国与丙国的汉斯发生争执并互殴，汉斯被打成重伤。后，杰克将汤姆秘匿于使馆休息室。关于事件的处理，下列哪一选项是正确的？（　　）（司考）

A. 杰克行为已超出职务范围，乙国可对其进行逮捕

B. 该使馆休息室并非使馆工作专用部分，乙国警察有权进入逮捕汤姆

C. 如该案件在乙国涉及刑事诉讼，杰克无作证义务

D. 因该案发生在乙国，丙国法院无权对此进行管辖

16. 甲国与乙国基于传统友好关系，兼顾公平与效率原则，同意任命德高望重并富有外交经验的丙国公民布朗作为甲、乙两国的领事官员派遣至丁国。根据《维也纳领事关系公约》，下列哪一选项是正确的？（　　）（司考）

A. 布朗既非甲国公民也非乙国公民，此做法违反《维也纳领事关系公约》

B. 《维也纳领事关系公约》没有限制，此做法无须征得丁国同意

C. 如丁国明示同意，此做法是被《维也纳领事关系公约》允许的

D. 如丙国与丁国均明示同意，此做法才被《维也纳领事关系公约》允许

（二）多项选择题

1. 杜某为甲国驻乙国使馆的三等秘书，艾某为丙国驻乙国使馆的随员。杜某在乙国首都实施抢劫，有1名乙国人在抢劫中被其杀死。艾某当时恰好目击了该抢劫杀人事件。甲、乙、丙三国都是《维也纳外交关系公约》的缔约国，且三国之间没有其他双边的涉及外交和领事特权与豁免方面的协定。根据国际法规则，下列判断哪些是错误的？（　　）（司考）

A. 如杜某本人表示放弃其管辖豁免，则乙国即可以对其提起刑事诉讼，无论使馆是否同意

B. 如艾某本人表示愿意出庭作证，则乙国即可以带其到法庭作证，无论使馆是否同意

C. 乙国向甲国提出请求，要求放弃杜某的豁免，如甲国没有答复，则可以推定甲国已经同意放弃，从而对杜某提起刑事诉讼

D. 如甲国表示放弃杜某的管辖豁免，则乙国可以对杜某进行提起刑事诉讼，而不论杜某本人是否同意

2. 根据《维也纳外交关系公约》，通信自由包括（　　）。

A. 使用外交邮袋的自由

B. 使用外交信使的自由

C. 使馆来往公文不得侵犯

D. 装置和使用无线电发报机的自由

3. 使馆和外交人员对驻在国的义务有（　　）。

A. 尊重驻在国的法律和规章

B. 不干涉驻在国内政

C. 使馆不得充作与使馆职务不相符合的用途

D. 不得为私人利益从事任何专业或商业活动

4. 国内的外交机关有（　　）。

A. 国家元首　　　　　B. 政府

C. 司法机关　　　　　D. 外交部门

5. 使馆的职务可以包括（　　）。

A. 于国际法许可之限度内，在接受国中保护派遣国及其国民之利益

B. 受托保护第三国及其国民的利益，只要第三国授权

C. 以一切合法手段调查接受国之状况及发展情形，并向派遣国政府报告

D. 促进派遣国与接受国之友好关系

6. 下列哪些人员是外交代表？（ ）

A. 参赞甲
B. 译员乙
C. 馆长丙
D. 信使丁

7. 甲国元首可以向乙国派遣的使馆馆长有（ ）。

A. 大使或教廷大使

B. 公使或教廷公使

C. 代办

D. 临时代办

8. 下列关于1961年《维也纳外交关系公约》对使馆人员的派遣和接受的表述正确的是（ ）。

A. 派遣国所任命的使馆馆长必须事先征求接受国同意，其他人员都无须征求接受国同意

B. 任何人员得于其到达接受国国境前，被宣告为不受欢迎或不能接受人员

C. 派遣国书、委任书由派遣国外交部部长签署

D. 使馆馆长在呈递国书后，即视为已在接受国内开始执行职务

9. 甲为乙国驻丙国的领事，下述甲的行为中正确的是（ ）。

A. 在国际法许可的限度内，在接受国内保护派遣国及其国民的利益

B. 以一切手段调查接受国内商业、经济、文化及科学活动之状况及发展情形，向派遣国政府报告，并向有关人士提供资料

C. 向派遣国国民发给护照及旅行证件，并向拟赴派遣国旅行人士发给签证或其他适当文件

D. 经第三国委托，代为照顾和保护第三国的侨民，代表第三国在接受国境内执行领事职务

10. 领馆人员分为（ ）。

A. 领事官员
B. 领事雇员
C. 服务人员
D. 私人服务人员

11. 甲、乙二国建有外交及领事关系，均为《维也纳外交关系公约》和《维也纳领事关系公约》缔约国。乙国为举办世界杯足球赛进行城市改建，将甲国使馆区域、大使官邸、领馆区域均纳入征用规划范围。对此，乙国作出了保障外国使馆、领馆执行职务的合理安排，并对搬迁使领馆给予及时、有效、充分的补偿。根据国际法相关规则，下列哪些判断是正确的？

（ ）（司考）

A. 如甲国使馆拒不搬迁，乙国可采取强制的征用搬迁措施

B. 即使大使官邸不在使馆办公区域内，乙国也不可采取强制征用搬迁措施

C. 在作出上述安排和补偿的情况下，乙国可征用甲国总领馆办公区域

D. 甲国总领馆馆舍在任何情况下均应免受任何方式的征用

12. 经乙国同意，甲国派特别使团与乙国进行特定外交任务谈判，甲国国民贝登和丙国国民奥马均为使团成员。下列哪些选项是正确的？（ ）（司考）

A. 甲国对奥马的任命需征得乙国同意，乙国一经同意则不可撤销此项同意

B. 甲国特别使团下榻的房舍遇到火灾而无法获得使团团长明确答复时，乙国可以推定获得同意进入房舍救火

C. 贝登在公务之外开车肇事被诉诸乙国法院，因贝登有豁免权乙国法院无权管辖

D. 特别使团也适用对使馆人员的"不受欢迎的人"的制度

13. 甲、乙、丙三国因历史原因，冲突不断，甲国单方面暂时关闭了驻乙国使馆。艾诺是甲国派驻丙国使馆的二秘，近日被丙国宣布为不受欢迎的人。根据相关国际法规则，下列哪些选项是正确的？（ ）（司考）

A. 甲国关闭使馆应经乙国同意后方可实现

B. 乙国驻甲国使馆可用合法手段调查甲国情况，并及时向乙国作出报告

C. 丙国宣布艾诺为不受欢迎的人，须向甲国说明理由

D. 在丙国宣布艾诺为不受欢迎的人后，如甲国不将其召回或终止其职务，则丙国可拒绝承认艾诺为甲国驻丙国使馆人员

14. 甲、乙两国均为《维也纳领事关系公约》缔约国，阮某为甲国派驻乙国的领事官员。关于阮某的领事特权与豁免，下列哪些表述是正确的？（ ）（司考）

A. 如犯有严重罪行，乙国可将其羁押

B. 不受乙国的司法和行政管辖

C. 在乙国免除作证义务

D. 在乙国免除缴纳遗产税的义务

（三）不定项选择题

1. 甲为乙国驻丙国海军武官，其职务可因下述情况而终止（　　）。

A. 甲任期届满

B. 甲被接受国宣布为不受欢迎或不能接受人员

C. 乙国将甲调任丁国，被乙国召回

D. 丙国发生革命，产生新政府

2. 杰克是英国驻法国的外交官员，丽沙是其妻子，珍妮是其女儿，8岁，二人均随杰克居住在法国，则在杰克任职期间，（　　）。

A. 丽沙和珍妮是非法国人，享有与杰克同样的外交特权与豁免

B. 丽沙享有外交特权与豁免，而珍妮不享有外交特权与豁免

C. 即使丽沙和珍妮是法国人，她们也享有与杰克同样的外交特权与豁免

D. 丽沙和珍妮自始就不享有外交特权与豁免

3. 下列使馆人员中，不享有外交官身份的是（　　）。

A. 专员　　　　　　　B. 三等秘书

C. 译员　　　　　　　D. 参赞

4. 甲、乙两国都是《维也纳外交关系公约》的缔约国。赵某为甲国派驻乙国的商务参赞。在乙国任职期间，赵某遇到的下列争议中可以由乙国法院管辖的是（　　）。

A. 赵某以使馆的名义，向乙国某公司购买一栋房屋，因欠款而被售房公司起诉

B. 赵某在乙国的叔叔去世，其遗嘱言明将一栋位于乙国的楼房由赵某继承，但其叔叔之子对此有异议，而诉诸法院

C. 赵某工作之余，为乙国一学生教授外语并收取酬金，但其未能如约按时辅导该学生，该学生诉诸法院，要求其承担违约责任

D. 赵某与使馆的另一位参赞李某，因国内债务问题发生纠纷，李某试图将此纠纷诉诸乙国法院解决

5. 克森公司是甲国的一家国有物资公司。2011年，该公司与乙国驻丙国的使馆就向该使馆提供馆舍修缮材料事宜，签订了一项供货协议。后来，由于使馆认为克森公司交货存在质量瑕疵，双方产生纠纷。根据国际法的有关规则，下列选项正确的是（　　）。

（司考）

A. 乙国使馆无权在丙国法院就上述事项提起诉讼

B. 克森公司在丙国应享有司法管辖豁免

C. 乙国使馆可以就该事项向甲国法院提起诉讼

D. 甲国须对克森公司的上述行为承担国家责任

视频讲题

6. 甲国驻乙国总领馆的一只邮袋在乙国入境时，被乙国有关部门怀疑内有违禁品，并试图拆开检查。该邮袋上有领馆专用的明显标志。甲、乙两国均为《维也纳领事关系公约》的缔约国，但相互间无其他相关协定。根据公约的规定，下列选项正确的是（　　）。

A. 乙国有关部门有权自行打开该邮袋检查

B. 乙国有关部门若打开该邮袋检查，须在甲国授权代表在场的情况下进行

C. 若甲国拒绝打开该邮袋，则乙国可以对该邮袋采取没收或扣押措施

D. 若甲国拒绝打开该邮袋，则乙国应将该邮袋退回原发送地

7. 甲、乙两国均为《维也纳外交关系公约》缔约国，甲国拟向乙国派驻大使馆工作人员。其中，杰克是武官，约翰是二秘，玛丽是甲国籍会计且非乙国永久居留者。依该公约，下列选项正确的是（　　）。（司考）

A. 甲国派遣杰克前，无须先征得乙国同意

B. 约翰在履职期间参与贩毒活动，乙国司法机关不得对其进行刑事审判与处罚

C. 玛丽不享有外交人员的特权与豁免

D. 如杰克因参加斗殴意外死亡，其家属的特权与豁免自其死亡时终止

8. 汉斯为甲国驻乙国大使馆的武官，甲、乙两国都是《维也纳外交关系公约》的缔约国。据此，下列判断正确的是（　　）。（法考）

A. 乙国应为甲国大使馆提供必要的免费物业服务

B. 甲国使馆暴发恶性传染病，乙国卫生部门人员可以未经许可进入使馆消毒

C. 甲国使馆未经乙国许可，不得装置使用无线电发报机

D. 汉斯射杀两名翻墙进入使馆的乙国人，乙国司法部门不得对其进行刑事审判和处罚

视频讲题

9. 甲、乙两国因政治问题交恶，甲国将其驻乙国的大使馆降级为代办处。后乙国出现大规模骚乱，某乙国公民试图翻越围墙进入甲国驻乙国代办处，被甲国随员汤姆开枪打死。根据该案情，以下说法正确的是( )。（法考）

A. 因甲国主动将驻乙国使馆降级为代办处，根据相关公约的规定，代办处不再受到外交法的保护

B. 随员汤姆的行为是为了保护代办处的安全，因此不负任何刑事责任

C. 乙国可以因随员汤姆的开枪行为对其采取刑事强制措施

D. 如果甲国明示放弃汤姆的外交豁免权，则乙国可以对汤姆采取刑事强制措施

视频讲题

10. 甲国驻乙国大使汤姆辱骂乙国总统，被乙国宣布为"不受欢迎的人"。根据相关国际法规则，下列选项正确的是( )。（法考）

A. 甲国应立即将汤姆召回

B. 甲国应立即停止汤姆的大使职务

C. 甲国有权要求乙国说明汤姆"不受欢迎"的理由

D. 如甲国不将汤姆召回或终止其职务，则乙国可令汤姆限期离境

视频讲题

11. 根据《维也纳外交关系公约》和《维也纳领事

关系公约》，下列说法正确的是( )。（法考）

A. 甲国驻乙国使馆有权在使馆内庇护涉嫌在乙国犯罪的丙国公民

B. 乙国有足够证据怀疑甲国驻乙国某领馆的邮袋内有爆炸物，若甲国该领馆拒绝开拆，乙国不得自行开拆该邮袋

C. 甲国有权声明乙国某外交人员为不受欢迎的人，但必须说明理由

D. 乙国驻甲国某领馆办公楼发生火灾，因为情况紧急，在乙国领馆馆长反对的情况下，甲国消防人员也可进入领馆灭火

视频讲题

12. 根据《维也纳外交关系公约》和《维也纳领事关系公约》，下列判断正确的是( )。（法考）

A. 甲国驻乙国使馆的参赞非工作时间在高速公路上交通肇事，该参赞声明放弃外交特权与豁免，乙国有权对其逮捕并审判

B. 甲国特别外交信差涉嫌毒品犯罪，待其将负责携带的外交邮袋送交收件人后，乙国有权对其逮捕并审判

C. 甲国驻乙国领事官员可在甲国驻乙国大使的批准下，在领馆范围外从事职务活动

D. 甲国驻乙国公使可在节假日有偿参加乙国招商引资等商事活动

视频讲题

13. 安某和皮某分别是甲国驻乙国使馆的三等秘书和随员。安某多次参加乙国群众举行的反政府集会和游行；皮某则大量订阅乙国反对党公开出版的刊物并将有关内容向甲国报告。根据国际法的有关规则，下列判断正确的是( )。（司考）

A. 安某的行为违背了外交人员对驻在国的有关义务规定

B. 皮某的行为违背了外交人员对驻在国的有关义

务规定

C. 一旦安某或皮某的行为被确定为违背了相关的义务，其外交特权与豁免即应被剥夺

D. 一旦外交人员的行为被确定为违背了相关的义务，驻在国可以宣布其为"不受欢迎的人"要求其在限定时间内离境

14. 与《维也纳外交关系公约》相比，1986年《中华人民共和国外交特权与豁免条例》增加了给予外交特权与豁免的人员种类。下列何种人是该条例增加的？（　　）（司考）

A. 使馆外交人员

B. 外交信使

C. 持有中国外交签证的人员

D. 由中国过境的前往第三国的外交人员

15. 甲国驻乙国使馆与乙国某公司签订办公设备买卖合同，后因支付款项发生纠纷。乙国公司诉至乙国某法院。乙国是一个主张限制豁免理论的国家，根据现行的国际法规则与实践，下列选项正确的是（　　）。（法考）

A. 因为乙国主张限制豁免理论，所以乙国法院有权管辖本案

B. 若甲国派代表出庭抗议乙国法院的管辖权，视为默示接受乙国法院的管辖

C. 若甲国明示放弃管辖豁免，乙国法院可以在诉讼中扣押甲国财产

D. 若甲国明示放弃管辖豁免，乙国法院可以对甲国财产采取强制执行措施

 简答题

1. 比较使馆人员与领馆人员派遣的不同。

2. 我国《外交特权与豁免条例》在哪些方面对《维也纳外交关系公约》作了补充规定？

3. 简述使馆的职务。（考研）

4. 使馆不可侵犯主要包括哪些基本内容？（考研）

5. 简述外交代表管辖豁免的主要内容。（考研）

6. 简述国家豁免与外交豁免的区别。（考研）

 材料与法条分析题

1. A国陆军司令甲发动军事政变成功后，经国会选举就任总统。在执政期间，他下令秘密警察对数以千计的持不同政见者施以酷刑、谋杀和强迫失踪，其中包括一百多名B国公民。甲卸任后，A国新政府授予他终身参议员身份。当他持外交护照前往C国就医时，B国一地方法院法官签发逮捕令，指控他在执政期间对B国公民犯有酷刑罪和密谋使用酷刑罪，要求C国予以逮捕。同时，B国通过外交途径请求C国引渡甲。A国抗议C国的逮捕和引渡调查程序，声明甲作为前国家元首，享有不受逮捕和不被引渡的豁免权，要求C国立即释放。B、C两国都是一区域性引渡公约和1984年《禁止酷刑和其他残忍、不人道或有辱人格的待遇或处罚公约》（以下简称《酷刑公约》）的缔约国。

根据以上案情，回答下列问题：

（1）甲对被指控的行为是否享有豁免权？为什么？

（2）C国逮捕甲并展开引渡程序的做法是否正确？为什么？

视频讲题

2. A国一地方法院接受B国X村曾经发生的大屠杀事件受难者后裔的诉讼请求，向B国现任外交部部长甲签发了一项"缺席的国际逮捕令"，指控他对X村的大屠杀事件负有责任，犯有战争罪和危害人类罪，并通过国际刑警组织在全球通缉。

根据以上案情，分析A国法院的做法是否正确。为什么？

视频讲题

3. A国人甲和乙在B国B1州抢劫银行，杀害了一名银行经理和两名职员。甲、乙两人被判处死刑。B国法院没有在任何阶段告知他们可获得本国领事的帮助。直到被执行死刑时，A国驻B国领事馆才从媒

体获知消息。A国立即向B国提出抗议，指责它违反《维也纳领事关系公约》。A、B两国都是该公约的缔约国。

根据以上案情，分析A国的抗议是否成立。为什么？

4.根据有关国际法原则、规则和制度，分析下面条款：

《维也纳外交关系公约》第31条第1款规定，外交代表对接受国之刑事管辖享有豁免。

《维也纳领事关系公约》第41条第1款规定，领事官员不得予以逮捕候审或羁押候审，但遇犯严重罪行之情形，依主管司法机关之裁判执行者不在此列。

 论述题与深度思考题

比较外交特权与豁免和领事特权与豁免。（考研）

参考答案

 名词解释与概念比较

1.

类别	概念	
	特别使团	外交团
定义	一个国家经另一个国家同意，为了就特别问题同该另一国交涉，或为了执行同该另一国有关的特别任务，而派往该国的、代表其本国的临时使团	一般指驻在一国首都的各外国使馆馆长和其他外交人员组成的团体
外交关系	存在外交或领事关系不是必要条件	存在外交关系
法律性质	代表派遣国	不具有法律职能，不是外交代表
目的	执行特定任务	主要是在外交礼仪方面发挥作用
团长	特别使团团长由派遣国代表担任	外交团团长由外交团中等级最高、递交国书最早的使馆馆长担任

2.

类别	概念	
	代办	临时代办
定义	向外交部部长派遣的使馆馆长	在馆长职位空缺或不能执行职务时，被委派暂行代行使馆长职务的使馆外交职员
地位	一级使馆馆长	使馆长以外的其他外交人员

3.不受欢迎的人是指接受国随时不加解释地通知派遣国，宣告使馆馆长或使馆任何外交职员为不受欢迎人员。遇此情形，派遣国应斟酌情况召回该员或终止其在使馆中之职务。

4.

类别	概念	
	职业领事	名誉领事
定义	派遣国任命的专职领事官员	委派国从接受国当地人士中选任的兼职领事官员
国籍	派遣国公民	接受国公民
身份	国家工作人员编制	不属于委派国家工作人员的编制
薪金	派遣国政府支付薪金	不领取委派国的薪金，通常从领馆收取的费用中提取报酬
派遣或接受	依法定程序派遣或接受	国家自行决定是否派遣或接受

5.领事特权与豁免是为了领馆及其人员在接受国能够有效地执行领事职务而由接受国给予的特别权利和优惠待遇。

6.应受国际保护人员是指在外国境内的一国元首，包括依关系国宪法行使国家元首职责的一个集体机构的任何成员，或政府首长，或外交部部长，以及他的随行家属，在侵害其本人或其办公用馆舍、私人寓所或其交通工具的罪行发生的时间和地点，按照国际法应受特别保护，以免其人身、自由或尊严受到任何攻击的一国的任何代表或官员或政府间性质的国际组织的任何官员或其他代理人，以及与其构成同一户口的家属。侵害应受国际保护人员的行为是国际刑法所禁止的犯罪行为。

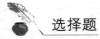选择题

（一）单项选择题

1. C

派遣国书是派遣国国家元首致接受国国家元首用以证明大使或公使身份的正式文件。在中国，使馆馆长正式呈递国书的日期为其在华正式执行职务的日期。

2. B

领馆人员职务的终止情形主要包括：（1）派遣国通知接受国该人员的职务业已终止。（2）领事证书被撤销。（3）接受国通知派遣国，接受国不复承认该人员为领馆官员。（4）领馆关系断绝或领馆关闭。断绝外交关系并不代表领事关系的结束。

3. B

使馆所有或租赁之馆舍，免除缴纳国家、区域或地方性捐税，但为使馆提供特定服务所应付的费用，如清除垃圾费等，不在免除之列。使馆办理公务所收之规费及手续费免纳一切捐税。接受国应依本国制定之法律规章，准许使馆公务用品入境并免除一切关税。

4. B

外交团一般指驻在一国首都的各外国使馆馆长和其他外交人员组成的团体。狭义的外交团仅限于使馆馆长，广义的外交团包括外交人员的家属。外交团团长由外交团中等级最高、递交国书最早的使馆馆长担任。在一些天主教国家，外交团团长往往由教廷大使担任。

5. C

国与国之间领事关系的建立，以协议为之。除另有声明外，两国同意建立外交关系亦即同意建立领事关系。断绝外交关系并不当然断绝领事关系。领馆的设立地点、领馆类别及辖区由派遣国决定，但须经接受国同意。

6. A

2009年《驻外外交人员法》第16条规定，总领事由外交部决定。

7. A

根据1961年《维也纳外交关系公约》有关规定和国际实践，两国断交，其直接后果之一就是各自关闭使馆，使馆人员职务即终止。

8. D

领馆档案及文件无论何时何地，均不得被侵犯。

9. D

中国在加入1961年《维也纳外交关系公约》时，对关于教廷使节的规定加以保留。

10. D

1961年《维也纳外交关系公约》第14条将使馆馆长分为如下三级：（1）向国家元首派遣之大使或教廷大使，以及其他同等级位之使馆馆长。（2）向国家元首派遣之使节、公使或教廷公使。（3）向外交部部长派遣之代办。

11. A

国家元首是国家在对外关系上的最高机关和最高代表。国家元首可以是个人，如美国和法国的总统；也可以是集体，如瑞士的联邦委员会。

12. A

我国《刑法》第6条第1款规定：凡在中华人民共和国领域内犯罪的，除法律有特别规定的以外，都适用本法。第11条规定：享有外交特权和豁免权的外国人的刑事责任，通过外交途径解决。阿姆杜拉不享有外交特权与豁免，因此，适用我国法律追究其走私的刑事责任。

13. C

根据《维也纳外交关系公约》和我国相关法律的规定，外交代表及其共同生活的配偶和未成年子女享有相同的外交特权和豁免。

14. D

根据1961年《维也纳外交关系公约》第7～8条的规定，对于陆、海、空军武官的派遣，接受国有权要求派遣国先行提名，以决定是否同意接受。其他使馆职员，原则上由派遣国自由选派，无须事先征求接受国的同意。但委派具有接受国国籍的人为使馆外交职员，应事先征求接受国同意。

15. C

根据《维也纳外交关系公约》，外交代表人身不可侵犯，不受任何方式之逮捕或拘禁。外交代表没有以证人身份作证之义务。使馆馆舍不得侵犯，接受国官员非经使馆馆长许可，不得进入使馆馆舍。使馆馆舍包括供使馆使用及供使馆馆长寓邸使用之建筑物或建筑物之各部分，以及其所附属之土地。丙国基于属人管辖对案件享有管辖权。

16. C

《维也纳领事关系公约》第22条第1款和第2款规定：领事官员之国籍原则上应属派遣国国籍。委派具有接受国国籍之人或第三国国民为领事官员，非经该国明示同意，不得为之；此项同意得随时撤销之。因此，委派第三国国民为派遣国领事官员的，须经接受国明示同意。

（二）多项选择题

1. ABC

外交代表对管辖之豁免、外交代表作证之豁免只能由派遣国放弃，这种放弃必须明示。未答复不表示放弃豁免。外交代表本身没有作出这种放弃的权利。

2. ABC

根据《维也纳外交关系公约》的规定，接受国应允许使馆为一切公务目的的自由通信，并予保护。使馆有权采用一切适当方法，包括外交信差及明码电信在内。外交邮袋不得予以开拆或扣留。外交信差享有人身不得侵犯权，不受任何方式之逮捕或拘禁。但使馆非经接受国同意，不得装置并使用无线电发报机。

3. ABCD

外交代表机关及其人员在接受国享受外交特权与豁免的同时，应遵守国际法并应对接受国承担一定的义务。这些义务主要包括：（1）尊重接受国法律、规章。（2）不干涉接受国的内政。（3）使馆馆舍不得用于与国际法所规定的使馆职务不相符合的用途。（4）外交代表不应在接受国内为私人利益从事任何专业或商务活动。

4. ABD

国内外交机关包括：国家元首、政府和外交部门。这些机关根据本国宪法和法律规定，在对外关系方面各有自己的职权范围，在国际法上都可代表本国进行外交活动。

5. ACD

1961年《维也纳外交关系公约》第3条将使馆的主要职务概括为下列5项：（1）在接受国中代表派遣国。（2）于国际法许可之限度内，在接受国中保护派遣国及其国民之利益。（3）与接受国办理交涉。（4）以一切合法手段调查接受国之状况及发展情形，并向派遣国政府报告。（5）促进派遣国与接受国之友好关系，以及发展两国间之经济、文化与科学关系。

使馆受托保护第三国及其国民的利益，须经接受国同意。

6. AC

使馆馆长和外交职员统称为"外交代表"。参赞是外交职员，译员是行政职员，信使是事务职员。

7. AB

1961年《维也纳外交关系公约》第14条将使馆长分为三级：大使或教廷大使，使节、公使或教廷公使（此两级向国家元首派遣），代办（向外交部部长派遣）。

8. BD

派遣国所任命的使馆馆长必须事先征求接受国同意，在接受国明确表示同意接受以后，派遣国才正式任命派遣。对于陆、海、空军武官的派遣，接受国有权要求派遣国先行提名，以决定是否同意接受。其他使馆职员，原则上由派遣国自由选派，无须事先征求接受国的同意。但委派具有接受国国籍的人为使馆外交职员，应事先征求接受国同意。

任何人员得于其到达接受国国境前，被宣告为不受欢迎或不能接受人员。

派遣国书由派遣国元首签署，外交部部长副署，由大使或公使向接受国元首递交。委任书由派遣国外交部部长签署，由代办向接受国外交部部长递交。

1961年《维也纳外交关系公约》规定，使馆馆长在呈递国书后，或在向接受国外交部或另经商定之其他部通知到达并将所奉国书正式副本送交后，即视为已在接受国内开始执行职务。

9. AC

领事职务主要包括：（1）在国际法许可的限度内，在接受国内保护派遣国及其国民的利益。（2）以一切合法手段调查接受国内商业、经济、文化及科学活动之状况及发展情形，向派遣国政府报告，并向有关人士提供资料。（3）担任公证人、民事登记员及类似之职司，并办理若干行政性质之事务，但以接受国法律、规章无禁止之规定为限。国际惯例承认领事还可以经第三国的委托和驻在国的同意，代为照顾和保护第三国的侨民，甚至代表第三国在接受国境内执行领事职务，但必须经驻在国同意。

10. ABC

根据《维也纳领事关系公约》的规定，领馆人员分为领事官员、领事雇员及服务人员。领馆人员不包括私人服务人员。

11. BC

根据《维也纳外交关系公约》第22条第3款的规定，使馆馆舍及设备，以及馆舍内其他财产与使馆交通工具免受搜查、征用、扣押或强制执行。本题中，如果甲国使馆拒不搬迁，乙国不得采取强制的征用搬迁措施。《维也纳领事关系公约》第31条第4款规定，领馆馆舍、馆舍设备以及领馆之财产与交通工具应免受为国防或公用目的而实施之任何方式之征用。如为此等目的的确有征用之必要时，应采取一切可能步骤以免领馆职务之执行受有妨碍，并应向派遣国为迅速、充分及有效之赔偿。

12. BD

任命接受国或第三国国民为代表或外交人员时，应征得接受国同意，并且接受国可随时撤销此项同意。特别使团的房舍不可侵犯，但在遇到火灾或其他严重的灾难而无法获得使团团长明确答复的情况下，接受国可以推定获得同意而进入房舍。有关人员公务以外使用车辆的交通肇事引起的诉讼，接受国可以管辖。特别使团也适用接受国对使馆人员的"不受欢迎的人"和"不能接受"的制度。

13. BD

派遣国关闭使馆不取决于接受国同意。以一切合法手段调查接受国之状况及发展情形、向派遣国政府报告是使馆的一项职责。接受国有权随时不加解释地通知派遣国，宣告使馆馆长或使馆任何外交职员为不受欢迎人员或使馆任何其他职员为不能接受。如果派遣国拒绝或不在相当期间内召回被宣告为不受欢迎的人员或终止其职务，接受国有权拒绝承认该人员为使馆人员。

14. ABC

根据《维也纳领事关系公约》，领事官员享有人身不得侵犯的特权，只有当领事官员犯有严重罪行，依主管司法机关裁判，接受国才能予以逮捕或监禁或对其人身自由加以限制。领事官员享有不受接受国司法或行政机关管辖的特权。领事官员免于作证义务。领事官员免除捐税，但间接税、遗产税不在此列。

（三）不定项选择题

1. ABCD

根据1961年《维也纳外交关系公约》有关规定和国际实践，使馆人员职务可因下述情况而终止：（1）任期届满。（2）派遣国召回。（3）接受国要求召回。（4）派遣国与接受国外交关系断绝。（5）派遣国或接受国发生革命，产生新政府。

2. A

按照《维也纳外交关系公约》的规定，与外交人员构成同一户口的家属，如系非接受国国民，则享有外交特权与豁免。各国一般认为，与外交代表构成同一户口的家属是指外交代表的配偶和未成年子女。

3. C

参赞、武官、秘书和专员是具有外交官职位的使馆外交职员，译员、会计、打字员等是行政和技术职员。

4. BC

除下述三类案件外，外交代表对接受国之民事及行政管辖享有豁免：（1）关于接受国境内私有不动产之物权诉讼，但其代表派遣国为使馆用途置有之不动产不在此列；（2）关于外交代表以私人身份并不代表派遣国而为遗嘱执行人、遗产管理人、继承人或受遗赠人之继承事件之诉讼；（3）关于外交代表于接受国内在公务范围以外所从事之专业或商务活动之诉讼。

5. C

使馆是国家机关，享有外交特权与豁免，可以在一国法院提起诉讼。国有公司通常不属于国家机关，不享有豁免权，国家也不对其行为承担责任。

6. BD

《维也纳领事关系公约》第35条规定，领馆邮袋不得予以开拆或扣留。但如接受国主管当局有重大理由认为邮袋装有不在本条第4项所称公文文件及用品之列之物品时，得请派遣国授权代表一人在该当局前将邮袋开拆。如派遣国当局拒绝此项请求，邮袋应予退回至原发送地点。

7. B

使领馆馆长、武官以及不具有派遣国国籍的人在派遣之前须征得接受国同意。外交人员享有绝对的刑事管辖豁免。使馆的行政人员不属于外交人员，不具有接受国国籍，也不享有接受国永久居留资格，就其执行职务的行为享有外交特权与豁免。外交人员家属的特权与豁免止于离境或给予离境的合理时间结束时终止。

8. CD

使馆免纳国家或地方的捐税，如房产税，但此项

免除不包括为使馆提供特定服务所收的费用，如水电费、取暖费、物业费和清洁费等。接受国人员非经使馆馆长许可，不得进入使馆馆舍。使馆非经接受国同意不得装置使用无线电发报机。外交人员享有完全的刑事管辖豁免。

9. D

代办是一级使馆馆长，享有使馆的特权和豁免。随员享有外交人员的刑事管辖豁免权，但不免除责任。管辖豁免可以由派遣国明示放弃。

10. D

对于派遣国的使馆馆长及其他外交人员，接受国可以随时不加解释地宣布其为"不受欢迎的人"。遇此情形，派遣国应斟酌情况召回该人员或终止其在使馆中的职务，否则，接受国可拒绝承认该人员为使馆人员，甚至令其限期离境。

11. B

在使领馆内提供域外庇护并未被国际社会普遍接受。对于派遣国的使馆馆长及外交人员，接受国可以随时不加解释地宣布其为"不受欢迎的人"。领馆邮袋在具备重大怀疑理由、派遣国代表在场时，可以开拆，但若拒绝，则不得开拆，应直接原封退回。领馆在馆长明确反对的情况下，即便是失火也不得进入。

12. B

外交人员享有完全的刑事管辖豁免，豁免得由派遣国放弃。外交信差享有人身不得侵犯权，不受任何方式的逮捕或拘禁。使馆事务职员仅就执行公务的行为享有豁免。领事官员执行职务应限于领馆辖区范围内，在领馆辖区外执行职务须经接受国同意。根据《维也纳外交关系公约》第42条的规定，外交代表不应在接受国内为私人利益从事任何专业或商业活动。

13. AD

外交人员不得干涉驻在国的内政；使馆可以采用一切合法手段调查接受国的商业、经济、文化及科学活动之状况及发展情形；外交人员的特权与豁免一般从其进入接受国境就任之时开始享有至其离境后终止；对于违背国际义务的外交人员，驻在国可以向派遣国宣布其为不受欢迎的人，并要求其限期离境。

14. C

我国《外交特权与豁免条例》规定，持中国外交签证或持外交护照（仅限互免签证的国家）来中国的外国官员，享有外交特权与豁免。

15. A

对于主张限制豁免理论的国家而言，商业行为不享有管辖豁免，故A选项正确。派代表出庭抗议的行为不被视为接受管辖，因而不构成对于管辖豁免的放弃，故B选项错误。一国明确放弃管辖豁免并不意味着同时放弃执行豁免，因而乙国法院无权对甲国财产采取任何措施，故C、D选项错误。

 简答题

1. （1）派遣国派遣使馆馆长必须事先征求接受国同意。在接受国明确表示同意接受以后，派遣国才正式任命派遣。《维也纳外交关系公约》第4条第1款规定，派遣国对于拟派驻接受国之使馆馆长人选务须查明其确已获得接受国之同意。

（2）领馆馆长的派遣不一定须事先征求接受国同意。如果有的国家要求事先征求同意，有关国家可以就事先同意事项达成协议。

2. 我国《外交特权与豁免条例》的基本原则和主要内容与《维也纳外交关系公约》的规定基本一致，在如下方面作了补充规定。

（1）枪械：使馆及其人员包括外交代表携运自用的枪支、子弹入境，必须经中国政府批准，并且按中国政府的有关规定办理。

（2）同一户口之家属：指与外交代表和使馆行政技术人员"共同生活的配偶及未成年子女"。

（3）豁免例外：外交代表不得对以下两类诉讼享有民事和行政管辖豁免，即其一，外交代表以私人身份进行的遗产继承的诉讼；其二，外交代表在中国境内从事公务范围以外的职业或者商业活动的诉讼。

（4）访问者和国际组织人员的特权与豁免：来中国访问的国家元首、政府首脑、外交部部长及其他具有同等身份的官员，享有本条例所规定的特权与豁免。来中国参加联合国及其专门机构召开的国际会议的外国代表、临时来中国的联合国及其专门机构的官员和专家、联合国及其专门机构驻中国的代表机构和人员的待遇，按中国已加入的有关国际公约和中国与有关国际组织签订的协议办理。

（5）对等原则和按条约办理：外国给予中国驻该国使馆、使馆人员以及临时去该国的有关人员的外交特权与豁免，如果低于中国按本条例给予的外交特权与豁免的，中国政府可以给予该国驻中国使馆、使馆人员以及临时来中国的有关人员以相应的外交特权与豁免。中国参加或缔结的国际条约、中国与外国签订的协议对外交特权与豁免另有规定的，遵从条约或协议的规定。

3. 使馆是执行国家对外政策、处理外交事务的一个常设驻外机构，其主要职务是：（1）在接受国中代表派遣国。（2）在国际法许可的限度内，在接受国中保护派遣国及其国民利益。（3）与接受国政府办理交涉。（4）以一切合法手段调查接受国之状况及发展情形，向派遣国政府报告。（5）促进派遣国与接受国间之友好关系，以发展两国之间的经济、文化与科学关系。

此外，使馆还可以担负国际法所许可和接受国同意的其他职务，例如，执行领事职务、受托保护第三国及其国民的利益。

4. 使馆不可侵犯是使馆的特权与豁免的一项主要内容。它包括两个方面：一是使馆馆舍不得侵犯。接受国官吏非经使馆馆长许可，不得进入使馆馆舍。接受国负有特殊责任，须采取一切适当步骤保护使馆馆舍免受侵入或损害，并防止一切扰乱使馆安宁或有损使馆尊严之事。使馆馆舍及设备，以及馆舍内其他财产与使馆交通工具免受搜查、征用、扣押或强制执行。二是使馆档案及文件不得侵犯。使馆档案及文件不论何时，亦不论处于何处，均不得侵犯。

参见程晓霞、余民才主编：《国际法》，7 版，212 页。

5. 外交代表享有刑事、民事及行政管辖豁免。外交代表对接受国之刑事管辖享有完全豁免。除下述三类案件外，外交代表对接受国之民事及行政管辖亦享有豁免：1）关于接受国境内私有不动产之物权诉讼，但其代表派遣国为使馆用途置有之不动产不在此列；2）关于外交代表以私人身份并不代表派遣国而为遗嘱执行人、遗产管理人、继承人或受遗赠人之继承事件之诉讼；3）关于外交代表于接受国内在公务范围以外所从事之专业或商务活动之诉讼。此外，外交代表如主动提起诉讼，即不得对与主诉直接相关之反诉主张管辖豁免。

外交代表还没有以证人身份作证之义务。外交代表对管辖之豁免可以由派遣国放弃，这种放弃必须明示。放弃民事或行政诉讼程序上的管辖豁免，不得视为对判决执行之豁免亦默示放弃，对判决执行豁免的放弃必须分别进行。

参见程晓霞、余民才主编：《国际法》，7 版，213～215 页。

6.（1）国家豁免通常指国家及其财产不受外国法院管辖和强制执行的特权。外交豁免通常是指外交代表根据国际法或有关协议在接受国所享有的不受管辖的特权。（2）外交豁免的主体是使馆和外交代表，国家豁免的主体是国家。（3）外交豁免的基础是使馆和外交代表履行职务的自由和代表性，国家豁免的基础是国家之间的独立与平等。（4）外交豁免与外交代表的人身和行动自由有关，包含刑事管辖豁免和民事与行政管辖豁免。国家豁免与国家行为及其财产有关，涉及豁免外国法院的民事管辖与强制措施。（5）外交豁免基于身份，不区分行为的性质。而国家豁免往往在行为性质上区分国家的主权行为与商业行为，采取限制豁免的国家对外国的商业行为不给予豁免。

 材料与法条分析题

1.（1）甲对被指控的行为不享有豁免权。1）国家元首是国家在对外关系上的最高代表，在外国享有免于刑事管辖的全部特权与豁免。国家元首的这种豁免权与其身份相联系，理论上称为"属人豁免"。甲在 C 国就医时不是 A 国的国家元首，因此不再享有属人豁免权。

2）前国家元首只能对其执政期间所做的官方行为继续享有豁免，即"属事豁免"。酷刑和密谋酷刑是《禁止酷刑和其他残忍、不人道或有辱人格的待遇或处罚公约》（以下简称《酷刑公约》）禁止的犯罪行为，不是一个国家的职能。《酷刑公约》第 4 条规定，每一缔约国应保证将一切酷刑行为定为刑事罪行，并予以适当惩罚。第 2 条规定，缔约国应采取有效措施，防止在其管辖的任何领土内出现施行酷刑的行为。任何特殊情况，无论为战争状态、战争威胁、国内政局动荡还是任何其他社会紧急状态，以及上级官员或政府当局之命令，均不得作为施行酷刑之理由。甲被指控的酷刑行为和密谋酷刑行为是在其执政期间下令实施的，不应视为官方行为，因此作为卸任的国家元首，对被指控的行为不享有豁免权。英国上诉法院在 1998 年"皮诺切特案"判决中裁定，皮诺切特作为智利的前国家元首，对其 1988 年 9 月以后的酷刑和密谋酷刑的指控不享有豁免权。

3）甲不是以 A 国官方身份赴 C 国访问，而是前往就医。他所持外交护照不表明他赴 C 国的官方性质，也不表明他有外交人员身份，因此甲在 C 国不享有外交特权与豁免。

（2）C 国逮捕甲并展开引渡程序的做法正确。1）B 国对指控的酷刑行为有管辖权。《酷刑公约》第 5 条第 1 款第 2 项规定，受害人为缔约国国民的，有权对酷刑和密谋酷刑罪行使管辖权。在甲执政期间，有一百多名 B 国公民成为酷刑的受害者。

2）甲不享有豁免权，C 国对被指控的酷刑和密谋酷刑行为有管辖权。《酷刑公约》第 6 条第 1 款规定，任何缔约国如在其管辖的领土内有被指控犯有酷刑和密谋酷刑罪的人，在对向其提供的情况进行审查并确认根据情况有理由进行拘留时，应将此人加以拘留，或采取其他法律措施以确保他到场。甲位于 C 国内，遭到 B 国指控，并被要求予以逮捕。

3）C 国应该展开引渡调查程序。根据《酷刑公约》第 8 条第 1 款，酷刑和密谋酷刑罪应视为属于缔约各国间现有的任何引渡条约所列的可引渡罪行。B、C 两国均是《酷刑公约》的缔约国，因此满足双重犯罪原则。而且根据它们共同参加的一区域性引渡公约，C 国承担了对 B 国的引渡义务。因此，C 国有义务展开引渡调查程序，以决定是否引渡。

2. A 国法院的做法不正确。（1）根据国际习惯法，外交部部长在外国时，享有全部外交特权与豁免。甲是 B 国现任外交部部长，享有与其身份相联系的属人豁免。也就是说，不论甲过去行为的性质如何，都依国际法享有不受外国管辖的刑事豁免权。

（2）战争罪和危害人类罪是各国有普遍管辖权的国际罪行。甲被指控对 B 国 X 村曾经发生的大屠杀事件负责。根据个人刑事责任原则，官方身份不免除个人责任。但甲作为 B 国在任外交部部长，根据《维也纳外交关系公约》和国家官员外国刑事管辖豁免权原则，他在外国享有不可侵犯的人身权利和刑事豁免权。在 B 国没有放弃豁免或没有一个针对大屠杀要求起诉应负责任的人的安全理事会决议或国际法庭进行起诉的情况下，不能认为普遍管辖权排斥了外交豁免权。

（3）A 国向甲签发逮捕令和进行通缉的行为没有尊重 B 国外交部部长甲依国际法享有的刑事豁免权和

不可侵犯权利，违反了它对 B 国承担的法律义务。

3. A 国的抗议成立。《维也纳领事关系公约》第 36 条第 1 款第 2 项和第 3 项规定，遇有领馆辖区内有派遣国国民受逮捕或监禁或羁押候审或受任何其他方式拘禁之情事，经其本人请求时，接受国主管当局应迅即通知派遣国领馆。该当局应将这项权利迅即告知当事人。领事官员有权探访受监禁、羁押或拘禁之派遣国国民，与之交谈或通信，以及为他们聘请法律代表。第 37 条第 1 项规定，遇有派遣国国民死亡时，接受国主管当局应迅速通知辖区所及之领馆。在本案中，A、B 两国都是《维也纳领事关系公约》的缔约国，A 国公民甲和乙被判处并执行死刑，而 B 国既没有向案件中的当事人告知上述权利，也没有告诉 A 国驻 B 国领事馆。因此，B 国违反了它根据该公约对 A 国承担的义务。

4. 这两个条款规定了外交代表和领事官员的刑事管辖豁免权。

（1）外交代表是使馆馆长和外交职员的统称，领事官员是指执行领事职务的人员，包括领馆馆长。

（2）刑事管辖豁免权是指不受外国法院刑事管辖和强制措施的特权。外交代表对接受国的刑事管辖享有完全豁免权，没有例外。领事官员对接受国的刑事管辖豁免权则受到限制，它限于严重罪行之外的其他罪行和执行司法裁决。领事官员不受逮捕候审或羁押候审，但遇犯严重罪行之情形，依主管司法机关的裁判执行者不在此列。除犯严重罪行外，对于领事官员不得施以监禁或对其人身自由加以任何其他方式的拘束，但为执行有确定效力的司法裁决者不在此限。对领事官员提起刑事诉讼，该官员须到管辖机关出庭。

（3）外交代表和领事官员的刑事管辖豁免权可以由派遣国放弃，这种放弃必须明示。只有在派遣国明示放弃豁免的情况下，接受国才可以对外交代表和领事官员行使刑事管辖权。

（4）外交代表和领事官员的刑事管辖豁免权不同于国家官员的外国刑事管辖豁免权。前者在于这类人员的外交代表或领事官员身份，其范围为《维也纳外交关系公约》和《维也纳领事关系公约》所明文界定。后者在于国家官员的一般性身份，其范围尚没有为一个条约所规定，它的某些方面也不确定。因而外交代表和领事官员的刑事管辖豁免权是特别法，国家官员的外国刑事管辖豁免权是一般法。

上述要点的详细内容参见程晓霞、余民才主编：《国际法》，7 版，213～214、221～222 页。

论述题与深度思考题

相同点：（1）特权与豁免的根据不在于给予个人以利益而在于确保使领馆代表本国有效执行职务。（2）使领馆档案和文件不可侵犯。（3）使领馆通信与行动自由。（4）使领馆免纳捐税、关税。（5）使领馆人员免纳捐税、关税，行李免受查验。（6）使领馆使用国旗和国徽。（7）使领馆人员免除接受国社会保险办法、个人劳务和公共服务以及征用、军事捐献等义务。

不同点：外交特权与豁免高于领事特权与豁免，主要表现在以下方面。

（1）使馆馆舍不得侵犯。使馆馆舍不得侵犯的内容包括：1）接受国官吏非经使馆馆长许可，不得进入使馆馆舍。2）接受国负有特殊责任，采取一切适当步骤保护使馆馆舍免受侵入或损害，并防止一切扰乱使馆安宁或有损使馆尊严之情事。3）使馆馆舍及设备，以及馆舍内其他财产与使馆交通工具免受搜查、征用、扣押或强制执行。

领馆馆舍在一定限度内不得侵犯。接受国官员非经领馆馆长或其指定人员或派遣国使馆馆长同意，不得进入领馆馆舍中专供领馆工作之用的部分。唯遇火灾或其他灾害须迅速采取保护行动时，得推定领馆馆长已表示同意。领馆馆舍、馆舍设备以及领馆之财产与交通工具应免受为国防或公用目的而实施之任何方式征用。如为此等目的确有征用之必要时，应采取一切可能步骤以免领馆职务之执行受有妨碍，并应向派遣国作出迅速、充分及有效的赔偿。

（2）外交代表人身不可侵犯，不受任何方式之逮捕或拘禁。接受国对外交代表应特示尊重，并应采取一切适当措施以防止其人身、自由或尊严受到任何侵犯。外交代表的寓所、文书、信件和财产不得侵犯。

领事官员人身一定限度的不可侵犯。接受国对于领事官员应表示适当尊重并应采取一切适当步骤以防其人身自由或尊严受任何侵犯。根据《维也纳领事关系公约》第 41 条的规定，只有当领事官员犯有严重罪行，依主管司法机关裁判，接受国才能予以逮捕或监禁或对其人身自由加以限制。如果对领事官员提起刑事诉讼，该官员须到管辖机关出庭。接受国在进行诉讼程序时，应顾及该官员所任职位并予以适当尊重。

（3）外交代表享有刑事、民事及行政管辖豁免。外交代表对接受国之刑事管辖享有豁免。除下述三类案件外，外交代表对接受国之民事及行政管辖亦享有豁免：1）关于接受国境内私有不动产之物权诉讼，但其代表派遣国为使馆用途置有之不动产不在此列；2）关于外交代表以私人身份并不代表派遣国而为遗嘱执行人、遗产管理人、继承人或受遗赠人之继承事件之诉讼；3）关于外交代表于接受国内在公务范围以外所从事之专业或商务活动之诉讼。此外，外交代表如主动提起诉讼，即不得对与主诉直接相关之反诉主张管辖豁免。

领事官员一定限度的管辖豁免，限于执行领事职务的行为。领事官员对其为执行领事职务而实施之行为，不受接受国司法或行政机关之管辖。但下列民事诉讼不能免除管辖：1）因领事官员或领馆雇员并未明示或默示以派遣国代表身份而订契约所发生的诉讼；2）第三者因车辆、船舶或航空器在接受国内所造成的意外事故而要求损害赔偿的诉讼。

（4）外交代表没有以证人身份作证的义务。

领馆人员有一定限度的作证义务的免除。领馆人员就其执行职务所涉事项，无担任作证或提供有关来往公文及文件之义务，并有权拒绝以鉴定人身份就派遣国之法律提供证言。除上述情形外，领馆人员得被请在司法或行政程序中到场作证，不得拒绝。如领事官员拒绝作证，不得对其施行强制措施或处罚。要求领事官员作证之机关应避免对其执行职务有所妨碍。于可能情形下得在其寓所或领馆录取证言，或接受其书面陈述。

参见程晓霞、余民才主编：《国际法》，7 版，212～214、220～222 页。

第十二章　国际责任法

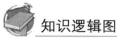

知识逻辑图

```
                    ┌─ 国际责任的概念与特征
                    │
                    │                        ┌─ 国家机关行为
                    │                        │
                    │                        ├─ 国家官员的行为
                    │                        │
                    │              ┌─ 行为依  ├─ 经授权行使政府权力要素的个人实体的行为
                    │              │  国际法  │
                    │  国际责任的  │  可归于  ├─ 交由一国支配的机关的行为
                    ├─ 构成要件  ─┤  国家    │
                    │              │         ├─ 越权或违背指示的行为
                    │              │         │
                    │              │         ├─ 叛乱运动或其他运动的行为
                    │              │         │
                    │              │         └─ 某些特定私人行为
                    │              │
                    │              │         ┌─ 排除国家与私人订立合同所生义务
                    │              └─ 违背    │
                    │                 国际  ─┤  能引起国家责任的义务
                    │                 义务   │
                    │                        └─ 有效的国际义务
                    │
                    │  国际不法  ┌─ 即时违法行为、持续违法行为、复合违法行为
                    ├─ 行为     ─┤
                    │            └─ 一般国际不法行为、严重国际不法行为
                    │
                    │  对另一国    ┌─ 援助或协助
                    ├─ 不法行为  ─┤  指挥或控制
                    │  的责任      └─ 胁迫
        国          │
        际          │                     ┌─ 同意：有效方式
        责          │                     │
        任  ────────┤                     ├─ 自卫：固有性、必要性和比例性原则
        法          │                     │
                    │  解除国家            ├─ 反措施：主体、对象、条件、程序
                    ├─ 行为不法  ─────────┤
                    │  性的情况            ├─ 不可抗力：不能预见、不能避免、不能克服
                    │                     │
                    │                     ├─ 危难：极端危险情况下、别无他法挽救生命或其监护的他人生命
                    │                     │
                    │                     └─ 危急情况：为保护基本利益、对抗迫切危险的唯一方法时
                    │
                    │            ┌─ 继续履行
                    │  责任的    │  停止和不重复
                    ├─ 形式     ─┤
                    │            │  赔偿：恢复原状；补偿；抵偿
                    │            └─ 严重违约行为的后果：合作制止；不承认；不援助
                    │
                    │                     ┌─ 受害国  ┌─ 符合国籍原则
                    │  责任的  ┌─ 主体   ─┤          └─ 用尽当地救济
                    ├─ 援引   ─┤          └─ 其他国家
                    │          └─ 反措施
                    │
                    ├─ 国家刑事责任：否
                    │
                    └─ 国际赔偿责任：不同于国家责任；补偿义务
```

名词解释与概念比较

1. 对所有国家的义务
2. 国际不法行为（考研）
3. 复合违法行为
4. 危难与危急情况
5. 反措施
6. 抵偿与补偿
7. 国家责任（考研）
8. 风险预防原则或方法
9. 国家官员

选择题

（一）单项选择题

1. 甲国的下列行为中不属于国际不法行为的是（　　）。

A. 甲国侵犯在甲国居住的乙国侨民的利益

B. 丁国的国家元首来甲国访问，甲国未鸣放礼炮

C. 甲国的部队破坏其邻国丙国的边界标志

D. 为防止种族冲突，甲国在其国内建立种族隔离区，采取种族隔离措施

2. 下列行为中不应被视为国家行为的是（　　）。

A. 叛乱活动的机关的行为

B. 国家机关的行为

C. 军队的行为

D. 成为一国新政府或导致组成一个新国家的叛乱活动的行为

3. 在国际法中，当一国立法机关或司法机关违背该国承担的国际义务时，会出现以下哪种后果？（　　）

A. 在"三权分立"的国家可以被免除国家责任

B. 是否承担国家责任没有定论

C. 该国应承担国家责任

D. 由于不属于国家行政当局的行为，因而可以免除国家责任

4. 在现代国际实践中，国际法律责任的归责原则是（　　）。

A. 单一的过错责任

B. 单一的无过错责任

C. 损害赔偿责任

D. 无过错责任和过错责任原则并用

5. 国际不法行为的归因要素是（　　）。

A. 是否存在过错

B. 该行为是否可归因于国家

C. 是否存在因果关系

D. 是否存在损害事实

6. 传统国际法上国家责任的主体是（　　）。

A. 国家

B. 争取独立的民族

C. 争取独立的民族和国家

D. 争取独立的民族和政府间国际组织

7. 下列情形中，不可以用来作为解除国家行为不法性的理由是（　　）。

A. 反措施　　　　　　B. 执行国内法

C. 不可抗力　　　　　D. 危急情况

8. 甲国警察布某，因婚姻关系破裂而绝望，某日持枪向路人射击。甲国警方迅速赶到现场，采取措施控制事态并抓捕了布某。布某因拒捕被击毙。但布某的疯狂射击造成数人死亡，其中包括乙国驻甲国参赞科某。根据国际法，就该参赞的死亡，下列判断哪一项是正确的？（　　）（司考）

A. 甲国应承担直接责任

B. 甲国应承担间接责任

C. 甲国应承担连带责任

D. 甲国没有法律责任

9. 依国际法，下列哪种行为可以解除国家行为的不法性？（　　）。

A. 一国军用飞机进入他国领土

B. 一国在遭受严重危机的情况下，为保护本国的生存而违反了国际法

C. 一国造成重大事故，使外国国民财产遭受重大损失

D. 一国迫使他国同意而违反其承担的国际义务

10. 甲国发射的气象卫星与乙国发射的遥感卫星相撞，造成遥感卫星坠落，遥感卫星的碎片又与丙国境内正在飞行的民航飞机相撞并使其坠落，同时，造成丙国地面人员及财产损害。甲、乙、丙均为相关公约的参加国。依外层空间法有关制度，下列正确的是（　　）。

A. 对于两国卫星之间的相撞，甲、乙两国应承担绝对责任

B. 甲、乙两国对卫星碎片造成的丙国飞机的坠落应承担绝对责任

C. 甲、乙两国对卫星碎片造成的丙国飞机的坠落应承担过失推定责任

D. 甲、乙两国对卫星碎片造成的丙国人员及财产损害应承担过失责任

11. 国际不法行为的违反要素是（　　）。

A. 是否存在损害事实

B. 是否可归因于国家

C. 是否违背国际义务

D. 是否存在故意或过失

12. 依据国际实践，可以解除国家行为不法性的情况是（　　）。

A. 报复措施　　　　　　B. 平时封锁

C. 事先同意　　　　　　D. 武装干涉

13. 甲国发生叛乱行动，其叛乱者已被甲国政府和国际社会承认为叛乱团体。该叛乱团体在其控制的一些地区，强行掠夺和占用外国侨民和外国国家的财产。根据国际法，下列关于甲国是否承担国际责任的说法正确的是（　　）。（司考）

A. 承担直接责任

B. 承担间接责任

C. 甲国政府和叛乱团体共同承担责任

D. 不承担责任

14. 发射国对其空间物体对地球表面的损害，承担的责任性质是（　　）。

A. 过错责任　　　　　　B. 绝对责任

C. 公平责任　　　　　　D. 过错推定责任

15. 甲、乙两国是温室气体的排放大国，甲国为发达国家，乙国为发展中国家。根据国际环境法原则和规则，下列哪一选项是正确的？（　　）（司考）

A. 甲国必须停止排放，乙国可以继续排放，因为温室气体效应主要是由发达国家多年排放积累造成的

B. 甲国可以继续排放，乙国必须停止排放，因为乙国生产效率较低，并且对于环境治理的措施和水平远远低于甲国

C. 甲、乙两国的排放必须同等地被限制，包括排放量、排放成分标准、停止排放时间等各方面

D. 甲、乙两国在此问题上都承担责任，包括进行合作，但在具体排放量标准、停止排放时间等方面承担的义务应有所区别

（二）多项选择题

1. 在当代国际法中，国家承担国家责任的主要形式有（　　）。

A. 继续履行　　　　　　B. 恢复原状

C. 割让领土　　　　　　D. 停止和不重复

2. 下列关于国际法律责任中的道歉的说法正确的是（　　）。

A. 是一种道德责任的表现形式

B. 是一种政治责任的表现形式

C. 主要适用于损害他国荣誉的国际不法行为

D. 可适用于任何一种国际不法行为

3. 依国际法委员会的意见，下列关于国际赔偿责任的表述正确的是（　　）

A. 国际赔偿责任是以过失责任为基础的

B. 国际赔偿责任是对从事极端危险的活动而承担的过错责任

C. 国际赔偿责任是指国际法不加禁止的行为引起损害后果的国际责任

D. 国际赔偿责任的承担只看行为与后果之间的因果关系

4. 下列哪几项属于国际法中过错责任的构成要件？（　　）

A. 加害行为违反国际法

B. 加害者主观上不论是否有过错

C. 加害行为与损害结果之间存在因果关系

D. 存在损害事实

5. 关于一国实行国有化或征用外国企业而给其他国家或国民造成损害的，下列选项表述正确的是（　　）。

A. 并不构成国际不法行为，也不引起国家责任

B. 构成国际不法行为，但不引起国家责任

C. 该国应恢复原状

D. 该国应给予适当的补偿

6. 某国是实行"三权分立"的国家。依据国际法，下列该国的哪些部门作出的行为是国家行为？（　　）。（司考）

A. 立法机关　　　　　　B. 行政机关

C. 司法机关　　　　　　D. 军队

7. 下列哪几种行为构成国际法中国家的不法行为？（　　）

A. 一国违背其根据双边条约所承担的义务

B. 某国公民将外国外交官杀死，并受到其国内法的惩处

C. 某国军用飞机未经允许进入他国领空

D. 一国对其公民哄抢外国使馆财产的行为坐视不管

8. 依国际法，作为解除行为不法性的"对方同意"应满足的条件是（　　）。

A. 该同意不违反国际强行法

B. 该同意是出于自愿

C. 该同意是明确的

D. 该同意只能以书面形式作出

9. 甲国公民廖某在乙国投资一家服装商店，生意兴隆，引起一些从事服装经营的当地商人不满。一日，这些当地商人煽动纠集一批当地人，涌入廖某的商店哄抢物品。廖某向当地警方报案。警察赶到后并未采取措施控制事态，而是袖手旁观。最终，廖某的商店被洗劫一空。根据国际法的有关规则，下列对此事件的哪些判断是正确的？（　　）（司考）

A. 该哄抢行为可以直接视为乙国的国家行为

B. 甲国可以立即行使外交保护权

C. 乙国中央政府有义务调查处理肇事者，并追究当地警察的渎职行为

D. 廖某应首先诉之于乙国行政当局和司法机构，寻求救济

视频讲题

（三）不定项选择题

1. 反措施作为解除国家行为不法性的情形之一，应包括（　　）。

A. 经济制裁　　　　B. 武力威胁

C. 战时封锁　　　　D. 武装侵略

2. 下列关于国家责任的赔偿形式的说法，其中正确的是（　　）。

A. 损害必须与国际不法行为之间存在因果关系

B. 受害方有减轻损害的义务

C. 受害者的故意或过失行为促成的损害不能归于赔偿的范围

D. 同一损害不得给予再次赔偿，这就是禁止双重损害赔偿原则

3. 下列行为可以导致国家责任的有（　　）。

A. 私人如果经国家授权行使政府权力要素并在特定情况下以此种资格行事

B. 私人的行为如果实际上是按照国家的指示或在其指挥或控制下行事的

C. 私人在官方当局不存在或缺席和需要行使政府权力要素时，实际上行使这种权力的行为

D. 如果国家对行事时不归于国家或不可能归于国家的私人行为予以确认并当作其本身的行为

4. 关于可以导致国家责任的国际义务的认识正确的是（　　）。

A. 违反国家与私人之间订立的合同中所规定的义务排除在外

B. 包括违反国家与私人之间订立的合同中所规定的义务

C. 所违背的国际义务必须是违反能引起国家责任的那种义务

D. 所违背的还必须是对国家有效的国际义务

5. 甲国某船运公司的核动力商船在乙国港口停泊时发生核泄漏，使乙国港口受污染，造成严重后果。甲、乙两国都是有关规定的缔约国。依据国际法，乙国应得到 7 800 万美元的赔偿，但船运公司的赔偿能力只有 5 000 万美元。对此事件，甲国对乙国应承担的义务是（　　）。（司考）

A. 甲国应承担 7 800 万美元的赔偿

B. 甲国有义务保证船运公司赔付 5 000 万美元，同时，船运公司无力赔付的 2 800 万美元由甲国政府先行代为赔偿

C. 甲国有义务保证船运公司赔付 5 000 万美元，同时，对船运公司无力赔付的 2 800 万美元可以不予赔偿

D. 此行为不是甲国国家所从事，故甲国无须对此事承担任何义务

视频讲题

6. 根据 2021 年《中华人民共和国反外国制裁法》，中国在下列情形中采取反制措施的是（　　）。

A. 外国国家违反国际法和国际关系基本准则，依据其本国法律对我国进行遏制、打压

B. 外国国家违反国际法和国际关系基本准则，对我国公民、组织采取歧视性限制措施

C. 外国国家干涉我国内政

D. 外国国家在世界贸易组织对我国提起诉讼

视频讲题

 简答题

1. 简述国家责任的概念与构成要件。（考研）
2. 简述承担国家责任的形式。（考研）
3. 简述反措施的适用。
4. 简述国际不法行为。（考研）
5. 简述国际法上国家责任的特征和基础。（考研）
6. 解除国家行为不法性的情况。（考研）

材料与法条分析题

1. 一国际环保组织所有的一艘在 C 国登记的船舶"和平号"停泊 B 国一港口时，被秘密进入 B 国的两名 A 国人 X 和 Y 炸毁，造成一名 C 国船员死亡。B 国逮捕 X 和 Y，并经调查后确认，他们是奉 A 国海外安全部命令行事的军事人员。B 国向 A 国提出抗议，要求道歉、赔偿损失和调查事件所产生的费用以及"和平号"及其死亡船员的损失。A 国承认 X 和 Y 的身份，表示愿意承担责任，要求 B 国予以释放。B 国拒绝释放要求，依其刑法判处 X 和 Y 各 10 年监禁。经过谈判，A、B 两国达成执行监禁协定，规定将 X 和 Y 监禁在 A 国一个小岛上 5 年，非经双方同意，不得以任何理由允许他们离开该岛屿。到监禁的第二年时，A 国将 X 和 Y 送回本土。B 国指责 A 国违反协定，要求立即将两人送回岛上。A 国反驳说，它终止履行监禁义务是正当的，因为 X 和 Y 的健康日益恶化需要紧急

治疗，它的这一行为不能仅仅依据条约法来判断。由于要求被拒绝，B 国遂宣布不承认 A 国武官 H 的外交官身份。

根据以上案情，回答下列问题：

（1）B 国要求 A 国道歉和赔偿自己损失是否正当？为什么？

（2）B 国是否有权要求 A 国赔偿"和平号"及其死亡船员的损失？为什么？

（3）A 国将 X 和 Y 带离岛屿的行为是否正当？为什么？

（4）B 国不承认 A 国武官外交官身份的做法是否合法？为什么？

视频讲题

2. A 国公民甲所有的一艘在 B 国登记的油轮"信天翁号"在 C 国专属经济区给外国船舶加油进入公海后，C 国一海关船以涉嫌违反海关法为由，通过无线电要求"信天翁号"停航接受检查。当 C 国海关船追上并登上继续缓慢航行的"信天翁号"时，3 名海关人员向机舱射击，造成"信天翁号"机械损坏和 4 名船员受伤。C 国没收"信天翁号"上所载石油，扣留该船及其船长和船员。B 国向 C 国抗议，要求立即释放其船舶、船长和船员，赔偿船舶及其船长和船员的损失以及利息和未来登记损失。B、C 两国都是《联合国海洋法公约》的缔约国。

根据以上案情，分析 B 国的要求是否合理。为什么？

视频讲题

3. 根据有关国际法原则、规则和制度，分析下面条款：

《国家对国际不法行为的责任条款草案》第 8 条规定，如果一人或一群人实际上是在按照国家的指示或在其指挥或控制下行事，其行为应视为国际法所指的

一国的行为。

 论述题与深度思考题

1. 试述解除国家行为不法性的情况及其相互关系。（考研）

2. 结合实践，分析国家责任是否包含刑事责任。

参考答案

 名词解释与概念比较

1. 对所有国家的义务是指一个国家对国际社会其他所有国家负有的义务，而所有国家在其保护方面都有合法利益。强行法产生对所有国家的义务。

2. 国际不法行为是依国际法可归于一国的违背国际义务的行为。把一国的行为定性为国际不法行为必须以国际法为准，而且这种定性不因国内法把同一行为定性为合法行为而受到影响。

3. 复合违法行为是指由涉及不同情况的一系列单独的作为或不作为构成一个整体的违背国际义务的行为。这个概念所表示的一种观念是不法行为不是一个孤立的行为，而是由系统性的"做法"或"政策"构成的行为。

4.

类别	概念	
	危难	危急情况
概念	其行为可归属于国家的行为者本人或受其监护的其他人的生命受到迫在眉睫的危险威胁的极端危险的情况	一国的基本利益遭受某种严重迫切危险威胁的特殊情况
保护利益范围	国家行为者或受其监护的其他人的生命	一国或数国或整个国际社会的基本利益
适用范围	飞机、船舶或个人生命	环境、国家及其人民的生存或安全
限制	（1）避免危险的唯一方法；（2）不免除遵守其他国际义务，特别是一般国际法强制规范所产生的义务；（3）不得由援引国自己的行为造成	—

5. 反措施是指一国针对他国所犯国际不法行为而不得不采取某种不符合自己对他国原已承担的国际义务的一种非武力对抗行为。它是解除国家行为不法性的一种情况和促使责任国履行责任的手段，其行使须满足一定的实质条件和程序条件。

6.

类别	概念	
	抵偿	补偿
概念	对国家所遭受的非物质损害予以精神上赔偿	对国际不法行为所造成的实际损失予以物质赔偿
适用范围	国家的非物质损害或精神损害	国家的物质损害和自然人或法人的损害
表现形式	正式道歉、承认不法行为和表示遗憾等	金钱
性质	与损害成比例	—

7. 国家责任也称国家的国际责任，是指国家违反其国际义务而应该承担的法律责任。它不同于政治责任或道义责任，也不同于国际赔偿责任。引起国家责任必须满足两个要素：有关行为依国际法可归于国家以及该行为违背该国的国际义务。

8. 风险预防原则或方法是指一个国家在面临某种重大或不可逆转的损害威胁时，即使缺乏充分科学依据，仍然毫不延迟地采取合理的防止、管理或养护措施。它是晚近为国家所接受的一个概念，广泛适用于环境保护、资源养护或公共健康等领域。

9. 国家官员是指以专业和行政能力为国家所雇用并且拥有政府权力职衔的人员。它是一个含义广泛的概念，不仅包括行政官员，而且包括立法官员、司法官员和军事官员；不仅意指高级官员，而且涵盖较低职位的官员。所有被任命为国家公共管理当局的人员都是国家官员，不论其官衔或职位的高低。

 选择题

（一）单项选择题

1. B

国际不法行为是违背国际义务的行为，如损害边界标志、侵犯别国侨民的利益等。种族隔离是国际法禁止的行为。

2. A

叛乱活动的机关的行为原则上不能归于一国而成为该国的行为。

3. C

立法机关或司法机关是国家机关，它们违反国际义务的行为引起一国的国际法律责任。

4. D

国家责任的归责原则主要是无过错责任，但也有过错责任。如外层空间物体之间的损害责任，就是过错责任。

5. B

国际不法行为的归因要素是指某一行为依国际法的规定可以"归因于"国家，即该行为依国际法是国家行为。

6. A

传统国际法的主体仅限于国家。

7. B

解除国家行为不法性的情况有：同意、自卫、反措施、不可抗力、危难、危急情况。一国行为的不法性不因该国国内法把同一行为定性为合法行为而受到影响。

8. D

布某的杀人行为并非执行职务的行为，因此不构成行使政府权力的行为，不属于国家不法行为。只有个人行为是由国家失职或纵容造成的，才能引起国家本身失职或放纵的责任。本案中国家没有失职或纵容行为，故不需要承担责任。

9. B

解除国家行为不法性的情况：同意、自卫、反措施、不可抗力、危难、危急情况。C项的行为是国家造成的，不属于不可抗力。

10. B

两卫星在外层空间相撞，适用过失责任原则。两国发射的空间物体对第三国的飞行中的飞机造成损害，前两国对第三国及其人员和财产的损害承担绝对责任。

11. C

国际不法行为的归因要素是某一行为依国际法可以"归因于"国家，即该行为依国际法是国家行为。违反要素是一国的行为违背了该国所负担的国际义务。

12. C

解除国家行为不法性的情况有同意、自卫、反措施、不可抗力、危难、危急情况。

13. D

在一国境内被承认的叛乱团体的行为，依国际法不应视为其所属国家的行为，而应由叛乱团体自己承担责任。

14. B

发射国对其空间物体对地球表面造成的损害承担绝对责任。

15. D

《联合国气候变化框架公约》规定，发达国家和发展中国家承担共同但有区别的责任。

（二）多项选择题

1. ABD

国际法上国家责任的主要形式有：继续履行、恢复原状、赔偿损失、道歉、停止和不重复等。

2. CD

道歉是一国对其违反国际义务的行为给他国造成的非物质损害的一种赔偿方式。它是一种法律责任，而非政治责任或道义责任。

3. CD

国际赔偿责任是国家对国际法上不加禁止的行为所造成损害后果的责任，这种后果必须与行为存在因果关系。国家承担此类责任的基础是无过错，承担形式是赔偿责任。

4. ACD

国际法中过错责任的构成要件主要包括加害者主观上有过错，加害行为违反国际法，加害行为和损害结果之间有因果关系，有损害事实。

5. AD

现代国际法承认每个国家都有权对外国人所有的财产实行国有化。只要国有化措施本身是合法的，是构成对国家主权或自然资源永久主权的行使，规范非法行为的国家责任的一般规则就不能适用。但依据国际条约和惯例，采取措施的国家应给予适当的赔偿。

6. ABCD

依据一国国内法设立的任何机关，其行使本国国内法所赋予的任何职权的行为依国际法均应视为该国的国家行为。

7. ACD

国际不法行为是依国际法可归于一国并且违背该

国国际义务的行为。B 项中，罪犯构成刑事犯罪并已受到了相应的惩处，国家并不承担国际责任。

8. ABC

作为解除国家行为不法性的"对方同意"应满足的条件是：（1）该项同意不得违背国际强行法；（2）该同意为明确、自愿的；（3）该同意须是有效的。

9. CD

私人的行为原则上不归于国家而成为国家行为，但国家有义务防止侵害外国人权利事件的发生并提供保护，惩治侵犯者。无论私人行为是否引起国家责任，受害者首先必须援引当地救济。

（三）不定项选择题

1. A

一个国家对违反国际义务的另一个国家进行经济制裁是反措施。武力威胁、武装侵略和战时封锁是使用武力或以武力相威胁行为，不是反措施。

2. ABCD

赔偿的一个条件是损害必须与国际不法行为之间存在因果关系。减轻损害的义务和禁止双重损害赔偿是赔偿的原则。对于受害者的故意或过失行为造成的损害，国家不承担赔偿的责任。

3. ABCD

私人行为如果与国家本身的行为密切相关，国家则要对个人的行为承担责任。

4. ACD

根据国际法，违反国家与私人之间订立的合同中所约定的义务不属于国际义务。

5. D

甲国某船运公司的核动力商船的核污染行为不归于甲国，甲国对损害不承担赔偿责任。

6. ABC

我国《反外国制裁法》第 3 条中规定，外国国家违反国际法和国际关系基本准则，以各种借口或者依据其本国法律对我国进行遏制、打压，对我国公民、组织采取歧视性限制措施，干涉我国内政的，我国有权采取相应反制措施。

 简答题

1.（1）国家责任或称国家的国际责任，是指国家违反其国际义务而应承担的法律责任。它不同于一国对另一国的不礼貌或不友好行为引起的政治责任或道义责任，也不同于国际法不加禁止的行为产生损害性后果的国际责任。

（2）引起国家责任必须满足两个基本要素：1）行为依国际法可归于国家；2）该行为违背该国的国际义务。这两个要素是密切联系的，意味着只有违背国际义务并且根据国际法可归于国家的行为才产生国家责任。这里的行为包括作为和不作为。

在现代国际法上，损害已不再被认为是引起国家责任的一个构成要素，尽管它是国际不法行为的一个可能后果。可归于国家的违反国际义务的行为就足以确立其国际责任。违反国际义务本身就是"损害"。过失也不是国家责任的一个构成要素。在引起国家责任方面，不存在对心理要素的任何特殊要求，与此有关的只是一国的行为，而不是任何意图。

2. 国家责任的一般形式有以下几种。

（1）继续履行。要求继续履行是受害国对于不法行为可作出的一种合理反应。即使责任国遵守了停止不法行为和对造成的损害提供充分赔偿的义务，也不能因而解除它继续履行所违背之义务的责任。

（2）停止和不重复。当一国际不法行为是持续性的时候，责任国则有义务停止该行为，并在必要时提供不重复该行为的适当承诺和保证。停止在于未来履行义务的消极方面，涉及保证停止持续性不法行为。承诺和保证不重复则起着预防的作用，可以说是对未来履行义务的积极巩固。

（3）赔偿。赔偿是指求偿者期望责任国采取的所有措施。它有如下三种形式：1）恢复原状。恢复原状是将国际不法行为所造成的损害恢复到实施不法行为以前所存在的状况。它是受害国可援用的第一种赔偿方式。

2）补偿。补偿是责任国对国际不法行为造成的实际损失予以物质赔偿的一种方式。它通常在恢复原状不可能或不足以赔偿不法行为造成的损害时采用，是国际实践中最普遍采用的一种赔偿方式，以金钱的形式表现。补偿包括对国家本身所受非物质损害的赔偿和对自然人或法人所受损害的赔偿。

3）抵偿。抵偿是对国家所受非物质损害或精神损害予以精神上赔偿的一种方式。在恢复原状或补偿不能充分赔偿一国际不法行为造成的损失时，责任国有

义务予以抵偿。抵偿可采取正式道歉、承认不法行为和表示遗憾等形式。

上述国家责任的形式可以单独适用，也可以合并适用。这一般地取决于国际不法行为的性质和程度以及受害者的要求。而且，责任国不得以其国内法的规定为理由拒绝承担任何形式的责任。

3.（1）反措施是一国针对他国所犯国际不法行为而不得不采取某种不符合自己对他国原已承担的国际义务的一种非武力对抗行为。它是对另一国国际不法行为的一种反应，其目的不是对不法行为给予惩罚，而是促使责任国履行其义务。反措施的采取只能针对责任国而不得指向第三方。反措施的选择应尽可能具有可逆性。反措施不得影响禁止武力威胁或使用武力的义务、保护基本人权的义务、禁止报复的人道主义性质的义务，以及依一般国际法强制性规范承担的义务。而且，反措施还不能影响采取反措施的国家与责任国之间任何可适用的现行争端解决程序，以及外交或领事人员、馆舍、档案和文件的不可侵犯性。

（2）反措施必须是适当的和合理的，其评价标准是相称性，即反措施必须和所遭受的损害相称，并应考虑到国际不法行为的严重程度和有关权利。反措施具有临时性质。一旦责任国遵守其与国际不法行为有关的义务，反措施即应尽快停止，义务的履行随即应尽速恢复。此外，如果国际不法行为已经停止，并且争端已提交有权作出对当事国具有约束力的决定的法院或法庭，已采取的反措施必须停止，不得无理拖延。

（3）执行反措施须满足一定程序条件。采取反措施的国家在行动之前应要求责任国履行其停止或赔偿义务，将采取反措施的任何决定通知责任国并提议与之进行谈判。但为了保护自己的权利，受害国可采取必要的紧急反措施。一旦国际不法行为停止并且争端已提交给具有作出对当事方有约束力的裁决的法院或法庭，反措施就不得采取。但是，如果责任国不秉持诚意履行解决争端程序，不得采取反措施的限制条件就不适用。

（4）可归于国家的违背国际义务的行为即国际不法行为。违背国际义务是指一国实际采取的行为与国际义务要求该国的行为不相符合。这里所违反的义务与该义务的起源或特性无关，它可以是国际习惯、条约和一般法律原则确定的，也可以是国家通过单方面行为承担的。而且，所违背的还必须是对国家有效的国际义务，也就是说，违背行为必须是在该义务对国家有约束力的时期发生的。

（2）把一国的行为定性为国际不法行为必须以国际法为准，而且这种定性不因国内法把同一行为定性为合法行为而受到影响。国际不法行为可以是即时违法行为，也可以是持续违法行为和复合违法行为。就违反义务的性质和程度而言，国际不法行为可分为一般国际不法行为和严重国际不法行为。严重国际不法行为就是严重地或系统地违背依一般国际法强制性规范承担的义务的行为。这种性质的义务是国家对国际社会作为一个整体所承担的义务。有观点认为，严重违反这种义务的行为也可以被视为国际罪行，理论上曾对其给予了相当支持。但这种观念在国家责任法的目前发展阶段上是有疑问的。《国家对国际不法行为的责任条款草案》对严重国际不法行为所拟订的特定后果中没有提到刑事责任。国际法委员会的特别报告员曾在很长时间里采取的国际侵权行为和国际罪行二分法的立场已经在现行条款草案中消失。

5. 国家责任或称国家的国际责任，是指国家违反其国际义务而应承担的法律责任。国家责任法是国际法的一个独立部门。与涉及初级规则的其他国际法部门不同，它主要与次级规则相关。国家责任涉及国家之间的责任法律关系，不涉及国际组织的责任和个人在国际法上的刑事责任。与国内法相比，国家责任是一种普遍性的单一责任制度，它不区分民事责任与刑事责任，也不区分违约责任与侵权责任。但是，由于国家责任强调停止与赔偿义务，所以它总体上与国内法上的民事责任相类似。与国际法的其他部分相比，国家责任的渊源是独特的，至今没有条约法规则，而主要是习惯国际法规则和一般法律原则。

国家责任的基础是行为依国际法可归于国家和该行为违背该国国际义务。损害和过失不是国家责任构成的一般要素。

6. 本题参见本章"论述题与深度思考题"第1题的参考答案。

材料与法条分析题

1.（1）B国要求A国道歉和赔偿正当。根据国家责任法，引起国家责任必须满足两个基本要素：1）行为依国际法可归于国家；2）该行为违背该国的国际义务。在本案中，炸毁"和平号"的行为构成 A 国的国际不法行为，A 国应承担由此引起的国家责任。第一，X 和 Y 炸毁"和平号"的行为可归于 A 国而成为 A 国的国家行为。X 和 Y 是 A 国海外安全部的军事人员，依其命令行事。而且 A 国承认他们的官方身份。第二，爆炸行为违反了国家主权平等原则，侵犯了 B 国主权，冒犯了 B 国尊严。因此，B 国有权要求 A 国道歉，赔偿其主权被侵犯和调查所产生的费用。

（2）B 国无权要求 A 国赔偿"和平号"及其死亡船员的损失。1）援引国家责任主要是受害国的一项权利。受害国在外交保护下对本国自然人或法人所受损害要求赔偿必须满足两个条件：符合国籍原则和用尽当地救济办法。本案中"和平号"不是 B 国船舶，死亡船员不是 B 国公民。2）受害国以外的任何其他国家援引国家责任受严格限制，必须是被违背的集体义务是对援引国所属的国家集团承担的、为保护集体利益而确立的，或者是对整个国际社会承担的。本案中被违反的义务不具有这种性质。

（3）A 国将 X 和 Y 带离岛屿的行为是否正当取决于他们是否面临真正的生命危险。国家责任法是国际法的一个独立部门。尽管决定停止施行或终止一个条约是否适当是根据条约法来判断的，但对违反条约法停止施行或终止条约的国家责任问题，其评价则是依据国家责任法进行的。而国家责任法提供了不同于条约法的使终止或停止施行行为正当化的理由，如自卫、危难和危急情况等。在本案中，如果 X 和 Y 面临 A 国所称的真实生命危险（危难），其未经 B 国同意将两人带离岛屿的行为的不法性就可因危难而解除，因而不履行监禁义务不构成不法行为。

（4）B 国不承认 A 国武官 H 外交官身份的做法不合法。在责任国不履行其停止或赔偿义务时，受害国可采取反措施。但反措施的采取不得影响依国际法所负的其他国际义务，包括外交或领事人员的不可侵犯性。在本案中，如果 A 国武官 H 并没有违反《维也纳外交关系公约》的义务，B 国仅仅以此作为对抗 A 国不继续履行监禁义务的措施，则侵犯了 H 依该公约所享有的外交特权。而且，如上所述，A 国不履行执行监禁协定本身可能并不引起 A 国的责任。

2. B 国的要求合理。（1）C 国海关船追逐并逮捕"信天翁号"不符合紧追权。根据《联合国海洋法公约》，行使紧追权的条件是累积的，只有满足每一项条

件，紧追才是合法的。在本案中，C 国的追逐有几个条件不能满足：1）缺乏紧追理由。C 国不能以"信天翁号"在其专属经济区内违反海关法为由进行追逐，因为海关法不是依照国际法可适用于专属经济区的法律。2）紧追没有合法开始。紧追开始有两个条件：一是被追逐船舶在发现违法行为时必须位于沿海国管辖海域，二是必须在视听所及范围内向被追逐船舶发出视觉或听觉停驶信号。本案中"信天翁号"被发现时不在 C 国管辖海域内，而在公海；而且，C 国海关船没有发出视听停驶信号，无线电信号不是视听信号。3）C 国海关船使用了过分武力。"信天翁号"航速低，C 国海关船可以毫无困难地登船。登船后在没有受到任何抵抗的情况下，海关人员仍然开枪射击，造成"信天翁号"受损和船员受伤。

（2）C 国违反《联合国海洋法公约》关于行使紧追权的规定，其逮捕、扣留船舶、船长和船员以及没收货物的行为侵犯了 B 国的权利，构成国际不法行为，引起国家责任，因此，B 国有权要求 C 国释放其船舶、船长与船员和赔偿。该公约第 111 条第 8 款规定，在无正当理由行使紧追权的情况下，在领海以外被命令停驶或被逮捕的船舶，对于可能因此遭受的任何损失或损害应获赔偿。第 304 条也规定，本公约关于损害赔偿责任的条款不妨碍现行规则的适用和国际法上其他有关赔偿责任的规则的发展。而根据国家责任法，受害国有权要求一国际不法行为的责任国履行其停止和赔偿的义务。

（3）本案中有关"信天翁号"的损失（包括修理费用、滞留费用、被没收石油的损失）、船长和船员的经济和精神损失与治疗费用以及与这些损失相关的利息（如果是确保充分赔偿所必要的）应该得到赔偿。而未来登记损失的要求不应获得支持，因为该事件给 B 国造成的可能未来船舶登记损失不能确定。

3. 这个条款确立了私人行为可归于国家行为的原则。

（1）私人个人或一群人的行为不归于国家而成为国家行为，这是国家责任法的一项一般原则。

（2）私人个人或一群人如果是按照国家的指示或在其指挥或控制下行事的，则其行为应归于国家而成为国家行为。某一特定行为是否在一个国家的控制下进行，以致达到所控制的行为应该归于该国家的程度，需要逐案评估。在 1986 年"尼加拉瓜诉美国的军事和

准军事活动案"判决中，国际法院采用"有效控制"标准，认为只有美国对尼加拉瓜的反叛者行使了有效控制，并指挥了特定行为，反叛者的这种行为才可归于美国。而在1999年"塔迪奇案"判决中，前南斯拉夫问题国际刑事法庭上诉分庭采用"全面控制"标准，认为根据国际法，为了将武装冲突视为国际冲突，南斯拉夫当局对波斯尼亚塞尔维亚武装部队控制的程度必须是"不仅限于资助和装备这些部队以及参与军事行动的规划和监督的全面控制"。

（3）由国家所有和控制的公司或企业通常是独立的法人实体，它们对其自己的行为承担责任，这不因为仅仅所有、控股或任命高级管理人员就产生这种行为对国家的可归因性，除非国家以"公司面纱"作为诈欺或逃避责任的障眼法或手段的特殊情况，比如国家利用其所有权利益指挥其国有公司执行诸如查封财产的行为的情况。在2014年"尤科斯环球有限公司诉俄罗斯案"裁决中，仲裁庭认为，俄罗斯占有俄罗斯国有石油公司70%的股份。该公司的官员为俄罗斯所任命，董事会的许多成员同时担任政府高级行政职务，其中一些与普京总统关系密切。然而，所有这些并不足以将原告所特别指控的收购行为归于俄罗斯。同样，在跨界损害或污染的情况下，国家并不仅仅因为危险源发生于其管辖或控制范围内而承担责任。

 论述题与深度思考题

1. 解除国家行为不法性的情况是指国家可以合法对抗责任主张的那些情况。这些情况本质上不是豁免责任，而是解除可归于国家的、表面上违反国际义务的行为的不法性。

根据一般国际法，解除国家行为不法性的情况主要有以下几种。

（1）同意。一国以有效方式对另一国的某一特定行为表示同意，并且该行为没有逾越该项同意的范围，即解除该行为在与该国关系上的不法性。这种同意必须满足两个条件：一是同意必须以有效的方式表示。二是特定行为必须在该项同意的范围内。

（2）自卫。自卫是国家根据《联合国宪章》第51条和国际习惯法对武力攻击可合法采取的武力反应措施，它无可争议地是国家不履行在国际关系中禁止使用武力威胁或使用武力原则，以及因为该原则受到违反而不履行该原则所规定义务以外的某些义务的行为

的正当理由。但自卫不解除在所有情况下或对所有义务的行为的不法性。自卫行动除了遵守自卫概念所固有的必要性和比例性标准，还必须遵守国际人道法和人权义务。

（3）反措施。反措施是一国针对他国所犯国际不法行为而不得不采取某种不符合自己对他国原已承担的国际义务的一种非武力对抗行为。这种措施由于是他国的先前不法行为引起的，所以其不法性可因此而解除。司法判决、国家实践和学说一致确认，符合某种实质性和程序性条件的反措施是合法的。

（4）不可抗力。不可抗力是指一个国家由于不可抗拒的力量或无力控制、无法预料的事件所造成的情况。一国不遵守其国际义务的行为如果起因于不可抗力，则该行为的不法性即告解除。这种解除情况必须符合三个条件：1）有关行为必须是由不可抗拒的力量或无法预料的事件所造成；2）该力量或事件超出了有关国家的控制范围；3）这种情况使该国实际上不可能履行义务。如果有关情况是由援引国的行为单独或与其他因素一并造成或引起的，或者它已经接受发生不可抗力的风险，则不得援引不可抗力作为免责的理由。

（5）危难。危难是指其行为可归属于国家的行为者本人或受其监护的其他人的生命受到迫在眉睫的危险威胁的极端危险的情况。一国不符合该国国际义务的行为，如果是国家行为者在遭遇危难情况下因别无其他合理方法挽救生命时而采取的，该行为的不法性即告解除。这是国际条约和司法裁决一致接受的原则。如果危难是由援引国的行为单独或与其他因素合并导致的，或者该行为可能造成类似的或更大的灾难，则不得援引危难情况。

（6）危急情况。危急情况是指一国的基本利益遭受某种严重迫切危险所威胁的特殊情况。一国不遵守其国际义务的行为如果是为保护其基本利益，对抗某种危急情况的唯一办法时，该行为的不法性即告解除。适用危急情况必须满足两个条件：第一，有关行为必须是为保护基本利益以抵抗某种近在眼前的严重危险而采取的，而且，所采取的行动必须是为保护该利益可采用的唯一办法。第二，有关行为不能严重损害对之负有义务的一国或数国或整个国际社会的基本利益。如果危急情况是由责任国促成的，或如果有关国际义务排除了此种援引的可能性，则不得以危急情况作为解除其行为不法性的理由。

上述解除国家行为不法性的情况各有其特点，也

有某些共性。同意、自卫和反措施取决于受影响国家先前的行为，这将它们与不可抗力、危难和危急情况区别开来。而同意不同于自卫和反措施，因为后二者是基于先前的不法行为，但反措施不同于自卫，它是一种非武力的反应行动。不可抗力不同于危难和危急情况，因为在前者情况下的行为是非自愿的，或至少不包含任何可自愿选择的因素。危难和危急情况并非针对危害行为加以反击，而是把危害加诸完全"无辜"的国家。这二者的不同是：危急情况不涉及对国家官员或其监护的个人的生命危险，而涉及对该国或整个国际社会的基本利益的严重迫切危险。上述任何一种情况都不能成为解除任何违反一般国际法强制规律所产生国际义务的一国行为的不法性的理由。

参见程晓霞、余民才主编：《国际法》，7 版，324～327 页。

2.（1）随着国家责任从传统的对外国人伤害的责任发展到一般性责任，刑事责任的概念也被提了出来。阿马多报告员在其第一份报告中使用了国家的刑事责任概念。国际法委员会 1976 年一读通过的关于国家责任草案条款案文第 19 条拟定了国际罪行概念，即："一国所违背的国际义务对于保护国际社会的根本利益至关重要，以致整个国际社会公认违背该项义务是一种罪行时，其因而产生的国际不法行为构成国际罪行。"这个概念一直持续到委员会 1996 年一读临时通过的国家责任草案条款案文。

（2）国家责任是否包括刑事责任是理论上颇有争议的一个问题。有观点认为，国际罪行是国际法理论和实践确定的一个概念，第二次世界大战后确立了对战争罪、反和平罪和反人道罪进行刑事审判和惩罚的国际法制度，而这些国际罪行通常是由代表国家行事的个人或组织实施的。个人、组织或团体应在国际法上承担国际刑事责任，国家亦应承担国际刑事责任，成为刑事责任的主体。相反的观点则认为，国际罪行是个人犯下的，只能由个人负刑事责任。国家是一个抽象实体，不可能作出国际犯罪行为，因而不应该也不可能承担国际刑事责任。

（3）国家责任不包含刑事责任。在国际法上，国际刑事责任是归于个人而非国家。即使个人（无论其为国家代表、其他公职人员或私人）的行为可归于国家，这并不必然表示国家对该行为的责任本身在性质上是刑事的。国家的国际刑事责任概念从未获得普遍接受。国际法委员会曾在国家责任草案条款中引入国

家的国际罪行概念所引起的问题比其期望的法律意义要多得多，这个概念最终被删除，尽管取而代之的"严重违反一般国际法强制性规范"概念仍然带有某些痕迹。国家的刑事责任观念与国际法的性质和"社会不会犯罪"的刑法格言格格不入。将刑法规则移植到国际法是基于这一事实：刑法必然涉及个人。这既是由于其前提与个人的心理有关，也是由于其制裁只适用于个人。国家不能成为心理分析的对象，就如不能对国家施以监禁或绞刑。国内刑法上的法人犯罪原理同样不能类推适用于国家责任领域。国家在其国内法上将法人的某些行为规定为犯罪并将这种行为的有关责任人绳之以法是一回事，国家本身接受对这种行为的刑事责任完全是另一回事。而国家实际准备接受这种观念是很值得怀疑的。事实上，几个大国，包括安全理事会的成员，都反对国家的国际刑事责任概念。

（4）自纽伦堡审判以来，国际刑法只追诉个人的刑事责任，从来没有一个国家被确实无误地宣布为"罪犯"的确切实例。纽伦堡国际军事法庭在 1946 年指出："违反国际法的罪行是个人犯下的，而不是抽象的实体犯下的，因此只有通过惩治犯下此类罪行的个人，才能使国际法的规定得到实施。"在"普拉希季奇案"关于传票的决定中，前南斯拉夫国际刑事法庭上诉庭说："根据目前的国际法，很清楚国家依其定义，不能作为类似于国内刑法制度规定的刑事制裁的主体"。1998 年《国际刑事法院罗马规约》将其"对引起整个国际社会关注的最严重罪行"的管辖权只限于"自然人"。个人责任不是国家责任的组成部分。欧洲人权法院曾说，如果民主德国依然存在，按照国际法的观点它就应对有关行为负责。有待确定的是除国家责任外，申请人在关键时间上要单独承担刑事责任。《国际刑事法院罗马规约》第 25 条第 4 款规定，有关个人刑事责任的任何规定均不影响国家依照国际法所负的责任。同样，《国家对国际不法行为的责任条款草案》第 58 条也将以国家名义行事的任何人在国际法中的个人责任排除在国家责任外。

因此，对于国家违反某些国际义务的刑事后果问题，国际刑法自始没有任何新的发展，国家责任不涉及刑事责任。

参见程晓霞、余民才主编：《国际法》，7 版，337～338 页。

第十三章 国际争端解决法

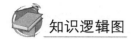 知识逻辑图

国际争端解决法
├─ 国际争端
│ ├─ 种类
│ │ ├─ 政治争端
│ │ ├─ 法律争端 ─── 混合争端
│ │ └─ 事实争端
│ └─ 解决方法
│   ├─ 和平 ──→ 新发展
│   │   ├─ 强制争端解决程序
│   │   └─ 可替代性争端解决方法
│   └─ 强制（反报、报复、制裁、平时封锁）
├─ 政治解决方法
│ ├─ 一般政治解决方法
│ │ ├─ 谈判：当事方通过外交等途径直接对话；谈判义务
│ │ ├─ 调查：适用于事实争端 ──→ 强制性事实调查
│ │ ├─ 调停（斡旋）：第三方介入
│ │ └─ 调解：以委员会的方式协助解决争端 ──→ 强制调解
│ │   ├─ 平行的强制调解
│ │   └─ 剩余性质的强制调解
│ ├─ 联合国和平解决国际争端
│ │ ├─ 大会：主要职能为讨论建议
│ │ ├─ 安理会：调查、建议适当程序；与国际法院平行处理；法院司法审查
│ │ └─ 秘书长：提请注意、向大会报告
│ └─ 区域机关或区域执法
│   ├─ 不得妨害安理会行使职权
│   └─ 不得违背《联合国宪章》
└─ 法律解决方法
   ├─ 国际仲裁
   │ ├─ 仲裁协议（仲裁条款）：仲裁的法律根据 ──→ 强制仲裁
   │ ├─ 仲裁庭 ──书记处──→ 常设仲裁法院和解决投资争端国际中心
   │ ├─ 仲裁程序：书面程序和口述程序
   │ ├─ 仲裁裁决：终局性；可申请解释或复核
   │ └─ 《联合国海洋法公约》附件七仲裁庭
   │   ├─ 法律基础
   │   └─ 管辖权
   └─ 国际法院
      ├─ 组成：15名法官且为专职；专案法官
      ├─ 管辖权
      │ ├─ 诉讼管辖
      │ │ ├─ 属人
      │ │ │ ├─ 联合国会员国
      │ │ │ ├─ 《国际法院规约》当事国
      │ │ │ └─ 任何其他国家，声明接受国际法院管辖
      │ │ └─ 属事
      │ │   ├─ 各当事国提交的一切案件（自愿管辖）
      │ │   ├─ 《联合国宪章》或条约特别规定的事项（协议管辖）
      │ │   ├─ 随时声明接受管辖的属于特定性质的一切法律争端（任择性强制管辖）
      │ │   └─ 当事人同意的法院规则
      │ └─ 咨询管辖：联合国机关和17个联合国专门机构；条件
      ├─ 组织形式
      │ ├─ 全庭
      │ └─ 分庭：简易程序分庭；特种案件分庭；特别分庭
      ├─ 适用法律：国际法，主要是国际条约和国际习惯
      ├─ 诉讼程序
      │ ├─ 起诉
      │ ├─ 书面程序
      │ ├─ 口述程序
      │ ├─ 附带程序：初步反对意见；临时措施；不到庭；参加诉讼；反诉；合并诉讼
      │ └─ 判决：终局性；可要求解释或申请复核
      └─ 咨询程序：与诉讼程序类似

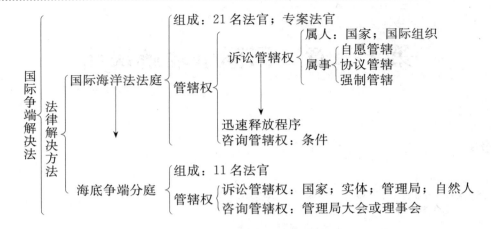

 名词解释与概念比较

1. 当事人同意的法院规则
2. 专案法官（考研）
3. 国际法院的咨询管辖权（考研）
4. 国际争端
5. 任择性强制管辖权（考研）
6. 国际仲裁（考研）
7. 国际法院诉讼管辖权（考研）
8. 强制争端解决程序
9. 初步反对意见
10.《联合国海洋法公约》附件七仲裁
11. 国际海洋法法庭

 选择题

（一）单项选择题

1. 甲、乙两国协议将其海洋划界争端提交联合国国际法院。国际法院就此案作出判决后，甲国拒不履行依该判决所承担的义务。根据《国际法院规约》，下列做法中哪一项是正确的？（　　）（司考）

A. 乙国可以申请国际法院指令甲国的国内法院强制执行该判决

B. 乙国可以申请由国际法院执行庭对该判决强制执行

C. 乙国可以向联合国安全理事会提出申诉，请求由安全理事会作出建议或采取行动，执行该判决

D. 乙国可以向联合国大会法律委员会提出申诉，

由法律委员会决定采取行动，执行该判决

2. 甲国是一个香蕉生产大国，其蕉农长期将产品出口乙国。现乙国颁布法令，禁止甲国的香蕉进口。甲国在要求乙国撤销该禁令未果后，宣布对乙国出口到甲国的化工产品加征300％的进口关税。甲、乙两国间没有涉及香蕉、化工产品贸易或一般贸易规则的双边或多边条约。对此，下列判断哪个是正确的？（　　）（司考）

A. 乙国的上述做法违背其承担的国际法上的义务

B. 甲国的上述关税措施违背其承担的国际法上的义务

C. 甲国采取的措施属于国际法上的反报措施

D. 甲国采取的措施属于国际法上的报复措施

3. 下列有关国际法院的表述，错误的是（　　）。

A. 国际法院是联合国的主要机关之一，是联合国的主要司法机关

B. 联合国大会可以请求国际法院发表咨询意见

C. 国际法院的诉讼当事方为国家、国际组织和跨国公司

D. 国际法院的法官是专职的，不得担任任何政治或行政职务

4. 下列机构中，有权向国际法院请求发表咨询意见的是（　　）。

A. 联合国会员国

B.《国际法院规约》当事国

C. 联合国秘书长

D. 联合国大会

5. 下列哪项是国际法院的诉讼当事方？（　　）

A. 联合国安全理事会

B. 联合国会员国

C. 某一跨国公司

D. 大会授权的联合国其他机关或专门机关

6. 若当事一方不执行国际法院判决,他方得向联合国哪个机关提出申诉?( )

A. 联合国安全理事会

B. 联合国经济及社会理事会

C. 联合国大会

D. 联合国秘书处

7. 区域性机关若采取执行行动,必须经下列哪一机关授权?( )

A. 第三国 B. 争端当事国

C. 联合国大会 D. 联合国安全理事会

8. 甲、乙两国因历史遗留的宗教和民族问题,积怨甚深。2004年甲国新任领导人试图缓和两国关系,请求丙国予以调停。甲、乙、丙三国之间没有任何关于解决争端方法方面的专门条约。根据国际法的有关规则和实践,下列哪一项判断是正确的?( )(司考)

A. 丙国在这种情况下,有义务充当调停者

B. 如果丙国进行调停,则乙国有义务参与调停活动

C. 如果丙国进行调停,对于调停的结果,一般不负有监督和担保的义务

D. 如果丙国进行调停,则甲国必须接受调停结果

9. 在甲国公开宣布禁止乙国向其境内移民后,乙国也对外宣布禁止甲国的移民。乙国的行为在国际法上被称为( )。

A. 自卫 B. 报复

C. 反报 D. 干涉

10. 以查清争端事实为目的,而不对争端的是非曲直作出判断,这种和平解决国际争端的方法被称为( )。

A. 调解 B. 斡旋

C. 调停 D. 调查

11. 国际仲裁是和平解决国际争端的法律方法,下列说法中不正确的是( )。

A. 国际仲裁的程序和效力都是双方约定的

B. 仲裁裁决是最终的,不得上诉

C. 仲裁裁决对当事人具有法律拘束力

D. 争端当事国可以采取报复等措施使仲裁裁决得到执行

12. 在国际法院受理的案件中,如法院有属于一方当事国国籍的法官,则他方当事国也有权选派一名本国法官参与审理。此种法官被称为( )。

A. 任选法官 B. 专案法官

C. 特别法官 D. 聘任法官

13. 根据《国际法院规约》,在国际法院的诉讼程序中,反诉属于( )。

A. 起诉 B. 书面程序

C. 口头程序 D. 附带程序

14. 甲国是联合国的会员国。2006年,联合国驻甲国的某机构以联合国的名义,与甲国政府签订协议,购买了一批办公用品。由于甲国交付延期,双方产生纠纷。根据《联合国宪章》和有关国际法规则,下列哪一选项是正确的?( )(司考)

A. 作为政治性国际组织,联合国组织的上述购买行为自始无效

B. 上述以联合国名义进行的行为,应视为联合国所有会员国的共同行为

C. 联合国大会有权就该项纠纷向国际法院提起针对甲国的诉讼,不论甲国是否同意

D. 联合国大会有权就该项纠纷请求国际法院发表咨询意见,不论甲国是否同意

视频讲题

15. 甲、乙是联合国会员国。甲作出了接受联合国国际法院强制管辖的声明,乙未作出接受联合国国际法院强制管辖的声明。甲、乙也是《联合国海洋法公约》的当事国,现对相邻海域中某岛屿归属产生争议。关于该争议的处理,下列哪一选项是不符合国际法的?( )(司考)

A. 甲、乙可达成协议将争议提交联合国国际法院

B. 甲、乙可自愿选择将争议提交联合国国际法院或国际海洋法庭

C. 甲可单方将争议提交联合国国际法院

D. 甲、乙可自行协商解决争议

16. 关于联合国国际法院的表述,下列哪一选项是正确的?( )(司考)

A. 联合国安全理事会常任理事国对国际法院法官的选举不具有否决权

B. 国际法院法官对涉及其国籍国的案件,不适用回避制度,即使其就任法官前曾参与该案件

C. 国际法院判决对案件当事国具有法律拘束力，构成国际法的渊源

D. 国际法院作出的咨询意见具有法律拘束力

视频讲题

17. 甲、乙两国都是联合国会员国，现因领土争端，甲国欲向国际法院提起针对乙国的诉讼。根据国际法的相关规则和实践，关于本案的下列哪项说法是正确的？（　　）（法考）

A. 如国际法院受理该案件，主审法官中有甲国公民，乙国可申请该法官回避

B. 如国际法院受理该案件，主审法官中有甲国公民，乙国可申请增加本国国籍的法官为专案法官

C. 如国际法院判乙国败诉，而乙国拒不履行该判决，则甲国可申请国际法院强制执行该判决

D. 如国际法院作出判决，该判决可成为国际法渊源，对所有联合国成员国产生约束力

视频讲题

18. 关于国际法院，依《国际法院规约》，下列哪一选项是正确的？（　　）（司考）

A. 安全理事会常任理事国对法官选举拥有一票否决权

B. 国际法院是联合国的司法机关，有诉讼管辖和咨询管辖两项职权

C. 联合国秘书长可就执行其职务中的任何法律问题请求国际法院发表咨询意见

D. 国际法院作出判决后，如当事国不服，可向联合国大会上诉

视频讲题

（二）多项选择题

1. 根据1958年联合国国际法委员会制定的《仲裁程序示范规则》的规定，下列哪些情况下仲裁裁决无效？（　　）（司考）

A. 仲裁协议无效

B. 裁决遭到一方当事国的强烈反对

C. 仲裁员犯有欺诈行为

D. 仲裁庭越权

2. 下列国际争端中，属于政治性争端的有哪几项？（　　）

A. 宗教信仰的争端

B. 条约解释的争端

C. 社会制度的争端

D. 意识形态的争端

3. 和平解决国际争端的政治方法的特点是（　　）。

A. 政治方法有法律拘束力

B. 在争端当事国之间进行

C. 第三方只起促进解决的作用

D. 当事国承担道义责任

4. 仲裁适用的法律包括（　　）。

A. 国际条约

B. 国际习惯

C. 根据仲裁协定的规定适用有关国家的国内立法或判例

D. 一般法律原则

5. 国际法院任择性强制管辖的内容包括（　　）。

A. 有关条约的解释

B. 任何国际法问题

C. 构成违反国际义务的任何事实

D. 海域划界

6. 安全理事会在和平解决国际争端方面的职权包括（　　）。

A. 安全理事会为了断定是否对国际和平产生危害，可以自发地进行调查

B. 促请争端当事国用和平方法解决争端

C. 派遣斡旋团

D. 对和平解决国际争端提出建议

7. 国际法院在对国家间的争端行使管辖权时，应满足哪些条件？（　　）

A. 争端当事国双方均为《国际法院规约》当事国，且声明接受国际法院根据《国际法院规约》第36

条规定的管辖权

B. 争端当事国在另一国不同意的情况下，将争端提交国际法院

C. 在争端当事国双方同为当事国的国际条约中规定争端应由国际法院解决

D. 争端当事国双方达成协议，同意将问题提交国际法院解决

8. 国际法院作为联合国的主要司法机关，其法官应符合以下哪些要求？（　　）

A. 由联合国大会和安全理事会同时分别选举产生

B. 由《国际法院规约》当事国投票产生

C. 国际法院的法官是专职的，不得担任任何政治或行政职务或从事任何职业性的活动

D. 当选法官任期9年，每3年改选1/3，得连选连任

9. 可以向国际法院提起诉讼的主体包括（　　）。

A. 联合国会员国

B. 《国际法院规约》当事国

C. 联合国安全理事会

D. 任何声明承认国际法院管辖权，保证执行判决的国家，且已向国际法院书记处提交声明

10. 国际法院审理案件过程中有一些附带程序，这些程序并不是每个案件的必经程序，包括（　　）。

A. 调解　　　　　　　B. 临时措施

C. 初步反对意见　　　D. 参加诉讼

11. 根据国际法相关规则，关于国际争端解决方式，下列哪些表述是正确的？（　　）（司考）

A. 甲、乙两国就界河使用发生纠纷，丙国为支持甲国可出面进行武装干涉

B. 甲、乙两国发生边界争端，丙国总统可出面进行调停

C. 甲、乙两国可书面协议将两国的专属经济区争端提交联合国国际法院，国际法院对此争端拥有管辖权

D. 国际法院可就国际争端解决提出咨询意见，该意见具有法律拘束力

视频讲题

（三）不定项选择题

1. 下列关于国际法院的表述中正确的是（　　）。

A. 国际法院是联合国的主要司法机关

B. 国际法院有刑事管辖权，可以对个人进行审判

C. 国际法院的咨询意见具有法律拘束力

D. 国际法院的法官不代表任何国家，也不受其本国政府的制约

2. 甲、乙两国一直因为国家边界问题而产生边界争端，甲国表明其在必要情况下不放弃使用武力解决这一问题。丙国为了避免可能发生的战争，积极进行斡旋和调停。下列说法正确的是（　　）。

A. 丙国在进行斡旋或调停时，可以主动进行，也可以应争端当事国一方或各方邀请而进行

B. 如果丙国作为斡旋者，本身可以不参加谈判，只是为促进争端的解决，提供协助促成当事国谈判

C. 如果丙国作为调停者，为协助解决争端，可以提出解决争端的方案并直接参加或主持谈判

D. 争端当事国可以对丙国的有关活动予以拒绝，丙国不应将其视为不友好行为

3. 国际法院判决作出后，若当事不服，可以采取下列（　　）行为。

A. 向安全理事会申诉

B. 向国际法院申请解释或复核

C. 向联合国大会上诉

D. 向国际法院申请上诉

4. 甲、乙、丙三国对某海域的划界存在争端，三国均为《联合国海洋法公约》缔约国。甲国在批准公约时书面声明海洋划界的争端不接受公约的强制争端解决程序，乙国在签署公约时口头声明选择国际海洋法法庭的管辖，丙国在加入公约时书面声明选择国际海洋法法庭的管辖。依相关国际法规则，下列选项正确的是（　　）。（司考）

A. 甲国无权通过书面声明排除公约强制程序的适用

B. 国际海洋法法庭对该争端没有管辖权

C. 无论三国选择与否，国际法院均对该争端有管辖权

D. 国际海洋法法庭的设立排除了国际法院对海洋争端的管辖权

视频讲题

5. 甲、乙两国协议将其领土争端提交国际法院解决。国际法院就此案作出判决后，甲国拒不执行判决。下列做法中正确的是（　　）。（法考）

A. 乙国可以暂停两国的文化交流协定

B. 乙国可以申请由国际法院执行该判决

C. 乙国可以向安全理事会申诉，请求安全理事会作出建议或采取行动，执行该判决

D. 乙国可以扣留甲国驻乙国使馆人员

6. 甲、乙两国因开发海洋石油资源发生争端，丙国总统出面斡旋，邀请甲、乙两国元首赴丙国首都和谈。下列说法符合国际法的是（　　）。

A. 甲、乙两国元首赴丙国前，可通过网络进行秘密谈判

B. 甲、乙两国元首到丙国谈判时，丙国总统设欢迎晚宴并提出争端解决方案

C. 甲国派军舰封锁乙国海岸线，禁止乙国船进入争议海域

D. 甲、乙两国元首到丙国谈判时，丙国总统可主持谈判

7. 约翰是甲国国际法学者，拟参选国际法院法官。联合国安全理事会常任理事国乙国对此坚决反对。以下说法正确的是（　　）。（法考）

A. 甲国驻联合国代表团可以提名约翰为国际法院法官候选人

B. 如果乙国投出否决票，约翰就不能当选

C. 国际法院的法官需要在联合国大会与安全理事会都得到 2/3 以上的票数才可以当选

D. 如果约翰当选国际法院法官，也不需要回避涉及甲国的案件

简答题

1. 简述现代国际法上和平解决国际争端的政治方法。（考研）

2. 简述国际法院的诉讼管辖权。（考研）

3. 简述联合国安全理事会在和平解决国际争端方面的职权。（考研）

4. 简述迅速释放被扣留船舶或其船员程序。

5. 简述国际法院的咨询管辖权。（考研）

6. 简述国际法院判决的效力。（考研）

7. 简述对所有国家的义务与国际法院的管辖权之间的关系。

8. 和平解决国际争端法有哪些新发展？

9. 简述国际海洋法法庭的临时措施。

10. 简述国际海洋法法庭全庭的咨询管辖权。

11. 简述《联合国海洋法公约》附件七仲裁法庭的管辖权。

材料与法条分析题

1. A 国是一个工业国家，B 国是一个以农业为主的国家，其大米主要向 A 国出口。A 国给予 B 国出口产品普遍优惠待遇。当 A 国进入总统大选时，为赢得农场主的选票，政府宣布对 B 国出口大米再加征 50% 的关税。这遭到 B 国反对。两国谈判未果后，B 国宣布对来自 A 国价值 2.5 亿美元的进口汽车配件征收 150% 的关税。

根据以上案情，回答下列问题：

（1）B 国采取的措施是否合法？为什么？

（2）如果 A、B 两国都是世界贸易组织的成员国，B 国采取的措施是否合法？为什么？

视频讲题

2. 一架 A 国国际民航班机在大西洋上空爆炸，造成乘客和机组人员全部罹难。A 国指控航空灾难系两名 B 国人安放在飞机上的炸弹爆炸所致，要求 B 国引渡他们到 A 国受审，否则，将冻结 B 国在 A 国银行的国家存款和轰炸 B 国情报大楼。B 国对此予以拒绝，要求谈判或仲裁争端，遭到 A 国拒绝。因此，B 国在将被指控的嫌疑人提交其主管当局进行起诉时，援引 1971 年《关于制止危害民用航空安全的非法行为的公约》第 14 条第 1 款（两国没有对该条款提出保留）向国际法院提交申请书，请求法院判定它履行了公约义

务，并制止 A 国的非法行为。第二天，联合国安全理事会通过第 1747 号决议，根据《联合国宪章》第七章采取行动，要求 B 国政府毫不迟延地将嫌疑人交给 A 国审判。A 国在辩诉状中反对国际法院对争端的管辖权。

根据以上案情，分析国际法院对 B 国提交的案件是否有管辖权。

视频讲题

3. 2013 年 1 月 22 日，菲律宾政府就菲中南海争端单方面提出国际仲裁的请求。3 月 25 日，菲律宾外交部对外宣称，由于中国拒绝回应菲单方面提出的仲裁请求，国际海洋法法庭已指定波兰籍法官斯坦尼洛夫·帕夫拉克为中方指定的仲裁员，同时，菲方指定德国籍法官吕迪格·沃尔夫鲁姆为其仲裁员。接下来，只要法庭庭长提名剩余的 3 名仲裁员，组成 5 人仲裁法庭，该仲裁法庭就可以开始审理菲中南海争端。请回答下列问题。（考研）

（1）何谓"国际仲裁"？国际仲裁的基础是什么？

（2）菲律宾请求国际海洋法法庭组成仲裁庭，强行裁决菲中南海争端的依据是什么？

（3）你以为菲中南海争端是否可以进行强行国际裁决？为什么？

4. 根据有关国际法原则、规则和制度，分析下面条款：

《联合国宪章》第 36 条规定，属于第 33 条所指之性质之争端或相似之情势，安全理事会在任何阶段，得建议适当程序或调整方法……安全理事会按照本条作成建议时，同时理应注意凡具有法律性质之争端，在原则上，理应由当事国依国际法院规约之规定提交国际法院。

 论述题与深度思考题

1. 比较国际法院和国际仲裁解决方法。（考研）

2. 论联合国主要机关在和平解决国际争端中的地位与作用。（考研）

3. 比较国际法院的诉讼管辖权与国际海洋法法庭的诉讼管辖权之间的区别。

4. 试述国际海洋法法庭的管辖权。

参考答案

 名词解释与概念比较

1. 当事人同意的法院规则是指如果一国在对其提起诉讼的请求书提出时尚未承认国际法院的管辖权，而该国随后接受法院可以审理此案的管辖权，则法院自接受之日起根据应诉管辖规则对该案具有管辖权。

2. 专案法官是指在国际性法院或法庭受理的案件中，当事国一方在法院或法庭中没有本国国籍的法官时所指派参与该案审理的法官。专案法官应具有与法官相近的资历，在该案中与当选法官权利相同。

3. 国际法院的咨询管辖权是指国际法院对按照规定向它提出的任何法律问题发表咨询意见的职能。联合国大会、安全理事会和经大会授权的联合国其他机构和专门机构，有权请求法院发表咨询意见。国际法院的咨询意见不具法律拘束力，但在国际法上具有相当的权威性，对国际组织和各国的实践有指导性作用。

4. 国际争端是指当事方之间对国际法或事实的意见分歧、国际法律观点或利益的冲突。国际争端可分为政治争端、法律争端和事实争端。不同类型的争端，其解决方法有所不同。

5. 任择性强制管辖权是指国际法院依《国际法院规约》当事国声明，就与接受同样义务的任何其他国家所发生的下列性质的法律争端，承认国际法院的管辖为当然而无须另定特别协定所取得的管辖权：（1）条约的解释。（2）国际法的任何问题。（3）任何事实的存在，如经确定即属违反国际义务者。（4）因违反国际义务而应予赔偿的性质及规范。

6. 国际仲裁是指争端当事方同意将它们之间的争端交给由双方选任的仲裁员组成的仲裁庭在尊重法律的基础上作出裁决。国际仲裁是争端当事方自愿接受的一种法律程序。

7. 国际法院诉讼管辖权是国际法院受理并裁决争端当事国所提交案件的权力，即属人管辖权和属事管辖权。国际法院的属人管辖权仅限于国家，属事管辖权是当事国同意接受法院管辖的争端。

8. 强制争端解决程序是指某项争端通过谈判或磋商未能获得解决时，争端一方单方面提起的某种具有管辖权的争端解决程序。它有基于当事方同意选择权的程序和当事方没有选择权的程序两种。

9. 初步反对意见是指任何争端当事国（通常为被诉国）对国际性法院或法庭是否有权就案件的是非曲直作出判决提出质疑。这种质疑可以是一国主张国际性法院或法庭没有管辖权或请求书不可受理。

10. 《联合国海洋法公约》附件七仲裁是《联合国海洋法公约》规定的一种具有剩余性质的强制解决缔约国之间有关该公约解释或适用争端的法律方法。除同样选择接受这种方法外，争端当事国只要对国际海洋法法庭、国际法院、附件七仲裁法庭和附件八特别仲裁法庭这 4 种强制程序没有选择任何一种或者接受的并非同一种，就被视为已接受附件七仲裁。这是一个国际性法庭第一次具有真正意义上的强制管辖权。

11. 国际海洋法法庭是依据《联合国海洋法公约》设立的专门解决缔约国之间有关该公约解释或适用争端的一个国际性法庭。在某些条件下，它也对同该公约的目的有关的国际协定的解释或适用问题具有咨询管辖权。

选择题

（一）单项选择题

1. C

国际法院是联合国的主要司法机关，其判决对当事国有拘束力。根据《联合国宪章》，联合国的每一会员国在其为当事国的任何案件中承诺遵守或执行国际法院的判决。如果某一当事国不履行，其他当事国可以向联合国安全理事会申诉。安全理事会认为必要时，可以建议或决定采取相应措施来执行判决。

2. C

传统国际法将解决国际争端的方法分为强制性和非强制性两种。强制方法是指争端一方为使他方同意其所要求的对争端的解决和处理，而单方面采用的带有某些强制性的措施和方法。这些措施包括战争和非战争的武装行为、平时封锁、干涉、反报和报复等，其中，反报是指一国对于他国的不礼貌、不友好但不违法的行为，采取相同或相似的不礼貌、不友好但不

违法的行为予以回报；报复是一国对他国的国际不法行为，采取与之相应的措施作为回应。由于甲、乙两国没有参加相关双边或多边条约，因而两国的做法都不违反国际义务。

3. C

国际法院是联合国的六大主要机关之一，是联合国的主要司法机关。国际法院的法官是专职的，不得担任任何政治或行政职务或者从事任何职业性的活动。能够成为国际法院诉讼当事方的只能是国家。联合国大会有权要求国际法院发表咨询意见。

4. D

根据《联合国宪章》的规定，联合国大会、安全理事会以及经大会授权的联合国专门机构和其他机构，有权就执行职务中的法律问题请求国际法院发表咨询意见，国家不能要求国际法院发表咨询意见。任何个人，包括联合国秘书长都无权要求国际法院发表咨询意见。

5. B

根据《国际法院规约》的规定，法院的诉讼当事方仅限于国家，即只有国家才可以向国际法院提交案件。有权利用国际法院的国家是指：（1）联合国会员国；（2）根据大会经安全理事会建议所决定的条件成为《国际法院规约》当事国的非联合国会员国；（3）任何其他国家，虽不是联合国会员国，也不是《国际法院规约》当事国，但已向书记官处交存一项符合安全理事会规定条件的声明，承认国际法院的管辖权，保证认真遵行国际法院的判决。

6. A

国际法院的判决是终审判决，不得上诉。判决对争端各当事国有拘束力。《联合国宪章》规定，如有一当事方不执行判决，他方可以向安全理事会申诉，安全理事会得作成建议或决定应采取的办法以执行法院的判决。

7. D

区域性机关作为一种解决国际争端的途径，在《联合国宪章》中有明确规定。区域性机关在解决争端方面与联合国安全理事会是合作与补充的关系。区域性机关应协助安全理事会实施依安全理事会权力而采取的任何强制行动，在安全理事会的授权下，区域性机关可以采取执行行动。

8. C

调停是指争端当事国之间不能通过直接谈判或协商的方法解决争端时，在调停人的善意帮助下促成各当事方和平解决国际争端。调停应是第三国自愿进行的行为。争端当事国对争端解决保持完全自由，不因调停的进行而承担任何义务。调停方也不能把自己的意见强加于争端当事国。无论调停是否成功，第三方都不承担任何法律义务。

9. C

反报是一国以同样或类似的行为反击另一国某种不礼貌、不友好或不公正的行为。引起反报的行为并不是国家的不法行为。报复是一国对另一国的国际不法行为采取的相应的强制措施，最常见的如相互驱逐外交官。报复针对的是一国的国际不法行为。在世界贸易组织领域，报复要受世界贸易组织机制的约束。

10. D

和平解决国际争端的外交方法是指谈判、调查、调停（斡旋或调解）、和解。调查是指通过将有关争端的事实问题提交以个人资格的委员组成的国际调查委员会解决争端的制度。它主要适用于由于事实不清或对事实判断分歧引起的争端，即事实争端。

11. D

国际仲裁作为和平解决国际争端的法律方法，其特点是仲裁程序和效力都是经双方约定的。仲裁裁决是最终的，一经正式宣布并通知争端当事国，即开始生效，不得上诉。仲裁裁决对当事国具有法律拘束力，必须得到善意执行，当事国不得采取报复和反报等手段促使裁决得到执行。

12. B

审理某一案件的法官中有当事国一方国籍的，则他方可派一专案法官参与该案审理。专案法官应具有与法官相近的资历，在该案中与当选法官权利相同。

13. D

根据《国际法院规约》的规定，诉讼中的附带程序包括：临时措施；初步反对意见；反诉，即如果与原告的诉讼标的直接有关，并属于法院的管辖范围内，被告可以提出反诉主张；第三国参加；等等。

14. D

联合国是一个国际人格者，有权从事履行其职权的活动，应对其自己的行为负责。按照《联合国宪章》，联合国大会对于任何法律问题可以请求国际法院发表咨询意见，但联合国大会不能成为国际法院的诉讼当事方，因为国际法院的诉讼当事方仅限于国家。

15. C

国际法院对争端当事国自愿提交或协议提交的争端具有管辖权。国际法院也享有任择性强制管辖权。但是，只有争端当事国均声明接受国际法院的管辖权，其中一方才能单方面提起诉讼。协商是和平解决国际争端的一般政治方法之一。

16. A

国际法院的法官由联合国大会和安全理事会分别选举，在两处得绝对多数票者当选。法官对于涉及其国籍国的案件，不适用回避制度，除非其就任法官前曾参与该案件。国际法院的判决不是国际法的渊源。国际法院作出的咨询意见没有法律拘束力。

17. B

对于涉及法官国籍国的案件，法官有权参与审理。如果一个当事国有本国籍法官，争端另一方可以选派一人作为专案法官参与审理。当判决得不到履行时，他方可向安全理事会申诉，安全理事会有权采取措施执行判决。国际法院无权执行判决，其判决不是国际法渊源。

18. B

《国际法院规约》规定，法官的选任在联合国大会和安全理事会平行表决，均得绝对多数票者当选。国际法院有诉讼管辖和咨询管辖两项职权。联合国秘书长无权请求国际法院发表咨询意见。当事国对国际法院的判决不执行的，可向安全理事会申诉。

（二）多项选择题

1. ACD

根据1958年联合国国际法委员会制定的《仲裁程序示范规则》的规定，有下列情况之一的，裁决无效：仲裁协议无效；仲裁庭越权；仲裁员犯有欺诈行为。

2. ACD

国际争端是当事方之间对国际法或事实的意见分歧、国际法律观点或利益的冲突，可分为政治争端、法律争端和事实争端。政治争端是指因政治利益冲突引起的争端，是不可依法律裁判的争端，常涉及国家主权问题，应采取外交或政治的方法解决；法律争端是指以国际法或某项国际条约为依据的利益冲突，是可裁判的争端。

3. BC

解决争端的政治方法是由争端各方解决或通过第三方介入解决。无论是否有第三方的介入，争端各方必须参与到解决过程中，即使第三方介入，也只是起到促使争端各方尽快解决争端的作用。通过政治方法解决争端所达成的协议，当事国不仅仅承担道义责任。

4. ABCD

通过国际仲裁的方式解决国际争端，争端当事国可以事先就仲裁所适用的法律达成协议，这些法律规则包括国际条约、国际习惯、一般法律原则等，甚至可以用"公允和善良"原则来解决问题。

5. ABC

任择性强制管辖是指《国际法院规约》当事国随时声明，就与接受同样义务的任何其他国家所发生的某种性质的法律争端，承认国际法院的管辖为当然而具有强制性，无须另定特别协定。这类性质的法律争端是：(1) 条约的解释。(2) 国际法的任何问题。(3) 任何事实的存在，如经确定即属违反国际义务者。(4) 因违反国际义务而应予赔偿的性质及范围。依《国际法院规约》第 36 条第 3 款的规定，单方面声明可无条件作出，也可以数个或特定国家间彼此拘束为条件，还可以一定期间为条件。

6. ABCD

联合国安全理事会是一个政治机关，它在和平解决国际争端方面发挥着重要的作用。安全理事会如果认定争端和事态的存在将危及世界和平与安全，就可以决定在考虑当事国已采取方法的基础上，建议适当的调整程序或方法。另外，除当事国提交以外，安全理事会为了断定事态的存在是否会对国际和平与安全产生危害，也可以自发地进行调查。1988 年《关于预防和消除可能威胁国际和平与安全的争端和局势以及关于联合国在该领域的作用的宣言》还特意增加了关于安全理事会可采取"派遣事实调查团或斡旋团，或建立联合国进驻的适当形式"的规定。

7. ACD

国际法院有权管辖的事项是诉讼当事方自愿接受管辖的争端。根据《国际法院规约》第 36 条，这类争端可分为三种：(1) 各当事国提交的一切案件，即争端当事国共同缔结一项特别协定所提交的案件；(2)《联合国宪章》或现行条约或协定中所特别规定的一切事件；(3) 当事国随时声明接受国际法院管辖的属于特定性质的一切法律争端。国际法院因此取得的管辖权

分别称为"自愿管辖""协议管辖""任择性强制管辖"。

8. ACD

国际法院由 15 名法官组成，其中不得有 2 人为同一国籍。法官经由联合国大会和安全理事会同时分别选举产生，在两处均得绝对多数票者当选。当选法官任期 9 年，每 3 年改选 1/3，得连选连任。法官是专职的，不是其国籍国的代表，不得担任任何政治职务或行政职务，亦不得执行任何其他职业性质的任务。

9. ABD

根据《国际法院规约》的规定，法院的诉讼当事方仅限于国家，即只有国家才可以向国际法院提交案件。有权利用国际法院的国家是指：(1) 联合国会员国；(2) 根据大会经安全理事会建议所决定的条件成为《国际法院规约》当事国的非联合国会员国；(3) 任何其他国家，虽不是联合国会员国，也不是《国际法院规约》当事国，但已向书记官处交存一项符合安全理事会规定条件的声明，承认国际法院的管辖权，保证认真遵行国际法院的判决。

10. BCD

附带程序是正常程序进行中的特殊问题，即不是每案必经之程序。最常见的附带程序是初步反对意见和临时措施。初步反对意见是指对法院管辖权的反对，或对控方是否有权提起或参与诉讼的反对等。临时措施指在审讯过程中经法院裁决采取的临时性措施。临时措施是一种临时禁令，一般目的是在国际法院就争端作出最终判决之前冻结形势。此外，还有四种可能的附带程序：(1) 不到庭；(2) 参加诉讼；(3) 反诉；(4) 合并诉讼。

11. BC

第三国进行调停是一种和平解决国际争端的方法，而武力介入违反国际法。争端当事国可以通过特别协定将它们之间的国际争端提交国际法院解决。国际法院对有关国家之间的争端发表咨询意见必须获得它们的同意。

（三）不定项选择题

1. AD

国际法院是联合国的主要司法机关，它没有刑事管辖权，无权审判个人。国际法院的法官是专职的，不是其国籍国的代表，不得担任任何政治职务或行政职务，亦不得执行任何其他职业性质的任务。国际法

院的咨询意见原则上不具有法律拘束力，但在国际法上具有相当的权威性。

2. ABCD

斡旋和调停是在争端当事国未能以谈判和协商解决争端的情况下，由第三方提供协助以促使当事国进行谈判解决争端的方法。二者的共同点在于提出的建议对争端当事国没有拘束力。不同点是：斡旋只是第三方促使当事国进行谈判，提出建议，第三方一般不参与谈判。调停则是第三方直接参与谈判，向双方提出实质性的建议。争端当事国可以对斡旋和调停者的有关活动予以拒绝，不应将其视为不友好行为。

3. B

国际法院的判决是最终的，不得上诉。若一方不履行判决，他方可以向安全理事会申诉。虽然国际法院的判决是终局的，但争端当事国可以请求法院作出解释或申请复核：一是对判决的含义或范围发生争端时，可请求国际法院作出解释；二是发现在判决宣告时所不知道的具有决定意义的新事实时，可以请求法院对案件进行复核。

4. B

根据《联合国海洋法公约》的规定，缔约国可以随时通过书面声明排除强制程序对海洋划界争端的适用。只有争端各方选择了同一法院或法庭，国际海洋法法庭或国际法院才有管辖权。国际海洋法法庭和国际法院都是《联合国海洋法公约》第287条提供的争端解决机构。

5. AC

乙国暂停两国的文化交流协定，属于乙国的主权范畴，故A选项正确。国际法院没有执行其判决的权力，故B选项错误。对于判决不执行的情况，乙国可以向安全理事会申诉，请求安全理事会作出建议或采取行动，执行该判决，故C选项正确。使馆人员享有豁免权，人身不受侵犯，乙国不能扣留甲国驻乙国使馆人员，故D选项错误。

6. A

争端当事国可以任何方式进行谈判，通过网络秘密谈判符合国际法，故A选项正确。斡旋是不同于谈判的争端解决方法，斡旋方可以提出和解方案，故B、D选项错误。甲国封锁乙国海岸线不属于和平解决方法，故C选项错误。

7. ACD

国际法院法官由各国政府委托有关团体提出，故A选项正确。法官由联合国大会和安全理事会分别选举，在两处得绝对多数票者当选，常任理事国的反对票不产生否决的效果，故B选项错误，C选项正确。国际法院法官一般不适用回避制度，故D选项正确。

 简答题

1.（1）和平解决国际争端的政治方法即外交方法，是指谈判、调查、调停与斡旋和调解等，其共同点是通过外交途径，由当事者通过对话协商解决争端。调停或斡旋也是第三者介入当事者之间以谈判促成解决的方法和途径。外交方法适合于解决任何性质的争端，而政治性的争端只有通过外交方法才能求得最终解决。

（2）谈判是和平解决国际争端的基本方法。它是指争端当事方为达成一项共同决定进行直接交涉，而没有第三方的介入。调查是指通过将有关争端的事实问题提交临时设立或常设的国际调查委员会以促进解决争端的制度，主要适用于因事实不清或对事实解释的分歧引起的争端，即事实争端。调停与斡旋是指争端当事方不愿意直接谈判或者虽经谈判而未能解决争端时，第三方介入而协助当事方解决争端的方法。调解是指由具有公平、才干和正直的最高声誉的个人组成的委员会，听取争端各方的陈述，审查其权利主张和反对意见，并向争端各方提出建议，以促进争端的友好解决。

（3）上述和平解决国际争端的外交方法中，谈判是主要的基本的方法，调查、调停与斡旋、调解不是独立的方法，启动其中一项常包含其他项方法的运用。

2. 国际法院的诉讼管辖权是指法院受理和审判争端当事国提交的诉讼案件的权力。诉讼管辖权涉及谁有权成为法院的诉讼当事方（属人管辖权）和对哪些事项有权行使管辖（属事管辖权）。

（1）国际法院的属人管辖权仅限于国家，即只有国家才可以向国际法院提交案件。国家之外的其他实体（包括国际组织）和个人都不能成为法院的诉讼当事方。有权利用国际法院的国家是指：1）联合国会员国；2）根据大会经安全理事会建议所决定的条件成为《国际法院规约》当事国的非联合国会员国；3）任何其他国家，虽不是联合国会员国，也不是《国际法院规约》当事国，但已向书记官处交存一项符合安全理事会规定条件的声明，承认国际法院的管辖权，保证认真遵行国际法院的判决。

（2）国际法院的属事管辖权是诉讼当事方自愿接受管辖的争端。根据《国际法院规约》第36条，这类争端可分为三种：1）各当事国提交的一切案件，即争端当事国共同缔结一项特别协定所提交的案件；2）《联合国宪章》或现行条约或协定中所特别规定的一切事件；3）当事国随时声明接受国际法院管辖的属于特定性质的一切法律争端。国际法院因此取得的管辖权分别称为"自愿管辖""协议管辖""任择性强制管辖"。此外还有一种当事人同意的法院规则。

3. 安全理事会在和平解决国际争端方面发挥着重要的作用，其职权主要有：

（1）促请争端当事国通过谈判、调查、调解、调停、仲裁、司法解决、区域机关或区域办法的利用，或各当事国自行选择的其他和平方法，解决其继续存在足以危及国际和平与安全的争端。

（2）调查任何争端或可能引起国际摩擦或惹起争端的任何情势，以断定该争端或情势的继续存在是否足以危及国际和平与安全。

（3）注意会员国、非会员国和大会提请的，其继续存在足以危及国际和平与安全的任何争端，或可能引起国际摩擦或惹起争端的情势。

（4）对于继续存在危及国际和平与安全的争端或情势，可以在任何阶段，建议适当程序或调整方法。对于法律性质的争端，原则上应建议当事国依《国际法院规约》的规定提交给国际法院。

（5）进行调停、斡旋或调解。

（6）处理当事国提交的依和平方法未能解决的，其继续存在足以危及国际和平与安全的争端，并提出建议。

（7）断定存在威胁和平、破坏和平或侵略行为时，为防止情势恶化，可促请关系当事国遵行安全理事会所认为必要或合宜的临时办法。维持和平行动属于这种办法。

（8）鼓励或利用区域机关或区域办法。

4.（1）迅速释放被扣留船舶或其船员程序是《联合国海洋法公约》第292条创立的一种独立程序，不依赖根据该公约第十五部分管辖权的确立，不是该公约第287条四种程序的附带程序。国际海洋法法庭是这种程序的剩余性法庭。

（2）迅速释放程序的管辖权条件是：第一，扣留国和船舶国籍国都是公约缔约国，且释放申请仅可由船旗国或以该国名义提出。第二，从扣留时起10日内争端双方没有就释放问题提交另一法院或法庭达成协议。

（3）迅速释放程序的可受理性条件是：第一，释放程序必须不迟延地并根据它们与国内程序之间关系的性质进行和结束。法庭只能处理释放问题，不处理逮捕或扣留本身是否合法的问题，而且不影响在主管的国内法庭对该船只、其船主或船员的任何案件的是非曲直。第二，扣留国在合理的保证书或其他财政担保经提供后仍然没有遵从《联合国海洋法公约》的规定释放船舶或其船员。保证书具有财政性质，可采用现金、信用证、银行保函或任何其他形式。"适当性"的评估标准包括涉嫌违法行为的严重性、保证书的数额、性质和形式。

参见程晓霞、余民才主编：《国际法》，7版，369页。

5. 国际法院的咨询管辖权是指国际法院对按照规定向它提出的任何法律问题发表咨询意见的职能。

（1）国际法院咨询管辖权的条件。

国际法院确立咨询管辖权必须满足三项条件：第一，请求咨询意见的机构必须获得提出这种请求的正式授权。有权提出咨询请求的有5个联合国机关和15个联合国专门机构以及国际原子能机构。联合国机关包括大会、安全理事会、经济及社会理事会、托管理事会和大会临时委员会。联合国秘书长、会员国不能向法院请求提供咨询意见。

第二，请求咨询意见的问题必须是法律问题。以法律措辞表述和提出国际法问题的问题，根据其本身的性质是可以得到以法律为基础的答案的，是法律性质的问题。法律问题词语可能包括国家间争端。如果咨询意见的请求涉及两个或两个以上国家之间实际上悬而未决的法律争端，国际法院必须遵守国家同意原则。

第三，请求咨询意见的问题必须是在申请机构"工作范围内"产生的问题。超出申请机构权限范围所提出的法律问题，国际法院没有管辖权。

（2）国际法院咨询意见的法律效力。

国际法院的咨询意见原则上没有拘束力。但是，咨询意见及此种意见中所载的裁决具有重大法律分量

和道义权威，对国际组织和各国的实践有指导性作用。而且，在几种明文规定咨询意见具有拘束力的特殊情况下，比如《联合国特权与豁免公约》《联合国专门机构特权与豁免公约》《联合国和美国关于联合国总部的协定》，国际法院所涉的咨询意见则具有拘束力。

参见程晓霞、余民才主编：《国际法》，7版，361~362、366页。

6.（1）国际法院的判决是确定性的，不得上诉，对本案及其当事国有法律拘束力，对任何第三国没有拘束力，也不对第三国创设任何权利或义务。案件当事国应遵守和执行判决。如果一方不履行判决，依《联合国宪章》第94条的规定，他方可向安全理事会申诉。安全理事会认为必要时，得作出建议或决定应采取的方法。

（2）当事国对判决之意义或范围发生争执时，可请求法院予以解释。当事国若在判决作出后发现能影响判决的新的决定性的事实，且这一事实是在诉讼过程中当事国不可能得知的，则可申请法院复核判决。复核程序时效为10年。

参见程晓霞、余民才主编：《国际法》，7版，365~366页。

7.（1）对所有国家的义务是指一个国家对国际社会其他所有国家负有的义务，而所有国家在其保护方面都有合法利益。强行法产生对所有国家的义务。国际法院的管辖权建立在国家同意的基础上，有自愿管辖、协议管辖、任择性强制管辖和当事人同意的法院规则。

（2）对所有国家的义务不能改变国际法院管辖权的国家同意原则。对所有国家的义务引起所有国家对所保护的权利具有合法权益，但是，这种权利被侵犯本身并不使任何其他国家获得在国际法院起诉的资格或诉权或使国际法院取得对争端的管辖权。成为受害国与在国际法院的独立出庭资格是两个不同的问题。某些国内法中的集团诉讼或者一个社会的任何成员有权采取法律行动以维护公共利益不为现行国际法所知，它不能被视为一项一般法律原则。国际法院在2006年刚果诉乌干达"刚果境内的武装活动案（新请求书：2002年）"管辖权和可受理性判决中明确指出，对所有国家的权利和义务或强行法规范成为一项争端中争论的问题，仅仅这一事实本身并不构成本院的管辖权总是取决于当事国双方同意原则的例外。

参见程晓霞、余民才主编：《国际法》，7版，360~361页。

8.和平解决国际争端法有两项重要发展：强制解决争端程序和可替代性争端解决方法。

（1）强制解决争端程序的概念。1）基于当事方同意选择权的程序及其表现形式。2）当事方没有选择权的程序及其表现形式。

（2）可替代性争端解决方法。

上述要点的详细内容参见程晓霞、余民才主编：《国际法》，7版，344~345页。

9.（1）临时措施是指诉讼开始后，为保护争端当事方权利或防止争端进一步恶化而临时指示或规定的措施或办法。它是一种临时禁令，一般目的是在就争端作出最终判决之前冻结形势，使判决得以执行。这类措施包括暂停或禁止某些行为。

（2）法庭规定临时措施的条件是：1）法庭或《联合国海洋法公约》附件七仲裁法庭对争端具有初步管辖权。2）情况紧急。3）保全争端方的各自权利或防止对海洋环境的严重损害。

（3）法庭规定的临时措施对争端当事国具有法律拘束力。

（4）临时措施可予修改或撤销。

（5）法庭的临时措施几乎都是提起《联合国海洋法公约》附件七仲裁引起的，这类案件有10件。

10.（1）法庭作为全庭的咨询管辖权在《联合国海洋法公约》和《国际海洋法法庭规约》中没有明文规定，其权利来源是《国际海洋法法庭规则》第138条第1款。它规定，如果同本公约的宗旨有关的国际协定特别规定请求法庭对一个法律问题提出咨询意见，法庭可发表这种意见。

（2）法庭行使咨询管辖权的条件是：第一，一个与《联合国海洋法公约》的宗旨有关的国际协定明文规定向法庭请求咨询意见。第二，该请求必须由该协定所授权的机构或该机构根据该协定向法庭提出。第三，请求咨询意见的问题必须是法律问题。

（3）法庭的咨询意见是建议性的，不具有法律拘束力。

11.《联合国海洋法公约》附件七仲裁法庭的管辖权是国际争端解决机制中第一个真正意义上的强制管辖权。该法庭行使管辖权的条件是：

（1）争端方必须是《联合国海洋法公约》的缔约

方，包括国家和政府间国际组织，比如欧洲联盟。

（2）所涉争端必须是有关《联合国海洋法公约》的解释或适用的争端，岛礁主权争端不属于这种争端。然而，牵涉岛礁主权和海洋权利的混合争端是否属于排除的范围，取决于裁决是否将最终决定主权的归属。

（3）争端不属于《联合国海洋法公约》第297条中自动排除的争端和第298条第1款中任择性声明排除的争端。前者是那些因沿海国行使有关在其专属经济区内或大陆架上进行海洋科学研究的权利或斟酌决定权以及行使对其专属经济区内生物资源的主权权利引起的争端，后者是那些涉及历史性海湾或所有权的争端，或者这类争端必然涉及同时审议与大陆或岛屿陆地领土的主权或其他权利有关的任何尚未解决的争端，关于军事活动或执法活动的争端以及有关执行联合国安全理事会决议的争端。

（4）争端已诉诸谈判或其他和平方法而仍未得到解决。这涉及争端方迅速地就以谈判或其他和平方法解决争端交换意见，是《联合国海洋法公约》第283条规定的一个前提条件。

（5）争端方之间不存在排除附件七仲裁的协议。这具体体现在《联合国海洋法公约》第281条第1款和第282条。根据这两个条款，如果争端当事方已协议用自行选择的和平方法解决争端且该协议"排除任何其他程序"，或者争端当事方"已通过一般性、区域性或双边协定或以其他方式协议，经争端任何一方请示，应将这种争端提交导致有拘束力裁判的程序"，则不得提起强制仲裁。

上述要点的详细内容参见程晓霞、余民才主编：《国际法》，7版，355～357页。

材料与法条分析题

1. （1）B国采取的措施合法。根据国际法，当一国的合法权利或利益遭到另一国国际不法行为的侵害时，该国可采取相应的反措施。在没有制度性约束机制时，受害国可自由决定采取这种单方面强制措施。本案中A国出于国内选举的需要，对B国出口大米另加征关税，违反了其向B国承诺的普遍优惠待遇。在两国谈判没有解决争端时，B国有权对A国出口产品采取反措施。

（2）在两国都是世界贸易组织的成员国时，B国采取的措施不合法。在现代国际法上，单方面的报复行为在某些领域要受到制度性机制的约束。根据世界贸易组织的有关协定，在一国的贸易政策或做法违反该组织有关协定所规定的义务时，争端当事方应该谈判解决。如果在一定期限内未能解决，应该将争端提交该组织的争端解决机构。只有在得到争端解决机构的授权时，受害国才能采取报复措施。本案中B国在两国磋商失败后没有将争端提交世界贸易组织的争端解决机构，而是自行采取报复措施，违反了其承担的国际义务。

2. 国际法院对B国提交的案件有管辖权。（1）1971年《关于制止危害民用航空安全的非法行为的公约》（1971年《蒙特利尔公约》）第14条第1款规定，如两个或几个缔约国之间对本公约的解释或应用发生争端而不能以谈判解决时，经其中一方的要求，应交付仲裁。如果在要求仲裁之日起6个月内，当事国对仲裁的组成不能达成协议，任何一方可按照《国际法院规约》，要求将争端提交国际法院。本案中A、B两国引起了本公约解释或适用的争端，且未能以谈判或仲裁解决。一方面，A国要求B国引渡两个被指控造成航空灾难的嫌疑人。另一方面，B国拒绝引渡，履行了它依公约承担的义务。根据1971年《蒙特利尔公约》，危害民用航空安全的行为是一种可引渡的罪行。但公约没有规定国家有引渡的义务。这类不引渡的国家的义务是，不论罪行是否在其境内发生，应无例外地将此案件提交其主管当局以便起诉。该当局应按照本国法律，以对待任何严重性质的普通罪行案件的同样方式作出决定。本案中B国已将被指控的嫌疑人提交其主管当局进行起诉。因此，由于两国都接受了公约的争端解决条款，在B国提出申请书时，国际法院依此取得了对争端的管辖权。

（2）安全理事会第1747号决议对国际法院的管辖权没有影响。根据《联合国宪章》，第1747号决议对B国有约束力。而且依照《联合国宪章》第103条，该决议优于依1971年《蒙特利尔公约》所产生的所有权利和义务。也就是说，该决议所规定的B国引渡义务优于依1971年《蒙特利尔公约》在一定条件下不引渡的权利。然而，这不能成为排除国际法院管辖权的依据。因为该决议没有涉及国际法院对争端的管辖权问题；而且，法院的管辖权并不取决于安全理事会的决议。再者，安全理事会决议是在B国提交争端后通过的。自B国提交申请书时起，国际法院的管辖权就已经确立。

（3）安全理事会与国际法院在处理危及国际和平与安全的争端上的关系，没有如同大会与安全理事会关系那样对于安全理事会正在处理的争端或情势，非经安全理事会请求，国际法院不得处理，而是当安全理事会在就争端或情势作出建议时，对于法律性质的争端，原则上应由当事国依《国际法院规约》的规定提交国际法院。安全理事会对维持国际和平与安全负有主要责任，而非只能由安全理事会负责。

3.（1）国际仲裁是指当事方约定将争端交由它们自己选定的仲裁员组成的仲裁庭，在尊重法律的基础上作出裁决。仲裁是基于当事方同意的法律解决方法。

（2）菲律宾请求强行裁决菲中南海争端的依据是《联合国海洋法公约》第287条。该条规定，一个国家在签署、批准或加入该公约之时或在其后的任何时间，可以书面声明的方式自由选择如下一种或者一种以上导致有拘束力裁判的强制程序：国际海洋法法庭、国际法院、附件七仲裁法庭和附件八特别仲裁法庭。如果争端各方已接受同一种强制程序，除另有协议外，争端仅可提交这种程序。如果争端各方没有选择任何一种强制程序或者接受的并非同一种强制程序，则应视为已接受附件七所规定的仲裁。菲律宾和中国都是该公约的缔约国，且都没有根据第287条作出选择，因而菲律宾认为它与中国都已经接受附件七仲裁。

（3）仲裁庭是否可以强行裁决菲中南海争端，取决于它对争端是否具有管辖权。如果不具有管辖权，则不能强行裁决。反之亦然。

上述要点的详细内容参见程晓霞、余民才主编：《国际法》，7版，355～357页。

4. 这个条款规定了安全理事会和平解决国际争端的职能及与国际法院的关系。

（1）国家之间的争端是国际争端，它们之间对国际法或事实的意见分歧、国际法律观点或利益的冲突。其可分为政治争端、法律争端和事实争端。政治争端是指因国家重大利益、独立或尊严等政治利益冲突引起的争端，法律争端是指以条约或其他国际法为依据的权利冲突，事实争端是指有关某项事实是否存在和如何看待该项事实的争端。

（2）对于继续存在足以危及国际和平与安全之维持的国际争端，安全理事会可以随时建议争端当事国以和平方法解决。这种建议没有拘束力。它可以是安全理事会倡议争端当事国利用《联合国宪章》第33条

的和平方法解决它们之间的争端，也可以是鼓励或支持它们业已采取的和平解决进程。和平方法包括谈判、调查、调停、调解、仲裁、司法解决、区域机关或区域办法的利用以及当事国自行选择的其他和平方法。"任何阶段"意味着，即使在司法或仲裁程序中，安全理事会也可以建议争端当事国以其他和平方法寻求解决。但是，安全理事会在作出这种建议时，对于当事国为解决争端业已采取的任何程序，应该予以考虑。在区域性国际组织的当事国将地方性争端提交安全理事会之前，它们应通过区域机关或区域办法力求争端的和平解决。

（3）安全理事会可以建议争端当事国将其法律争端依《国际法院规约》的规定提交国际法院解决。1947年，安全理事会首次建议英国和阿尔巴尼亚将科孚海峡争端提交国际法院解决。安全理事会的这种建议本身不赋予国际法院对相应争端的管辖权。国际法院的管辖权仍然源于《国际法院规约》的规定，即自愿管辖、协议管辖、任择性强制管辖和当事人同意的法院规则。

（4）安全理事会和国际法院可以平行处理同一项争端。也就是说，安全理事会处理一项争端的政治方面，国际法院处理一项争端的法律方面。这引起国际法院是否可以对安全理事会的决定进行司法审查的问题。在联合国体制中，不存在有些国内体制所采用的严格"三权分立"原则，国际法院没有被赋予通常在国内体制中给予最高法院的审查或上诉管辖权。不仅如此，国际法院在相关案件中还将安全理事会的决议作为其裁判的依据。

上述要点的详细内容参见程晓霞、余民才主编：《国际法》，7版，341～342、351～352页。

 论述题与深度思考题

1.

项目	概念	
	国际法院	国际仲裁
组织	常设；法官15名，经选举产生，并相对固定；法官全体能代表世界各大文化及各主要法系；专案法官；法官有特权与豁免	临时；仲裁员组成仲裁庭；常设仲裁法院只是备有一份仲裁员名单的机构

续表

项目	概念	
	国际法院	国际仲裁
管辖权	（1）诉讼管辖权：1）诉讼当事方仅限于国家。2）属事管辖：自愿管辖；协议管辖；任择性强制管辖；当事人同意的法院规则。（2）咨询管辖权	仲裁条约或条款约定的事项
适用法律	国际法；公允及善良原则	国际法，当事国同意适用的其他法律
程序	已事先由《国际法院规约》和《国际法院规则》确立；起诉；书面程序；口述程序；附带程序	当事国商定；起诉；书面程序；口述程序；附带程序
裁决效力	终局，有约束力，不得上诉；在一定条件下可要求解释或申请复核	—
裁决执行	有义务执行；遇不执行时，可向安全理事会申诉	有义务执行

参见程晓霞、余民才主编：《国际法》，7 版，353～366 页。

2. 联合国中具有和平解决国际争端职能的主要机关有大会、安全理事会、国际法院和秘书长。

（1）大会。依照《联合国宪章》的规定，大会可以讨论任何争端；可以就争端提请安全理事会注意；在第 12 条第 1 款的限制下，可以向争端当事国或安全理事会建议和平调整方法，包括提供斡旋和对争端进行调查并为此目的设立专门委员会。大会的讨论和建议对争端解决有着政治的、舆论的影响。

（2）安全理事会。关于安全理事会在和平解决国际争端方面的职能，见本章前述简答题"简述联合国安全理事会在和平解决国际争端方面的职权"的答案。

（3）国际法院。国际法院在和平解决国际争端方面的作用通过裁判案件和提供咨询意见来体现。国际法院在诉讼和咨询方面的职权见本章前述简答题"简述国际法院的诉讼管辖权"和"简述国际法院的咨询管辖权"的答案。

国际法院自成立以来，已审理一百多个案件。国际法院处理的诉讼案件成功地解决了有关国家之间的争端，避免了有关国家间一触即发的武装冲突，为维持国际和平与安全作出了重要贡献。国际法院的咨询意见虽不具法律拘束力，但在国际法上具有相当的权威性，对国际组织和各国的实践有指导性作用。而且，无论诉讼判决还是咨询意见，都极大促进了国际法的阐明与发展。因此，国际法院在和平解决国际争端和国际法的促进与发展上的地位不可取代。

（4）秘书长。秘书长对于和平解决争端发挥极其重要的作用。依《联合国宪章》第 12 条第 2 款和第 99 条的规定，秘书长对威胁国际和平与安全的任何事件可提请安全理事会注意和经安全理事会同意向大会报告。1988 年《关于预防和消除可能威胁国际和平与安全的争端和局势以及关于联合国在该领域的作用的宣言》规定，秘书长可充当争端或局势的报告员；可协助安全理事会审查争端或局势的事实；可与有关国家直接接触进行斡旋；调查有关事实或建议采用区域办法。在国际关系的实践中，秘书长为和平解决争端进行积极地斡旋或调停。

参见程晓霞、余民才主编：《国际法》，7 版，350～352、359～366 页。

3. 国际法院的诉讼管辖权与国际海洋法法庭的诉讼管辖权之间的区别表现在以下方面。

（1）属人管辖权：国际法院的属人管辖仅限于国家，即《国际法院规约》当事国或接受法院管辖权的国家。国际海洋法法庭的属人管辖权是《联合国海洋法公约》的缔约方。这些缔约方包括缔约国和国际组织。此外，国际海洋法法庭海底争端分庭对国家以外的实体，包括国际海底管理局或自然人或法人具有管辖权。

（2）属事管辖权：1）国际法院对任何法律争端具有管辖权；国际海洋法法庭只对有关《联合国海洋法公约》的解释或适用的任何争端或与《联合国海洋法公约》的目的有关的其他国际协定的解释或适用的任何争端具有管辖权。2）国际法院的强制管辖是任择性的，涉及当事国对属于特定性质的一切法律争端随时声明接受国际法院的管辖权。国际海洋法法庭的管辖权具有强制性，表现在三个方面：当事方依据《联合国海洋法公约》第 287 条声明接受法庭管辖；在声明不一致须采取附件七规定的仲裁程序而仲裁庭尚未成立时，法庭对于迅速释放船舶和船员的案件以及临时措施具有强制管辖权。

　　4.（1）诉讼管辖权。1）属人管辖。2）属事管辖：自愿管辖、协议管辖和强制管辖。

　　（2）咨询管辖权。

　　上述要点的详细内容参见程晓霞、余民才主编：《国际法》，7版，359～370页。

第十四章　国际人道法与国际刑法

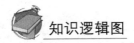知识逻辑图

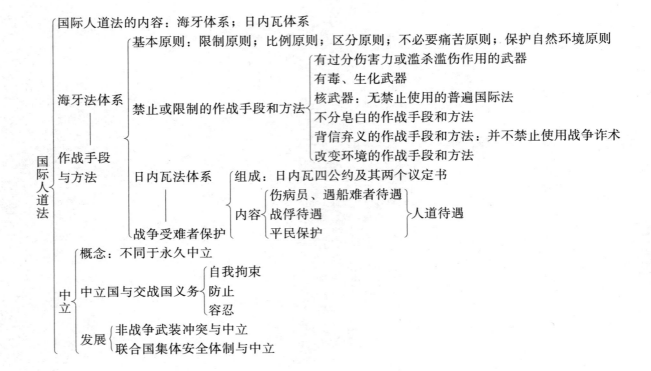

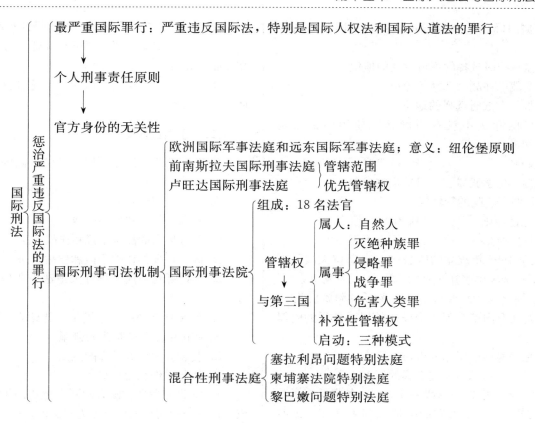

最严重国际罪行：严重违反国际法，特别是国际人权法和国际人道法的罪行

↓

个人刑事责任原则

↓

官方身份的无关性

国际刑法 — 惩治严重违反国际法的罪行

国际刑事司法机制：

- 欧洲国际军事法庭和远东国际军事法庭；意义：纽伦堡原则
- 前南斯拉夫国际刑事法庭 — 管辖范围
- 卢旺达国际刑事法庭 — 优先管辖权
- 国际刑事法院
  - 组成：18名法官
  - 管辖权 → 与第三国
    - 属人：自然人
    - 属事：灭绝种族罪 / 侵略罪 / 战争罪 / 危害人类罪
  - 补充性管辖权
  - 启动：三种模式
- 混合性刑事法庭
  - 塞拉利昂问题特别法庭
  - 柬埔寨法院特别法庭
  - 黎巴嫩问题特别法庭

 名词解释与概念比较

1. 纽伦堡审判
2. 战时中立（考研）
3. 国际人道法（考研）
4. 非国际性武装冲突
5. 战俘
6. 国际刑事法院（考研）
7. 国际性武装冲突
8. 个人刑事责任（考研）
9. 侵略罪
10. 混合性刑事法庭

 选择题

（一）单项选择题

1. 国际人道法（　　）。
A. 只适用于交战国
B. 只适用于中立国
C. 只适用于经过宣战的战争状态
D. 适用于一切武装冲突

2. 有关保护平民及受难者的公约，被称为（　　）。
A. 日内瓦规则体系　　B. 海牙规则体系
C. 纽伦堡规则体系　　D. 东京规则体系

3. 国际人道法的渊源主要是（　　）。
A. 国际习惯　　B. 国际条约
C. 国内立法　　D. 国际习惯和条约

4. 国际刑事法院的属人管辖权的范围是（　　）。
A. 国家　　B. 法人
C. 国际组织　　D. 自然人

5. 战争停止后，对战俘应该（　　）。
A. 移交中立国　　B. 移交联合国
C. 移交军事法庭　　D. 释放和遣返

6. 战争开始后，中立国一经表示中立，即在交战国与中立国之间适用（　　）。
A. 交战国法律　　B. 中立国法律
C. 第三国法律　　D. 中立法

7. 国际法上的中立是指（　　）。

A. 依据国际条约和国际承认宣布某国为永久中立国

B. 国家在战时选择的不可改变的地位

C. 非交战国在战时选择的地位

D. 交战国在战时选择的地位

8. 现代国际法中没有明确禁止使用的武器是（   ）。（司考）

　　A. 达姆弹　　　　　　B. 核武器

　　C. 有毒、化学武器　　D. 生物武器

9. 国际刑事法院的管辖权原则是（   ）。

　　A. 补充性原则　　　　B. 优先性原则

　　C. 并行性原则　　　　D. 不诉不理原则

10. 关于1993年成立的联合国前南斯拉夫国际刑事法庭，下列选项中表述正确的是（   ）。（司考）

A. 它是联合国大会设立的司法性质的附属机关

B. 它是联合国安全理事会设立的司法性质的附属机关

C. 它是普遍性的国际刑事司法机构

D. 它是联合国国际法院下属的刑事法庭

11. 甲国与乙国在一场武装冲突中，各自俘获了数百名对方的战俘。甲、乙两国都是1949年关于对战时平民和战争受难者保护的四个《日内瓦公约》的缔约国。根据《日内瓦公约》中的有关规则，下列哪种行为不违背国际法？（   ）（司考）

A. 甲国拒绝战俘与其家庭通信或收发信件

B. 甲国把乙国的战俘作为战利品在电视中展示

C. 乙国没收了甲国战俘的所有贵重物品，上缴乙国国库

D. 乙国对被俘的甲国军官和甲国士兵给予不同的生活待遇

视频讲题

12. 甲、乙国发生战争，丙国发表声明表示恪守战时中立义务。对此，下列哪一做法不符合国际人道法？（   ）（司考）

A. 甲、乙战争开始后，除条约另有规定外，二国间商务条约停止效力

B. 甲、乙不得对其境内敌国人民的私产予以没收

C. 甲、乙交战期间，丙可与其任一方保持正常外交和商务关系

D. 甲、乙交战期间，丙同意甲通过自己的领土过境运输军用装备

（二）多项选择题

1. 下列哪几项属于国际人道法限制的作战方法和手段？（   ）

　　A. 极度残忍的武器

　　B. 有毒、化学和生物武器

　　C. 不分皂白的战争手段和作战方法

　　D. 改变环境的作战手段和作战方法

2. 下列哪几项属于国际人道法中背信弃义的作战方法？（   ）

　　A. 假装具有平民、非战斗人员身份

　　B. 使用中立国的标志及制服

　　C. 假装有休战或投降的意图

　　D. 假装受伤无力作战

3. 19世纪后期，随着国际人道法的编纂与体系形成，这些条约大致上可以分为两类的是（   ）。

　　A. 海牙规则体系

　　B. 巴黎规则体系

　　C. 斯德哥尔摩规则体系

　　D. 日内瓦规则体系

4. 甲国以保护侨民为由派军队进入乙国境内采取特别军事行动。乙国对甲国宣战，但没有对该军事行动发起反击或抵抗。作为乙国的盟国，丙国同样对甲国宣战，并且与甲国产生大规模武装冲突，俘虏了大量甲国军人。甲国请求联合国安全理事会谴责丙国，并对丙国采取制裁措施。乙国与丙国同样请求联合国安全理事会谴责甲国，并对甲国采取制裁措施。下列说法不正确的是：（   ）。（法考）

A. 甲国与乙国、甲国与丙国均进入了国际法上的战争状态

B. 丙国可以禁止甲国战俘与其家属通信

C. 只要甲国战俘没有明确反对，丙国就可以禁止甲国战俘在被俘期间参加宗教礼拜活动

D. 安全理事会针对甲国、乙国、丙国现状作出的决议一定仅对这三个国家产生约束力

5. 在国际上，开创国际法庭审理战争犯罪的先例

的法庭是(　　)。

　　A. 纽伦堡国际军事法庭

　　B. 卢旺达国际法庭

　　C. 远东国际军事法庭

　　D. 前南斯拉夫国际法庭

　　6. 在国际人道法中，中立国对交战国的义务是(　　)。

　　A. 中立国对交战国不应给予援助

　　B. 中立国应采取措施，防止交战国为了进行战争而利用其领土或其管辖范围内的区域

　　C. 中立国对于交战国依据武装冲突法所采取的行动使本国国民蒙受不利时，应在一定范围内予以容忍

　　D. 断绝和交战国的外交关系

　　7. 国际刑事法庭的属事管辖权的范围是(　　)。

　　A. 侵略罪　　　　　　　B. 灭绝种族罪

　　C. 危害人类罪　　　　　D. 种族隔离罪

　　8. 国际人道法是用来(　　)。

　　A. 调整交战国或冲突各方之间的关系

　　B. 调整交战国与中立国之间的关系

　　C. 调整中立国之间的关系

　　D. 规范交战行为

　　9. 作战手段和方法中的区分原则的内容包括(　　)。

　　A. 区分平民和战俘

　　B. 区分平民居民与武装部队中的战斗员与非战斗员

　　C. 区分有战斗能力的战斗员与丧失战斗能力的战争受难者

　　D. 区分军用物体与民用物体，以及民用目标与军事目标

　　10. 国际人道法的保护对象是(　　)。

　　A. 战俘　　　　　　　　B. 平民

　　C. 中立国国民　　　　　D. 伤病员

　　11. 依据国际人道法，下列对战俘待遇作出的规定正确的是(　　)。

　　A. 不得将战俘扣为人质，禁止对战俘施以暴行或恫吓及公众好奇的烦扰

　　B. 对战俘的衣、食、住要能维持其健康水平，不得以生活上的苛求作为处罚措施

　　C. 准许战俘与其家庭通信和收寄邮件

　　D. 可以对战俘因其军职等级、职业资格而予以区别对待

　　12. 关于中立的说法正确的是(　　)。

　　A. 在交战国进行的战争中采取一种不偏不倚的态度

　　B. 一个国家在战争中是否宣布中立，不是政治问题，而是法律问题

　　C. 国家选择中立地位的方式，可以通过发表中立宣言或声明，也可以不发表宣言或声明而采取事实上遵守中立义务

　　D. 国际人道法上的中立是国家的地位，而不是个人或团体的地位

　　13. 关于永久中立国的说法正确的是(　　)。

　　A. 永久中立国在战时要保持中立

　　B. 永久中立国在平时也要遵守中立

　　C. 永久中立国的中立地位是由国际条约或国际承认确定的

　　D. 永久中立国的地位可以随时放弃

　　14. 甲、乙两国发生了战争，丙、丁两国发表声明，表示恪守战时中立义务。下列关于战时中立的说法正确的是(　　)。

　　A. 丙、丁两国可以随时宣布战时中立，也可随时宣布取消

　　B. 丁国的船只在通过乙国的领海时，乙国以船上载有战时禁制品为由，对船只进行搜查，没收了禁制品，则乙国违反了战时中立义务

　　C. 乙国怀疑丁国与甲国有军火交易，宣布要击沉所有进出甲国的丁国船只，则乙国违反了中立义务

　　D. 战争期间，甲国在丙国订购并装配了船只"大禹号"，在公海上击毁了乙国的船只，则丙国违反了中立义务

视频讲题

　　15. 甲、乙两国在其交界处发现了一处跨国界的油气田，两国谈判共同开发未果。当甲国在其境内独自开发时，乙国派军队进入甲国该地区，引起两国间大规模的武装冲突。甲国是 1949 年日内瓦四公约的缔约国，乙国不是。依据国际法的有关规则，下列判断何

者错误？（　　　）（司考）

A. 由于战场在甲国领土，甲国军队对乙国军队的作战不受战争法规则的约束

B. 由于甲国作战是行使自卫权，甲国军队对乙国军队的作战不受战争法规则的约束

C. 由于乙国不是日内瓦公约的缔约国，甲国军队对乙国军队的作战不受四个公约的约束

D. 由于乙国不是日内瓦公约的缔约国，乙国没有遵守战争法规则的法律义务

16. 甲、乙两国由于边界纠纷引发武装冲突，进而彼此宣布对方为敌国。如果乙国军队已突入甲国境内，占领了甲国边境的桑诺地区。根据与武装冲突相关的国际法规则，下列哪些选项符合国际法？（　　　）（司考）

A. 甲国对位于其境内的乙国国家财产，包括属于乙国驻甲国使馆的财产，不可予以没收

B. 甲国对位于其境内的乙国国民的私有财产，予以没收

C. 乙国对桑诺地区的甲国公民的私有财产，予以没收

D. 乙国强令位于其境内的甲国公民在规定时间内进行敌侨登记

视频讲题

17. 甲、乙两国因边境冲突引发战争，甲国军队俘获数十名乙国战俘。依《日内瓦公约》，关于战俘待遇，下列哪些选项是正确的？（　　　）（司考）

A. 乙国战俘应保有其被俘时所享有的民事权利

B. 战事停止后甲国可依乙国战俘的情形决定遣返或关押

C. 甲国不得将乙国战俘扣为人质

D. 甲国为使本国某地区免受乙国军事攻击可在该地区安置乙国战俘

（三）不定项选择题

1. 结束国家间的战争状态必须经过必要的法律程序和方式。下列哪种方式不意味着战争状态在法律上

的正式结束？（　　　）（司考）

A. 无条件投降

B. 单方面宣布结束战争，一般由战胜国宣布

C. 交战双方共同宣布战争结束

D. 缔结和平条约

2. 国际人道法中关于管制作战手段和方法的基本原则有（　　　）。

A. 最惠国待遇原则

B. 限制原则

C. 不必要痛苦原则

D. 比例原则

3. 国际人道法中交战国对中立国的义务是（　　　）。

A. 交战国不得在中立国领土或其管辖区域内从事战争行为，或将中立国领土或其管辖区域作为作战基地

B. 交战国不得在中立国领土或领水区域内将商船改装为军舰或武装商船，建立通信设施或捕获船只等

C. 交战国有义务采取一切措施，防止侵犯或虐待其占领区内或境内的中立国使节或人民

D. 交战国应容忍中立国与敌国保持正常的外交和商务关系，以及其他不违背中立法的一般规则的行为

4. 前南斯拉夫国际刑事法庭根据其规约，有权起诉的罪行包括（　　　）。

A. 犯下或命令他人犯下严重违反 1949 年日内瓦四公约的情势

B. 违反战争法规和惯例

C. 灭绝种族

D. 危害人类罪

5. 国际刑事法院的属事管辖权限于最严重的国际罪行，是指（　　　）。

A. 灭绝种族罪　　　　B. 侵略罪

C. 战争罪　　　　　　D. 危害人类罪

6. 根据国际人道法的有关规则，下列选项中禁止的作战手段和方法是（　　　）。

A. 不以特定军事目标为对象的攻击

B. 使用在人体内无法探测碎片的子弹

C. 致命性自主武器系统

D. 核武器

7. 下列关于国家法院与国际刑事法院的管辖权的说法，其中正确的是（　　　）。

A. 国际刑事法院的管辖权是国家法院刑事管辖权

的补充

B. 国家法院对国际刑事法院有权管辖的最严重罪行有并行管辖权

C. 国家法院和国际刑事法院具有相同的属人管辖权范围

D. 国际刑事法院享有管辖权的个人在外国法院没有刑事管辖豁免权

8. 下列关于国际刑事法院管辖权启动的说法，其中正确的是（　　）。

A. 《国际刑事法院罗马规约》缔约国只能提交自己境内的情事

B. 检察官经预审分庭的授权，可以对非缔约国境内的情事进行调查

C. 安全理事会可以将《国际刑事法院罗马规约》非缔约国的情事提交法院

D. 安全理事会可以根据《联合国宪章》第七章要求法院在 12 个月内暂停调查或起诉

9. 甲、乙两国是陆上邻国，因划界纠纷爆发战争。根据相关国际法规则，下列选项中正确的是（　　）。（法考）

A. 甲、乙两国互助条约立即废止

B. 甲、乙两国边界条约自动废止

C. 甲国军舰在海上遇到乙国商船后，可对其拿捕没收

D. 甲国可以对其境内的乙国公民进行敌侨登记并进行强制集中居住

10. 甲国和乙国爆发大规模武装冲突，大量难民涌入乙国。以下说法正确的是（　　）。

A. 难民到乙国后，可以在乙国同意的情况下从事营利活动

B. 如果难民未经允许进入乙国，乙国可以进行处罚

C. 如果遣返后难民的生命安全会受到威胁，那么在任何情况下乙国都不应当遣返难民

D. 乙国对于难民的接收行为构成国际法上的庇护

 简答题

1. 简述禁止或限制的作战手段和方法。

2. 简述国际刑事法院的管辖权。（考研）

3. 简述管制作战手段和方法的基本原则。

4. 简述国际人道法的当代新发展。

5. 简述国际人道法与诉诸战争权法的关系。

6. 简述国际人道法与国际人权法的关系。

7. 简述国际刑事法院管辖权的启动。

8. 简述国际人道法的适用范围。

 材料与法条分析题

1. A 国内战开始后，其邻国 B、C 和 D、E 派兵进入 A 国，分别支持中央政府和反政府武装，另外两个邻国 F 和 G 宣布保持中立。联合国安全理事会通过第 1422 号决议，断定 A 国情势构成对国际和平与安全的威胁，根据《联合国宪章》第七章采取行动，要求所有国家对 A 国内战双方实行武器禁运和经济制裁，外国军队撤出 A 国。D 国以不是联合国会员国为由继续支持反政府武装。在 D 国上尉 X 组织的一次突袭中，H 国驻 A 国的一总领事馆被炸，造成馆舍严重受损和 3 名领事官员重伤。

根据以上案情，回答下列问题：

（1）D 国支持和继续支持 A 国反政府武装是否合法？为什么？

（2）D 国是否对 H 国总领事馆的损坏及其领事的伤害承担国家责任？为什么？

（3）F 和 G 国是否可以继续保持中立立场？

视频讲题

2. A、B 两国以 C 国拥有大规模杀伤性武器、支持恐怖主义和解放 C 国人民为由，发动对 C 国的全面战争，大规模轰炸 C 国军事基地、机场以及其他重要设施，并将发电站、自来水厂、警察学校和民用建筑等作为打击目标。A、B 两国迅速控制 C 国首都及全境，推翻 C 国政府，逮捕 C 国总统甲和其他高级官员。在联合国参与下，一个有代表性的临时政府建立起来，并得到联合国和其他主要国家的承认。C 国临时政府与联合国签订一个协定，设立一个特别国际法庭，起诉对 C 国内战期间犯有危害人类罪的人。当甲遭到这种指控时，他声称法庭无管辖权，因为他没有犯这种

罪行。国际武装冲突是危害人类罪的一个标准，C 国内战不具有这种性质。而且，他那时作为国家元首，对所作行为享有豁免权。

根据以上案情，回答下列问题：

（1）A、B 两国发动对 C 国战争的理由是否正当？为什么？

（2）A、B 两国的作战手段和方法是否符合武装冲突法？为什么？

（3）甲的主张是否成立？为什么？

视频讲题

3. 根据有关国际法原则、规则和制度，分析下面条款：

《国际刑事法院罗马规约》第 12 条中规定，一国成为本规约缔约国，即接受本法院对第 5 条所述犯罪的管辖权。

第 13 条规定，在下列情况下，本法院可以依照本规约的规定，就第 5 条所述犯罪行使管辖权：（1）缔约国依照第 14 条规定，向检察官提交显示一项或多项犯罪已经发生的情势；（2）安全理事会根据《联合国宪章》第七章行事，向检察官提交显示一项或多项犯罪已经发生的情势；或（3）检察官依照第 15 条开始调查一项犯罪。

论述题与深度思考题

1. 试述中立制度及其与联合国集体安全体制的关系。

2. 试述纽伦堡审判与东京审判及其意义。

3. 比较前南斯拉夫国际刑事法庭与国际刑事法院的管辖权。

参考答案

名词解释与概念比较

1. 纽伦堡审判是指第二次世界大战结束后，根据

《欧洲国际军事法庭宪章》，在德国纽伦堡设立国际军事法庭对欧洲轴心国的首要战犯进行的审判。它开创了追究战争罪犯个人刑事责任的先例，确立了个人对违反国际法的罪行承担刑事责任的原则。

2. 战时中立是一国在交战国进行的战争中采取一种不偏不倚的态度。它是一国自由决定的。战时中立国对交战国承担自我约束、防止和容忍的义务。

3. 国际人道法是在战争或武装冲突中，以条约和习惯的形式，用来保护不直接参加军事行动或不再参加军事行动的人员，并规定交战国或武装冲突各方之间交战行为的国际法原则、规则和制度的总称。它是国际法的一个分支，主要由海牙体系和日内瓦体系组成。

4. 非国际性武装冲突是指在一国领土内发生的该国武装部队与在负责统率下对该国一部分领土行使控制权，从而使其能进行持久而协调的军事行动并执行国际人道法的持不同政见的武装部队之间或其他有组织的武装集团之间的一切武装冲突。

5. 战俘是在战争或武装冲突中落于敌方权力之下的合法交战者，以及 1949 年《关于战俘待遇的日内瓦公约》规定的其他人员。战俘享有人道的待遇。

6. 国际刑事法院是依 1998 年罗马外交会议通过的《国际刑事法院罗马规约》于 2002 年 7 月成立的，用以审判特定国际罪行并对罪犯处以法定刑罚的一个常设的普遍性国际刑事审判机构。它是对国家刑事管辖权的一种补充，其属人管辖权范围只限于自然人，属事管辖权范围限于灭绝种族罪、侵略罪或战争罪等最严重的国际罪行。

7. 国际性武装冲突是指国与国之间、一个国家与代表一个国家行事的一个武装团体之间或者代表不同国家行事的武装团体之间或者殖民国家与殖民地人民之间的武装冲突。

8. 个人刑事责任是个人对其所犯严重违反国际法的罪行所承担的刑事责任，它不同于，也不影响国家责任。个人刑事责任与个人的官方身份无关。

9. 侵略罪是指能够有效控制或指挥一个国家的政治或军事行动的人策划、准备、发动或实施一项侵略行为的行为，此种侵略行为依其特点、严重程度和规模，须构成对《联合国宪章》的明显违反。犯侵略罪的个人必须对其行为承担刑事责任。

10. 混合性刑事法庭是依联合国与有关国家的政府

所签订的协定而建立的，对犯有最严重罪行负最大责任的个人进行调查、起诉和审判，具有国际和国内因素的刑事法庭。这类法庭有塞拉利昂问题特别法庭、柬埔寨法院特别法庭和黎巴嫩问题特别法庭。

选择题

（一）单项选择题

1. D

国际人道法是在战争和武装冲突中，以条约和惯例形式，用来调整交战国和武装冲突各方之间、交战国和中立国之间的关系以及交战行为的原则、规则和制度的总称。

2. A

日内瓦公约包括 1949 年日内瓦四公约和 1977 年两个附加议定书，其主要内容是保护平民和战争受难者。

3. D

国际人道法不仅存在于迄今已制定的许多条约中，而且以各国公认的习惯的形式发挥作用。

4. D

国际刑事法院的属人管辖权范围只限于自然人，其不能对法人和国家行使管辖权，更不能对国际组织行使管辖权。

5. D

战事停止后，对战俘应立即予以释放并遣返，不得迟延。

6. D

中立法一般属于国际法，而其他法律实为各国的国内法。

7. C

中立是传统战争法中的一个概念，是指非交战国在交战国进行的战争中采取一种不偏不倚的态度。

8. B

在被禁止的武器方面，不少人认为，在现代战争中除应禁止使用极度残忍的武器，有毒、化学和生物武器以外，还应特别禁止核武器。国际法院对于"威胁或使用核武器的合法性"的问题，迄今为止没有明确的定论。

9. A

国际刑事法院管辖权的补充性的规定是《国际刑事法院罗马规约》的一项基本原则，它在整个规约不同的规定中反复得到强调，例如，"根据本规约设立的国际刑事法院对国内刑事管辖权起补充作用"。

10. B

作为对国际和平与安全负有主要责任的机关，联合国安全理事会依据联合国宪章赋予的权利而建立了前南斯拉夫国际刑事法庭。

11. D

《日内瓦公约》规定，战俘除因军职等级等外，一律享有平等待遇。

12. D

中立国负有对交战国不应给予援助的义务。它不仅不能直接参加战斗，也不能为交战国提供军队，供给武器、弹药及其他军用器材，给予情报方便等。

（二）多项选择题

1. ABCD

禁止或限制的作战手段和方法主要有：极端残忍的武器；有毒、化学和生物武器；不分皂白的、背信弃义的以及改变环境的作战手段和方法等。

2. ABCD

禁止诉诸背信弃义行为，以杀死、伤害或俘虏敌人。以背弃敌人的信任为目的而诱取敌人的信任，使敌人相信其有权享受适用于武装冲突的国际法规则所规定的保护的行为，构成背信弃义行为。

3. AD

从历史发展看，战争与武装冲突法可分为两个体系：一是海牙规则体系，主要是两次海牙和平会议上形成的关于作战手段和方法以及中立的一系列条约。二是日内瓦规则体系，主要是在日内瓦签署的关于保护平民和战争受难者的条约。

4. BCD

在宣战后，甲国与乙国、甲国与丙国均进入了国际法上的战争状态，故 A 选项正确。战俘的通信权、宗教信仰应当被尊重或保障，故 B、C 选项错误。安全理事会的决议约束力范围视个案情况可能有所区别，有关专题事项的决议对所有国家有约束力，针对个别国家局势的决议有可能仅对当事国有约束力，但并非绝对，故 D 选项错误。

5. AC

在国际法上追究个人的刑事责任方面，第二世

界大战后成立的纽伦堡国际军事法庭和远东国际军事法庭起了很大的推动作用。从国际法意义上讲，纽伦堡审判和东京审判开创了追究战争罪犯个人刑事责任的先例。

6. ABC

中立国对交战国承担的义务是：（1）中立国对交战国不应给予援助。（2）中立国应采取措施，防止交战国为了进行战争而利用其领土或其管辖范围内的区域。（3）中立国对于交战国依据武装冲突法所采取的行动使本国国民蒙受不利时，应在一定范围内予以容忍。

7. ABC

国际刑事法院的属事管辖权范围限于最严重的国际罪行，即灭绝种族罪、侵略罪、战争罪和危害人类罪。

8. ABD

国际人道法是调整交战国或冲突各方之间、交战国与中立国之间的关系，以及规范交战行为的原则、规则和制度的总和。

9. BCD

区分原则是把平民居民和武装部队中的战斗员与非战斗员、有战斗能力的战斗员与丧失战斗能力的战争受难者、军用物体与民用物体，以及民用目标与军事目标等区分开来，并在战争与武装冲突中分别给予不同的对待。

10. ABD

武装部队的伤病员、战俘和平民，是武装冲突法保护的对象，通常称为"被保护人"。国际人道法的规则确定了交战各方与被保护人关系上的一定权利和义务，从而使后者的利益得到法律的保障。

11. ABCD

依据关于战俘待遇的公约，战俘自其被俘至丧失战俘身份前，应享受的待遇包括 A、B、C、D 项的表述。

12. ACD

一个国家在战争中是否宣布中立，是一个政治问题。

13. ABC

永久中立国不仅在战时保持中立，在平时也要遵守中立。它的中立地位是由国际条约或国际承认确定的，其永久中立国的地位不得任意放弃。

14. ACD

国家在战争时的中立一般是战争开始后选择的，是国家自由决定的，而不是国际法的义务，因而可以随时宣布结束其中立地位，故 A 项正确。B 项中，战争中中立国不能运载战时禁制品，丁国违反了中立义务。C 项中，乙国侵犯了中立国丁国的权利。D 项中，丙国违反了不作为和防止义务，它不能从事介入交战国任何一方的行为。

15. ABCD

国际人道法和日内瓦四公约主要是对习惯国际法的编纂，对所有国家具有拘束力。

16. AD

根据《日内瓦公约》及相关国际法规则，交战国不得没收其境内的敌国私人和国家财产，也不得没收占领地的私有财产。但进行敌侨登记不违反武装冲突法。

17. AC

战俘应保有其被俘时所享有的民事权利。战俘的个人财物除武器、马匹、军事装备和军事文件以外的自用物品一律归其个人所有；战俘的金钱和贵重物品可由拘留国保存，但不得没收。战事停止后，战俘应即予以释放并遣返，不得迟延。不得将战俘扣为人质；禁止对战俘施以暴行或恫吓及公众好奇的烦扰；不得对战俘实行报复，进行人身残害或肢体残伤，或供任何医学或科学实验；不得侮辱战俘的人格和尊严。交战方应将战俘拘留所设在比较安全的地带，无论何时都不得把战俘送往或拘留在战斗地带或炮火所及的地方，也不得为使某地点或某地区免受军事攻击而在这些地区安置战俘。

（三）不定项选择题

1. A

依据国际法的有关规定，结束战争的方式有单方面宣布结束战争、交战双方共同宣布结束战争以及缔结和平条约。

2. BCD

作战手段和方法的基本原则是在战争与武装冲突中长期发展形成的，具有普遍意义和广泛的法律效力，构成国际人道法的基础。这些原则主要有：（1）限制原则；（2）比例原则；（3）区分原则；（4）不必痛苦原则；（5）保护自然环境原则。

3. ABCD

交战国的义务是：（1）交战国不得在中立国领土或其管辖区域内从事战争行为，或将中立国领土或其管辖区域作为作战基地；交战国不得在中立国领土或领水区域内将商船改装为军舰或武装商船，建立通信设施或捕获船只等。（2）交战国有义务采取一切措施，防止侵犯或虐待其占领区内或境内的中立国使节或人民；防止其军队和人民从事任何侵犯中立国及其人民的合法权益的行为等。（3）交战国应容忍中立国与敌国保持正常的外交和商务关系，以及其他不违背中立法的一般规则的行为等。

4. ABCD

前南斯拉夫国际刑事法庭根据其规约，有权起诉犯下或命令他人犯下严重违反1949年日内瓦四公约的情势、违反战争法规和惯例、灭绝种族或危害人类罪的人。

5. ABCD

《国际刑事法院罗马规约》明确规定国际刑事法院管辖这四种罪行。

6. AB

不以特定军事目标为对象的攻击和在人体内无法探测碎片的子弹是禁止的作战手段和方法。但核武器和致命性自主武器系统目前并没有被明确禁止。

7. AB

国际刑事法院是国家刑事管辖权的补充，这是一项基本原则。国家法院和国际刑事法院有并行管辖权。国际刑事法院的属人管辖权只限于自然人，国家法院还可以管辖法人。国际刑事法院的管辖权不影响个人在外国法院的刑事管辖豁免权。

8. CD

A选项错误：缔约国提交的情事没有国别限制。B选项错误：检察官经预审分庭的授权，应当在国际刑事法院管辖权范围内自行调查情事，非缔约国境内的情事未必在国际刑事法院管辖权范围内。C、D选项正确。

9. AC

战争爆发意味着两国的外交关系转向敌对关系，甲、乙两国互助条约立即废止，故A选项正确。边界条约不属于外交方面的条约，除非两国另行约定等情况，不受战争状态影响，故B选项错误。交战国对于敌国的船舶与货物可以拿捕没收，但宗教、科考、医

疗、慈善或探险等物资除外。一般商船货物可以被拿捕没收，故C选项正确。对于境内的敌国公民在任何情况下均享有人道待遇，不得歧视，只有在安全的绝对必要情况下，才可以拘禁或安置，故D选项错误。

10. A

冲突各方领土内的敌国平民或占领地的平民均享有人道待遇，不受歧视。因战争成为难民后，乙国应当给予难民权利、待遇并予以保护。根据不推回原则，处罚难民的行为显然违反国际法。在乙国同意的情况下，难民有权从事营利活动。故A选项正确，B选项错误。如果有正当理由认为难民存在社会危险性或可能危害国家安全，可以强制驱逐或推回难民，故C选项错误。庇护的主要对象是政治犯，故D选项错误。

 简答题

1. 根据国际实践，禁止或限制的作战手段和方法主要有：（1）具有过分伤害力和滥杀滥伤作用的武器；极度残忍的武器，有毒、化学和生物武器。（2）不分皂白的战争手段和作战方法。（3）背信弃义的战争手段和作战方法。（4）改变环境的作战手段和作战方法。

2. 国际刑事法院的管辖权涉及与国家刑事管辖权的关系、属人管辖权、属事管辖权、属时管辖权和属地管辖权。

（1）国际刑事法院管辖权是国家刑事管辖权的补充。只要具有管辖权的国家正在对案件进行调查或起诉，或者已经对案件进行了调查，并决定不对嫌疑人进行起诉，或者如果该嫌疑人已经因为其行为受到了审判，法院则不能行使管辖权，除非有关国家对罪行"不愿意或不能够"切实地进行调查或起诉。对于是否存在不愿意的问题，要考虑是否存在不适当拖延程序或者意图庇护个人免于其刑事责任。要确定某一案件中是否存在不能够的问题，应考虑一国是否由于本国司法系统完全瓦解，或实际上瓦解或者并不存在。

（2）属人管辖权只限于自然人，不能对法人和国家行使管辖权。对于实施被控告犯罪时不满18周岁的人，法院不具有管辖权。

（3）属事管辖权限于最严重的国际罪行，即灭绝种族罪、侵略罪、战争罪和危害人类罪。

（4）属时管辖权是《国际刑事法院罗马规约》生效后实施的犯罪行为。如果一个国家在该规约生效之

后成为缔约国，除非该国声明接受法院管辖权，否则法院只能对该规约对该国生效后所发生的犯罪行使管辖权。

（5）属地管辖权是在缔约国和接受法院管辖权的非缔约国境内，包括在其船舶或飞行器上发生的犯罪行为，以及安全理事会根据《联合国宪章》第七章提请情势的国家。

3. 管制作战手段和方法的基本原则主要有以下内容。

（1）限制原则。原则上，各交战国和冲突各方对作战方法和手段的选择都应受到法律的限制，例如，禁止使用不分皂白的作战手段和方法；禁止使用大规模屠杀和毁灭人类的作战手段和方法。

（2）比例原则。这项原则要求作战方法和手段的使用应与预期的、具体的和直接的军事利益成比例，禁止过分的攻击以及引起过分伤害和不必要痛苦性质的作战方法和手段。

（3）区分原则。这项原则是把平民居民与武装部队中的战斗员与非战斗员、有战斗能力的战斗员与丧失战斗能力的战争受难者、军用物体与民用物体，以及民用目标与军事目标等区分开来，并在战争与武装冲突中分别给予不同的对待。

（4）不必要痛苦原则。禁止或限制使用引起过分伤害和不必要痛苦性质的作战方法和手段。

（5）保护自然环境原则。禁止适用旨在或可能对自然环境造成广泛、长期而严重损害的作战方法或手段。

4. 国际人道法的当代新发展主要有两个方面：一是现有国际人道法规则的执行，二是国际人道法规则对新主体、新领域和新武器的适用。

（1）国际人道法条约与包括人权条约在内的其他国际条约不同，没有设立类似缔约国大会或申诉那样的履约机制。为加强国际人道法的执行，联合国和其他国际机构建立各种议程，包括"加强尊重国际人道法的政府间进程"会议、联合国人权理事会关于私营军事和安保公司国际规章政府工作组会议。

（2）新技术催生新的作战手段和方法：1）在网络领域，北大西洋公约组织"网络防御合作卓越中心"《关于网络战国际法适用的塔林手册》（《塔林手册2.0》）编纂了在网络战中国际法的适用问题。2）在外层空间领域，有关私人团体正在编纂《适用于外层空间军事利用的国际法手册》。3）在致命性自主武器系统领域，有关专家组正在讨论如何适用国际人道法规制自主武器系统问题以及各国如何履行法律审查的责任问题。4）在核武器领域，联合国谈判会议于2017年通过《禁止核武器条约》。

5. 国际人道法与诉诸战争权法的相同点是：（1）国际人道法具有某种准战争权性质，是一种"中立的战争权"。（2）诉诸战争权的军事行动也必须遵守武装冲突法规则。

二者的区别是：（1）战争权是国家、联合国安全理事会或行使人民自决权的殖民地人民的权利，其法律基础是自卫权和《联合国宪章》第七章。国际人道法赋予个人权利，其法律基础是有关国际人道法的条约和习惯国际法。（2）诉诸战争权法涉及诉诸武力本身的合法性，区分合法的使用武力与非法的使用武力，适用于武力攻击、侵略行为、威胁和平或破坏和平的情形。国际人道法则不论诉诸武力是否有合法理由，仅规范使用武力的方式的合法性，适用于武装冲突的情形。（3）违反国际人道法引起战争罪、危害人类罪和灭绝种族罪等罪行，违反诉诸战争权法还引起侵略罪或破坏和平罪。

6. 国际人道法与国际人权法的相同点是：（1）国际人权法适用于所有武装冲突。（2）有些权利是这两个国际法部门所共有的，比如免于酷刑的权利。

二者的区别是：（1）国际人道法基于人道原则，起源于国家之间的关系，在不同类型的人员之间进行区分；而人权基于权利原则，本质上属于一个国家的内政，是与所有人有关的权利，一般不作区分。（2）国际人道法只适用于武装冲突，而国际人权法适用于所有时期。（3）国际人道法约束"冲突方"，而国际人权法传统上被认为只约束国家。（4）大多数国际人权具有可减损性质，而国际人道法不可减损。（5）国际人权法存在个人救济机制，而国际人道法不承认个人在国际上的申诉资格。

7. 启动国际刑事法院的管辖权有三种方式：（1）《国际刑事法院罗马规约》缔约国或接受法院管辖权的非缔约国向检察官提起显示一项或多项犯罪已经发生的情势。（2）联合国安全理事会向检察官提起情势。（3）检察官经预审分庭法官的授权自行进行调查。但是，如果联合国安全理事会根据《联合国宪章》第七章通过决议作出请求，法院在12个月内不得依《国际刑事法院罗马规约》启动任何调查或控诉或司法程序，而且安全理事会可以在同样的条件下延续此等请求。

8. 国际人道法适用于所有武装冲突。武装冲突有国际性武装冲突和非国际性武装冲突之分。

（1）国际性武装冲突是指两个或两个以上国家之间的敌对军事对抗。它扩大适用于对殖民统治和外国占领以及对种族主义政权作战的武装冲突。这类冲突可以是有战争状态的，也可以是没有战争状态的。

（2）非国际性武装冲突是指一国武装部队与有组织的非政府武装团体之间或者这些团体相互之间发生敌对行动的武装冲突，包括在一国领土内发生的该国武装部队与在负责统率下对该国一部分领土行使控制权，从而使其能进行持久而协调的军事行动并执行国际人道法的持不同政见的武装部队之间或其他有组织的武装集团之间的一切武装冲突。但是，内部动乱和紧张局势，如暴动、孤立而不时发生的暴力行为和其他类似性质的行为不构成非国际性武装冲突。自第二次世界大战结束以来，最常见的是不同性质的非国际性武装冲突，包括国内武装冲突。

材料与法条分析题

1.（1）D国支持和继续支持A国反政府武装的做法不合法。1）D国派兵支持A国反政府武装干涉A国内政。2）D国军队不撤出A国违反安全理事会决议。安全理事会第1422号决议要求外国军队撤出A国是依《联合国宪章》第七章采取的行动，对会员国有约束力。虽然D国不是联合国会员国，但它也有义务遵守安全理事会的决议，自A国撤出其军队。因为宪章规定，在维持国际和平与安全的必要范围内，非会员国应遵守宪章原则。

（2）D国应对H国总领事馆的损坏及领事的伤害承担国家责任。根据国家责任法，一国违反其国际义务的行为引起该国的国际责任。在本案中：1）袭击H国总领事馆的行为依国际法应归于D国而成为D国的国家行为。因为突袭行动是由D国上尉X组织实施的，所行使的是D国的政府权力，而非A国反政府武装的权力。2）D国的行为违反《维也纳领事关系公约》和国际人道法确立的义务。H国总领事馆及其领事在A国享有不可侵犯的国际法权利。尊重并保护这一权利不仅仅是A国政府的义务。在A国发生武装冲突的情

况下，其他冲突方也有这样的义务。而且，区分军用物体与民用物体以及民用目标与军事目标是武装冲突法的一项原则。冲突方有义务不将民用目标作为攻击对象。对于外国使领馆，冲突方更有额外谨慎注意的义务。

（3）F国和G国不能继续保持中立立场。在传统战争法上，一个国家在他国之间的战争或武装冲突中是否保持中立，是该国自由决定的问题。但是，在联合国集体安全体制下，国家的这种自由受到约束。对于安全理事会根据《联合国宪章》第七章采取的执行行动，无论该国是否为联合国会员国，都有遵守的义务，不得采取中立。本案中，安全理事会第1422号决议要求所有国家对A国内战双方实行武器禁运和经济制裁是根据《联合国宪章》第七章采取的执行行为，无论F国和G国是否为联合国会员国，都有义务执行安全理事会决议的措施，不得继续奉行中立。

2.（1）A、B两国对C国发动战争没有合法理由。根据《联合国宪章》，战争或使用武力是被禁止的非法行为。国家只有在自卫和执行联合国安全理事会采取或授权采取的武力行动时，使用武力才是合法的。本案中A、B两国宣称的理由不构成合法使用武力的理由。对于C国拥有大规模杀伤性武器的问题，其解决应依照有关禁止拥有大规模杀伤性武器的国际公约来进行。而这类公约并没有赋予一国在他国违反公约义务时使用武力解除这种武器的权利，如1972年《禁止生物武器公约》和1992年《禁止化学武器公约》。对待恐怖主义同样如此。而且，C国拥有大规模杀伤性武器和支持恐怖主义本身不构成对A、B两国的武力攻击。至于解放C国人民的理由，这违反了C国人民自决权原则，干涉了C国内政。因此，在没有安全理事会授权使用武力的情况下，A、B两国单方面对C国发动战争违反联合国宪章原则和国际法。

（2）A、B两国轰炸C国自来水厂、学校等民用目标不符合战争法或武装冲突法。在战争或武装冲突中，冲突方有义务将军用物体与民用物体以及民用目标与军事目标区分开来，并给予不同对待。C国发电站、自来水厂、警察学校和民用建筑等属于民用设施，享有战争法或武装冲突法的保护。A、B两国不加区分地轰炸C国目标违反战争法或武装冲突法的义务。

（3）甲的主张不能得到支持。1）国际武装冲突不是成立危害人类罪的一个前提条件。危害人类罪是指

在广泛或有系统地针对任何平民人口进行的攻击中，在明知这一攻击的情况下，作为攻击的一部分而实施的谋杀、灭绝、奴役、酷刑、强迫人员失踪或种族隔离等任何一种行为。这种罪行对国内和国际武装冲突都适用。根据1949年日内瓦四公约共同第2条，有关严重违反这些公约的规定虽然仅适用于在国际武装冲突中所犯的罪行，但日内瓦四公约共同第3条还具体规定了适用于国内武装冲突的一些最低限度的强制性人道规则。1977年《1949年8月12日日内瓦四公约关于保护非国际武装冲突受难者的附加议定书（第二议定书）》第1条更明确规定其人道规则适用于缔约国国内一切武装冲突。因此，国际人道法适用于国内、国际武装冲突。这为国际判例所证明：前南斯拉夫国际刑事法庭上诉庭在"塔蒂奇案"中指出，当政府当局和有组织的武装团体之间或在一国中的武装团体之间长期从事武力，就有武装冲突存在，国际人道法从这种武装冲突开始时起适用，其适用持续到停止敌对行动之后，直到得到和平解决。国际法院在"尼加拉瓜诉美国的军事和准军事活动案"的判决中确认，日内瓦四公约共同第3条的规则反映了人类基本的考虑，根据国际习惯法可适用于任何武装冲突，无论是国内性质的还是国际性质的。因而在现代国际法上，违反国际人道法的行为（包括危害人类罪）已无须以国际武装冲突为条件。国际刑事法院管辖的危害人类罪甚至不以是否在武装冲突中所犯为条件。在本案中，特别国际法庭对指控C国前总统甲的罪行有管辖权，而无须确定该国内战的性质。

2）甲对被指控的罪行不享有豁免权。根据个人国际刑事责任原则，从事构成违反国际法的罪行的人承担个人责任，被告的地位不能作为免除国际法责任的理由。危害人类罪是国际法上须负个人责任的一种国际罪行。在本案中，甲被指控在他作为国家元首时对内战中犯下的危害人类罪负有责任，豁免的主张与该特别法庭起诉对C国内战期间犯下危害人类罪负有责任的人的宗旨和目的不相符合。在依国际条约和联合国安全理事会决议设立的起诉属于特定属地和属时管辖范围的国际罪行的国际法庭中，官方身份的无关性是一项一般原则。而且，根据国际法上属事豁免的原则，甲作为被废黜的国家元首，只能对其执政期间的官方行为享有豁免；而针对平民的谋杀、酷刑和灭绝等危害人类的罪行不是一个国家的职能。

3. 这两个条款规定了国际刑事法院的管辖权和管辖权的启动。

（1）国际刑事法院对成为《国际刑事法院罗马规约》缔约国的国家境内发生的第5条所述犯罪有管辖权，包括在其船舶或飞行器上发生的这类犯罪行为，无论为谁所犯，对第三国境内的这类犯罪没有管辖权。这是条约相对效力原则的反映。

（2）国际刑事法院的属事管辖权是整个国际社会关注的最严重犯罪，即灭绝种族罪、侵略罪、战争罪和危害人类罪。国际刑事法院对这些罪行的管辖权及于《国际刑事法院罗马规约》生效后实施的犯罪行为。如果一个国家在《国际刑事法院罗马规约》生效之后成为缔约国，除非该国声明接受法院管辖权，否则法院只能对《国际刑事法院罗马规约》对该国生效后所发生的犯罪行使管辖权。

（3）国际刑事法院的管辖权有三种启动方式：第一，《国际刑事法院罗马规约》缔约国向检察官提起显示一项或多项犯罪已经发生的情势。第二，安全理事会依《联合国宪章》第七章行事向检察官提起情势。第三，检察官经预审分庭的授权自行调查属于法院管辖权范围内的罪行。"安全理事会根据《联合国宪章》第七章行事"意味着，安全理事会可以将《国际刑事法院罗马规约》第三国境内发生的第5条所述犯罪的情势提交国际刑事法院，法院因而参照第12条视为第三国接受它对第5条所述犯罪的管辖权。

（4）国际刑事法院的管辖权不影响所管辖的被指控嫌疑人在外国法院的国家官员刑事管辖豁免权。

上述要点的详细内容参见程晓霞、余民才主编：《国际法》，7版，310～312页。

论述题与深度思考题

1.（1）中立是指一国在交战国进行的战争中采取一种不偏不倚的态度。它是一个政治问题，而非法律问题。一个国家在战争中是否宣布中立，是国家自由决定的事情。但一旦宣布中立，将引起交战国和中立国的权利、义务关系。战时中立不同于中立化，也不同于政治意义上的中立、中立主义和不结盟。战争法上的中立是国家的地位，而不是个人或团体的地位，有关中立的规则是指专门处理交战国之间法律关系的规则，它不直接以中立国的国民或公司为对象。

（2）中立国与交战国的权利与义务。中立国与交战国相互承担自我约束、防止和容忍的义务。

1）中立国的义务。

① 自我约束的义务。中立国对交战国不应给予援助。它不仅不能直接参加战斗，也不能对交战国提供军队，供给武器、弹药及其他军用器材，给予情报的方便等。

② 防止的义务。中立国应采取措施，防止交战国为了进行战争而利用其领土或其管辖范围内的区域。例如，对于交战国在中立国的领土、领海或领空内进行战斗，或捕获船只，建立作战基地或通信设备，运输军队和军需品等，中立国都要以一切可能的手段加以防止和阻止。

③ 容忍的义务。中立国对于交战国依据武装冲突法所采取的行动使本国国民遭受不利时，应在一定范围内予以容忍。例如，交战国对其船舶的临检和搜索，对悬挂其船旗而载有战时禁制品或破坏封锁或违反中立义务的船舶的拿捕、审判、处罚及非常征用时，中立国应予以容忍。

2）交战国的义务。

① 自我约束的义务。交战国不得在中立国领土或其管辖区域内从事战争行为，或将中立国领土或其管辖区域作为作战基地；交战国不得在中立国领土或领水区域内将商船改装为军舰或武装商船，建立通信设施或捕获船只等。

② 防止的义务。交战国有义务采取一切措施，防止侵犯或虐待其占领区内或境内的中立国使节或人民；防止其军队和人民从事任何侵犯中立国及其人民的合法权益的行为等。

③ 容忍的义务。交战国应容忍中立国与敌国保持正常的外交和商务关系以及其他不违背中立法的一般规则的行为等。

（3）在现代国际关系的实践中，传统的中立制度受到冲击，发生了很大的变化。在联合国集体安全体制中，没有中立可言。

1）在传统国际法上，各国有权自由决定是否参加其他国家进行的战争，参加战争或保持中立完全是当事国的自由。但是，根据《联合国宪章》第 2 条第 5 项的规定，"各会员国对于联合国依本宪章规定而采取之行动，应尽力予以协助，联合国对于任何国家正在采取防止或执行行动时，各会员国对该国不得给予协

助"。所以，联合国安全理事会作出的有关决定对各会员国都有法律拘束力，会员国有义务不得保持中立。

2）采取中立的国家在军事上承担不参加战争的义务，然而，避免参加战争的义务不论是以与他国缔结协定的形式，还是以本国声明的形式，都不能规避执行联合国安全理事会强制措施的义务。《联合国宪章》第 103 条明确规定："联合国会员国在本宪章下之义务与其依任何其他国际协定所负之义务有冲突时，其在本宪章下之义务应居优先。"因此，会员国在安全理事会决定采取强制行动时，不能以其他的协定来规避自己的责任。

3）在安全理事会作出有关强制措施决定时也不能采取中立的立场和态度。《联合国宪章》第 2 条第 6 款规定："本组织在维持国际和平及安全之必要范围内，应保证非联合国会员国遵行上述原则。"由于安全理事会采取的军事或非军事性的强制措施，基本上都属于"在维持国际和平及安全之必要范围内"，所以，当安全理事会作出采取强制措施的决定时，不仅联合国会员国，而且非会员国，也不能采取中立的态度。

参见程晓霞、余民才主编：《国际法》，7 版，303～305 页。

2.（1）纽伦堡审判与东京审判是第二次世界大战后成立的欧洲国际军事法庭和远东国际军事法庭对欧洲和日本主要法西斯战犯的国际审判，其依据是 1945 年《欧洲国际军事法庭宪章》和 1946 年《远东国际军事法庭宪章》。

（2）纽伦堡国际军事法庭与东京国际军事法庭的属人管辖是欧洲轴心国和日本的首要战犯。凡参与规划或进行战争罪行的共同计划或阴谋的领导者、组织者、教唆者与同谋者，应负个人刑事责任。属事管辖是战争罪，即违反战争法规或惯例的罪行，包括虐待或放逐占领地平民、谋杀或虐待战俘或海上人员、杀害人质、掠夺公私财产、毁灭城镇或乡村的罪行；破坏和平罪，即计划、准备、发动或从事一种侵略战争，或违反国际条约、协定或保证的战争，或参与上述任何罪行的共同计划或阴谋；危害人道罪，即在战前或战时，对平民施行谋杀、灭绝、奴役、放逐及其他任何非人道行为。

（3）纽伦堡审判判决 12 名法西斯德国主要战犯绞刑，7 人无期徒刑或有期徒刑；宣布纳粹党领导机构、秘密警察和党卫军为犯罪组织。东京审判判决 7 名日

本首要战犯绞刑，16 人无期徒刑，2 人有期徒刑。

（4）纽伦堡审判与东京审判在国际法追究个人的刑事责任方面起了很大的推动作用。从国际法意义上讲，纽伦堡审判和东京审判开创了追究战争罪犯个人刑事责任的先例。1946 年联合国大会决议确认了纽伦堡法庭组织法所认定的国际法原则。联合国国际法委员会根据大会的决议，于 1950 年编纂了《国际军事法庭宪章》和判决中所包含的原则。这些原则是：1）从事构成违反国际法的犯罪行为的人承担个人责任，并因此应受到惩罚；2）不违反所在国的国内法不能作为免除国际法责任的理由；3）被告的地位不能作为免除国际法责任的理由；4）政府或上级命令不能作为免除国际法责任的理由；5）被控有违反国际法罪行的人有权得到公平审判；6）违反国际法的罪行，即破坏和平罪、战争罪、危害人道罪；7）共谋上述罪行是违反国际法的罪行。

1967 年《领域庇护宣言》和 1968 年《战争罪及危害人类罪不适用法定时效公约》补充了"战争罪犯无权要求庇护"和"战争罪犯不适用法定时效"两项原则。1973 年《关于侦察、逮捕、引渡和惩治战争罪犯和危害人类罪犯的国际合作原则》宣布，各国应在引渡战争罪罪犯和危害人类罪罪犯的问题上进行合作。

参见程晓霞、余民才主编：《国际法》，7 版，306～307、308 页。

3.

项目	类别	
	前南斯拉夫国际刑事法庭管辖权	国际刑事法院管辖权
管辖基础	联合国安全理事会第 827 号决议	国家自愿接受
管辖依据	《前南斯拉夫国际刑事法庭规约》	《国际刑事法院罗马规约》
属事管辖	严重违反 1949 年日内瓦四公约的情势；违反战争法和惯例的行为；灭绝种族罪；危害人类罪	整个国际社会关注的最严重犯罪；灭绝种族罪；危害人类罪；战争罪；侵略罪
属人管辖	法庭管辖权内的犯罪的自然人	法院管辖权内的犯罪的自然人
属地管辖和属时管辖	1991 年以来前南斯拉夫境内	规约生效后实施的犯罪；缔约国
并行管辖	不排除国内法院管辖；优于国内法院管辖	不排除国内法院管辖；是国内刑事管辖的补充；只有在国家不愿意或不能够切实地进行调查或起诉时，国际刑事法院才可以行使管辖权

综合测试题（一）

一、名词解释与概念比较

1. 永久中立国与战时中立国
2. 大国一致原则
3. 卡尔沃条款（考研）

二、选择题

（一）单项选择题

1. 根据《国际法院规约》第 38 条的规定，国际法的渊源不包括（　　）。

　A. 国际条约　　　　　　　　B. 国际习惯　　　　　　　C. 一般法律原则　　　　　D. 司法判例

2. 《中华人民共和国国籍法》在取得原始国籍问题上采取的原则是（　　）。

　A. 血统主义　　　　　　　　　　　　　　　　　B. 出生地主义

　C. 血统主义为主，出生地主义为辅　　　　　　　D. 出生地主义为主，血统主义为辅

3. 《南极条约》对缔约国在南极的领土要求的规定是（　　）。

　A. 肯定　　　　　　　　　　B. 否定　　　　　　　　　C. 冻结　　　　　　　　　D. 不表示立场

4. 依据《联合国海洋法公约》，海岸相邻或相向国家间大陆架划界应依据（　　）。

　A. 中间线原则划定　　　　　　　　　　　　　　B. 等距离原则划定

　C. 自然延伸原则划定　　　　　　　　　　　　　D. 协议划定

5. 依据《国际民用航空公约》，外国航空器在一国领空（　　）。

　A. 享有无害通过权　　　　　　　　　　　　　　B. 不享有无害通过权

　C. 享有"两项自由"　　　　　　　　　　　　　　D. 享有"五项自由"

6. 依据《月球协定》，月球及其资源是（　　）。

　A. 共有物　　　　　　　　　　　　　　　　　　B. 无主物

　C. 人类共同财产　　　　　　　　　　　　　　　D. 可以自由开发的财产

7. 下列符合先占构成要件的是（　　）。

　A. 一国国民占领一无主地并对其实现有效控制

　B. 一国占领他国的领土，并宣示主权且实现长时间有效控制

　C. 一国占领一无主地并对其实现长时间有效控制

　D. 一国发现一个不适宜人居住的荒岛

8. 在下列的国家或机构中，有权向国际法院请求发表咨询意见的是（　　）。

　A. 联合国会员国　　　　　　　　　　　　　　　B. 安全理事会常任理事国

　C. 《国际法院规约》当事国　　　　　　　　　　D. 联合国大会

9. 接受国准许派遣国领事执行职务的证书是（　　）。

　A. 领事任命书　　　　　　B. 国书　　　　　　　　　C. 介绍函　　　　　　　　D. 领事证书

10. 最早确立追究犯有国际罪行的国家领导人或团体的国际刑事责任的原则的是（　　）。

　A.《凡尔赛和约》　　　　　　　　　　　　　　B. 1899 年《海牙和平会议公约》

C. 1907 年《海牙和平会议公约》   D. 《欧洲国际军事法庭宪章》

（二）多项选择题

1. 依据《关于从外层空间遥感地球的原则》，卫星遥感地球应遵守的原则是（   ）。

A. 为所有国家谋福利

B. 经受遥感国同意

C. 与受遥感国协商

D. 向有关国家提供环保及免受自然灾害的资料

2. 下列有关国际法与国内法的表述，哪些是错误的？（   ）（司考）

A. 国际法就是指国际条约

B. 国内法是国家立法机关制定的、在领陆范围内适用的法律

C. 国内法的一切规范性文件均在全国范围内适用

D. 国际法是国内法的渊源

3. 被称为"国际人权宪章"的是（   ）。

A. 《世界人权宣言》

B. 《联合国宪章》

C. 《经济、社会及文化权利国际公约》

D. 《公民权利和政治权利国际公约》

4. 外交人员的派遣，须事先征得接受国同意的人员是（   ）。

A. 大使   B. 武官   C. 代办   D. 参赞

5. 下列哪些行为可归因于国家而成为国家行为？（   ）

A. 叛乱运动的机关的行为

B. 外交代表与其职务有关的行为

C. 驻外记者与其职务有关的行为

D. 实际代表国家行事的人在执行公务时的行为

6. 甲国船舶"海鸥号"在通过乙国领海时有下列行为，其中哪些行为是非无害的？（   ）

A. 在船上发射或接载军事装置   B. 进行捕鱼活动

C. 进行科学研究和测量活动   D. 倾倒严重污染物

7. 给予外国人国民待遇意味着（   ）。

A. 外国人在各方面享受与本国人相同的待遇

B. 外国人在一定方面享受与本国人相同的待遇

C. 外国人的待遇不低于本国人的待遇

D. 外国人不得要求高于本国人的待遇

8. 有权请求引渡罪犯的国家一般是（   ）。

A. 受害国   B. 任何国家

C. 罪犯本人所属国   D. 犯罪行为发生地国

9. 安全理事会在维持和平与制止侵略方面的职权包括（   ）。

A. 经济制裁   B. 封锁

C. 断绝外交关系   D. 会员国的空、海、陆军示威

10. 根据《维也纳外交关系公约》，通信自由包括（   ）。

A. 使用外交邮袋的自由   B. 使用外交信使的自由

C. 使馆来往公文不得侵犯   D. 装置和使用无线电发报机的自由

11. 甲、乙两国就海洋的划界一直存在争端，甲国在签署《联合国海洋法公约》时以书面声明选择了海洋法法庭的管辖权，乙国在加入公约时没有此项选择管辖的声明，但希望争端通过多种途径解决。根据相关国际法规则，下列选项正确的是（　　）。（司考）

A. 海洋法法庭的设立不排除国际法院对海洋活动争端的管辖

B. 海洋法法庭因甲国单方选择管辖的声明而对该争端具有管辖权

C. 如甲、乙两国选择以协商解决争端，除特别约定，两国一般没有达成有拘束力的协议的义务

D. 如丙国成为双方争端的调停国，则应对调停的失败承担法律后果

（三）不定项选择题

1. 条约在下列（　　）情况下，为第三国创设权利和义务。

A. 第三国同意接受该项权利

B. 第三国书面明示接受该项义务

C. 条约当事国有为第三国确立该项义务的意图

D. 创设权利不必经第三国明示同意

2. 按照1961年《维也纳外交关系公约》的规定，由一国的外交部部长向另一国的外交部部长派遣的外交代表是（　　）。

A. 大使　　　　　　B. 公使　　　　　　C. 驻办公使　　　　　　D. 代办

3. 中国决定批准中国同外国缔结的条约和重要协定的机关是（　　）。

A. 国家主席　　　　B. 国务院　　　　　C. 全国人大常委会　　　D. 外交部

4. 在联合国的主要机构中，有权采取行动维持国际和平与安全的机关是（　　）。

A. 大会　　　　　　B. 安全理事会　　　C. 国际法院　　　　　　D. 秘书处

5. 国际法基本原则的特征有（　　）。

A. 具有强行法的性质　　　　　　　　　B. 构成国际法的基础

C. 具有普遍意义　　　　　　　　　　　D. 具有公平性

6. 下列属于2021年《中华人民共和国反外国制裁法》规定的反制措施的是（　　）。

A. 不予签发签证、不准入境

B. 查封、扣押、冻结在我国境内的动产、不动产和其他各类财产

C. 列入不可靠实体清单

D. 禁止或者限制我国境内的组织、个人与其进行有关交易、合作等活动

7. 根据《联合国海洋法公约》和我国的相关法律规定，下列选项正确的是（　　）。（司考）

A. 甲国军舰有权无害通过我国领海

B. 乙国商业飞机可以无害通过我国领海上空

C. 我国海警船从毗连区开始紧追丙国走私船，在其进入公海时紧追应终止

D. 丁国有权在我国大陆架铺设海底电缆，但路线须经我国主管机关同意

三、简答题

1. 简述法律上的承认及其效果。

2. 简述联合国大会和安全理事会的表决制度及各自决议的效力。

3. 简述中国国家豁免权的立场与实践。

四、材料与法条分析题

1. A国总统甲因贿选丑闻陷入信任危机。他利用出席B国国际会议之机转道C国寻求政治避难，随后遭A国

国会罢免。C 国承认甲的 C 国国籍，并允许他在 C 国定居。A 国指控甲犯有腐败罪和侵吞国家财产罪等 20 项罪名，多次要求 C 国引渡甲，但 C 国以甲拥有 C 国国籍予以拒绝。A 国民众对此极为不满，愤怒的示威人群冲进 C 国驻 A 国大使馆，占领使馆并将使馆工作人员扣为人质。A 国政府宣布保持占领使馆和扣押人质，以向 C 国施加压力。C 国因此派遣一支特种部队到 A 国解救人质，但被全部抓获。A 国以非法入境罪判处他们 4 年监禁。A 国和 C 国都是《联合国宪章》和《维也纳外交关系公约》的缔约国。

根据以上案情，回答下列问题：

（1）C 国拒绝引渡甲是否合理？引渡与庇护有何关系？

（2）甲对 A 国指控的罪行是否享有豁免权？为什么？

（3）A 国对其民众占领 C 国使馆和扣押人质的行为是否承担国家责任？为什么？

（4）C 国派遣特种部队解救人质的做法是否符合国际法？为什么？

（5）被抓获 C 国特种部队人员是否享有战俘地位？为什么？

2. 阅读下面材料，提出可能涉及的国际法问题，并根据有关国际法原则、规则和制度予以回答：

A 国两名海军陆战队士兵在 B 国领海随船护卫悬挂 A 国旗帜的货船时，误将一艘 B 国渔船当作海盗船，枪击致两名 B 国渔民死亡。B 国警方拘捕两名 A 国士兵，并以谋杀罪提起刑事诉讼。以回国治疗为由，这两名 A 国士兵向 B 国提出回国申请，A 国驻 B 国大使甲承诺两人将如期返回 B 国接受审判，B 国予以准许。当两名士兵回国之后，A 国外交部发表声明，宣布他们将不会如期返回。随后，B 国禁止 A 国大使甲离境。B 国最高法院还裁定，A 国大使甲已经丧失外交豁免权，因为他为两名士兵暂时回国作担保，而他们没有如期返回 B 国受审。

3. 根据有关国际法原则、规则和制度，分析下面条款：

《联合国宪章》第 12 条第 1 款规定，当安全理事会对于任何争端或情势，正在执行本宪章所授予该会之职务时，大会非经安全理事会请求，对于该项争端或情势，不得提出任何建议。

4. 运用有关国际法原则、规则和制度，分析下面材料：

世界上只有一个体系，就是以联合国为核心的国际体系；只有一套规则，就是以联合国宪章为基础的国际关系基本准则。

五、论述题与深度思考题

1. 比较国际法院与国际刑事法院的管辖权。（考研）

2. 论述条约和国际习惯的关系。（考研）

3. 比较国家豁免权与国家官员的外国刑事管辖豁免权。

参考答案

一、名词解释与概念比较

1.

类别	概念	
	永久中立国	战时中立国
定义	以国际条约或国际承认为根据，在对外关系上承担永久中立义务的国家	在交战国进行的战争中采取一种不偏不倚的立场
性质	无论和平时期或战争时期；永久性	战争时期；临时性；可变化性
根据	国际条约或国际承认	自由决定
义务	对外关系上永久中立义务	武装冲突法上的相关义务

2. 大国一致原则是指安全理事会对于非程序性事项的决定，以 9 理事国的可决票包括全体常任理事国的同意票表决之。这里对非程序性事项的表决所需全体常任理事国的一致同意就是大国一致原则。一常任理事国的弃权不影响该原则，这是安全理事会实践形成的惯例。

3. 卡尔沃条款是指外国人在与拉美国家订立的投资合同中同意由合同所引起的任何要求或争议由当地法院解决，不作为"国际求偿"的问题，以使外国人放弃其本国的外交保护。然而，即使外国人在合同中作出这种承诺，仍然不能禁止其本国行使外交保护权。

二、选择题

（一）单项选择题

1. D

根据《国际法院规约》第 38 条第 1 款的规定，司法判例及各国权威最高之公法学家学说，是确定法律原则的辅助资料，而国际条约、国际习惯以及一般法律原则是裁判的依据。

2. C

根据《中华人民共和国国籍法》第 4～6 条的规定，父母双方或一方为中国公民，本人出生在中国的，具有中国国籍。父母双方或一方为中国公民，本人出生在外国的，具有中国国籍；但父母双方或一方为中国公民并定居在外国，本人出生时即具有外国国籍的，不具有中国国籍。父母无国籍或国籍不明，定居在中国，本人出生在中国的，具有中国国籍。可见，在原始国籍赋予上中国采取以血统主义为主、出生地主义为辅的原则。

3. C

《南极条约》第 4 条规定，本条约的任何规定不得解释为：（1）缔约任何一方放弃在南极原来所主张的领土主权权利或领土要求；（2）放弃由于它或其国民的活动或其他原因而构成的对南极领土主权要求的任何根据；（3）损害缔约任何一方关于它承认或否认任何其他国家在南极的领土主权的要求或要求的根据的立场。但在本条约有效期内所发生的一切行为或活动，不得构成主张、支持或否定对南极的领土主权的要求的基础，也不得创立在南极的任何主权权利。在本条约有效期内，不得对南极提出新的领土主权要求或扩大现有的要求。这即是冻结领土主权要求。

4. D

《联合国海洋法公约》第 83 条第 1 款规定："海岸相向或相邻国家间大陆架的界限，应在国际法院规约第三十八条所指国际法的基础上以协议划定，以便得到公平解决。"从这款规定可以看出，《联合国海洋法公约》并没有像《大陆架公约》那样对大陆架划界的原则予以具体规定。

5. B

根据 1944 年《芝加哥公约》，国家对其领空享有完全和排他的主权，外国航空器没有"无害通过权"。因此，未经一国允许，任何外国航空器不得飞入或飞越该国领空。未经允许擅自进入一国领空的航空器，尤其是军用飞机，构成侵犯领空主权，地面国有权采取相应措施，如警告其离境、迫降甚至击落。

6. C

根据 1967 年《外层空间条约》和 1979 年《月球协定》所确立的月球开发制度，月球及其资源为全体人类的共同财产。月球不得由国家依据主权要求，通过利用或占领，或以任何其他方法据为己有。

7. C

国际法要求先占的完成必须是实现有效占领。有效占领的两个基本事实是：（1）占有，即以国家名义宣布占有该土地，把它置于自己主权之下。私人的占有原则上不能视为国家的占有。（2）行政管理，即设立行政组织，维持先占土地的公共秩序。一旦实现有效占领，先占行为即完成，所占领的土地即构成占领国领土的一部分，除非占领国从该土地上撤退或因其他情况失去了有效占有和控制，其他国家就不能用同样的方法取得该土地。仅仅发现一个不适宜人居住的荒岛不赋予发现者主权。

8. D

《联合国宪章》第 96 条规定，联合国大会、安全理事会可就任何法律问题，请求国际法院发表咨询意见；联合国其他机构和专门机构，对于其工作范围内的任何法律问题，可随时以大会授权，请求法院发表咨询意见。联合国秘书长、会员国不能向国际法院请求咨询意见。

9. D

根据《维也纳领事关系公约》的规定，接受国准许派遣国领事执行职务的证书称为"领事证书"。

10. D

《欧洲国际军事法庭宪章》最早确立追究个人或团体的国际刑事责任的国际法原则。

（二）多项选择题

1. ACD

1986 年《关于从外层空间遥感地球的原则》所确立的原则主要包括：遥感活动应为所有国家谋福利和利益，遥感活动不得损害被遥感国家的合法权利和利益；经请求，遥感国应同领土被遥感国家举行协商；遥感应促进地球自然资源的保护和保护人类免受自然灾害侵袭。

2. ABCD

国际法不仅包括国际条约，还有国际习惯、一般法律原则等形式。国内法是国家立法机关制定的、在领土和管辖范围内适用的法律。国内法中并非一切规范性文件均在全国范围内适用，如地方规章等。国际法并不当然是国内法的渊源。

3. ACD

1948 年《世界人权宣言》、1966 年《经济、社会及文化权利国际公约》和《公民权利和政治权利国际公约》及 1989 年《旨在废除死刑的〈公民权利和政治权利国际公约〉第二任择议定书》被誉为"国际人权宪章"。

4. AB

1961 年《维也纳外交关系公约》第 4 条规定："一、派遣国对于拟派驻接受国之使馆馆长人选务须查明其确已获得接受国之同意。二、接受国无须向派遣国说明不予同意之理由。"对于陆、海、空军武官的派遣，接受国有权要求派遣国先行提名，以决定是否同意接受。其他使馆职员，原则上由派遣国自由选派，无须事先征求接受国的同意。

5. BD

根据《国家对国际不法行为的责任条款草案》，国家机关的行为和行使政府权力要素或代表国家行事的人的行为可归因于国家而成为国家行为。原则上，叛乱运动的机关的行为和私人的行为不归于国家。

6. ABCD

根据《联合国海洋法公约》第 19 条，外国船舶在领海内进行下列任何一种活动，其通过就不是无害通过：（1）对沿海国的主权、领土完整或政治独立进行任何武力威胁或使用武力；（2）以任何类型的武器进行任何操练或演习；（3）搜集使沿海国的防务或安全受损害的情报；（4）进行影响沿海国防务或安全的宣传；（5）在船上起落或接载任何飞机；（6）在船上发射、降落或接载任何军事装置；（7）违反沿海国海关、财政、移民或卫生的法律和规章，上下任何商品、货币或人员；（8）违反该公约规定的任何故意或严重的污染行为；（9）任何捕鱼活动；（10）进行研究或测量活动；（11）任何目的在于干扰沿海国任何通信系统或任何其他设施或设备的行为；（12）与通过没有直接关系的任何其他活动。

7. BCD

国民待遇是指国家在一定范围内给予外国人与本国公民同等的待遇。依此原则，一方面，国家给予外国人的待遇不低于本国人的待遇；另一方面，外国人不得要求任何高于本国人的待遇。

8. ACD

请求引渡的主体即有权请求引渡的国家，一般有罪犯国籍所属国、犯罪行为地国、受害国即犯罪结果发生地国。当发生这三类国家中数个国家为同一罪行或不同罪行请求引渡同一人时，被请求国应斟酌决定接受哪一个国

家的请求。

9. ABCD

在维持和平与制止侵略方面，安全理事会应断定任何对和平的威胁、破坏或侵略行为是否存在；为防止情势恶化，在建议或决定采取强制措施前，可促请有关当事国遵行安全理事会认为必要或适当的临时措施；可以决定采取武力以外的措施，以实施其决议，并促请会员国协同执行。此项措施包括局部或全部停止经济关系、铁路、海运、航空、邮、电、无线电和其他交通工具，以及断绝外交关系；如上述措施不足或已经证明为不足时，可采取必要的空、海、陆军行动，包括会员国的空、海、陆军示威与封锁和其他军事举动，以维持或恢复国际和平与安全。

10. ABC

根据《维也纳外交关系公约》的规定，接受国应允许使馆为一切公务目的自由通信，并予以保护。使馆有权采用一切适当方法，包括外交信差及密码电信在内，与派遣国政府及该国其他使馆及领事馆通信。但使馆非经接受国同意，不得装置并使用无线电发报机。使馆之来往公文不得侵犯。外交邮袋不得予以开拆或扣留。外交信差享有人身不得侵犯权，不受任何方式之逮捕或拘禁。

11. AC

国际海洋法法庭和国际法院都是《联合国海洋法公约》第287条提供的导致有约束力裁判的强制解决争端程序。根据该条，只有争端各方都选择了国际海洋法法庭，法庭才对相关争端具有管辖权。根据国际法，除特别约定外，谈判或协商的当事国没有达成有拘束力协议的义务。调停是一种和平解决国际争端的方法，调停国对于进行调停或调停成败不承担任何法律义务或后果。

（三）不定项选择题

1. ABCD

1969年《维也纳条约法公约》第34条规定，条约非经第三国同意，不为该国创设义务或权利。第35条、第36条进一步规定，如果一个条约有意为第三国设定一项义务，应得到第三国书面明示接受。如果一个条约有意为第三国创设一项权利，也应得到第三国的同意，但在第三国无相反的表示时，应推定其同意。

2. D

1961年《维也纳外交关系公约》第14条将使馆馆长分为如下三级：（1）向国家元首派遣之大使或教廷大使，以及其他同等级位之使馆馆长。（2）向国家元首派遣之使节、公使或教廷公使。（3）向外交部部长派遣之代办。

3. C

根据中国《缔结条约程序法》第7条的规定，条约和重要协定的批准由全国人民代表大会常务委员会决定。这里的条约和重要协定是指：（1）友好合作条约、和平条约等政治性条约；（2）有关领土和划定边界的条约、协定；（3）有关司法协助、引渡的条约、协定；（4）同中华人民共和国法律有不同规定的条约、协定；（5）缔约各方议定须经批准的条约、协定；（6）其他须经批准的条约、协定。

4. B

根据《联合国宪章》的规定，安全理事会是唯一有权采取行动维持国际和平与安全的机关。

5. ABC

作为国际法的基本原则，一般应具有以下特点：（1）国际社会公认；（2）适用于国际法各个领域；（3）具有普遍意义；（4）构成国际法体系的基础；（5）属于强行法的范畴。公平性不是国际法基本原则的一个特征。

6. ABD

中国《反外国制裁法》规定的反制措施包括不予签发签证、不准入境、注销签证或者驱逐出境，查封、扣押、冻结在我国境内的动产、不动产和其他各类财产，禁止或者限制我国境内的组织、个人与其进行有关交易、合作等活动以及其他必要措施。

7. D

外国军舰通过我国领海须经我国政府批准。外国飞机在我国领海上空没有无害通过权。行使紧追权在外国船舶进入外国领海时终止。外国在大陆架享有铺设海底电缆的自由，但路线须经沿海国同意。

三、简答题

1. （1）法律上的承认是指既存国家给予新国家一种完全的、无保留的正式承认。它构成承认国与被承认国之间建立和发展全面交往的基础。一般的承认都是法律上的承认，在性质上是不能撤销的。

（2）法律上的承认的效果主要有：1）政治效果和法律效果。承认产生两种效果：从政治上说，承认是承认国和被承认国之间政治关系的开始，导致双方外交领事等官方关系的建立。从法律上讲，承认构成两国关系的法律基础，承认国应根据国家主权平等原则，承认被承认国的国内立法和司法判决的效力、外交代表和国家及其财产的豁免权。

2）承认与建交。法律上的承认的一个效果是建交，但承认不等于建交，二者既有联系又有区别。联系表现在：承认是建交的前提，建交是承认的结果。按照惯常的实践，宣告承认后即开始建立外交关系。区别在于：承认是一种单方面的行为，建交是双方行为，即使宣告承认也不一定要建交；再者，承认不可撤销，外交关系却可以断绝，断交也不能取消承认的效果。

3）根据国际实践，承认的法律效果具有溯及力，即对新国家或新政府承认的效力，不是从其被承认之时开始，而是可以追溯到新国家或新政府成立之时，一切在其成立以后、被承认之前所做的法律行为，应承认为有效。

2. （1）大会实行一国一票制。对于重要问题的决议，以出席并参加投票的会员国的2/3多数通过；其他问题的决议则以简单多数通过。

大会主要是一个审议和建议的机关，其通过的决议多是建议性的，无拘束力。

（2）安全理事会的每个理事国有一个投票权。对于程序事项的决定，以9理事国的可决票表决之。对于非程序性事项的决定，则以9理事国的可决票包括全体常任理事国的同意票表决之。这就是"大国一致原则"。根据这个原则，只要有一个常任理事国投反对票，决议就不能通过。常任理事国因此而享有的特殊权力称为否决权。否决权是安全理事会表决制度的核心。在实践中，弃权不产生否决的效果，这是多年形成的惯例。

安全理事会履行《联合国宪章》职能所通过的决议有些是建议性的，无约束力。履行《联合国宪章》第七章的职能通过的执行性决议，则有拘束力。

3. （1）国家豁免权是指国家及其财产不受外国法院管辖和强制执行的特权，它是一项普遍接受的习惯国际法原则。

（2）中国曾经在外国法院的民事程序中被诉，如1979年"湖广铁路债券案"。2008年香港法院处理的"FG公司诉刚果民主共和国及其他人案"是中国法院处理的第一个这类案件。中国曾经对国家豁免权的"一贯原则立场是，一国国家及其财产在外国法院享有绝对豁免，包括绝对的管辖豁免和执行豁免，从未适用所谓的'限制豁免'原则或理论。中国法院不能管辖、在实践中也从未受理过以外国国家及政府为被告、或针对外国国家及政府财产的案件，不论该外国国家及政府的相关行为的性质和目的如何，也不论该外国国家及政府的相关财产的性质、目的和用途如何。同时，中国也不接受外国法院对以我国国家及政府为被告或针对我国国家及政府财产的案件享有管辖权"。

（3）中国2005年颁布《外国中央银行财产司法强制措施豁免法》。这是第一部有关国家豁免权的特别法。2007年，最高人民法院发布《关于人民法院受理涉及特权与豁免的民事案件有关问题的通知》，建立了有关国家豁免权案件的"报告制度"。2011年全国人民代表大会常务委员会《关于〈中华人民共和国香港特别行政区基本法〉第十三条第一款和第十九条的解释》确定国家豁免规则或政策属于国家对外事务中的外交事务范畴，中央人民政府有权决定中华人民共和国的国家豁免规则或政策，在中华人民共和国领域内统一实施。香港特别行政区法院在审理案件时遇有外国国家及其财产管辖豁免和执行豁免问题，须适用和实施中央人民政府决定适用于香港特别行政区的国家豁免规则或政策。

（4）中国2023年颁布《中华人民共和国外国国家豁免法》。这是首次全面确立中国的外国国家豁免制度的开创性立法，将国家豁免政策和法律制度从绝对豁免转向限制豁免。该法在对外国国家的定义、豁免权的内容、中

国法院行使管辖权的情形等方面与《联合国国家及其财产管辖豁免公约》的相关规定基本相同，但在其他方面具有特色。

四、材料与法条分析题

1.（1）C 国拒绝引渡甲合理。引渡是国家之间的一种刑事司法合作，通常是国家承担条约义务的结果。引渡的进行需满足一定实质条件和经过必要程序。在存在可拒绝引渡的法定理由时，即使国家承担了条约义务，也可以不提供引渡合作。本国国民不引渡是各国引渡法中的一项原则。在本案中，A 国前总统甲具有 C 国国籍，所以 C 国拒绝引渡并无不当。

引渡与庇护往往是一个问题的两个方面。引渡意味着不庇护，而庇护意味着不引渡。政治犯不引渡是引渡的一个例外。在本案中，C 国政府允许甲在 C 国定居，实际上是对他予以庇护和不引渡。

（2）甲对 A 国政府指控的罪行是否享有豁免权是 A 国国内法的问题。国际法上的刑事管辖豁免权涉及一个国家与另一个国家之间的关系，表现形式是在与另一国的关系上，该另一国家不对前一个国家的国家官员提起刑事诉讼和采取刑事强制措施。在本案中，C 国没有对 A 国前总统甲被指控的行为行使管辖权，而是 A 国新政府追究其前总统的责任，因此不引起国际法上的刑事管辖豁免权问题。由于 A 国国会罢免了甲的总统职位，所以，他对被指控的罪行是否享有豁免权取决于 A 国国内法。

（3）A 国对其民众占领 C 国使馆和扣押人质的行为负国家责任。根据国家责任法，私人个人或一群人的行为原则上不归于国家。但如果国家对从事不归于国家或不可能归于国家的私人行为予以确认并当作其本身的行为，该行为则应视为国家行为。在本案中，A 国示威民众冲击、占领 C 国使馆并扣押人质在开始时属于私人行为，本来不归于 A 国而成为 A 国的国家行为。但是，A 国随后宣布继续保持对使馆的占领和扣押人质，从根本上改变了因 A 国民众占领使馆和扣押人质所造成局面的法律性质。A 国对这一局面保持下去的决定将持续占领使馆和扣押人质转化为 A 国的国家行为。

《维也纳外交关系公约》规定，使馆馆舍不得侵犯；接受国负有特殊责任，采取一切适当步骤保护使馆馆舍免受侵入或损害，并防止一切扰乱使馆安宁或有损使馆尊严之情势。外交代表人身不得侵犯；外交代表不受任何方式之逮捕或拘禁；接受国对外交代表应特示尊重，并应采取一切适当步骤以防止其人身、自由或尊严受有任何侵犯。A 国保持对使馆的占领和扣留人质作为向 C 国施加压力的做法违反了依该公约承担的国际义务，侵害了 C 国的权利，因此应承担国家责任。

（4）C 国派遣特种部队解救人质的做法不符合国际法。和平解决国际争端是国际法的一项原则。A 国与 C 国应以和平方法解决使馆和人质争端。A 国保持对 C 国使馆的占领和扣押人质不构成对 A 国的使用武力，而只是将它作为向 C 国施加压力以便引渡前总统甲的一种手段。因此，A 国违反的是《维也纳外交关系公约》的义务，而非《联合国宪章》第 2 条第 4 款的义务，因而不引起 C 国的自卫权。C 国武装解救人质的做法违反《联合国宪章》的义务，侵犯 A 国的主权。

（5）被抓获 C 国特种部队人员不享有战俘地位。战俘是战争或武装冲突中落于敌方权力之下的合法交战者。战俘在国际法上享有人道待遇。本案中 A 国与 C 国之间不存在武装冲突，更不存在战争状态，因此没有战俘的问题。

2. 本材料涉及的国际法问题有：沿海国对其领海内外国船舶的刑事管辖权，国家官员的外国刑事管辖豁免权，国家责任，外交代表的人身不可侵犯，以及外交代表的豁免权。

（1）外国船舶享有无害通过一国领海的权利。外国船舶在通过时船上所涉犯罪后果及于沿海国的，该沿海国有刑事管辖权。A 国货船涉及两名 B 国渔民死亡，因此，B 国享有刑事管辖权。

（2）A 国两名海军陆战队士兵属于 A 国的国家官员，根据习惯国际法享有 B 国的刑事管辖豁免权。A 国没有对其两名士兵援引刑事管辖豁免权，这构成对豁免权的放弃。

（3）国家责任的构成必须满足两个要件，且不存在排除国家行为不法性的情况。甲是 A 国大使，他的承诺是代表其国家所为，应该归于 A 国的国家行为。A 国违反其两名士兵如期返回 B 国受审的承诺，构成国际不法行

为，A国应该承担由此引起的责任。

（4）外交代表在接受国享有人身不可侵犯的权利，这是一项习惯国际法规则。B国禁止甲离境侵犯了他享有的人身不可侵犯的权利。

（5）外交代表享有所在国的豁免权是一项习惯国际法规则。这种豁免权是国家的，而不是外交代表个人的。因此，放弃豁免权必须由派遣国为之。B国最高法院无权剥夺A国外交代表的豁免权，因而侵犯A国的权利。

3. 这个条款是对联合国安全理事会与大会处理国际和平与安全问题的职权划分。

（1）安全理事会和大会是联合国维护国际和平与安全的两个主要机构，它们均有权处理任何争端或情势。争端是国家之间对国际法或事实的意见分歧、国际法律观点或利益的冲突。安全理事会和大会处理的这类争端或情势是那些继续存在足以危及国际和平与安全之维持的争端或情势。

（2）大会维持国际和平与安全的职权受安全理事会职权的制约。对于安全理事会履行《联合国宪章》赋予的职权正在处理的任何争端或情势，大会不得提出任何建议，除非安全理事会请求。这与安全理事会对维持国际和平与安全负有主要责任相一致。

（3）大会职权的限制不妨碍大会讨论安全理事会正在处理的任何争端或情势，并对此表示某种意见，比如支持或欢迎。这种限制也不适用于安全理事会提出请求或停止审议某项争端或情势。在此情况下，大会则可以提出建议。这种限制还不妨碍大会对由安全理事会排他性处理的问题请求国际法院发表咨询意见。因此，在第12条第1款的限制下，安全理事会和大会可以平行处理有关维持国际和平与安全的同一问题。

（4）当安全理事会没有停止审议某项争端或情势，但是由于常任理事国的否决权而不能作出决定或建议时，大会不受第12条第1款的限制。1950年，大会通过"联合一致共策和平"第377号决议，规定在发生破坏和平或侵略行为时，安全理事会如果由于常任理事国未能一致同意而不能履行其维持国际和平与安全的主要责任，大会则应立即考虑此事，向会员国提出集体办法的妥当建议，并可以建议在必要时使用武力，以维持或恢复国际和平与安全。

上述要点的详细内容参见程晓霞、余民才主编：《国际法》，7版，277～278页。

4.（1）当今国际体系是第二次世界大战后建立的，是以联合国为核心的国际体系。

1）联合国是当今世界上最具普遍性、代表性和权威性的一般政治性国际组织，它的宗旨是维持国际和平与安全，发展以"尊重人民平等权利及自决原则"为基础的各国间友好关系，促进国际合作，以解决国家间属于经济、社会、文化及人类福利性质之国际问题，并促进对人权的尊重，以及构成协调各国行为的中心。联合国的上述宗旨体现它的三大支柱——和平与安全、发展、人权，而维护以《联合国宪章》和《2030年可持续发展议程》为基础的多边主义和国际合作价值观是推动和支持这三大支柱的根本。

2）联合国是代表性最强、权威性最高、机制最完备的国际合作平台，是支持和践行多边主义最主要的平台，是全球治理体系的核心。它设有六个主要机关，即大会、安全理事会、经济及社会理事会、托管理事会、国际法院和秘书处。这些机关各司其职，共同推进联合国的三大支柱。大会可以发动研究并提出建议，促进政治、经济、社会等方面的合作，协助实现全人类的人权和基本自由，鼓励国际法的逐渐发展与编纂，在非战略地区执行联合国的托管职能。安全理事会是联合国六个主要机关中处于首要政治地位的机关，它有权审议为维持和平与安全进行合作的一般原则，讨论会员国、安全理事会或非会员国向它提出的有关和平与安全的任何问题，对足以危及国际和平与安全的情势建议和平调整办法，负责拟定军备管制方案，在战略地区行使联合国的托管职能，建议或决定为执行国际法院判决所应采取的措施。经济及社会理事会有权就国际间经济、社会、文化、教育、卫生及其他有关事项进行研究并提出建议，提出为促进尊重和遵守人权和基本自由的建议，就其职权范围内的事项拟定公约草案，提交大会。托管理事会推进托管领土居民的政治、经济、社会及教育发展。秘书处可以斡旋和调解国际争端，管理维持和平行动，调查并研究世界经济趋势、自然资源和人权等专门问题，以及实施技术援助计划。

3）联合国集体安全体制维持或恢复普遍和平与安全。联合国集体安全体制是以对使用武力或武力威胁实行国际法律管制为基础，以安全理事会为核心，以联合国组织的集体力量来维持或恢复普遍国际和平与安全的制度。《联合国宪章》关于禁止使用武力或武力威胁的第2条第4款是它的核心基础，安全理事会和大会是它的两个主要实施机关，和平解决国际争端和强制维持或恢复和平与安全是它的两翼。但是，集体安全行动更主要的是集体强制行动。《联合国宪章》第七章授予安全理事会垄断的权力，特别是第39条、第41条和第42条。根据这种体制，安全理事会对威胁和平、破坏和平和侵略行为有权采取非武力强制措施和武力强制措施，以恢复或维持国际和平与安全。即使国家行使其自卫权，也在一定程度上被纳入安全理事会的集体安全体制。根据1950年"联合一致共策和平"第377号决议，当发生破坏和平或侵略行为时，如果常任理事国未能一致同意而不能履行其维持国际和平与安全的主要责任，大会则应立即考虑此事，向会员国提出集体办法的妥当建议，并可以建议在必要时使用武力，以维持或恢复国际和平与安全。

4）联合国是国际体系的核心。联合国有193个会员国，包括当今世界绝大多数国家和最具代表性的国家，它不仅本身构成协调各国行为的中心，而且通过体制机制，将其他国际组织和非政府组织连接成一个网络。通过《联合国宪章》第63条，经济及社会理事会可以与在经济、社会、文化、教育、卫生及其他有关部门负有广大国际责任的政府间专门性国际组织订立协定，使之成为联合国体系下的专门机构。这种机构有17个，包括国际劳工组织、联合国粮食及农业组织、世界卫生组织和国际货币基金组织。《联合国宪章》第八章把区域性国际组织纳入联合国维持国际和平与安全的世界体制。《联合国宪章》第71条承认非政府组织对属于经济及社会理事会职权范围内的事项的贡献，由经济及社会理事会赋予它们咨商地位。此外，联合国还通过观察员制度和伙伴关系，与其他国际组织或机构、实体和个人建立联系。

5）不符合《联合国宪章》宗旨和原则的排他性"小圈子"不能成为国际体系，无论是政治的，军事的，还是经济贸易的。一个国家或数个国家在联合国体系外动辄使用武力或依其国内法对外国国家或其实体或个人实施单边制裁的霸权体系、帝国体系或强权体系也不是国际体系。在国际上搞"小圈子""新冷战"，排斥、威胁、恐吓他人，动不动就搞脱钩、断供、制裁，人为造成相互隔离甚至隔绝，只能把世界推向分裂甚至对抗。

（2）国际关系基本准则是以联合国宪章为基础的一套规则。

1）《联合国宪章》是国际社会的"宪法"。《联合国宪章》是国家最广泛接受的一个一般性造法国际条约。它不仅规定非会员国的义务，而且第103条将联合国会员国在本宪章下的义务与其依任何其他国际协定所负之义务有冲突时，置宪章义务于优先地位。

2）《联合国宪章》第2条明文规定联合国及其会员国应遵守以下七项原则，即各会员国主权平等原则，善意履行宪章义务原则，和平解决国际争端原则，禁止使用武力或以武力相威胁原则，集体协助原则，确保非会员国遵守上述原则，以及不干涉国家内政原则。这些原则是所有国家接受和遵守的国际法基本原则。解释和发展宪章原则的1970年《国际法原则宣言》使用"各国"或"每一国"词语取代《联合国宪章》中"会员国"一词。因此，宪章原则是现代国际法律秩序的基础，是国际法治与全球治理的出发点和试金石。《国际法原则宣言》明确指出：上述各项宪章原则构成国际法基本原则，并要求所有国家在其国际关系上遵循此等原则，并以严格遵守此等原则为发展其彼此关系之基础。

3）《联合国宪章》不仅规定联合国和会员国应该遵守的国际法基本原则，而且确定国际和平与安全、人权和发展的框架与规则。它们构成国家之间、国家与联合国之间、联合国与其他国际组织之间关系的基本准则。国家主权平等原则是"国际体系的最大基石"和"国际关系的根本准则"。《国际法原则宣言》强调，唯有各国享有主权平等并在其国际关系上充分遵从此一原则之要求，联合国之宗旨始克实现。禁止使用武力或以武力相威胁原则和不干涉内政原则是国家主权平等原则的引申和保障。国家主权意指国家的独立和平等。根据独立权，每个国家有权根据本国人民的意愿，自由行使其一切合法权力，包括选择本国的政治、经济、社会和文化制度，发展道路，自主决定对外政策与处理对外关系，不接受其他任何国家的命令。任何国家不能将自己的模式强加于人，更无权强行颠覆他国政权和政治制度。平等意味着所有国家不分大小、强弱、贫富一律平等，世界命运应该由各国共同掌握、国际规则应该由各国共同书写、全球事务应该由各国共同治理、发展成果应该由各国共同分享，不能搞"一国独霸"或"几方共治"。

上述要点的详细内容参见程晓霞、余民才主编：《国际法》，7版，27～39、50～56、265～286页。

五、论述题与深度思考题

1.

类别	概念	
	国际法院管辖权	国际刑事法院管辖权
管辖权基础	国家自愿接受	国家自愿接受
管辖权依据	《联合国宪章》；《国际法院规约》	《国际刑事法院罗马规约》
管辖权性质	解决国家之间的争端；向联合国有关机构提供法律意见	刑事管辖；对自然人管辖的强制性；追究个人刑事责任
诉讼管辖 — 属人管辖	国家：（1）联合国会员国；（2）根据联合国大会经安全理事会建议所决定的条件成为《国际法院规约》当事国的非联合国会员国；（3）任何其他国家，虽然不是联合国会员国也不是《国际法院规约》当事国，但已向书记官处交存一项符合安全理事会规定条件的声明，承认国际法院的管辖权，保证认真遵行国际法院的判决	法院管辖权内的犯罪的自然人
诉讼管辖 — 属事管辖	（1）各当事国提交的一切案件。（2）《联合国宪章》或现行条约或协定中所特别规定的一切事件。（3）当事国随时声明接受国际法院管辖的属于下列性质的一切法律争端：1）条约的解释；2）国际法的任何问题；3）任何事实的存在，如经确定即属违反国际义务者；4）因违反国际义务而应予赔偿的性质及范围	整个国际社会关注的最严重犯罪：灭绝种族罪；危害人类罪；战争罪；侵略罪
诉讼管辖 — 属地和属时管辖	接受法院管辖的当事国提交的一切争端	规约生效后实施的犯罪；缔约国
诉讼管辖 — 并行管辖	排除国内法院管辖	不排除国内法院管辖；国内刑事管辖的补充；只有在国家不愿意或不能够调查或起诉时，国际刑事法院才可以行使管辖权
咨询管辖权	联合国大会、安全理事会以及经大会授权的联合国其他机构和专门机构可就任何法律问题，请求国际法院发表咨询意见	—

参见程晓霞、余民才主编：《国际法》，7 版，309～312、359～366 页。

2. 条约是两个或两个以上国际法主体依据国际法确立其相互权利和义务而缔结的国际书面协议。条约的国际法规范主要是 1969 年《维也纳条约法公约》。条约具有以下几个基本特征：（1）条约的主体必须是国际法主体，且数目必须在两个或两个以上。（2）条约必须以国际法为准。（3）条约必须是缔约方意思表示的一致。（4）条约规定国际法主体间在国际法上的权利和义务关系。（5）条约通常是书面形式的协议。

国际习惯是指在国际法律关系中具有法律拘束力的一致性一般国家惯例或通例。一般认为，国际习惯必须具备两个要件：（1）客观要素，即存在一般国家惯例。（2）法律确信，即这种惯例通例被各国接受为法律。

条约和国际习惯都是国际法的重要渊源，二者既有联系又有区别。二者的联系有三个方面：第一，条约编纂国际习惯规则，使国际习惯更加明确、具体，并使之成为条约的组成部分。第二，条约规则可以通过各国不断实践，越来越多地被国际社会接受，成为习惯国际法规则。第三，条约和国际习惯的约束力都受某种限制。条约的效力原则上是相对的，不约束第三国。国际习惯对持续反对的国家没有约束力。

条约和国际习惯的区别表现在：（1）条约是一种明示协议，是成文的，通常采用书面形式；而国际习惯是默示协议，通常是不成文的，是通过国家或国际组织的行为形成的。（2）条约原则上只约束缔约国，国际习惯则对所有国家有约束力。（3）条约原则上自生效之日起发生效力，但是，条约所编纂的国际习惯规则或者条约规则发展成为国际习惯规则的效力却不受此限制。（4）在国际法的初期，国际习惯是国际法最重要的渊源，但是，在现

代国际法上，条约是国际法的主要渊源，国际习惯是国际法的重要渊源。

参见程晓霞、余民才主编：《国际法》，7版，10～12、225～226、242、245页。

3. 国家豁免权与国家官员的外国刑事管辖豁免权既相联系又有区别。

（1）联系。

1）二者都是一项法律权利，外国法院有尊重豁免权的义务。2）国家官员的外国刑事管辖豁免权本质上是国家的豁免权。3）二者都是一项普遍接受的习惯国际法原则。4）二者的内容都是管辖豁免和强制措施豁免。5）二者的实质都是豁免程序，是外国法院行使管辖权的障碍，而不豁免实体义务或责任。6）二者都可以通过明示或默示的方式放弃豁免权。

（2）区别。

1）概念：国家豁免权是指国家及其财产不受外国法院管辖和强制执行的特权，国家官员的外国刑事管辖豁免权是指一个国家的官员对其犯罪行为享有不受外国法院刑事管辖和强制措施的特权。

2）基础：国家豁免权的基础是国家主权平等、独立和尊严，国家官员的外国刑事管辖豁免权的基础是国家官员的代表性和职能需要。

3）立法：国家豁免权除国家立法和《欧洲国家豁免公约》外，更重要的是普遍性条约——《联合国国家及其财产管辖豁免公约》。国家官员的外国刑事管辖豁免权尚无国际条约。

4）主体：国家是国家豁免权的享有者，国家官员是外国刑事管辖豁免权的享有者。

5）行为性质：国家豁免权法中有国家行为的主权行为和商业行为的区分。依照这种区分，国家的主权行为享有豁免权，而国家的商业行为不享有豁免权。国家官员的外国刑事管辖豁免权没有这种区分，它通常区分为属人豁免权与属事豁免权两类。属人豁免权是指国家官员因其职位或身份而享有的外国刑事管辖豁免权，属事豁免权是指国家官员对其履行国家职能的行为享有的外国刑事管辖豁免权。属人豁免权与属事豁免权的一个基本区分是前者取决于官员的身份，后者取决于官员行为的官方性质。

6）程序：国家豁免权是一个外国法院行使民事管辖权引起的，属于民事程序法的范畴。国家官员的外国刑事管辖豁免权是一个外国法院行使刑事管辖权引起的，属于刑事程序法的范畴。国家豁免的强制措施是判决前或判决后的民事强制措施，例如查封、扣押和执行，国家官员的外国刑事管辖豁免的强制措施是包括通缉、拘留、逮捕、起诉或审判在内的刑事强制措施。

7）例外：国家豁免权存在例外，《联合国国家及其财产管辖豁免公约》列举了一份不得援引国家豁免权的诉讼的例外清单，涵盖国家从事商业交易、订立雇佣合同、引起人身伤害和财产损害（即领土侵权）、处理财产的所有、占有和使用、知识产权和工业产权确权或侵权、参加公司或其他集体机构、拥有或经营的船舶以及仲裁协定的效果引发的八类诉讼。国家官员的外国刑事管辖豁免权是否存在例外，这是一个争议的问题。这个问题主要与属事豁免权有关。国际法委员会关于国家官员的外国刑事管辖豁免问题的起草委员会拟定的第7条草案将不适用属事豁免权的罪行限于如下罪行：灭绝种族罪，危害人类罪，战争罪，种族隔离罪，酷刑，以及强迫失踪。然而，除非一个国家承担条约义务，属事豁免权的例外并非成为一项习惯国际法规则。

上述要点的内容参见程晓霞、余民才主编：《国际法》，7版，60～73页。

综合测试题（二）

一、名词解释与概念比较

1. 调解与调查
2. 恢复原状
3. 战争罪
4. 人权理事会的特别程序
5. 条约的批准

二、选择题

（一）单项选择题

1. 根据《联合国宪章》，有关联合国会员国缔结的条约的登记制度，下列说法正确的是（　　）。

A. 联合国会员国所缔结的条约应在联合国大会登记

B. 联合国会员国所缔结的条约应在秘书处登记

C. 联合国会员国所缔结的条约应在联合国安全理事会登记

D. 联合国会员国所缔结的条约应在国际法院登记

2. 提出七项国际法基本原则，并对每项原则进行解释的文件是（　　）。

A. 《联合国宪章》 　　　　　　　　　　B. 《各国经济权利和义务宪章》

C. 《国际法原则宣言》 　　　　　　　　D. 《建立新的国际经济秩序宣言》

3. "飞鹰号"是中国人甲拥有的一艘商船，在乙国注册；其雇用的船长和船员是丙国人。当该船被丁国人租用，在公海航行时，下列哪一说法是正确的？（　　）

A. 中国拥有排他的管辖权 　　　　　　B. 乙国拥有排他的管辖权

C. 丙国拥有排他的管辖权 　　　　　　D. 丁国拥有排他的管辖权

4. 中国已经批准《经济、社会及文化权利国际公约》。根据该公约的规定，中国应定期向下列哪个机构提交报告？（　　）

A. 人权理事会 　　　　　　　　　　　B. 人权事务委员会

C. 经济、社会和文化权利委员会 　　　D. 联合国秘书处

5. 沿海国甲有一海峡乙，海峡乙是由甲的一个岛屿丙和甲国大陆形成的，并且丙岛向海一面有一条在航行和水文特征方面同样方便的航道，则海峡乙的航行适用（　　）。

A. 无害通过制度 　　　　　　　　　　B. 过境通过制度

C. 特别协定制度 　　　　　　　　　　D. 自由航行制度

6. 泰国公民甲在泰国杀害法国公民乙，后甲到法国旅游时被逮捕，并由法院依法判决。法国行使的管辖权是（　　）。

A. 属人管辖权 　　　　　　　　　　　B. 属地管辖权

C. 普遍管辖权 　　　　　　　　　　　D. 保护性管辖权

7. 下列有关前南斯拉夫国际刑事法庭的表述错误的是（　　）。

A. 该国际刑事法庭是临时性法庭

B. 该国际刑事法庭可以对发生在前南斯拉夫境内的一切违反国际法的罪行实施管辖权

C. 该国际刑事法庭是由联合国安全理事会成立的

D. 成立该国际刑事法庭的法律依据是联合国宪章

8. 甲国人乙在丙国劫持一民用飞机到丁国，丙国申请将乙引渡。下列有关引渡表述正确的是（　　）。

A. 丁国根据本国法认为乙属于政治犯，根据政治犯不引渡原则，虽然乙有劫机行为也不应该引渡

B. 若后来乙又设法回到甲国，丙国申请引渡乙，甲国可以拒绝

C. 即使丙国与丁国之间没有引渡条约，丁国也有义务将乙引渡

D. 丙国以劫机罪申请引渡，假设丁国将乙引渡给丙国，丙国法院在审理过程中发现乙在丙国境内还有其他抢劫行为，于是决定对这些罪行审判和处罚

9. 位于非洲的甲国和乙国爆发战争，丙国宣布战时中立。对于丙国作为战时中立的国家，下列哪项不是丙国的权利或义务？（　　）

A. 丙国必须在对外关系中承担永久中立的义务

B. 禁止甲国和乙国的军舰在丙国的领海内进行拿捕和临检等敌对行为

C. 甲国和乙国不得以丙国口岸或中立水域为海战场攻击敌人

D. 甲、乙两国的军舰及其捕获物，不得在丙国领海通过，非因风浪、缺少燃料或损坏，不得在丙国港口停留

10. 甲国倡议并一直参与某多边国际公约的制定，甲国总统与其他各国代表一道签署该公约的最后文本。根据该公约的规定，只有在2/3以上签字国经其国内程序予以批准并向公约保存国交存批准书后，该公约才生效。但甲国议会经过辩论，拒绝批准该公约。根据国际法的有关规则，下列哪一项判断是正确的？（　　）（司考）

A. 甲国议会的做法违反国际法

B. 甲国政府如果不能交存批准书，将会导致其国际法上的国家责任

C. 甲国总统签署该公约，所以该公约在国际法上已经对甲国产生条约的拘束力

D. 由于甲国议会拒绝批准该公约，即使该公约本身在国际法上生效，其对甲国也不产生条约的拘束力

（二）多项选择题

1. 甲国为沿海国，但从未发表过任何关于大陆架的法律或声明，也从未在大陆架上进行过任何活动。现乙国在甲国不知晓的情况下，在甲国毗连区海底进行科研钻探活动。对此，下列判断哪些是不正确的？（　　）（司考）

A. 乙国的行为非法，应立即停止并承担相应责任

B. 根据海洋科研自由原则，乙国行为合法

C. 乙国的行为合法，因为甲国从来没有提出大陆架的主张

D. 乙国的行为合法，因为甲国从未在大陆架上进行任何活动或有效占领

2. 下列有关战争犯罪的纽伦堡原则说法，其中正确的是（　　）。

A. 从事构成违反国际法的犯罪行为的人承担个人责任，并因此应受到惩罚

B. 不违反所在国的国内法不能作为免除国际法责任的理由

C. 被告的地位不能作为免除国际法责任的理由

D. 政府或上级命令不能作为免除国际法责任的理由

3. 下列哪些情况可以引起条约无效？（　　）

A. 诈欺　　　　　　　B. 错误　　　　　　　C. 贿赂　　　　　　　D. 与强行法抵触

4. 差别待遇作为给予外国人的一种特殊待遇，在国际法的适用上有着严格的限制条件。下列哪些情形是国际法所不允许的差别待遇？（　　）

A. 给予信仰伊斯兰教的甲差别待遇　　　　　B. 给予邻国公民乙差别待遇

C. 给予关税同盟国的公民丙差别待遇　　　　D. 给予黑人丁差别待遇

5. 下列关于联合国的专门机构的说法不正确的是（　　）。

A. 非政府间组织也可以成为联合国的专门机构

B. 区域性组织也可以成为联合国的专门机构

C. 它们不是联合国的附属机构，而具有独立的法律地位

D. 专门机构的成员主要是国家，但也有些专门机构允许非自治领土或地区加入

6. W 国为永久中立国，下列行为属于违反永久中立义务的是（　　）。

A. 对来自 X 国的侵略进行自卫

B. 为了防止 M 国的入侵，与 L 国订立防御协定

C. 允许 Y 国军队过境

D. 允许 Y 国在其境内建立军事基地

7. X 国军舰在公海上发现 H 船舶有海盗行为，L 船舶进行贩奴，G 船舶有合理嫌疑扩散大规模杀伤性武器及其运载工具和相关物质，K 船舶拒不展示旗帜而事实上与 X 国军舰同一国籍。它有权对上述哪些船舶进行登临检查？（　　）

A. H 船舶　　　　　B. L 船舶　　　　　C. G 船舶　　　　　D. K 船舶

8. 根据《联合国海洋法公约》，下列关于大陆架的说法，其中正确的是（　　）。

A. 如果从测算领海宽度的基线量起至大陆边外缘的距离不足 200 海里，则扩展至 200 海里

B. 所有国家有权在其他国家的大陆架上铺设海底电缆和管道

C. 沿海国对大陆架资源开发享有主权权利

D. 沿海国对大陆架的权利须经过宣告

9. 联合国第一次海洋法会议通过的公约有（　　）。

A.《大陆架公约》　　　　　　　　　　B.《领海与毗连区公约》

C.《公海公约》　　　　　　　　　　　D.《公海捕鱼与养护生物资源公约》

10. 下列哪些属于一般国家责任的形式？（　　）

A. 限制主权　　　　B. 恢复原状　　　　C. 补偿　　　　D. 道歉

（三）不定项选择题

1. 甲国分立为乙国和丙国。甲国原加入的对其全部领土生效的《国际民用航空公约》，对乙国和丙国是否有效？对此，下列说法正确的是（　　）。

A. 无效，该条约只约束甲国，而现在甲国已不存在

B. 无效，除非经乙国和丙国的承认

C. 有效，因为该条约原来在全部领土有效

D. 部分有效，对乙国和丙国部分有效

2. 领土变更是指产生一定法律关系的领土主权的取得和丧失，国家可以通过不同的方式取得领土主权。下列哪些是现代国际法承认的领土取得方式？（　　）

A. 添附　　　　　　B. 征服　　　　　　C. 公民投票　　　　D. 殖民地独立建国

3. 甲国潜水艇"达远号"通过乙国领海，下列有关该潜水艇通过的说法，其中正确的是（　　）。

A. 乙国可以对甲国予以歧视

B. 在任何情况下，乙国都不得在领海内的任何地方暂停无害通过

C. "达远号"在通过乙国领海时需浮出水面并展示旗帜

D. "达远号"不得搜集使乙国的防务或安全受损害的情报

4. 国际法院任择性强制管辖权可以处理的争端包括（　　）。

A. 条约的解释

B. 国际法的任何问题

C. 任何事实的存在，如经确定即属违反国际义务者

D. 因违反国际义务而应予赔偿的性质及范围

5. 国家及其财产在外国享受豁免权，其法律根据是（　　）。

A. 国家主权平等原则　　　　　　　　　B. 平等者间无管辖权原则

C. 互惠原则　　　　　　　　　　　　　D. 国际礼让

6. 下列关于联合国安全理事会职权的说法，其中正确的是（　　）。

A. 安全理事会有权决定授权外国军舰进入一国领海打击海盗

B. 安全理事会有权设立追诉个人刑事责任的特别国际刑事法庭

C. 安全理事会有权决定对侵略国家使用武力

D. 安全理事会有权决定对特定个人或实体进行制裁

7. 根据中国《不可靠实体清单规定》，国家工作机制将在国际经贸及相关活动中有下列哪些行为的外国实体列入不可靠实体清单？（　　）

A. 违反正常的市场交易原则，中断与中国企业、其他组织或者个人的正常交易，严重损害它们的合法权益

B. 危害中国国家主权、安全、发展利益

C. 对中国企业、其他组织或者个人采取歧视性措施，严重损害它们的合法权益

D. 停止在中国市场的营运

8. 根据中国《阻断外国法律与措施不当域外适用办法》，国家工作机制判断有关外国法律与措施是否存在不当域外适用情形的考虑因素是（　　）。

A. 是否违反国际法和国际关系基本准则

B. 对中国公民、法人或者其他组织合法权益可能产生的影响

C. 对中国国家主权、安全、发展利益可能产生的影响

D. 是否危害国际和平与安全

9. 甲、乙两国发生战争，丙国请它们来协商，并达成停火协议。下来选项中正确的是（　　）。（司考）

A. 甲国可以扣押乙国驻甲国使馆文件

B. 丙国的行为属于调停

C. 丙国需要对停火协议负法律责任

D. 甲、乙两国间商业协议在宣战时失效

三、简答题

1. 简述解除国家行为不法性的情况之间的关系。

2. 比较专属经济区与公海。

3. 简述中国条约争端解决实践的特点。

四、材料与法条分析题

1. A 国内战期间，A1 政府在 B 国发行 5 年期、利率为 4.75％的"重建债券"10 亿美元，用于向 B 国购买军事装备，以决定性打击反政府武装，尽快结束内战。随着内战的恶化，冲突双方违反战争法规和惯例的行为时常被媒体披露，其中让世界震惊的是陆军上尉 X 带领的一支政府军血洗主要由 C 国移民的平民后裔居住的 S 村庄。债券发行后不到 4 年，A1 政府被推翻，退缩到北方一隅。反政府武装占领首都，有效控制 A 国绝大部分领土，宣布成立 A2 民主共和国，并宣布其政府是代表 A 国在国际上的唯一合法政府。X 改名隐居 D 国。C 国获悉这一情报时，遂派遣特种部队到 D 国将 X 绑架回国，以危害人类罪判处 X 终身监禁。A2 民主共和国成立 10 年时，B 国予以承认。之后不久，B 国部分"重建债券"持有人联合在 B 国法院起诉 A2 民主共和国，要求赔偿债券本金和利

息 17 亿美元。B 国法院受理诉讼，向 A2 外交部部长发出传票，并冻结 A2 民主共和国在 B 国 B1 银行的 10 亿美元存款。B 国法院还受理 A1 政府起诉，将以前为它所购买而现在由 A2 民主共和国接管的驻 B 国大使馆房产的所有权判归 A1 政府。

根据以上案情，回答下列问题：

（1）陆军上尉 X 是否对血洗 A 国 S 村庄的事件负国际法上的责任？为什么？

（2）C 国对 X 是否有管辖权？它武装绑架 X 的做法是否合法？为什么？

（3）B 国法院对 A2 民主共和国行使管辖权是否符合国际法？为什么？

（4）A2 民主共和国在国际法上是否对 A1 政府发行的债券承担赔偿责任？为什么？

（5）B 国法院将大使馆房产的所有权判归 A1 政府的做法是否符合国际法？为什么？

2. 根据有关国际法原则、规则和制度，分析下面条款：

《联合国宪章》第 2 条第 7 款规定，本宪章不得认为授权联合国干涉在本质上属于任何国家国内管辖之事件，且并不要求会员国将该项事件依本宪章提请解决；但此项原则不妨碍第七章内执行办法之适用。

五、论述题与深度思考题

1. 试述条约的效力。（考研）

2. 试述国际人权法与国际人道法的不同。（考研）

参考答案

一、名词解释与概念比较

1.

类别	概念	
	调解	调查
定义	由具有公平、才干和正直的最高声誉的个人组成的委员会，听取争端各方的陈述，审查其权利主张和反对意见，并向争端各方提出建议，以促进争端的友好解决	通过将有关争端的事实问题提交临时设立或常设的国际调查委员会以促进解决争端的制度
机构	和解委员会	调查委员会
职能	查清事实，提出解决争端的建议	查清事实
适用范围	事实争端	
作用	和平解决国际争端的辅助方法	

2. 恢复原状是指将国际不法行为所造成的损害恢复到实施不法行为以前所存在的状况。它是赔偿的一种方式，其适用受并非实际上做不到，以及因为促使恢复原状而不要求补偿所得到的利益必须与对责任国的负担成比例两个条件的限制。

3. 战争罪是违反战争法规或惯例的罪行，包括虐待或放逐占领地平民、谋杀或虐待战俘或海上人员、杀害人质、掠夺公私财产、毁灭城镇或乡村的罪行。犯战争罪的人在国际法上须负个人国际刑事责任。

4. 人权理事会的特别程序是指由前人权委员会建立、人权理事会继承的用于处理特定国家人权状况（称为国别任务）或世界性人权专题（称为专题任务）的机制的总称，包括特别报告员、秘书长特别代表或代表、独立专家和工作组（通常由 5 人组成）。它是一种非条约程序，是独立的，不取薪酬，以个人身份任职。它对于促进对人权的普遍尊重与遵守有积极作用。

5. 条约的批准是一国确定其同意受条约拘束的行为，一般是条约经过签署后使条约发生拘束力的程序。批准

是国家的主权行为，国家没有必须批准条约的义务。

二、选择题

（一）单项选择题

1. B

根据《联合国宪章》的规定，联合国任何会员国所缔结的一切条约及国际协定应尽速在联合国秘书处登记，并由秘书处公布。未在联合国秘书处登记的条约或国际协定，不得在联合国任何机关援引。

2. C

1970年《国际法原则宣言》在充分肯定联合国宪章宗旨和原则在国际关系中的重要作用的基础上，根据国际社会的实践进一步明确和解释了七项国际法基本原则。

3. B

船旗国管辖是公海管辖的一般原则。乙国是该船舶的注册国，即国籍国或船旗国。

4. C

经济、社会和文化权利委员会是《经济、社会及文化权利国际公约》的监督机构。

5. A

海峡乙虽为国际航行的海峡，但该海峡是由海峡沿岸国的一个岛屿和该国大陆形成，而且该岛向海一面有在航行和水文特征方面同样方便的一条穿过公海或专属经济区的航道，这种情形属于过境通过制度的例外。因此，海峡乙的航行不适用过境通过制度，而适用无害通过制度。

6. A

管辖权可分为属地管辖权、属人管辖权、保护性管辖权和普遍管辖权。属人管辖权是根据国籍所行使的管辖权，有主动属人管辖权与被动属人管辖权之分。主动属人管辖权是国家对其领域外的本国人和公司行使管辖的权力，被动属人管辖权是国家对外国人和公司在国外所犯侵害本国人行为的管辖权。本案犯罪行为人是泰国人，犯罪实施地在泰国，受害人是法国人，因此，法国享有属人管辖权。

7. B

前南斯拉夫国际刑事法庭是联合国安全理事会依据《联合国宪章》第七章通过第827号决议成立的，是一个临时性法庭。它管辖的范围是《前南斯拉夫国际刑事法庭规约》规定的罪行，而并非一切违反国际法的罪行。

8. B

根据《东京公约》《海牙公约》《蒙特利尔公约》，对劫机犯遵循起诉或引渡义务，因此，劫机犯不属于政治犯。引渡是国家间的一种刑事司法合作行为。在国际法上，国家没有引渡的义务，除非条约另有规定。一国是否接受他国的引渡请求，在没有条约义务的情况下，由被请求国自行决定。请求引渡国只能就其请求引渡的所指控的犯罪行为对该被引渡者进行审判和处罚。

9. A

国家在战争时的中立一般是战争开始后选择的，是国家自由决定的，而不是国际法的义务，因而可以随时宣布结束其中立地位。

10. D

因为甲国拒绝批准该公约，所以甲国就不是该公约的缔约国。因此，该条约不对甲国产生拘束力。

（二）多项选择题

1. BCD

沿海国为勘探大陆架和开发其自然资源的目的，对大陆架享有主权权利。这种权利是专属的，即如果沿海国不勘探大陆架或开发其自然资源，任何人未经沿海国明示同意，均不得从事这种活动；而且，这种权利还是沿海国所固有的，它并不取决于有效或象征的占领或者任何明文公告。

2. ABCD

1946 年联合国大会确认《欧洲国际军事法庭宪章》所包括的国际法原则，这些原则是：（1）从事构成违反国际法的犯罪行为的人承担个人责任，并因此应受到惩罚；（2）不违反所在国的国内法不能作为免除国际法责任的理由；（3）被告的地位不能作为免除国际法责任的理由；（4）政府或上级命令不能作为免除国际法责任的理由；（5）被控有违反国际法罪行的人有权得到公平审判；（6）违反国际法的罪行是破坏和平罪、战争罪、反人道罪。

3. ABCD

根据 1969 年《维也纳条约法公约》，条约无效有以下几种情况：（1）违反国内法关于缔约权的规定；（2）错误；（3）诈欺；（4）贿赂；（5）强迫；（6）与强行法冲突。

4. AD

国际法承认差别待遇，如最惠国待遇的例外情形，以及由于民族、历史、地理等原因，某些国家或国家集团的关系密切一些，从而相互给予对方国民而不给予第三国国民在某些事项上较优惠的待遇。但是，如果因种族、宗教、政治等方面的原因实行差别待遇，则成为歧视待遇，是违反国际法的。

5. AB

联合国的专门机构具有如下基本特征：（1）是政府间的组织。非政府间组织不能成为联合国的专门机构。（2）对某一特定业务领域负有广大国际责任。"广大国际责任"是就世界范围而言的。因此，区域性组织不能成为联合国的专门机构。（3）同联合国具有法律关系。（4）有独立的法律地位。专门机构的成员主要是国家，但也有些专门机构允许非自治领土或地区加入，如世界卫生组织和世界贸易组织，不过这种成员的权利往往受到一定限制。

6. BCD

永久中立国不同于战时中立国和执行中立政策的国家，它以国际条约或国际承认为根据，在对外关系上承担永久中立义务。这些义务包括：（1）不得缔结诸如军事同盟条约、共同防御协定之类的与中立地位抵触的条约，以及不得参加任何军事集团或联盟；（2）不得采取任何可能使它卷入战争的行动或承担这方面的义务，如不得允许外国军队过境或在其境内建立军事基地和组织军队。

7. ABD

根据《联合国海洋法公约》第 110 条，除条约授权的干涉行为外，军舰对公海上享有完全豁免权的船舶以外的外国船舶，有合理根据认为有下列嫌疑的，有权登临该船：（1）从事海盗行为；（2）从事奴隶贩卖；（3）从事未经许可的广播；（4）没有国籍；（5）虽悬挂外国旗帜或拒不展示其旗帜，而事实上却与该军舰属同一国籍。

8. ABC

沿海国对大陆架的权利是固有的，是根据事实而存在的，不必经过宣告。

9. ABCD

1958 年联合国第一次海洋法会议通过的日内瓦海洋法四公约是：《领海与毗连区公约》《公海公约》《捕鱼与养护公海生物资源公约》《大陆架公约》。

10. BCD

根据国际实践和《国家对国际不法行为的责任条款草案》，一般国家责任的形式有如下几种：继续履行、停止和不重复、恢复原状、补偿和抵偿。最常见的抵偿形式是正式道歉、承认不法行为和表示遗憾。

（三）不定项选择题

1. C

在分立或分离的条件下，不论被继承国是否存在，原来对被继承国全部领土有效的条约，对所有继承国继续有效。

2. AC

传统国际法上取得领土的方式有 5 种：先占、添附、时效、割让和征服。以现代国际法的观点来看，只有添

附符合国际法，其他几种方式都不能作为取得领土的有效根据。随着国际法实践的发展，产生了新的领土取得方式，其中特别重要的是人民自决的方式，公民投票是人民自决的一种形式。殖民地独立建国是成立一个新国家，不是一种领土取得方式。

3. CD

外国船舶享有经由一国领海的无害通过权，这是国际法公认的规则。潜水艇或其他潜水器通过领海时，须在海面上航行并展示其旗帜。搜集使沿海国的防务或安全受损害的情报被认为是"有害的"。沿海国不应妨碍外国船舶无害通过领海，不应对任何国家的船舶有形式上或事实上的歧视。为保护国家安全之必要，在不歧视的条件下，可以在领海的特定区域内暂停外国船舶的无害通过。

4. ABCD

依《国际法院规约》，这类争端包括：（1）条约的解释。（2）国际法的任何问题。（3）任何事实的存在，如经确定即属违反国际义务者。（4）因违反国际义务而应予赔偿的性质及范围。

5. AB

国家及其财产在国际法上享有不受他国法院管辖的豁免权。这是一项普遍接受的国际习惯法原则，源自罗马法上"平等者之间无管辖权"的格言。国家主权平等、独立和尊严是国家豁免的基础。

6. ABCD

根据《联合国宪章》，安全理事会有权采取第41条的非武力强制措施和第42条的武力强制措施。

7. ABC

《不可靠实体清单规定》第2条中规定，国家建立不可靠实体清单制度，对外国实体在国际经贸及相关活动中的下列行为采取相应措施：危害中国国家主权、安全、发展利益；违反正常的市场交易原则，中断与中国企业、其他组织或者个人的正常交易，或者对中国企业、其他组织或者个人采取歧视性措施，严重损害中国企业、其他组织或者个人合法权益。

8. ABC

《阻断外国法律与措施不当域外适用办法》第6条规定，有关外国法律与措施是否存在不当域外适用情形，由工作机制综合考虑下列因素评估确认：（1）是否违反国际法和国际关系基本准则；（2）对中国国家主权、安全、发展利益可能产生的影响；（3）对中国公民、法人或者其他组织合法权益可能产生的影响；（4）其他应当考虑的因素。

9. BD

两国爆发战争可导致双边商业协定失效，接受国在战争爆发后仍应尊重并保护使馆馆舍以及使馆财产与档案，第三国居间协商当事国之间的争端属于调停，调停方不承担法律责任。

三、简答题

1.（1）解除国家行为不法性的情况是指国家可以合法对抗责任主张的情况，这些情况有同意、自卫、反措施、不可抗力、危难和危急情况。它们各有其特点，也有某些共性。

（2）同意、自卫和反措施取决于受影响国家先前的行为，这将它们与不可抗力、危难和危急情况区别开来。而同意不同于自卫和反措施，因为后二者是基于先前的不法行为。但反措施不同于自卫，它是一种非武力的反应行动。不可抗力不同于危难和危急情况，因为在前者情况下的行为是非自愿的，或至少不包含任何可自愿选择的因素。危难和危急情况并非针对危害行为加以反击，而是把危害加诸完全"无辜"的国家。这二者的不同是，危急情况不涉及对国家官员或其监护的个人的生命危险，而涉及对该国或整个国际社会的基本利益的严重迫切危险。

（3）上述任何一种情况都不能成为解除任何违反一般国际法强制规律所产生国际义务的一国行为的不法性的理由。

2.

类别	概念	
	专属经济区	公海
海域范围	从领海基线起不超过 200 海里	不包括在国家的专属经济区、领海或内水或群岛国的群岛水域内的全部海域
海域性质	国家管辖海域	国家管辖范围以外的海域
权利性质	(1) 主权权利：区域内资源的勘探和开发、养护和管理 (2) 管辖权：人工岛屿、设施和结构的建造和使用；海洋科学研究；海洋环境的保护和保全	(1) 公海自由：航行自由；捕鱼自由；铺设海底电缆和管道的自由；公海上空飞行自由；建造国际法所容许的人工岛屿和其他设施的自由；科学研究的自由 (2) 不属于任何国家领土的组成部分
管辖权	沿海国对资源的专属管辖和对特定事项的管辖权	船旗国专属管辖
义务	其他国家应适当顾及沿海国的权利和义务，并遵守沿海国制定的符合国际法的法律和规章	适当顾及其他国家行使公海自由的利益，并适当顾及同"区域"内活动有关的权利
共性	(1) 用于和平目的 (2) 航行和飞越的自由、铺设海底电缆和管道的自由 (3) 适用于公海的有关航行权、船舶地位、碰撞事故的刑事管辖权、海上救助、合作制止海上犯罪、登临权、紧追权以及海底电缆与管道的保护等制度同样适用于专属经济区	

3. 中国一贯坚持和平解决国际争端原则，其条约争端解决实践具有以下特点：

(1) 谈判和协商是解决条约争端的主要和优先方式。中国对外缔结的政治和外交类双边条约，包括引渡、司法协助、互免签证、领事条约，以及民航、交通、海运、税收类双边条约，一般都把谈判和协商作为解决相关条约争端的唯一方法。

(2) 谨慎采用调解与调停等第三方介入的争端解决办法。中国在某种情况下愿意接受第三国的斡旋与调停，如在原中苏争端中，接受罗马尼亚的斡旋。但是，中国一般较少在条约争端解决中采用此种办法。在某些情况下，条约中还会明确排除第三方的介入。

(3) 自愿仲裁是解决条约争端的重要补充。中华人民共和国成立初期，中国对国际仲裁基本不予接受。20 世纪 80 年代后期，随着改革开放的深入，尤其是对外经贸合作范围的扩大，中国对国际仲裁态度有所转变，在原则谨慎之余，适当放开，中国对外签订的双边条约越来越多地规定以仲裁方式解决争议。同时，对于多边条约中的仲裁条款，中国也不再一概提出保留。目前中国对外缔结的投资保护、贸易、商业、经济等非政治类双边协定，以及参加的部分经贸、科技、交通、运输、航空、航海、环境、卫生和文化等技术性国际公约，多有关于通过仲裁解决争端的规定。

(4) 对接受国际司法机构的管辖权仍有保留。1971 年恢复在联合国的合法席位后第二年，中国政府宣布，不承认国民党政府于 1946 年关于接受国际法院强制管辖权的声明。中国也从未与任何国家签订将争端提交国际法院的特别协议。中国对外缔结的双边条约从未同意将有关争端诉诸国际法院。在参加有关多边公约时，一般都对有关强制性司法解决争端条款作出保留。对有关经贸、科技、航空、环境、交通运输和文化等技术性多边公约所规定的须经缔约方同意可将争端提交国际法院解决的任择性条款，中国虽未作保留，但从未同意向国际法院提交过任何争端。目前中国尚没有将争端提交国际司法机构的实践。

四、材料与法条分析题

1. (1) 陆军上尉 X 对血洗 A 国 S 村庄的事件负个人国际刑事责任。危害人类罪是指在广泛或有系统地针对任何平民人口进行的攻击中，在明知这一攻击的情况下，作为攻击的一部分而实施的谋杀、灭绝或种族隔离罪等任何一种行为。这种违反国际人道法的罪行对国内、国际武装冲突都适用。根据个人国际刑事责任原则，从事构

成违反国际法的罪行的人承担个人责任，被告的地位或政府或上级的命令不能作为免除国际法责任的理由。在本案中，陆军上尉 X 实施了针对外国移民的平民后裔的灭绝行为，这是违反国际人道法的罪行，X 应该对此承担个人责任。

（2）C 国对 X 有管辖权。战争罪和危害人类罪是各国有普遍管辖权的国际罪行。而且根据《战争罪及危害人类罪不适用法定时效公约》，这种国际罪行不受时效的限制。本案中 X 犯有危害人类罪，而且所屠杀的平民是 C 国国民的后裔，因此，C 国可以依据普遍管辖原则和国籍联系因素对 X 行使管辖权。

C 国武装绑架 X 的做法不合法。对国际罪行行使普遍管辖权，如果犯罪嫌疑人位于执行国以外的其他国家领土内，则要受其他国家管辖权的制约。在这种情况下，普遍管辖权的实现需依赖于其他国家的司法合作。在本案中，C 国没有寻求通过司法合作的途径实现对 X 的管辖权，其武装绑架行为不符合国际法，侵犯了 D 国的主权和属地管辖权。

（3）B 国法院对 A2 民主共和国行使管辖权违反国际法。国家及其财产享有豁免权是一项普遍接受的国际习惯法原则。这种豁免的一般形式是一国法院不得对以外国国家提起的诉讼行使管辖（除非得到后者同意）和不得对外国国家财产采取强制措施。在本案中，A2 民主共和国是 A 国的继续，并得到 B 国承认，承认的一个法律后果是被承认者在承认国享有国家及其财产豁免权。B 国法院未经 A2 民主共和国同意受理其国民对 A2 民主共和国的诉讼、向 A2 民主共和国外交部部长发传票以及冻结 A2 民主共和国国家财产的行为侵犯 A2 民主共和国在国际法上享有的豁免权，违反 B 国依国际法对 A2 民主共和国承担的义务。

（4）A2 民主共和国不对 A1 政府发行的债券承担赔偿责任。"恶债不予继承"是一项公认的国际法原则。恶债是具有与国家及其人民根本利益相违背的用途或违背国际法基本原则而承担的债务，如征服债务和战争债务。这种债务因其不正当用途及违反国际法的性质，不属于政府继承的范围。在本案中，A 国内战导致政府继承。A2 民主共和国中央政府作为 A 国在国际上的唯一合法政府，在国际法上是 A 国前政府 A1 政府的继承者。它对 A1 政府在内战时在 B 国发行"重建债券"产生的债务不予继承，因为该债务是用于打击反政府武装的，是战争债务，属于恶债。

（5）B 国法院将大使馆房产的所有权判归 A1 政府的做法不符合国际法。在国际法中的政府继承方面，新政府有权继承属于它所代表的国家的一切国家财产，包括在国外的合法财产。在本案中，A 国旧政府 A1 政府所购买的用于驻 B 国的大使馆的房产属于 A 国的国家财产。A1 政府被 A2 政府取代后，后者对大使馆房产享有合法的继承权利，因此，该大使馆房产属于 A2 政府所有，它有权接管。B 国承认了 A2 政府，就是承认 A2 政府是国际关系上代表 A 国的唯一合法政府，而 A1 政府不再具有代表 A 国的资格。B 国法院的做法违反 B 国承认 A2 政府产生的义务，并侵犯 A2 政府享有的国家及其财产豁免权。

2. 这个条款规定的是不干涉内政原则。

（1）不干涉内政原则是一项国际法基本原则，具有习惯国际法和强行法的地位。

（2）联合国是主权国家之间的组织，它不得干涉任何国家的内政，任何国家也不得干涉他国内政。内政是指在本质上属于一个国家国内管辖之事项，包括外交事务，因而内政不是一个地理的概念。干涉是指一个国家对另一个国家或者一个国际组织对其成员国的内外事务的强制的或专断的干预，旨在对该另一个国家或成员国强加某种行为或后果。干涉可分为两类，即直接的、公开的干涉和间接的、隐蔽的干涉。前者的最粗暴形式首先是武装干涉，其次是施加政治压力和经济制裁。后者的形式主要有两种：一是通过财政、经济援助，控制受援国的经济命脉，使受援国在经济上依附于自己，从而左右其内政、外交；二是策动、收买、资助或武装他国的反政府派别进行反政府活动。不论何种形式的干涉，都是现代国际法所禁止的。

（3）不干涉内政原则不妨碍联合国安全理事会实施《联合国宪章》第七章规定的执行办法。也就是说，安全理事会实施这种办法不构成对一个国家内政的干涉。第七章内的执行办法是指当一个国家的内政构成《联合国宪章》第 39 条的威胁和平或破坏和平的行为时，安全理事会可采取第 41 条的非武力强制措施和第 42 条的武力强制措施。一国境内发生的系统地、大规模地严重侵犯人权事件，比如灭绝种族、种族隔离或种族清洗，构成对国际

和平与安全的威胁，不再属于内政的范畴。《2005年世界首脑会议成果》文件宣布，世界各国政府接受集体保护的责任，同意国际社会在和平手段不足以保护人民免遭灭绝种族、战争罪、族裔清洗和危害人类罪之害，且有关国家当局显然无法保护其人民免遭此类罪行之害时，由安全理事会根据《联合国宪章》第七章采取及时、果断的集体行动。因此，一个国家不得以不干涉内政原则为借口来抗拒安全理事会依据《联合国宪章》第七章履行集体保护的责任。

（4）传统上所谓依据权利的干涉和人道主义干涉不构成不干涉内政原则的例外。

上述要点的详细内容参见程晓霞、余民才主编：《国际法》，7版，36～39、273～277页。

五、论述题与深度思考题

1. （1）条约对缔约国的效力。

1）条约必须遵守。条约一经生效，即对缔约国有拘束力。缔约国应遵守条约，并善意履行。"条约必须遵守"是一项公认的国际法原则。1969年《维也纳条约法公约》第26条规定，凡有效的条约对其各当事国有拘束力，必须由各该国善意履行。一当事国不得援引其国内法规定为理由而不履行条约。

为促进对条约的遵守，越来越多的条约设立履约监督机制，如人权、环境、预防与打击犯罪和武器控制类条约。与正式的争端解决办法相比，这是一种"比较柔和的"、非敌对形式的违约追究机制。但是，条约必须遵守原则不是绝对的，它受到一些限制。违反强行法规则、"情况的基本改变"等都可以成为不遵守条约的理由。

2）条约适用的时间范围。条约生效后，一般自生效之日起开始适用，除非条约另有规定。因此，原则上条约无追溯效力，即条约不溯既往。1969年《维也纳条约法公约》第28条规定，除条约表示不同意思，或另经确定外，条约对一当事国在条约生效日以前所发生的任何行为或事实或已不存在的任何情势均无拘束力。但是，条约在生效之前也可以适用，包括暂时适用和那些编纂习惯国际法的条约条款在条约生效前作为习惯法规则适用。

3）条约适用的空间范围。原则上，条约应适用于缔约国的全部领土。1969年《维也纳条约法公约》第29条规定，除条约表示不同意思，或另经确定外，条约对每一当事国的拘束力及于其全部领土。但是，如果条约有不同规定或当事国有明示或默示的相反意思，条约可适用于缔约国的部分领土。如有些条约中的"联邦条款"或"殖民地条款"都对条约适用的领土范围加以限制。根据中国香港、澳门特别行政区基本法，中国缔结的国际协定是否适用于香港和澳门特别行政区，由中央政府根据它们的情况和需要，在征询特区政府的意见后决定。因此，中国缔结或参加的条约并不一定都适用于这两个特别行政区。

4）条约的冲突。就同一事项先后订立的几个条约发生冲突时，其适用应遵循以下原则：①如果联合国会员国间所订立的条约与《联合国宪章》相冲突，无论其在宪章之前或之后，宪章的义务应优先。②如果条约明文规定不得违反先订或后订条约，或不得视为与先订或后订条约不相符合，该先订或后订条约应居优先。③如果先订条约的全体当事国同时亦为后订条约的当事国且先订条约依法并未终止或停止施行，适用后订条约。④如果后订条约的当事国不包括先订条约的全体当事国，在同为先后两条约的当事国之间，适用后订条约；而在为两条约的当事国与仅为其中一条约的当事国间，适用两国均为当事国的条约。

（2）条约对第三国的效力。

第三国即"非条约当事国之国家"。原则上，条约只对缔约国有拘束力，不能约束第三国。这即是"条约对第三者无损益"的原则，也即条约相对效力原则。根据1969年《维也纳条约法公约》，条约非经第三国同意，不为该国创设义务或权利。如果一个条约有意为第三国设定一项义务，应由第三国书面明示接受；如果一个条约有意为第三国创设一项权利，也应得到第三国的同意，但在第三国无相反的表示时，应推定其同意。

但是，在某些情况下，条约会对第三国产生法律效果，典型例子如最惠国条款和所谓确立"客观制度"的条约。更有条约明确给第三国设定义务而无须其同意，这构成条约相对效力原则的例外。这方面的一个显著例子是《联合国宪章》，它明确规定了非会员国在维持国际和平与安全的必要范围内遵守宪章的原则的义务。

参见程晓霞、余民才主编：《国际法》，7版，240～245页。

2. 国际人权法与国际人道法是相互关联、互为补充的两个国际法部门，二者的主要区别在于以下方面。

（1）历史和法律渊源不同：前者是第二次世界大战后全面发展起来的一个新的国际法部门，法律渊源主要由有关人的基本权利和自由的条约构成，习惯规则没有统一标准。后者与国际法有同样久远的历史，法律渊源由适用于战争或武装冲突的条约和国际习惯构成，且国际习惯规则明确、数量众多。

（2）法律关系不同：前者本质上涉及国家或政府与其管辖下的个人之间的关系，因而保护的对象是国家管辖下的个人。后者涉及武装冲突方之间和冲突方与非冲突方和应受保护人员之间的关系，因而冲突方互为保护对象。

（3）内容不同：前者的含义更为广泛，包括个人在任何时候、任何情况下所应享有的权利与应承担的义务，而后者限于战争或武装冲突中交战国、中立国、参战人员以及平民的权利与义务。

（4）适用范围不同：前者一般适用于和平时期，主要关注一个国家内的人权问题。后者适用于战争或武装冲突时期，除规范国内冲突方之间的行为外，还规范国际冲突方之间的行为。

（5）法律性质不同：前者在于人的基本权利与自由，侧重于国家承认、保护和促进的义务。后者在于人道，侧重于相互克制义务和容忍，禁止非人道行为和给予冲突受难方人道待遇。前者的权利性质更具有道德和理想的超前意义，如存在大量非约束性的宣言、声明、准则或原则之类的人权文书，且在特定情况下国家可以克减其人权义务。而后者都是基于人道的禁止性规范，不得克减。

（6）执行机制不同：前者包括国家和国际实施两个层面。国家如何在国内实施由其自行决定，国际实施是重点。国际实施有一套明确的机构及其实施程序，其中主要是联合国保护和促进人权系统，如依《联合国宪章》和国际人权条约设立的人权机构以及报告、国家间指控、个人申诉和调查等程序。国际机制的目的在于监督与合作。后者由冲突方和红十字国际委员会以及各国红十字会实施。冲突方实施是重点，如何实施有详细的明确规范，如禁止或限制的作战手段或方法，而国际实施不是重点，其目的在于救助和缓解人道灾难。但是，前者除区域性人权法院外，不存在普遍性人权法院。后者则存在普遍的和特殊的国际刑事司法机构以及混合性刑事司法机构，以追究实施严重违反国际人道法行为的个人的刑事责任。

参见程晓霞、余民才主编：《国际法》，7版，105～129、287～314页。

综合测试题（三）

一、名词解释与概念比较

1. 直线基线与群岛基线
2. 条约的加入（考研）
3. 严重国际不法行为
4. 人权条约机构

二、选择题

（一）单项选择题

1. 下列关于国际法基本原则和强行法的关系的说法，其中错误的是（　　）。

A. 国际法的基本原则属于强行法的范畴

B. 具有强行法性质的原则均为国际法的基本原则

C. 国际法的基本原则具有强行法的性质，因此任何国际法主体都应当遵守和接受

D. 国际法的基本原则和强行法不能完全等同

2. 在中国目前的实践中，当中国参加的条约的规定与国内法的规定相抵触时，（　　）。

A. 由全国人大确定应该适用的法律

B. 由最高人民法院作出裁定，确定应适用的法律

C. 在一切范围内都优先适用条约的规定

D. 是否适用条约的规定取决于相关国内法的规定

3. 下列属于一国对另一国新政府承认的根据是（　　）。

A. 该国新政府必须实际控制该国领土的一半以上

B. 该国新政府必须是通过该国宪法程序依法成立的

C. 该国新政府必须对该国实行有效控制

D. 该国新政府必须得到联合国大会决议的承认

4. 下列对国家领土主权的含义理解错误的是（　　）。

A. 领土主权是国家在其领土范围内享有的最高的和排他的权力

B. 国家的领土主权不是绝对的，其行使受到某些限制

C. 一国的领土主权只受国际条约的限制

D. 对领土主权的限制来自一般国际法和国际条约两个方面

5. 沿海国对其领海内的人和事享有管辖权，下列说法错误的是（　　）。

A. 沿海国对通过其领海的外国船舶可以行使刑事管辖权和民事管辖权

B. 沿海国行使领海管辖权要受国际条约和国际习惯的制约

C. 沿海国在其领海内可以对一切船舶行使管辖权

D. 沿海国在其领海内对享有外交特权和豁免的人不能行使管辖权

6. 根据 1970 年《海牙公约》的规定，在飞行中的航空器内使用暴力或暴力威胁或其他任何胁迫方式，非法劫持或控制该航空器属于危害民用航空安全的行为。"飞行中的航空器"是指下列哪项？（　　）

A. 航空器装载完毕、机舱外部各门均已关闭时起，直到降落于机场

B. 航空器装载完毕、机舱外部各门均已关闭时起，直到打开任一舱门以便卸载时为止

C. 机组人员对航空器进行飞行前的准备时起，直到降落后 24 小时止

D. 航空器装载完毕、机舱外部各门均已关闭时起，直到降落后 24 小时

7. 下列有关外交关系和领事关系的表述，其中正确的是（　　）。

A. 领事机构主要负责在接受国全境范围内保护派遣国国民的利益

B. 外交代表机构与领事机构同属于国家对外关系的范畴，二者的特权和豁免相同

C. 断绝外交关系，领事关系当然断绝

D. 外交代表机构全面代表其国家与接受国中央政府进行交往

8. 下列关于条约保留的表述，其中正确的是（　　）。

A. 保留一般不可以随时撤回

B. 保留应该采用特定的措辞和名称

C. 保留通常用于双边条约中

D. 提出保留的根据在于国家主权

9. 下列哪项不是联合国大会的职权？（　　）

A. 讨论国际和平与安全问题

B. 提倡国际法的逐渐发展与编纂

C. 审议安全理事会和其他机构的报告

D. 通过决议，实施《联合国宪章》第七章内的执行办法

10. 中华人民共和国对旧中国所签订的条约和协定所采取的原则是（　　）。

A. 一概继承　　　　　　　　　　B. 一概否定

C. 区别对待，逐一审查　　　　　D. 只承认建交国的条约

（二）多项选择题

1. 国际法上的承认是一种法律行为，下列关于国际法上承认的表述正确的是（　　）。

A. 承认是一种双方的行为

B. 既存国家在国际法上没有义务对新国家作出承认

C. 国家法上的承认包括对新国家的承认和新政府的承认

D. 既存国家一旦表示承认新国家或政府，就产生一定的法律效果

2. 依据国际法中的河流制度，下列表述正确的是（　　）。

A. 多国河流流经各沿岸国的各段属于各沿岸国所有

B. 国际河流允许所有国家的船舶特别是商船自由航行

C. 国际河流的法律地位是由各沿岸国国内法规定的

D. 多国河流一般对所有沿岸国开放航行

3. 依据国际法中的专属经济区制度，下列说法正确的是（　　）。

A. 沿海国在专属经济区的权利主要与自然资源和经济活动有关

B. 非沿海国的飞机可以飞越专属经济区

C. 非沿海国可以在专属经济区铺设海底电缆

D. 非沿海国有在专属经济区建造人工岛屿的权利

4. 下列关于外交保护的说法，其中错误的是（　　）。

A. 国家的外交保护权只能应公民的请求而行使

B. 甲国国民在乙国受到当地歹徒的暴力袭击，甲国可以直接对其行使外交保护

C. 甲国国民受到乙国不法侵害后，要先在乙国国内寻求司法或行政救济，甲国才可以提出外交保护

D. 甲国国民在乙国受到侵害的同时具有乙国的国籍，甲国就能对其进行外交保护

5. 《国际民用航空公约》是构成国际民航法律制度的基本条约，下列表述中正确的是（　　）。

A. 该公约适用于民用航空器

B. 国家航空器未经特别协定或其他方式的许可，不能在其他国家的领空飞行

C. 航空器可以在多个国家登记

D. 公约不允许任何航空器在他国领土上降落

6. 下列关于外交团的说法中，正确的是（　　）。

A. 外交团由驻在一国的所有使馆馆长组成

B. 外交团是外交代表机关，有一定的法律职能

C. 外交团可以向接受国表明对接受国某项政治运动的态度

D. 外交团的作用主要在礼仪方面

7. 国际法院在对国家间争端行使管辖权时，应满足的条件是（　　）。

A. 争端当事国双方达成协议，同意将问题提交国际法院解决

B. 在争端当事国双方同为当事国的国际条约中规定争端应由国际法院解决

C. 争端当事国在另一国不同意的情况下，将争端提交国际法院

D. 争端当事国双方均为《国际法院规约》当事国，且声明接受国际法院根据《国际法院规约》第 36 条规定的管辖权

8. 区域性国际组织与联合国在维持国际和平与安全上的关系是（　　）。

A. 区域性国际组织是联合国的组成部分

B. 区域性国际组织协助安全理事会实施特定的强制行动

C. 区域性国际组织可以不经安全理事会授权而自行采取强制行动

D. 区域性国际组织应将它所进行或准备进行的执行行动向安全理事会报告

9. 开创由国际刑事法庭审判国内战争罪犯先例的法庭是（　　）。

A. 纽伦堡军事法庭 　　　　　　　　　　　　 B. 前南斯拉夫国际刑事法庭

C. 远东国际军事法庭 　　　　　　　　　　　　 D. 卢旺达国际刑事法庭

10. 根据国际法，下列哪些行为可被视为国家行为？（　　）

A. 国家元首、政府首脑和外交使节的行为

B. 叛乱运动或机关的行为

C. 实际上代表国家行事的人的行为

D. 国家官员逾越权限或违背指示，以其官方身份行事的行为

（三）不定项选择题

1. 下列行为中可以解除国家行为不法性的是（　　）。

A. 一国在遭到极端危险的情况下，为保护本国生存而违背国际义务

B. 一国由于他国的国际不法行为不得不采取某种违反国际义务的措施

C. 一国的军用飞机进入他国领空

D. 一国不遵守其国际义务的行为起因于不可抗力

2. 当事国一方不执行国际法院判决，他方可向联合国哪一个机关提出申诉？（　　）

A. 秘书处 　　　　　　 B. 大会 　　　　　　 C. 安全理事会 　　　　　　 D. 经济及社会理事会

3. 下列属于国际法允许的单方面终止条约的情况是（　　）。

A. 缔约一方违背条约义务 　　　　　　　　　　 B. 情况的基本改变

C. 违反国内法   D. 与新产生的强行法冲突

4. 下列有关受庇护的外国人的地位的说法，其中正确的是（   ）。

A. 受庇护人的民事法律地位与本国公民相同

B. 受庇护人的法律地位低于普通外国人

C. 受庇护的外国人除非取得庇护国的国籍，其地位原则上与一般外国人相同

D. 受庇护人在庇护国享有各项民事和政治权利

5. 下列诉讼属于国家豁免权的例外的是（   ）。

A. 商业交易   B. 国有船舶

C. 仲裁协定的效力   D. 使馆馆长以馆长身份购买的使馆房产

6. 根据中国《不可靠实体清单规定》，国家工作机制对列入不可靠实体清单的外国实体可采取下列（   ）措施。

A. 禁止其从事与中国有关的进出口活动

B. 禁止其在中国境内投资

C. 取消其相关人员在中国境内工作许可、停留或者居留资格

D. 根据情节轻重给予相应数额的罚款

7. 根据 2021 年修订的《中华人民共和国海上交通安全法》，下列表述中正确的是（   ）。

A. 外国籍潜水器进出中国领海，应当向海事管理机构报告

B. 除获得进入口岸许可外，外国籍船舶不得进入中国内水，因人员病急、遇难、避风等紧急情况未及获得许可的除外

C. 外国籍船舶可能威胁中国领海安全的，海事管理机构有权责令其离开

D. 外国籍船舶违反中国防治船舶污染的法律、行政法规的，海事管理机构可以行使紧追权

8. 根据中国《阻断外国法律与措施不当域外适用办法》，下列构成对有关外国法律与措施的不当域外适用的阻断措施是（   ）。

A. 不承认有关外国法律与措施

B. 不执行有关外国法律与措施

C. 不遵守有关外国法律与措施

D. 合法权益受到侵害的中国公民或法人可以向人民法院对遵守外国法律与措施的当事人提起损害赔偿诉讼，但获得豁免的除外

9. 根据 2021 年《中华人民共和国海警法》，下列措施中海警机构有权采取的是（   ）。

A. 扣留非法进入我国领海及其以内海域的外国船舶

B. 强制拆除外国组织未经我国主管机关批准在我国管辖海域建造的建筑物

C. 责令在我国管辖海域违反我国法律、法规的外国军用船舶立即离开相关海域

D. 采取包括使用武器在内的一切必要措施制止外国组织正在不法侵害我国海上主权权利和管辖权

10. 根据 2021 年《中华人民共和国反外国制裁法》，中国可以对下列个人或组织采取反制措施的是（   ）。

A. 列入反制清单的个人、组织

B. 列入反制清单个人的配偶和直系亲属

C. 列入反制清单组织的高级管理人员或者实际控制人

D. 由列入反制清单个人和组织实际控制或者参与设立、运营的组织

11. 根据《维也纳外交关系公约》，下列选项中正确的是（   ）。（司考）

A. 甲国大使可以在甲国驻乙国使馆为丙国公民提供庇护

B. 甲、乙两国宣战后，甲可以扣押乙国使馆财产

C. 即使甲国驻乙国大使馆长期撤离，甲国也不得进入乙国使馆

D. 外交邮袋可以用本国商业飞机运输

三、简答题

1. 简述国家豁免权的例外。

2. 比较《联合国海洋法公约》与《大陆架公约》的大陆架制度。

3. 简述严重违约行为的后果。

四、材料与法条分析题

1. 现代防止大规模杀伤性武器扩散体制的基础是《不扩散核武器条约》《禁止化学武器公约》《禁止生物武器公约》。这些公约规定，国家不得直接或间接转让或获取核、生物或化学武器，并应采取必要措施禁止其领土上任何地方的自然人和法人进行公约禁止一缔约国进行的任何活动；任何缔约国如发现任何其他缔约国的行为违反公约义务，可请求进行核查，或向联合国安全理事会提出控诉。针对大规模杀伤性武器扩散构成日益严重威胁的挑战，A 国及其盟国宣布"防扩散安全倡议"成立。随后发表的"防扩散安全倡议说明"称，倡议参加国承诺，将在符合国家司法权力和相关国际法的基础上，单独或共同采取行动，在本国领土和其他国家领海以外的海域阻截和制止有合理嫌疑载运大规模杀伤性武器进出与扩散活动有关联的国家或非国家实体的船舶、飞机或其他运输工具，并予以扣押和没收；欢迎其他与防扩散利益相关、并有能力和决心采取步骤制止扩散运输从海、陆、空往来的所有国家加入。

根据以上案情，回答下列问题：

(1) "防扩散安全倡议"的法律性质是什么？有什么特点？

(2) 倡议参加国阻截和制止扩散运输嫌疑的行动是否符合国际法？为什么？

2. 根据有关国际法原则、规则和制度，分析下面条款：

《联合国宪章》第 51 条规定，联合国任何会员国受武力攻击时，在安全理事会采取必要办法，以维持国际和平及安全以前，本宪章不得认为禁止行使单独或集体自卫之自然权利。会员国因行使此项自卫权而采取之办法，应立即向安全理事会报告，此项办法于任何方面不得影响该会按照本宪章随时采取其所认为必要行动之权责，以维持或恢复国际和平及安全。

五、论述题与深度思考题

1. 比较国家责任与个人刑事责任。

2. 比较条约的终止和解除国家行为不法性的情况。（考研）

3. 分析比较国际法院与国际海洋法法庭的临时措施。

参考答案

一、名词解释与概念比较

1.

类别	概念	
	直线基线	群岛基线
定义	连接海岸向外突出的地方和岛屿上适当各点的直线而形成的线	连接群岛国群岛最外缘各岛和各干礁最外缘各点的直线而形成的线

续表

类别	概念	
	直线基线	群岛基线
适用条件	沿海国	群岛国
共有限制	（1）不应在任何明显的程度上偏离海岸的一般方向或群岛的一般轮廓；（2）采用基线制度不得致使另一国的领海同公海或专属经济区隔断	
特别限制	基线内的海域必须充分接近陆地领土，使其受内水制度的支配	（1）这种基线应包括主要的岛屿和一个区域，在该区域内，水域面积和陆地面积的比例应在1∶1到9∶1之间。（2）这种基线的长度不应超过100海里。但围绕任何群岛的基线总数中至多3%可超过该长度，最长以125海里为限

2. 条约的加入是指没有在条约上签字的国家表示同意接受条约约束的一种正式国际法律行为。加入主要适用于开放性的多边条约，尤其是造法性的国际公约。除条约另有规定外，加入方与原始缔约方的权利与义务相同。

3. 严重国际不法行为是指严重地或系统地违背依一般国际法强制性规范承担的义务的行为。这种性质的义务是国家对国际社会作为一个整体所承担的义务，在司法判例和理论上通常称为"对所有国家的义务"。

4. 人权条约机构是根据有关核心国际人权公约设立的、负责监测公约缔约国履行公约义务状况的专家委员会，具有"准司法"性质。这类机构有10个，包括人权事务委员会和禁止酷刑委员会等，其主要职能是监测缔约国执行公约的情况、审议缔约国提交的公约执行报告以及审议来文指控等。

二、选择题

（一）单项选择题

1. B

国际法的基本原则是各国公认的、具有普遍指导意义的并构成国际法基础的原则。国际法的基本原则具有强行法的性质，任何国际法主体都应当遵守和接受。二者既有联系又有区别。国际法的基本原则属于强行法的范畴，但不能说具有强行法性质的原则均为国际法的基本原则。

2. D

中国国内法没有规定条约与国内法有不同规定的一般解决原则，因而是否适用条约的规定依相关国内法的规定而定。

3. C

新政府承认是指承认者对他国新政府的出现所作出的一种单方面的行为，表示愿意把该新政府作为其国家的代表，从而与其建立或保持正常的关系。对政府承认的条件有两个：一是有关新政府必须在一国的大部分或绝大部分领土上独立且确立有效统治，而不是仅控制该领土的一半以上。二是新政府的成立必须符合公认的国际法原则。是否得到联合国决议的承认不是必然程序。

4. C

领土主权是国家在其领土范围内享有的最高的和排他的权力。领土主权不是绝对的，其行使常常受到某些限制。这些限制来自两个方面：一般国际法和国际条约。一般国际法的限制如国家不得禁止外国船舶在其领海内的无害通过，国家有义务防止任何人在其领土上作出有害他国的行为。国际条约的限制是对领土主权的特殊限制。

5. C

沿海国对其领海内的人、物或事件享有管辖权，但这种管辖权受国际条约或国际习惯的限制。对于享有外交特权与豁免的人以及军舰和其他用于非商业目的政府船舶就不能行使管辖权。此外，沿海国管辖权的行使还不应妨碍外国船舶的无害通过。沿海国对通过其领海的外国船舶行使管辖权包括刑事管辖权和民事管辖权两个方面。

6. B

根据《海牙公约》的规定，"飞行中"是指从航空器装载完毕、机舱外部各门均已关闭时起，直到打开任一舱

门以便卸载时为止。

7. D

领事关系与外交关系既有联系，又有区别。它们的联系主要表现为：两者同属于国家对外关系的范畴，两国同意建立外交关系，也就包括同意建立领事关系；但断绝外交关系并不当然断绝领事关系。区别主要表现为：使馆全面代表派遣国，与接受国中央政府进行外交往来；而领馆通常就保护侨民、商业和航务等领事范围内的事务与接受国地方当局进行交涉。使馆与外交代表享有的外交特权与豁免略高于领馆与领事享有的领事特权与豁免。

8. D

条约的保留是基于国家主权，国家具有平等的缔约能力，当然就有提出保留的权利。保留是保留国在签署、批准和加入条约时所作的片面声明，所以是一种单方行为。除非条约另有规定，保留可以随时撤回。保留可以采用任何措辞和名称，通常用于多边条约中，双边条约一般不发生保留问题。

9. D

联合国大会的职权有：讨论会员国、安全理事会或非会员国向它提出的有关和平与安全的任何问题，并可提出建议；鼓励国际法的逐渐发展与编纂；接受并审议联合国和其他机构的报告。《联合国宪章》第七章内的执行办法是安全理事会的专属权力。

10. C

1949 年《中国人民政治协商会议共同纲领》第 55 条规定："对于国民党政府与外国政府所订立的各项条约和协定，中华人民共和国中央人民政府应加以审查，按其内容，分别予以承认，或废除，或修改，或重订。"

（二）多项选择题

1. BCD

在国际法上，对国家或政府的承认是国际社会中的既存国家以一定方式对新国家或新政府出现这一事实的确认，并表明愿意与之建立正式外交关系的国家行为，所以，既存国家是否要给予新国家或新政府承认，是一个国家根据其外交政策和国家利益权衡的结果，也是单方面的政治行为。然而，既存国家一旦表示承认新国家或新政府，就是国际法意义上的承认，就产生一定的法律效果。

2. ABD

多国河流是指流经两个以上国家领土的河流。多国河流流经各沿岸国的各段，分别属于各沿岸国所有。各沿岸国对多国河流属于自己的那一段行使主权，但这种权力的行使应顾及其他沿岸国的利益，不得滥用。国际河流是指流经两个以上国家并对所有国家的船舶开放的河流。这种河流与多国河流一样，河流流经的各段分别属于各沿岸国所有，但它的地位是由国际条约规定的，所以又被称为"国际化河流"。

3. ABC

沿海国在专属经济区内的权利主要是与自然资源和经济活动有关的权利。《联合国海洋法公约》第 58 条第 1 款规定，在专属经济区内，所有国家，不论为沿海国或内陆国，均享有航行和飞越的自由，铺设海底电缆和管道的自由，以及与这些自由有关的海洋其他国际合法用途。建造人工岛屿属于沿海国的权利。

4. ABD

在具体案件中，是否行使外交保护，由国家自由裁量。虽然个人有权要求国家对他进行外交保护，但国家可以不行使这种权利；反之，即使个人不要求国家的外交保护，国家也可行使这种权利。若一国国民受到外国私人的侵害，外国国家并无不法行为，本国不应对其进行外交保护。请求国必须能证明受害者为其本国国民，从受到侵害到提出请求时持续具有该国国籍。并且必须用尽当地救济，即国家在为受侵害的本国人提出外交保护之前，该受害人必须用尽所在国法律规定的一切救济方法，包括行政或司法救济手段。

5. AB

根据《国际民用航空公约》，民用航空器与国家航空器具有不同法律地位。《国际民用航空公约》规定，该公约仅适用于民用航空器，不适用于国家航空器。一缔约国的国家航空器未经特别协定或其他方式许可，不得飞越

另一国领土上空或在此领土上降落。民用航空器则可按航空协定的规定飞越另一国领土上空或在此领土上降落。航空器在一个以上国家登记不得认为有效，但其登记可由一国转移至另一国。

6. AD

外交团一般指驻在一国首都的各外国使馆馆长和其他外交人员组成的团体。外交团不是外交代表机关，不具有任何法律职能，主要是在外交礼仪方面发挥作用。外交团的活动不得违反接受国的法律，不得干涉接受国的内政。

7. ABD

国际法院有权管辖的事项是诉讼当事方自愿接受管辖的争端。根据《国际法院规约》第 36 条，这类争端可分为三种：（1）各当事国提交的一切案件，即争端当事国共同缔结一项特别协定所提交的案件；（2）《联合国宪章》或现行条约或协定中所特别规定的一切事件；（3）当事国随时声明接受国际法院管辖的属于特定性质的一切法律争端。国际法院因此取得的管辖权分别称为"自愿管辖""协议管辖""任择性强制管辖"。

8. BD

《联合国宪章》规定，区域组织的存在及其活动不得违反联合国的宗旨和原则。如无安全理事会的授权，区域组织不得采取任何强制行动。区域组织已采取或正在考虑进行的活动，不论何时，均应向安全理事会作出充分报告。区域组织不是联合国的组成部分，具有独立的国际法律人格。

9. BD

前南斯拉夫国际刑事法庭和卢旺达国际刑事法庭是 1993 年和 1994 年根据联合国安全理事会第 827 号、第 955 号决议设立的，对原南斯拉夫境内和卢旺达境内被怀疑犯有战争罪的人进行起诉并追究其个人刑事责任的国际刑事法庭。

10. ACD

依据国际法，叛乱运动或其他运动的行为不能被视为国家行为，这是一项"既定国际法原则"。

（三）不定项选择题

1. ABD

解除国家行为不法性的情况主要有同意、反措施、不可抗力、危难和紧急情况。一国的军用飞机进入他国领空是侵犯他国领空主权的行为。

2. C

根据《联合国宪章》的规定，当事国一方不执行国际法院判决，他方可以向安全理事会申诉，安全理事会得作出建议或决定应采取的办法以执行法院的判决。

3. BD

条约的终止是指一个有效的条约由于法定的原因而终止其所发生的法律效果的法律情况。这些情况包括情况的基本改变和嗣后出现与条约不相容的强行法规则。单方面违约只有在违反行为具有重大性质时才可以援引以终止条约。国家不得以国内法的规定为理由不履行条约义务。

4. C

庇护是指一国对请求避难的外国人给予保护的行为。受庇护人在庇护国享有合法的居留权，原则上不被驱逐和引渡。他在居留期间除非取得庇护国的国籍，其地位原则上与一般外国人的相同，也可依庇护国的有关法律和政策享有某种优惠待遇，但不能从事敌视和有害于本国的活动。

5. ABC

国家豁免权是一项普遍接受的国际习惯法原则。这项原则的适用将某些诉讼排除在外。国家豁免权的例外包括商业交易、雇佣合同、人身伤害和财产损害、国家拥有或经营的船舶以及仲裁协定的效果引起的诉讼。根据《维也纳外交关系公约》，外交代表代表派遣国在接受境内为使馆用途所置不动产享有民事管辖豁免和行政管辖豁免。

6. ABCD

我国《不可靠实体清单规定》第 10 条规定，对列入不可靠实体清单的外国实体，工作机制根据实际情况，可以决定采取下列一项或者多项措施，并予以公告：（1）限制或者禁止其从事与中国有关的进出口活动；（2）限制或者禁止其在中国境内投资；（3）限制或者禁止其相关人员、交通运输工具等入境；（4）限制或者取消其相关人员在中国境内工作许可、停留或者居留资格；（5）根据情节轻重给予相应数额的罚款；（6）其他必要的措施。

7. ABCD

我国《海上交通安全法》第 54 条规定，外国籍潜水器进出中国领海，应当向海事管理机构报告。第 55 条规定，除依照本法规定获得进入口岸许可外，外国籍船舶不得进入中国内水；但是，因人员病急、机件故障、遇难、避风等紧急情况未及获得许可的可以进入。第 92 条规定，外国籍船舶可能威胁中国内水、领海安全的，海事管理机构有权责令其离开。外国籍船舶违反中国海上交通安全或者防治船舶污染的法律、行政法规的，海事管理机构可以依法行使紧追权。

8. ABCD

我国《阻断外国法律与措施不当域外适用办法》第 7 条规定，工作机制经评估，确认有关外国法律与措施存在不当域外适用情形的，可以决定由国务院商务主管部门发布不得承认、不得执行、不得遵守有关外国法律与措施的禁令。第 9 条规定，当事人遵守禁令范围内的外国法律与措施，侵害中国公民、法人或者其他组织合法权益的，中国公民、法人或者其他组织可以依法向人民法院提起诉讼，要求该当事人赔偿损失；但是，当事人依照本办法第 8 条规定获得豁免的除外。

9. ABCD

我国《海警法》第 17 条规定，对非法进入我国领海及其以内海域的外国船舶，海警机构有权责令其立即离开，或者采取扣留、强制驱离、强制拖离等措施。第 20 条规定，未经我国主管机关批准，外国组织和个人在我国管辖海域和岛礁建造建筑物、构筑物，以及布设各类固定或者浮动装置的，海警机构有权责令其停止上述违法行为或者限期拆除；对拒不停止违法行为或者逾期不拆除的，海警机构有权予以制止或者强制拆除。第 21 条规定，对外国军用船舶和用于非商业目的的外国政府船舶在我国管辖海域违反我国法律、法规的行为，海警机构有权采取必要的警戒和管制措施予以制止，责令其立即离开相关海域；对拒不离开并造成严重危害或者威胁的，海警机构有权采取强制驱离、强制拖离等措施。第 22 条规定，国家主权、主权权利和管辖权在海上正在受到外国组织和个人的不法侵害或者面临不法侵害的紧迫危险时，海警机构有权依照本法和其他相关法律、法规，采取包括使用武器在内的一切必要措施制止侵害、排除危险。

10. ABCD

我国《反外国制裁法》第 5 条规定，除根据本法第 4 条规定列入反制清单的个人、组织以外，国务院有关部门还可以决定对下列个人、组织采取反制措施：（1）列入反制清单个人的配偶和直系亲属；（2）列入反制清单组织的高级管理人员或者实际控制人；（3）由列入反制清单个人担任高级管理人员的组织；（4）由列入反制清单个人和组织实际控制或者参与设立、运营的组织。

11. CD

使馆不得用于与国际法所规定的使馆职务不相符合的用途。即使发生武装冲突，接受国务仍应尊重并保护使馆馆舍以及使馆财产与档案。商业飞机机长受委托可以转递外交邮袋。

三、简答题

1.（1）国家豁免权的例外是指国家对某些类型的诉讼不得主张豁免权的情况。这是 2004 年《联合国国家及其财产管辖豁免公约》所采用的一项规则。

（2）国家豁免权的例外的核心是商业交易诉讼。商业交易是指为销售货物或为提供服务而订立的任何商业合同或交易；或任何贷款或其他金融性质之交易的合同，包括涉及任何此类贷款或交易的任何担保义务或补偿义务；或商业、工业、贸易或专业性质的任何其他合同或交易，但不包括雇用人员的合同。确定一项合同或交易是否为

商业交易的标准，应主要参考该合同或交易的性质。但如果合同或交易的当事方已达成一致，或者根据法院地国的实践，合同或交易的目的与确定其非商业性质有关，则其目的也应予以考虑。

（3）国家豁免权例外的其他诉讼还有：雇佣合同；人身伤害和财产损害；财产的所有、占有和使用；知识产权和工业产权；参加公司或其他集体机构；国家拥有或经营的船舶；以及仲裁协定的效果。

2.

类别	公约	
	《联合国海洋法公约》	《大陆架公约》
定义	领海以外依其陆地领土的全部自然延伸，扩展到大陆边外缘的海底区域的海床和底土。如果从测算领海宽度的基线量起到大陆边的外缘的距离不到200海里，则扩展到200海里的距离	邻接海岸但在领海范围以外，深度达200米或超过此限度而上覆水域的深度容许开采其自然资源的海底区域的海床和底土
外部界限标准	(1) 200海里； (2) 自然延伸超过200海里时：1) 不超过350海里；2) 不超过2 500米等深线100海里	(1) 200米等深线； (2) 技术上可开发的深度
200海里外大陆架的限制	(1) 沿海国应将其200海里以外大陆架界限的情报提交大陆架界限委员会。委员会应就有关划定大陆架外部界限的事项向沿海国提出建议，沿海国在这些建议的基础上划定的大陆架界限应有确定性和拘束力； (2) 沿海国开发200海里以外的大陆架上的非生物资源，应向国际海底管理局缴付实物或费用，由各缔约国公平分享	——
上覆水域及上空的法律地位	(1) 200海里内是专属经济区； (2) 200海里以外是公海	公海
相邻或相向国家间大陆架划界规则	(1) 在《国际法院规约》第38条所指国际法的基础上以协议划定，以便得到公平解决； (2) 在达成协议以前，有关各国应基于谅解和合作的精神，尽一切努力作出实际性的临时安排，并在此过渡期间内，不危害或阻碍最后协议的达成。这种安排应妨害最后界限的划定	(1) 由两国之间的协议确定。在无协议的情况下，除特殊情况另定疆界线外，其疆界应适用等距离中间线原则来确定，即所谓"协议—等距离中间线和特殊情况"规则； (2) 无过渡安排的规定
权利性质与内容	沿海国为勘探大陆架和开发其自然资源的目的，对大陆架享有主权权利。这种权利是专属的，即如果沿海国不勘探大陆架或开发其自然资源，任何人未经沿海国明示同意，均不得从事这种活动。而且，这种权利并不取决于有效或象征的占领或任何明文公告。 沿海国对大陆架的主权权利主要包括：(1) 勘探、开发自然资源的权利。自然资源包括海床和底土的矿物和其他非生物资源，以及属于定居种的生物。(2) 授权和管理为一切目的在大陆架上进行钻探活动的专属权利。(3) 有建造并授权和管理建造、操作和使用人工岛屿、设施和使用人工岛屿、设施和结构的专属权利，并对它们拥有专属管辖权	
其他国家的权利	(1) 在大陆架上覆水域及上空航行或飞越的权利； (2) 在大陆架上铺设海底电缆和管道的权利，但管道路线的划定须经沿海国同意	

3. 严重违约行为就是严重地或系统地违背依一般国际法强制规律（强行法）承担的义务的行为。这种性质的义务是国家对国际社会作为一个整体所承担的义务，即"对所有国家的义务"。严重违约行为除产生一般责任形式外，还产生以下三种特定后果。

（1）合作以合法手段制止严重违约行为。

所有国家合作以合法手段制止严重违约行为是一项国际法义务。合作意味着多个国家协同行动。因此，这项义务指在国际集体安全体系，特别是安全理事会或大会以及区域性国际组织（如非洲联盟）下采取的行动。合作制止也可由其他机构根据与特定强行法有关的文书开展，比如核心人权条约机构或区域人权机构和机制。合作还可以采取"非制度化"形式，比如一组国家共同采取行动，以制止有关违反行为。

（2）不承认严重违约行为所造成的情势为合法。

不承认是包括国际法院在内的国际机构承认的一种后果。但是，不是每一项由违反强行法产生的行为都不应得到承认，那些涉及平民的行为（如出生、死亡和婚姻登记）应受到承认。

（3）不援助或协助保持违法造成的情势。

不援助或协助是国际机构承认的一种后果。国际法院于"在被占领巴勒斯坦领土修建隔离墙的法律后果案"咨询意见中明确裁定，各国有义务不为维护这一修建行为所致局势而提供帮助或者援助。

上述要点的详细内容参见程晓霞、余民才主编：《国际法》，7版，331～332页。

四、材料与法条分析题

1.（1）"防扩散安全倡议"是 A 国及其盟国主导的一个防扩散"自愿者联盟"，不是一个正式的国际组织。国际法上的国际组织通常是指政府间国际组织。这种国际组织是若干国家或其政府为实现特定目的、依据条约或受国际法制约的其他文书建立的拥有自己国际法律人格的组织。它的显著特征是依据国家之间的多边条约设立和设有一套承担一系列职能的常设机构，如工作总部、大会、理事会、秘书长等。在本题中，"防扩散安全倡议说明"虽然是倡议创始成立国所同意通过的文件，但它本身不是一个多边条约。该倡议说明没有规定国家同意接受约束的程序，也没有设立常设机构，更没有创立执行倡议行动的国际法规则，而只是要求作出政治承诺，在国内法授权和国际法基础上，单独或合作执行倡议行动。因此，倡议参加国不签署任何正式协定，因而不承担长期的、有法律拘束力的责任。倡议只是有志于采取与国内法授权和国际法相符的步骤的国家所组成的防扩散阻截伙伴联盟。

"防扩散安全倡议"的特点有：1）参加者是国家，因此倡议行动的合作是主权国家之间的合作。2）以政治承诺和自愿合作为基础。3）倡议是在符合国家司法权力和相关国际法的基础上的一种防扩散执行活动，比现行防扩散体制的执行措施更加有力。4）倡议不以国家为阻截对象，它所针对的是有扩散运输嫌疑的船舶、飞机或其他运输工具，而不论其国籍。5）倡议不是封闭的，它向其他所有与防扩散利益相关，并有能力和决心采取步骤制止扩散运输的国家开放。

（2）倡议参加国阻截和制止扩散运输嫌疑的行动是否符合国际法需要具体分析。

1）某些防扩散阻截行动是对现行国际法的创造性适用。

① 本国领土内的阻截行动。

国家领土由领陆、领水、领空和底土组成。领水包括内陆水和海洋法上的内水和领海，领空包括陆地、内水和领海的上空。就法律性质而言，内水和领海与陆地没有本质不同，唯一有区别的是外国船舶在领海享有无害通过权。

在国家领土内，国家享有排他的主权。除国际法的限制外，国家可行使立法权、司法权和执法管辖权。在防扩散上，制定防扩散国内法并据此采取执行措施是履行防扩散义务所要求的。防止核、生物和化学武器扩散公约明确规定，国家不得直接或间接转让或获取核、生物或化学武器，并应采取必要措施禁止其领土上任何地方的自然人和法人进行公约禁止一缔约国进行的任何活动。而阻截和扣押扩散武器是与履行防扩散义务相符合的一种执行措施。《国际民用航空公约》允许对不符合公约宗旨飞越国家领土的民用航空器采取拦截措施。该公约第 3 分条第 2 款规定，国家在行使其主权时，如果有合理的根据认为飞越其领土的民用航空器被用于与本公约宗旨不相符的目的，有权要求该航空器在指定的机场降落，该国也可以给该航空器任何其他指令。为此目的，国家可采取符合国际法的任何适当手段，包括拦截。因此，国家可依据其宪法或其他国内法渊源，制定拦截涉嫌扩散运输并扣押和没收物质的国内法。

在领海内，外国船舶的无害通过权不能阻止沿海国对有扩散嫌疑的外国船舶行使立法和执法管辖权。虽然1982 年《联合国海洋法公约》第 19 条第 2 款没有将扩散运输列举为外国船舶通过领海的一种非无害情况，但该条款的列举不应是穷尽的，而应是包容性的，最后一款"与通过没有直接关系的任何其他活动"表明了这一点。该公约第 21 条还规定沿海国可制定无害通过的法律和规章。显然，沿海国制定的阻截扩散运输的国内法适用于领海内的外国船舶。

因此，如果倡议参加国创造性地制定阻截扩散运输的国内法，除国际法的限制外，阻截行动可不分国籍地适用于通过陆、海（内水和领海）、空的任何船舶、飞机或其他运输工具及涉嫌扩散交易的任何人。所以，经适当制定的国内法可以将在国家领土内进行的倡议活动合法化。正是出于这个原因，倡议强调其活动的国内法基础。

② 专属经济区或公海的阻截行动。

非倡议参加国领海以外的海域是专属经济区和（或）公海。旗（船舶和飞机）国专属管辖是专属经济区和公海及其上空适用的一项一般原则。1982 年《联合国海洋法公约》第 92 条第 1 款中规定，除国际条约和本公约所明文规定的例外情况外，船舶在公海上应该受其国籍国的专属管辖。第 91 条中规定，每个国家应确定对船舶给予国籍、船舶在其领土内登记及船舶悬挂该国旗帜的权利的条件。根据该公约第 58 条，第 91 条和第 92 条的规则适用于专属经济区。《国际民用航空公约》第 17 条规定，航空器具有其登记的国家的国籍；第 12 条中规定，在公海上空，有效的规则应为根据本公约制定的规则。因此，如果倡议参加国国内法禁止悬挂其旗帜的船舶或飞机从事扩散运输，那么在外国专属经济区和公海上，旗籍国就有法律权力阻截有扩散嫌疑的本国籍船舶。

紧追权还为在公海上阻截有扩散嫌疑的外国船舶提供了国际法授权。根据《联合国海洋法公约》，如果外国船舶在倡议参加国的内水或领海内违反禁止扩散运输的国内法，那么该国有权追逐嫌疑船舶至公海，并逮捕和扣留船舶及其人员和物质。

2）某些防扩散阻截行动缺乏国际法的授权或不足。

这表现在对外国船舶在非倡议参加国领海以外的专属经济区或公海进行的阻截行动上。

① 登临权。

根据《联合国海洋法公约》第 110 条，军舰对公海或专属经济区上享有完全豁免权的船舶以外的外国船舶，有合理根据认为有下列嫌疑的，有权登临该船：从事海盗行为；从事奴隶贩卖；从事未经许可的广播；没有国籍；虽悬挂外国旗帜或拒不展示其旗帜，而事实上却与该军舰属同一国籍。因此，如果在非倡议参加国专属经济区或公海上一艘有扩散嫌疑的船舶无国籍，或者船舶从事海盗行为以便利于扩散运输，倡议参加国可进行登临检查，但是，它不能提供这种阻截行动的充分法律授权。与该公约第 87 条提到的公海自由相比，第 110 条列举的例外是明确的和穷尽的，没有将扩散运输作为干涉公海自由的一个正当理由，而且，与包括扣押的阻截行动相比，第 110 条没有明确赋予拦截国家随后扣押船舶及其人员和没收货物的权利，即使所列举活动的嫌疑被证实。同样，外国船舶载运大规模杀伤性武器不构成海盗行为，因为现行国际法上的海盗行为是指私人船舶或私人飞机的船员、机组成员或乘客为私人目的在专属经济区、公海或任何国家管辖范围以外的地方上对另一船舶或飞机，或对另一船舶或飞机上的人或财物的暴力行为。扩散运输本身不是海盗行为。

② 条约授权的干涉行为。

《联合国海洋法公约》第 110 条是从"除条约授权的干涉行为外"开始的。因此，如果其他条约允许国家以禁止扩散运输的理由在专属经济区或公海上干涉外国船舶的航行自由，倡议参加国则可在第 110 条之外取得阻截行动的授权，但是，现行防扩散条约没有赋予倡议参加国在其他国家违反防扩散条约义务的情况下进行阻截的权利。根据案情，倡议参加国在这种情况下可采取的措施是请求进行核查或向安全理事会控诉。因此，倡议参加国在非倡议参加国专属经济区或公海上阻截有扩散嫌疑的外国船舶的行动不能得到国际法的支持。

2. 这个条款确认国家自卫权并界定行使自卫权的条件。

（1）自卫权是国家使用武力反击外来武力攻击的固有权利或自然权利，它是禁止使用武力原则的例外。国家自卫权有单独自卫权与集体自卫权两种，后者是指在一个国家受到外来武力攻击时，其他国家采取军事方法，协助受害国进行自卫的权利。

（2）国家行使自卫权须遵守以下条件：1）遭受武力攻击。这是行使自卫权的唯一前提，合法安全利益不能成为以自卫采取军事行动的理由。武力攻击是指已经发生的或者迫近的武力攻击。如何判断是否存在"武力攻击"，1974 年《关于侵略定义的决议》提供了一些标准。武力攻击不仅包括一个国家的正规武装部队越过国际边界的行动，也包括一个国家或以其名义派遣武装小队、武装团体、非正规军或雇佣兵，对另一国家进行武力行为，其严

重性相当于正规武装部队进行的实际武力攻击，或该国实际卷入了这些行为。

2）在安全理事会采取维持国际和平与安全的必要办法之前，且应将自卫行动立即报告安全理事会，并不得影响安全理事会采取其所认为必要行动的权责。"之前"这一词语意味着，一旦安全理事会采取维持国际和平与安全的必要办法，比如集体军事行动，自卫行动必须停止，因而自卫的军事行动具有临时性。何谓必要办法，这取决于是否能够维持国际和平与安全。如果安全理事会决定采取的非武力措施（如要求停火、撤军或经济制裁）不能达到这个目的，自卫行动则可以继续进行，因而可以与安全理事会的非武力措施共存。上述这些为向安全理事会报告以及这种报告不妨碍它履行其宪章职权所进一步阐明。因此，在一定程度上，国家行使自卫权被纳入联合国集体安全机制之中。

3）必要性和比例性原则。必要性意指行使自卫权是刻不容缓和压倒一切的，以至于没有其他选择手段的余地和没有时间考虑，或者说诉诸武力是最后手段。显然，必要性与和平解决国际争端原则相关。比例性是指自卫行动与武力攻击或阻止和反击武力攻击的目的相称。评估比例性的重要因素是自卫行动的规模和范围，国际人道法也是考虑因素。

（3）《联合国宪章》第51条的自卫权不涵盖所谓预先性自卫或先发制人的自卫。

上述要点的详细内容参见程晓霞、余民才主编：《国际法》，7版，54～56页。

五、论述题与深度思考题

1.

类别	概念	
	国家责任	个人刑事责任
定义	国家违反其国际义务而应承担的法律后果	个人实施国际罪行应负的法律后果
性质	在一定意义上类似国内法的民事责任	刑事责任
渊源	国际习惯；国家对国际不法行为的责任条款草案	国际条约，如《国际刑事法院罗马规约》；国际习惯
适用条件	有关行为可归于国家；违背国际义务	个人从事违反国际法的罪行：战争罪；灭绝种族罪；危害人类罪等
行为相关性	同意、自卫、反措施、不可抗力、危难和危急情况可解除国家行为的不法性	被告的地位、政府或上级命令不能作为免除责任的理由
责任形式	停止不法行为；赔偿（恢复原状、补偿和抵偿）	有期徒刑、死刑等刑罚方法
责任承担者	国家	个人
责任追究	外交方法（谈判、和解等）；反措施；国际仲裁与国际性法院或法庭	国内法院；国际刑事法庭
共性	行为的定性以国际法为准；不违反国内法不能作为免除责任的理由	
关联性	国家责任不影响个人刑事责任	

参见程晓霞、余民才主编：《国际法》，7版，305～314、315～340页。

2. 条约的终止是指一个有效的条约由于条约法规定的原因的出现，不再继续对当事方具有拘束力。解除国家行为不法性的情况是指国家可以合法对抗责任主张的情况。这两种制度之间具有相同点和不同点。相同点是：它们都在于提供不履行国际义务的合法理由，且不履行的义务是合法有效的现存义务。

不同点主要表现在以下方面。（1）适用范围不同：条约的终止属于条约法范畴，限于不履行条约义务。解除国家行为不法性的情况属于国家责任法的范畴，不履行的义务除条约义务外，还包括其他来源的国际义务，如国际习惯或单方面行为引起的义务。（2）不履行的理由不同：条约终止的情形有三类，即条约本身规定终止的情形；条约当事国嗣后共同同意终止条约；一般国际法上条约终止的情形，如发生意外不可能履行、情况的基本改变、单方解约和退约等。解除国家行为不法性的情况主要有：同意、自卫、反措施、不可抗力、危难和危急情况。（3）侧重点不同：条约的终止在于可以合法终止条约的效力，解除国家行为不法性的情况在于解除表面上违反国际义务

的行为的不法性。（4）后果不同：条约的终止是整个条约不再继续对当事方产生约束力，解除国家行为不法性的情况通常是暂停履行某项条约义务，而非整个条约。

参见程晓霞、余民才主编：《国际法》，7版，251～254、324～327页。

3. 国际法院与国际海洋法法庭的临时措施既相同又有区别。

（1）二者的相同点。

1）附带程序，不同于安全理事会依据《联合国宪章》第七章决定的临时措施。

2）诉讼开始后，为保护争端当事国权利或防止争端进一步恶化而临时指示或规定的措施或办法，均可依据《联合国海洋法公约》指示或规定这种措施。

3）一种临时禁令，一般目的是在就争端作出最终判决之前冻结形势，使判决得以执行。这类措施包括对财产的冻结或扣押，暂停或禁止某些行为。

4）条件：①对争端具有初步管辖权；②紧急性，即争端各方的权利将会受到不可弥补的损失的危险。

5）决定都采用命令的形式。

6）临时措施可予修改或撤销。

（2）二者的区别。

1）国际法院可依据《国际法院规约》或《联合国海洋法公约》指示临时措施，国际海洋法法庭只能依据《联合国海洋法公约》及《国际海洋法法庭规约》规定临时措施，且在这方面是附件七仲裁法庭组成之前的"备用"法庭。

2）国际法院依当事方请求或由法院主动决定指示临时措施，国际海洋法法庭只能依争端当事国请求。

3）国际海洋法法庭规定临时措施的目的之一是防止对海洋环境的严重损害。

4）《国际法院规约》第41条使用"指示"这一词语，没有提到指示临时措施的法律效力，这在相当长时间内曾是一个有争论的问题。2001年，国际法院在德国诉美国"拉格朗案"判决中最终明文确定它所指示的临时措施具有法律拘束力。国际海洋法法庭规定的临时措施对争端当事国具有法律拘束力。《联合国海洋法公约》第290条使用"规定"这一词语，明文要求"争端各方应迅速遵从根据本条所规定的任何临时措施"。

参见程晓霞、余民才主编：《国际法》，7版，364～365、369～370页。

附　录

一、国际条约与文件

《联合国宪章》

《关于各国依联合国宪章建立友好关系及合作之国际法原则宣言》（《国际法原则宣言》）

《关于侵略定义的决议》

《关于国家在条约方面的继承的维也纳公约》

《外交保护条款草案案文》

《世界人权宣言》

《经济、社会及文化权利国际公约》

《公民权利和政治权利国际公约》

《公民权利和政治权利国际公约任择议定书》

《旨在废除死刑的〈公民权利和政治权利国际公约〉第二任择议定书》

《防止及惩治灭绝种族罪公约》

《禁止并惩治种族隔离罪行国际公约》

《消除一切形式种族歧视国际公约》

《消除对妇女一切形式歧视公约》

《儿童权利公约》

《保护所有移徙工人及其家庭成员权利国际公约》

《禁止酷刑和其他残忍、不人道或有辱人格的待遇或处罚公约》

《残疾人权利公约》

《保护所有人免遭强迫失踪国际公约》

《南极条约》

《联合国海洋法公约》

《关于执行 1982 年 12 月 10 日〈联合国海洋法公约〉第十一部分的协定》

《执行 1982 年 12 月 10 日〈联合国海洋法公约〉有关养护和管理跨界鱼类种群和高度洄游鱼类种群的规定的协定》

《〈联合国海洋法公约〉下国家管辖范围以外区域海洋生物多样性的养护和可持续利用协定》

《国际民用航空公约》（《芝加哥公约》）

《关于在航空器内的犯罪和其他某些行为的公约》（《东京公约》）

《关于制止非法劫持航空器的公约》（《海牙公约》）

《关于制止危害民用航空安全的非法行为的公约》（《蒙特利尔公约》）

《补充 1971 年 9 月 23 日在蒙特利尔制定的关于制止危害民用航空安全的非法行为的公约的制止在为国际民用航空服务的机场上的非法暴力行为的议定书》（《补充〈蒙特利尔公约〉议定书》）

《关于制止非法劫持航空器的公约的补充议定书》（《北京议定书》）

《制止与国际民用航空有关的非法行为的公约》（《北京公约》）

《关于修订〈关于在航空器内的犯罪和犯有某些其他行为的公约〉的议定书》（《蒙特利尔议定书》）

《关于各国探索和利用包括月球和其他天体在内外层空间活动的原则条约》（《外层空间条约》）

《空间物体造成损害的国际责任公约》（《国际责任公约》）

《营救宇宙航行员、送回宇宙航行员和归还发射到外层空间的物体的协定》（《营救协定》）

《关于登记射入外层空间物体的公约》（《登记公约》）

《指导各国在月球和其他天体上活动的协定》（《月球协定》）

《维也纳外交关系公约》

《维也纳领事关系公约》

《特别使团公约》

《关于防止和惩处侵害应受国际保护人员包括外交代表的罪行的公约》

《维也纳条约法公约》

《国家对国际不法行为的责任条款草案》

《关于危险活动造成的跨界损害案件中损失分配的原则草案》

《国际法院规约》

《关于战俘待遇的日内瓦公约》

《改善海上武装部队伤者病者及遇船难者境遇的日内瓦公约》

《关于战时保护平民的日内瓦公约》

《改善战地武装部队伤者病者境遇的日内瓦公约》

《1949 年 8 月 12 日日内瓦四公约关于保护国际性武装冲突受难者的附加议定书（第一议定书）》

《1949 年 8 月 12 日日内瓦四公约关于保护非国际性武装冲突受难者的附加议定书（第二议定书）》

《禁止核武器条约》

《国际刑事法院罗马规约》

《禁止细菌（生物）和毒素武器的发展、生产及储存以及销毁这类武器的公约》（《禁止生物武器公约》）

《关于禁止发展、生产、储存和使用化学武器及销毁此种武器的公约》（《禁止化学武器公约》）

二、中国法律法规

《中华人民共和国对外关系法》

《反分裂国家法》

《中华人民共和国国家安全法》

《中华人民共和国香港特别行政区维护国家安全法》

《中华人民共和国国防法》

《不可靠实体清单规定》

《阻断外国法律与措施不当域外适用办法》

《中华人民共和国反外国制裁法》

《中华人民共和国外国国家豁免法》

《中华人民共和国外国中央银行财产司法强制措施豁免法》

《关于〈中华人民共和国香港特别行政区基本法〉第十三条第一款和第十九条的解释》

《中华人民共和国国籍法》

《关于〈中华人民共和国国籍法〉在香港特别行政区实施的几个问题的解释》

《关于〈中华人民共和国国籍法〉在澳门特别行政区实施的几个问题的解释》

《中华人民共和国出境入境管理法》

《中华人民共和国外国人入境出境管理条例》

《外国人在中国永久居留审批管理办法》

《中华人民共和国引渡法》

《中华人民共和国国际刑事司法协助法》

《中华人民共和国陆地国界法》

《中华人民共和国领海及毗连区法》

《中华人民共和国专属经济区和大陆架法》

《中华人民共和国海警法》

《中华人民共和国海上交通安全法》

《中华人民共和国民用航空法》

《中华人民共和国驻外外交人员法》

《中华人民共和国外交特权与豁免条例》

《中华人民共和国领事特权与豁免条例》

《中华人民共和国领事保护与协助条例》

《关于外国驻中国使馆和使馆人员进出境物品的规定》

《中华人民共和国缔结条约程序法》

《缔结条约管理办法》

《   》※任课教师调查问卷

为了能更好地为您提供优秀的教材及良好的服务，也为了进一步提高我社法学教材出版的质量，希望您能协助我们完成本次小问卷，完成后您可以在我社网站中选择与您教学相关的 1 本教材作为今后的备选教材，我们会及时为您邮寄送达！如果您不方便邮寄，也可以申请加入我社的**法学教师 QQ 群：436438859（申请时请注明法学教师），**然后下载本问卷填写，并发往我们指定的邮箱（cruplaw@163.com）。

邮寄地址：北京市海淀区中关村大街甲 59 号文化大厦 1202 收

邮　　编：100080

再次感谢您在百忙中抽出时间为我们填写这份调查问卷，您的举手之劳，将使我们获益匪浅！

基本信息及联系方式：※

姓名：＿＿＿＿＿＿＿　性别：＿＿＿＿＿＿＿　课程：＿＿＿＿＿＿＿＿＿＿＿＿＿

任教学校：＿＿＿＿＿＿＿＿＿＿＿＿　院系（所）：＿＿＿＿＿＿＿＿＿＿＿

邮寄地址：＿＿＿＿＿＿＿＿＿＿＿＿＿　邮编：＿＿＿＿＿＿＿＿＿＿＿＿＿

电话（办公）：＿＿＿＿＿＿　手机：＿＿＿＿＿＿　电子邮件：＿＿＿＿＿＿＿＿

调查问卷：※

1. 您认为图书的哪类特性对您选用教材最有影响力？（　　）（可多选，按重要性排序）

　　A. 各级规划教材、获奖教材　　　　B. 知名作者教材

　　C. 完善的配套资源　　　　　　　　D. 自编教材

　　E. 行政命令

2. 在教材配套资源中，您最需要哪些?（　　）（可多选，按重要性排序）

　　A. 电子教案　　　　　　　　　　　B. 教学案例

　　C. 教学视频　　　　　　　　　　　D. 配套习题、模拟试卷

3. 您对于本书的评价如何?（　　）

　　A. 该书目前仍符合教学要求，表现不错将继续采用。

　　B. 该书的配套资源需要改进，才会继续使用。

　　C. 该书需要在内容或实例更新再版后才能满足我的教学，才会继续使用。

　　D. 该书与同类教材差距很大，不准备继续采用了。

4. 从您的教学出发，谈谈对本书的改进建议：＿＿＿＿＿＿＿＿＿＿＿＿＿＿＿＿

＿＿＿＿＿＿＿＿＿＿＿＿＿＿＿＿＿＿＿＿＿＿＿＿＿＿＿＿＿＿＿＿＿＿＿＿＿

＿＿＿＿＿＿＿＿＿＿＿＿＿＿＿＿＿＿＿＿＿＿＿＿＿＿＿＿＿＿＿＿＿＿＿＿＿

选题征集：如果您有好的选题或出版需求，欢迎您联系我们：

联系人：黄　强　联系电话：010-62515955

索取样书：书名：＿＿＿＿＿＿＿＿＿＿＿＿＿＿＿＿＿＿＿＿＿＿＿＿＿＿＿

书号：＿＿＿＿＿＿＿＿＿＿＿＿＿＿＿＿＿＿＿＿＿＿＿＿＿＿＿＿＿＿＿＿

———————————

备注：※ 为必填项。

使用说明

学习卡使用说明：

1. 扫描封二学习卡上二维码，点击"确定"，激活本书
2. 点击"学习中心"，点击"确定"，激活配套课程

加群流程：

1. 进入课程学习界面，点击题目下"立即扫码"
2. 长按识别二维码
3. 扫码加入专属答疑群

题库使用说明：

1. 关注"人大社法律出版"微信公众号
2. 点击"电子书"菜单栏下"芸题库"
3. 手机注册进入芸题库，点击"添加新题库"，选择法学题库进行学习

反盗版说明：